3천만 원으로
은퇴 후
40년 사는 법

행복한 귀농귀촌 첫 걸음

3천만 원으로 은퇴 후 40년 사는 법

유상오 지음

한스미디어

머리말

돈 버리는 도시를
떠나면
행복이 보인다

　이 책은 3천만 원으로 은퇴 후 40년 사는 법을 이야기한다. 정말 3천만 원으로 은퇴 후 40년을 살 수 있을까. 중후장대(重厚長大)한 삶의 철학과 뿌리를 바꾼다면 가능하다. 조금 느리고 소박하게 생활하고, 시골에서 자연과 더불어 살아가는 것이 가치 있는 일이라고 받아들인다면 오히려 행복해질 수도 있다. 부자도 아니면서 은퇴 준비를 단순히 금전 중심으로 하는 것은 대안이 아니다. 느리게 살아가는 법, 도시의 향락주의와 이별하는 법을 스스로 터득해야 한다. 또 크고 보기 좋은 것보다, 작고 벌레 먹은 생명의 가치와 함께 자연과 공생하는 법을 깨달아야 남은 40년을 행복하게 지낼 수 있다.

　이 책은 현대 금융자본주의와 물질문명에 매몰된 도시와 부자들의 논리에서 벗어난다. 자연과 흐름을 존중하는 안빈낙도(安貧樂道)를 익히고 실천한다면 얼마든지 즐거워질 수 있다고 감히 주장한다. 노후불안과 은퇴강도가 계속 심화되는 상황에서 돈 없고 힘없는 사람들이 남의 도움 없이 인간답게 살아갈 수 있을까. 다른 사람들에게 비굴하거나 손을 벌리지 않고 인간답게 살다가 웰 다잉(well dying)하는 방법은 무엇인가? 이런 고민이 본서를 집필하게 한 동기가 되었다.

　필자는 귀농귀촌을 통해 "스스로 일자리를 창출하고 당당하게 살아가자"

고 제안한다. 또 지역공동체를 복원하고 새롭게 마을을 창조하는 일에 남은 인생을 쏟자고 제안한다. 마지막으로 자조自助적 복지, 노후자립, 자력갱생이 '애국애족'이라고 주장한다. 이것이 젊은이들에게 선배세대가 선물할 유산이자 세대갈등을 넘어 세대전쟁을 피할 수 있는 방법이기 때문이다.

  돌이켜보면 우리는 '무에서 유를 창조'하려는 선배들의 숭고한 피와 땀, 눈물로 만든 기적의 땅에서 행운과 영광을 향유해 온 세대이다. 이제 도시의 경험과 기술, 지혜와 지식을 모아 도시와 농촌이 융합하는 새로운 대안사회로 나아가려는 시대정신을 느낀다. 그 길은 어렵지만 숭고한 귀농귀촌의 업業이다. 시골로, 자연으로 돌아가라! 농산어촌은 단지 개인의 노후 대비뿐만 아니라 최근 갈수록 심각해지는 먹거리, 일자리, 노후복지 불안도 해결할 수 있는 십승지十勝地와 같다.

  대한민국은 IMF시절부터 현재까지 경제 불황의 늪에 빠져 있다. 대량해고와 임시직, 88만원세대, 과거 어느 시대보다도 침울한 저성장의 수렁에 고통당하고 있다. 도시에서 창업하면 5년 생존율이 10% 이하다. 굳이 표현하자면 90%가 망한다는 말이다. 약육강식의 도시에서 당신이 10% 안에 들어있을 거라는 자위는 말라. 차라리 눈높이를 낮추고 더불어 살아갈 수 있는 농산어촌으로 돌아가자. 자연과 전통이, 생명들이 당신을 반길 것이다. 제대로 교육받고 훈련받는다면 귀농귀촌 실패율은 20% 이하이다. 정부를 믿고 전문가를 신뢰하고 지자체 공무원과 함께 대안을 마련하라. 그

것이 노후복지를 스스로 해결하고 최소비용으로 살아가는 방법이다.

그렇다면 3천만 원으로 은퇴 후 40년을 살기 위해서는 어떻게 해야 할까. 무엇보다 시간과 노력을 돈 많이 버는 행동이 아닌 잘 먹고 잘 살 수 있는 가치에 투자해야 한다. 20, 30대부터 도시 빈 공간을 활용한 도시농업, 텃밭농사나 베란다 농업을 연습해야 한다. 가족이 먹는 식품에 농약을 많이 치는 사람은 아마 없을 것이다. 자신이나 가족이 생산한 농산물은 믿을 수 있다. 진짜 농산물이기 때문이다. 도시경험의 연장선상에서 귀촌하고 친환경으로 농작물을 유통하자. 도시 가족, 지인들과 나눠 먹는다면 갈수록 심각해지고 있는 먹거리 불안 문제도 해결할 수 있다.

실제 선진국에서는 이미 150여 년 전부터 먹거리 불안을 해결하기 위한 도시농업을 생활화하고 있다. 독일의 '클라인가르텐'이나 러시아의 '다차' 등이 그것이다. 그리고 20세기 영국의 '애롯멘트Allotment garden', 미국의 '커뮤니티 가든', 캐나다의 '옥상농업', 일본의 '시민농원'으로 특화되고 있다.

은퇴 후에도 3천만 원으로 40년을 살 수 있는 방법은 진짜 믿을 수 있는 농산물을 생산해 도시에 살고 있는 주변 친척과 지인, 선후배에게 공급하는 것이다. 또 민박이나 도농교류, 그린투어를 하거나 도시생활에서 익힌 전문적인 지식과 농사를 겸업하는 '반농반도사半農半都事'를 한다면 3천만 원 가지고도 남은 인생을 충분히 살아갈 수 있다.

이는 도시와 농촌이 교류하고 소통하는 상생 방안일 뿐만 아니라 정부가 추진 중인 창조경제나 자립형 일자리 창출에도 도움이 될 것이다. 창조경제를 위해서는 6차산업을 육성해야 하는데, 가장 큰 영향력을 미치는 부분이 기존의 농촌자원과 "어떻게 새로운 인력을 융합시킬 것인가"이다.

전 국민이 살아남으면서 내수활성화를 하는 방안은 농촌 자원을 도시 방식으로 해석하는 녹색성장이다. 농약과 제초제, 화학비료를 남용하지 않는 친환경농산물을 가꾸고 애용하자. 안전하고 안심할 수 있으며 신선한 농산물을 생산해, 신뢰받는 21세기 친환경국가를 육성하는 것이 결국 저탄소 녹색성장의 근본 동력이다.

결국 도시는 농촌생활을 돕고 농촌은 도시 먹거리 안전을 지키는 상생 협력의 모형이 귀농귀촌이다. 귀농귀촌의 근간은 '자립형 일자리창조'다. 스스로 6차산업을 통해 일자리를 마련하는 방법을 의미한다. '자립형 일자리'는 자조적 복지를 만들고 이것이 마을공동체의 복원과 유지, 지속가능한 창조로 이어진다. 이렇듯 귀농귀촌은 중요하다. 돈 없는 사람들도 자기 스스로 운명을 결정할 수 있도록 돕는 방안이 전문가의 책임과 역할임을 통감한다.

이제 은퇴자 스스로 보람된 인생을 선택하는 결단만이 남았다. 쉽게 도시에서 벗어날 수 없는 운명의 틀을 깨부수는 혁신과 창조적 파괴의 길로 들어서자. 단절된 농촌을 도시와 융합시키기 위해서는 국가 차원의 지원이 절실하다. 2014년 12월 귀농귀촌법이 국회를 통과되었다. 이로서 현장과 중앙에서 울퉁불퉁하고 거친 어려움도 많이 해소될 전망이다.

실제 귀촌·귀농한 사람들은 "국가와 지자체가 소자본농업으로 건강과 일자리를 챙길 수 있도록 도와야 한다"고 주장한다. 보다 정교한 귀촌정보 시스템을 구축하고, 귀농귀촌자 멘토링을 확대하면서, 농촌 어메니티amenity를 도농융합자원으로 개발할 수 있는 사업지원을 갈망한다. 또 도시민과 소비자가 참여할 수 있는 친환경농업이나 로컬 푸드를 지원하는 것은 물론, 농업진흥지역과 보전산지를 민간과 협력하는 6차산업 방향으로 개선할 대안도 제기된다.

정부의 지원 없이도 성공 모델을 만들어 나가는 소수의 사람들도 있지만, 대다수 도시 서민이나 은퇴자들은 정부 도움이 간절하다. 농산어촌에 정착해 일하고 봉사하면서 노후를 편안하고 행복하게 보내는 생활이야말로 중장년이 원하고 소박하지만 의미를 갖춘 '자립형 일자리창출'이다. 정부가 내수침체와 장기불황을 벗어나고자 희망한다면 국민이 원하는 것을 도와야 한다. 왜냐하면 관료는 물고기이고 국민은 물이기 때문이다.

2015년 3월
청계산 기슭 향촌서방에서
저자가 귀촌대길歸村大吉이라 씀

목차

머리말   돈 버리는 도시를 떠나면 행복이 보인다 · 4

1부   3천만 원으로 은퇴하기

1. 100세 시대의 은퇴준비 · 15

한국 중년의 초라한 자화상 · 17
100세 시대, 은퇴 후 삶은? · 22
평생직장을 꿈꾸지 마라 · 27
도시노인을 위한 일자리는 없다 · 32
30대부터 은퇴준비를 하라 · 39

2. 3천만 원으로 은퇴하기 · 45

은퇴자금의 공포는 없다 · 47
은퇴자금 3천만 원으로 충분하다 · 56
농촌에 내려가서 생활하는 비용 · 64

3. 귀농귀촌을 결심하기 전에 · 71

귀촌설계는 30, 40대부터 · 73
자신을 농촌형 인간으로 변화시켜라 · 82
귀농귀촌이 막연한 동경인지를 테스트하라 · 91

실전, 귀농귀촌 따라잡기

4. 귀농귀촌, 이제 실전이다 · 105
귀농귀촌 5단계로 준비하라 · 107
귀촌준비 3년 안에 끝내기 · 133
시골과 친해지는 것이 우선이다 · 141
도시에서 농사 연습하기 · 147
내게 맞는 귀촌지 찾기 · 160
귀농귀촌 주택 임대에서 이사까지 · 167

5. 귀농귀촌, 공부가 답이다 · 179
농촌 전문가가 되어야 한다 · 181
귀농귀촌 정보가 모이는 곳 · 187
'농림사업지침서'는 귀농귀촌 공부의 기본 · 193
정보의 보고, 농업기술센터와 농정과 · 200
귀농귀촌 교육 어디에서 받을까? · 207

6. 정부지원자금 100% 활용하기 · 223
농사지으면 나오는 각종 융보조금 · 225
정부의 귀농귀촌 정책방향 · 247
도시민 유치전략의 현주소 · 252
지자체의 귀농유치 홍보 · 257

7. 귀농귀촌 성공전략 · 265

귀촌 후 2년 안에 인정받아라 · 267
지인들의 먹거리 안전을 책임져라 · 272
농사보다 창조적인 농촌체험과 민박 · 278
안전한 농산물을 직거래하라 · 287

8. 귀농귀촌 성공기 7 · 297

원추리 재배로 부자산촌을 만들다(충남 부여 김은환 대표) · 299
잘 나가는 임원에서 고추농사의 달인이 되다(충남 청양 한만희 대표) · 306
단고사리로 억대 소득을 올리다(전북 장수 홍재완 대표) · 314
황무지에 감동을 주는 펜션을 세우다(강원도 평창 정철화 대표) · 322
나이 70세, 연봉 1억의 체리농사꾼(충북 음성의 이보섭 대표) · 329
귀농귀촌 모범교육생이 된 대기업 사장(양평 그린토피아 정경섭 박사) · 335
야생화에 대한 사랑과 고집이 만든 성공(경주 다봉마을 김말순 여사) · 341

참고 및 인용 문헌 · 346

부록

부록 1. 귀농귀촌 공공기관 정보 · 348
부록 2. 지자체별 귀농귀촌상담전화 · 350
부록 3. 농림부 지원정책 · 360
부록 4. 지자체별 지원정책 · 366
부록 5. 지자체별 유망품종 · 390
부록 6. 2015년 귀농귀촌교육 개요(농림부/농정원) · 399
부록 7. 2015년 귀농귀촌 관련 정책 Q&A · 411
부록 8. 귀농귀촌법 해설 및 전문(2014.12.29) · 420

PART 1

3천만 원으로 은퇴하기

- **CHAPTER 1**

  100세 시대의 은퇴준비

  한국 중년의 초라한 자화상
  100세 시대, 은퇴 후 삶은?
  평생직장을 꿈꾸지 마라
  도시노인을 위한 일자리는 없다
  30대부터 은퇴준비를 하라

- **CHAPTER 2**

  3천만 원으로 은퇴하기

  은퇴자금의 공포는 없다
  은퇴자금 3천만 원으로 충분하다
  농촌에 내려가서 생활하는 비용

- **CHAPTER 3**

  귀농귀촌을 결심하기 전에

  귀촌설계는 30,40대부터
  자신을 농촌형 인간으로 변화시켜라
  귀농귀촌이 막연한 동경인지를 테스트하라

CHAPTER 1
100세 시대의 은퇴준비

한국 중년의
초라한 자화상

지난 20여년 원치 않는 퇴직이나 고용불안이 만연했다. 최선을 다해도 평생을 책임져주는 직장은 없다. 해고나 명예퇴직은 직장인에게 피할 수 없는 스트레스다. 한국인에게 '퇴직'이란 축복이 아니라 고통의 시작이다. 100세까지 행복하게 살아야 하간 사회시스템은 노력한다고 해서 아무에게나 일자리를 주지 않는다. 일하고 싶어도 노동할 수가 없다. 이 모순을 극복하는 유일한 방법은 '귀농귀촌'이다. 스스로 일자리를 만들고 자력갱생과 자급자족을 해야만 100세까지 살아갈 수 있다. 100세 인생! 우리에게 축복이 되어야 한다.

퇴직의 공포는 40, 50대는 물론 30대까지 불안에 떨게 하는 만성스트레스를 만들어 낸다. 통계청 조사에 의하면 화이트칼라 자살자 수가 2000년 268명에서 2005년 597명으로 2.2배 이상 늘어났다. 2008년 508명으로 일시적인 감소를 보이나 다시 2011년 775명으로 전체 자살자 증가 폭이 65%로 가파른 상승세다.

또한, 2014년 12월에 발표된 연세대 직업환경의학과 윤진하 교수의 '표준 직업 분류별 연령표준화에 따른 자살률 변화'라는 자료에 의하면 '관리자에 해당하는 화이트칼라 남성의 인구 10만 명당 자살자 수가 2007년 3.7명에서 2012년 44.6명으로 12배 급증했다.

IMF가 끝난 시점인 2001년, 한국직무스트레스학회가 조사한 바에 따르면 한국 직장인들의 스트레스 보유율은 95%로 세계 최고였다. 미국 40%, 일본 61%보다 대단히 높다. 선진국처럼 직장 내 스트레스 관리 프로그램도 없다. 결국 이런 스트레스의 외상이 모여 자연스럽게 화이트칼라의 자살률 증가로 이어진다. 정말 우리나라 기업문화는 '까라면 까는 분위기'이다. 나가라면 말없이 떠나는 것이 신상에 좋다. 만약 아무 준비가 없다면 평생을 속으로 울어야 한다.

필자도 청운의 꿈을 안고 외국에 유학을 한 뒤 귀국해 두 번이나 직장을 옮겼다. 지금은 귀농귀촌을 편하게 할 수 있도록 국가 정책도 제안하고 문제점도 지적하는 일을 하지만 나이가 좀 더 들면 상주 상오산에 들어가 유산양을 키우고 초지를 조성하고 한편에 조그만 수목원을 가꾸면서 귀농귀촌 강의로 살 작정이다.

대다수 40~50대는 언제 어떻게 직장을 그만둘지 아무도 모른다. 운 좋게 '50대 후반, 60세까지 버틴다' 해도 몇 푼 안 되는 퇴직금과 연금으로 평생 살아가기란 불가능하다. 현재 은퇴부부의 최소 생활수준은 월 89만 원을 소비하는 수준이다. 금융권에서 말하는 월 평균 250만 원 소비에는 턱 없이 부족하다. 노후 40~50년을 걱정 없이 산다는 것은 희망사항에 가깝다.

지금의 생활시스템으로는 15년 정도 고통스럽게 버틸 것이다. 현재의 고용구조에서는 보통의 샐러리맨이 은퇴 이후 대도시에서 생활하면 비극이 시작된다. 시간의 차이가 있지만 결국 빈곤층이나 차상위층으로 추락하고 말 것이다. 따라서 귀농귀촌을 빨리 판단하고 철저하게 준비하는 것이 정답이다. 제대로 된 귀농귀촌은 30년 이상을 지금과 같이 일하면서 경제력을 유지시킬 수 있다. 그것이 건강과 행복 지킴이고 노후관리이자 애국이다.

중년 은퇴자의 실체

2007년 4월 서울대 소비자아동학부에서 은퇴에 관한 섬뜩한 조사결과를 내놓았다. 우리나라의 은퇴자 503명을 대상으로 '은퇴자 자산관리현황'을 설문했다. 그 결과 우리나라 은퇴자들의 자산 관리는 사실상 '무방비 상태'로 수년 내 자산이 고갈될 수도 있다는 비관적 결과가 나왔다. 사실 이 조사가 언론에 공개된 최초의 조사다. 이후 관련 연구는 은행, 생보사, 보건사회연구원 등에서 매년 조사가 나오고 있다.

샘플수가 조금 부족한 감도 있지만 조사 대상자의 평균 은퇴 연령은 54.5세. 선진국에 비해 5년 이상 빨랐다. 권고사직이나 명예퇴직, 해고 등 '비자발적 퇴직'이 21.9%로 정년퇴직으로 인한 은퇴(24.5%) 못지않게 많았다. 결국 준비되지 않은 은퇴가 많았다는 이야기다.

50대들의 비자발적 은퇴는 심각한 사회갈등을 낳을 수 있다. 50대는 40대와 달리 재취업 기회도 적다. 자식들도 학업과 결혼, 부모의 건강악화 등으로 가장 돈이 많이 드는 시기다. 한국적인 정서상 부모가 자식 교육은 당연하고 적어도 결혼까지는 경제적인 지원을 해주어야 된다는 강박관념도 문제다.

분석에 참가한 서울대 소비자아동학부 최현자 교수는 "더 비참한 것은 은퇴 당시 금융자산이 전혀 없는 사람이 전체의 11.5%라는 점"이라고 말한다. 퇴직금을 제외하고 은퇴 당시 보유한 평균 금융자산은 6천 5백만 원. 조사 대상자의 48%는 5천만 원을 밑돈다. 자기 집을 제외한 보유 부동산은 은퇴 당시 평균 1억 4천만 원이라고 답변했다.

최초 조사에서 5년이 지난 2012년 4월, 서울대 노년·은퇴설계지원센터(연구책임 최현자 교수)가 '100세 시대 준비지수'를 연구개발한 결과를 밝혔다. '100세 시대 준비지수'는 평균수명을 100세로 설정한다고 가정했다. 그 결과 은퇴자금은 75세에 다다르면 바닥난다고 분석했다. 이 연구에서 은퇴하지 않은 국내 가구주 6,589명을 대상으로 조사한 결과, 평균연령은 약 44세, 평균기대수명은 82세, 희망은퇴소비금액은 월 245만 원으로 집계됐다고 밝혔다. 이번에는 샘플 수도 통계체계도 설득력을 가진다.

그러나 82세까지 준비된 월 평균 은퇴 후 소득은 155만 원 수준으로 지출 대비 63.2%밖에 없어 노후준비가 부족한 것으로 조사됐다. 특히 이들이 100세까지 산다고 가정할 경우에는, 은퇴 후 노후자금 준비수준은 48.5% 수준으로 더 떨어지고, 은퇴 후 월 평균 소득도 119만 원으로 떨어졌다.

이 돈으로 어떻게 100세까지 살아갈 수 있나. 여기까지 생각이 도달한 순간 가슴이 막막하고 평생을 바쳐온 직장이나 사회가 죽도록 미워질 것이다. 안타깝게도 조사팀의 추정에 의하면 은퇴자들의 보유 자산으로 생활할 수 있는 기간은 2007년 조사에서는 평균 66세이지만 2012년 조사에서는 75세로 9세 정도 늘어났다.

직장인이라면 누구나 퇴직자산의 고갈을 심각하게 걱정한다. 서울대 소비자아동학부 최현자 교수는 "우리나라는 개인의 퇴직이 충분히 준비되지 않은 상태에서 어쩔 수 없이 그만둬야 하는 것이 현실이라며 은퇴 후 행복을 위해 아이들의 지나친 사교육비 절감"이 요구된다고 강조했다.

은퇴 후 대부분의 사람들이 적은 돈으로 긴 여생을 어렵게 살아가야 한다면 어떻게 대처해야 할 것인가. 50대에 은퇴해서 70대 중반에 여윳 돈이 사라진다면 다음 30여년을 무엇으로 살아야 할까. 점점 체력도 딸리고 건강도 약해지고 어려움은 더해만 간다.

아무도 도와주지 않는다면 어떻게 할 것인가. 돈 없는 사람이 대한민국에서 대우받을 수 있기를 기대하는 독자는 아마 없을 것이다. 노인이 되면 국가가 우리를 돌볼 것이라는 순진한 생각은 아예 안하는 것이 현명하다. 자식도 마찬가지이다. 스스로 자력갱신自力更新, 자급자족自給自足만이 승리하는 길이다. 이 길은 귀농귀촌만이 가능하다.

100세 시대,
은퇴 후 삶은?

2014년 12월에 발표된 '2013년 생명표 작성결과'에 따르면 한국인의 평균수명은 81.9세(남성 78.5세, 여성 85.1세)이다. 전년대비 0.5년 증가했으며 여성이 남성보다 평균 6.6년 더 오래 산다. 2013년 우리나라 기대수명은 OECD 회원국 평균보다 남자는 1.0년, 여자는 2.2년 더 높은 것으로 나타났다.

흥미로운 사실은 지난 2005년에서 2013년간 8년 동안 기대여명이 3.3년 늘어났다는 점이다. 매년 0.4세씩 늘어난다는 말이다. 연령별 평균수명 증가속도를 따질 경우 오히려 남자의 증가속도가 여자보다 더 빠르다.

고령국가는 좋은 말이 아니다. 사회 활력이 줄어들고 진취적인 사회구조가 아니라 점점 쪼그라들고 침체하는 국가를 상징한다.

변화에 둔감하고 과거 지향적이며 혁신하지 않는 보수적인 이미지를 고령국가에서는 볼 수 있다. 몇몇 복지국가는 다르지만 그 나라들도 젊은 층들이 세금을 피해 해외로 이주하는 추세다. 이것을 본다면 우리나라의 미래가 어떨지 대충 가늠해 볼 수 있겠다.

실제 유엔 경제사회국이 발간한 '2012 세계 인구 전망 보고서'를 보면 우리나라 국민의 평균 기대수명은 81세로, 장수국 순위 17위이고, 일본은 83세로 장수국 1위 자리를 유지하고 있다. 한국은 전 세계에서 인구통계 면에서 가장 빠른 나라라는 기록을 갖는다. 평균수명도 75세 이상인 나라만 놓고 보면 수명 연장 속도가 가장 빠르다.

위와 같은 추세로 고령화된다면 매년 0.4에서 0.6세씩 평균수명이 늘어난다는 결론에 도달할 수 있다. 매년 평균수명이 0.5세씩 늘어난다고 가정하면 50세인 사람의 기대수명은 90.5세로 나타난다. 40세인 사람의 기대수명은 97세로 100세에 근접한다고 볼 수도 있다.

통계는 평균수명이라는 숫자 속에 진실을 교묘하게 숨기고 있다. 이것은 사고나 교통사고, 질병 등으로 죽은 사람을 포함하고 있다. 때문에 베이비부머 세대부터 건강한 사람들의 사망시점은 대부분이 90살 이상일 것으로 추정된다. 결국 건강한 신체를 가진 한국의 중년들은 결국 삶의 최고봉이라 염원하는 인간 100세 장수시대를 달성하는 날도 멀지 않았다.

과거 대가족사회에서는 100세까지 산다는 건 가문의 영광이었다. 그러나 핵가족이나 1인 가구시대에 돈 없이 오래 산다는 건 비극이다. 그렇다고 자살도 맘대로 할 수 없는 것이 노년의 인생사이다.

과거 선배들은 "국가가 당신의 노후를 책임진다"라고 말했다. 국민연금을 들면 국가가 죽는 날까지 책임진다는 말을 분명히 했다.

하지만 국민들에게 도움이 되는 국민연금과 의료보험은 2040년대 이후에는 고갈될 것이라는 주장이 다수 전문가들의 견해다. 일본도 이러한 연금문제로 한동안 시끌벅적했던 시대가 있었다. 결국 일본의 선택은 '많이 내고 적게 받는 원칙'을 택했다. 우리나라라고 특별한 묘책이 있을 수 없다. '연금수령액은 출생률에 비례할 수밖에 없다'는 것은 자명한 진리다.

지금처럼 '저출생 고령화'시대에서는 유일한 대안은 '많이 연금내고 적게 받는 것'이나 '자신의 노후는 스스로 구제하는 것'으로 결론이 날 수 밖에 없다.

국가가 책임지지 못하는 은퇴 이후의 삶

2008년 9월 '공무원연금제도발전위원회'는 정부에 공무원연금 개정안을 제출했다. 주요 내용을 보면 공무원연금에 들어갈 국민세금은 10년 후 5배로 늘어나고, 적자보전금은 2008년 1조 2천 억원에서 2018년 6조 원으로 폭증한다는 내용이다. 이 예상은 그대로 적중하고 있다. 정부도 2014년부터 공무원 연금을 손보고 있다. 개혁하지 않으면 공멸하니 어쩔 수 없다는 분위기이다.

앞으로 대한민국 사회에서 출생률이 높아지기 전에 '국민연금개혁'이란 '고령사회에 대비하기 위해 많이 내고 적게 받는다는 것'을 의미한다. 왜냐하면 인구구조가 젊은 사람들이 적고 노인들이 많기 때문에 국민들의 최소복지를 유지하기 위해서는 연금개혁은 반드시 해결해야 한다.

연금이란 가입자가 낸 보험료로 기금을 조성해 나중에 그 기금에서 각자 돌려받는 것이다. 30대와 40대 서민들은 국민연금을 뼈빠지게 내고, 인생의 황혼기인 80대부터는 기금고갈로 빈곤한 생활을 할 가능성이 높다.

여기까지 이야기하면 독자들은 숨이 막힐 것이다. 만약 내가 재수 옴붙어서 40대 후반에 조기 은퇴한다면 어떻게 해야 하나. 이후 50여년을 어떻게 살 것인가. 설령 60세까지 운 좋게 직장생활하고 은퇴한다 해도 30~40여년을 어떻게 생활할 것인가! 결국 오십보, 백보다.

이론적으로는 행복한 삶을 살아가기 위해서는 '이소연'이 필요하다. 첫사랑같이 달콤한 이름 '이소연'. 이자 30%와 소득 40%, 연금 30%가 있어야 행복한 노후를 마칠 수 있다는 저자의 조언이다. 연금은 현재소득의 60%에 수렴하고 있지만 점점 축소돼 소득의 30%까지 줄어들지도 모른다. 이 경우 이자소득이 없는 경우는 얼마나 비참할까. 또 소득이 전혀 없는 경우도 처참한 생활은 이루 말할 수 없을 것이다. 앞에서 언급했듯이 2007년 4월 서울대 조사에서는 은퇴 할 시점의 평균 금융자산은 6천 5백만 원이었다. 자기 집을 제외한 보유 부동산은 은퇴 당시 평균 1억 4천만 원이라고 답변했다.

2013년 12월 국민연금연구원의 조사에서는 이보다 긍정적인 결과를 도출했다. 국민연금연구원 이은영 주임연구원의 '패널 자료를 이용한 노후소득원 추정'이라는 연구보고서를 보자. 우리나라 베이비붐 세대가 속한 50~59세 가구주 연령대의 자산은 약 4억 2천만 원이고, 금융자산은 1억 710만 원(25.5%), 자기 집을 포함한 실물자산은 3억 1290만 원(74.5%)로 유동화가 낮은 실물자산의 비중이 월등히 컸다. 약 7년이 지난 시점에서 금융자산은 약 3천만 원 정도 늘어났으나 물가상승 등을 고려할 때는 미미한 수준이라고 볼 수 있다.

경제상황이 열악한 가운데 노후준비상태는 분명 조금씩 개선되고는 있지만 아직 미흡하다. 사적, 공적 연금에 가입하지 않은 무연금인이 전체의 56.7%에 달했고, 공적연금-퇴직연금-개인연금의 다층노후보장체계를 갖춘 경우는 2.4%에 그쳤다. 거꾸로 말하자면 은퇴에 직면한 베이비부머의 97.6%가 안심할 수 있는 연금보장체계를 갖지 못한다는 결론이다.

도시에서 노년에 소득을 올리면 되지 않겠냐는 생각도 가질 수 있다. 하지만 이것도 녹록치 않다. 대부분의 일자리는 단순노무직이나 경비, 공익형 일자리, 아이들에게 한자 가르치기 등 소일 정도 수준에서 소득을 올리는 것이다.

이런 일자리도 결국 길어야 5~10년 근무하면 몸이 아프거나 좀 더 잘할 수 있는 사람에게 자리를 물려줘야 한다. 도시의 경쟁력과 피라미드 구조가 부실한 사람을 몰아내고 더 이상은 갈 곳을 없게 만든다.

큰 맘 먹고 창업을 하면 더 빨리 망해 버린다. 개인사업자의 5년 자영업 생존율은 10% 미만이다. 평균 1억 원 정도 창업자금을 들여 5년도 못 버티고 모두 날려 버리는 것이다. 이후는 아무 일도 못하고 우울증과 대인공포증에 시달린다. 죽는 날까지 회한의 눈물과 원망으로 비극의 주인공이 될 것이다.

평생직장을 꿈꾸지 마라

IMF 이후 사기업에서 먼저 평생직장 개념이 무너졌다. 세월이 흐름에 따라 2007년 공무원 3% 퇴출, 시간제, 파트타임, 정년 피크제, 비정규직, 88만 원, 열정 페이(pay) 등 '평생직장' 개념도 옛말이 되어가고 있다. 2013년 4월, 국회에서 2016년부터 사업장별로 순차적으로 정년 60세 보장을 의무화하는 '정년연장법'(고용상 연령차별금지 및 고령자고용촉진에 관한 법률 개정안)을 통과시키면서 정년연장에 대한 사회적 관심이 높아지고 있다. 이것은 '중장년에게는 좋지만 청년들에게는 일할 수 있는 직장이 점점 없어진다'는 자괴감을 높일 것이다.

장년도 마찬가지이다. 5년 더 일한다고 하더라도 상황은 크게 변하지 않는다. '언 발에 오줌 누기'라는 표현이 제격이다. 기업이나 직장에 의지하지 말고 이제부터는 정년이 아닌 평생 일할 수 있는 직업을 스스로 만들어 가야 한다. 단순한 이직이나 전직이 아닌 자신의 경력과 재능을 살리면서 할 수 있는 새로운 직업에 도전해야 한다는 말이다.

이제 도시에서 평생직장이란 없다. 누구나 필요에 의해 모이고 헤어지는 조합형 사회만이 존재한다. 지식기반사회에서 기능인으로 살지 않고 평생 직장을 꿈꾸려면 어떻게 해야 하는가. 답은 지역사회에서 인정받는 전문인으로 거듭나야 한다. 공급보다는 수요가 많은 사람으로 가다듬어야 한다.

이도 저도 어렵다면 안전하고 신뢰받는 농산물을 혼(魂)과 정성으로 공급하는 일에 전념하자. 귀농귀촌해서 지역사회를 배우고 익혀, 좋은 농산물을 만드는 연습을 죽기 살기로 한다. 그것이 어렵다면 최상의 농산물을 고르거나 확보하는 안목을 가지고 실력을 갖추자.

퇴직 후 만족할 직장은 찾기 어렵다

각종 통계를 살펴보면 장년층의 고용의 질이 확연히 떨어짐을 인식할 수 있다. 통계청이 2014년 7월 발표한 '경제활동인구조사(청년층 및 고령층 부가조사)' 중에 장년 재취업 종사자의 자료를 보자. 2014년 5월 기준, 장년 재취업자 199만 8천 명 중에서 임금근로자는 146만 5천 명으로 전체 73.3%를 기록했다. 하지만 이중 상용직 근로자는 27.7%(55만 3천 명)에 그쳤고, 나머지

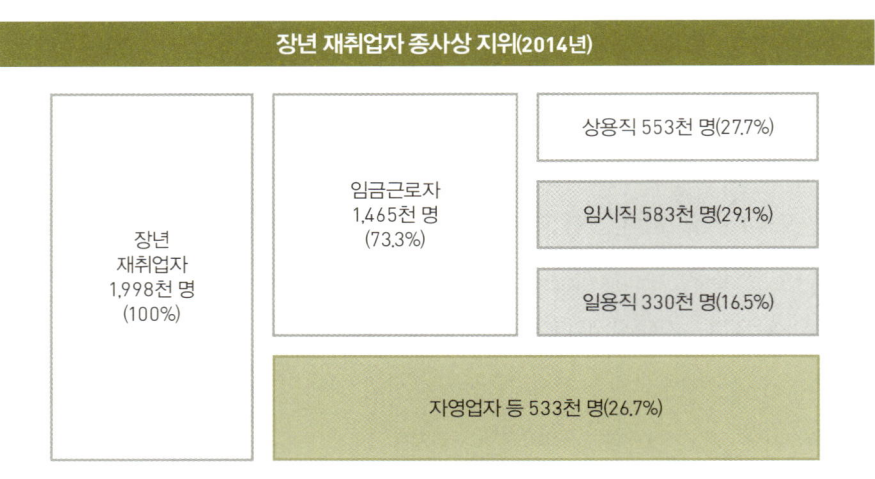

* 자료: 통계청, 경찰 고령층 부가조사(2014년)

45.6%는 임시직(58만 3천 명, 29.1%)과 일용직(33만 명, 16.5%) 근로자다.

여기에 보수가 일정하지 않은 자영업자(55만 3천 명, 26.7%) 등을 포함하면 72.3%가 고용이 불안정한 상황에 놓여있다.

또한 고용노동부가 2014년 7월, 발표한 장년층 근로·구직실태조사를 살펴봐도 재취업자 중 귀농귀촌으로 보이는 농어업관련 종사자와 단순노무직이 전체의 약 67%를 차지한다.

이와 더불어 낮은 재취업률도 문제로 지적된다.

실제 고용노동부가 중장년일자리희망센터를 통해 집계한 2013년 중장년층 재취업률은 27.8%로 10명 중 3명 정도만 취업에 성공했다. 2014년 6월까지 분석한 결과를 살펴보면 상황은 더욱 심각하다. 재취업률이 16%를 간신히 넘는 수준이다. 취업을 희망하는 중장년들은 넘쳐나지만 마땅한 직업을 찾기란 쉽지 않다.

50대 이상 대한민국 중장년은 은퇴 이후에 그들이 만족할만한 일자리는 없다. 결과적으로 은퇴 후 노후소득 보장이 미흡하며, 사회활동 기회도 부족하다. 노후소득을 안정시키는 퇴직연금 도입 비중은 16% 정도로 매우 낮으며 전체의 92%가 퇴직금을 받는다. 이들이 받는 퇴직금의 대부분은 이미 중간정산을 해서 실제로 일시금으로 받는 돈은 얼마 되지 않는다. 그마저도 자녀결혼이다. 부채탕감이다. 부모의 병치레로 산산이 부서지면 결국 빈곤한 노후를 보내기 십상이다.

월평균 연금수령액은 42만 원이고, 50만 원 미만 수령자가 80.2%인 우리나라 국민연금으로 평생을 만족하고 살 사람은 얼마인가. 국민이 납득하지 못하는 낮은 연금 수령액으로는 노후소득 보장이 부족하다. 설상가상으로 2011년 기준으로 공적·사적연금의 소득대체율은 OECD평균이 63.6%이다. 주요국가의 수치를 보면 미국이 78.2%, 영국이 68.6%, 독일이 59.0%인

장년층 주된 일자리 퇴직 후 계획(%)						
재취업	사회공헌	능력활용한 프리랜서	귀농귀촌	창업	그냥 쉼	기타
26.3	19.4	18.3	13.4	4.9	15.4	2.3

* 자료 : 고용부, 장년층 근로 및 구직 실태조사('14.7월)

것에 비해 우리나라는 42.1%로 대단히 낮다. 결국 중장년층은 퇴직 후에도 재취업, 사회공헌, 프리랜서 등 사회활동을 희망하지만 기회는 크게 부족하다는 것을 보여준다.

도시에서 언제까지 일할 수 있나

2014년 2월 취업포털 '잡코리아'가 출판사 중앙M&B와 함께 남녀직장인 1,216명을 대상으로 '정년 체감 정도'에 대해 설문조사한 결과를 보자. 남성이 평균 54세로 집계됐으며, 여성은 이보다 4살이 적은 50세로 조사됐다. 실제 2014년 9월 정부가 발표한 4개 부처 종합「장년 고용 종합대책」에서는 한국인의 평균퇴직연령이 평균 53세로 남성이 55세, 여성이 52세라고 규정하고 있다. 특히, 준비 없는 퇴직유형이 많아 재취업하더라도 임시직이나 일용직이 전체의 45.6%이다. 어쩔 수 없이 창업하는 생계형 자영업이 26.7%로 고용의 질이 점점 낮아지는 경향을 보이고 있다.

2014년 5월 취업포털 '인크루트'는 직장인 826명을 대상으로 직장인 수명에 대해 설문조사한 결과 56.4%가 50세 미만까지 가능할 것 같다고 응답했다고 밝혔다. 전체의 절반 이상이 50세 이후 직장생활이 가능하지 않을 것으로 보고 있다는 말이다. 이것이 진정 대한민국의 현실이라면 너무 잔인하다.

정년이 50대 중반임에도 불구하고 실제 직장수명을 그보다 적게 예측한다. 다만 부장급 이상 직급을 가진 응답자는 절반에 달하는 49.3%가 60세 미만까지 직장생활을 할 수 있을 것으로 응답해 하위 직급보다 오래 일할 것으로 기대했다. 인크루트 관계자는 "과거에 비해 평생직장 개념이 약해지고 상대적으로 이직이 활발하면서 현재 재직하고 있는 직장에 대한 충성도도 함께 낮아진 것으로 분석"된다고 추정했다.

하지만 설문을 조금 비틀면 다른 결과도 나타난다. 2014년 6월 직장인교육 전문기업 '휴넷'이 직장인 503명을 대상으로 '제2의 인생'에 대해 설문조사를 실시했다. 그 결과, 45.3%가 '60대'를 제2의 인생 시작점으로 꼽았다. 이어 '50대' 29.2%, '40대' 19.3%, '30대' 5.8%, '20대' 0.4% 순이었다.

'제2의 인생을 언제부터 준비해야 하나'를 묻는 질문에는 '40대'부터 해야 한다는 의견이 41.2%로 가장 많았다. 이어 '30대' 28.4%, '50대' 18.9%, '20대' 8.9%, '60대 이후' 2.6% 순이었다. 또 '행복한 제2의 인생을 위해 가장 필요한 것'으로는 49.9%가 '경제력'을 꼽았으며 35.2%는 '건강'을 선택했다. 이외에 '인적네트워크' 8.3%, '시간적 여유' 2.4%, '가족의 지원' 2.4% 등이 있었다. 필자가 주장하는 내용과 유사한 결과치가 나왔다.

결국 현재 직장에서 일할 수 있는 기간은 평사원의 경우 50세 정도가 한계이다. 본인들이 바라는 은퇴 이후 제2의 인생 시작은 60대부터가 많았다. 10여년의 편차를 어떻게 활용해야 하는가. 자기계발과 설계를 하면서 본인이 하고 싶은 분야에 몰입할 수 있는 심신을 준비하는 것이 인생 3기의 성공여부를 판가름한다.

도시노인을 위한
일자리는 없다

노인들의 직업 구하기 사정은 어떤가. 2014년 3월, 서울 금천구청 대강당에서 열린 '2014 중장년 일자리 박람회'에 구직자들이 몰려들었다. 참가 예상인원이었던 500여 명을 훌쩍 넘는 인파가 몰리는 등 대성황을 이뤘다. 한 마디로 '인산인해人山人海'. 그들의 외침은 한결같이 "우리도 일하고 싶다"였다. 이날 박람회는 금천구청이 4050세대 중장년층과 경력단절 여성들의 구직 활동을 돕기 위해 마련했다. 박람회 참여업체는 모두 25곳으로 이들은 총 316개 일자리를 준비했다. 말이 4050세대이지, 40대부터 70대까지 몰린 '일자리 찾기 열전'이 벌어졌다. 행사시작 30분 정도가 지나자 참가자들은 1,000여 명으로 불어났고 한 시간 후에는 2,000명으로 늘어나 통제불능이 되었다.

정부는 2년에 한 번 정도 범부처 차원에서 '장년 고용 종합대책'을 발표한다. 하지만 두툼하고 현란한 보도자료에 비해 먹을 만한 것은 없는 '탁상공론식' 대책에 허탈해하는 사람들이 많다. 65세 이상 노인 중 일자리를 희망하는 사람은 100만 명, 정부가 제공하는 일자리는 25%도 못된다. 그

나마 일자리 대부분이 단순 노무직이라 다양한 일자리 창출이 필요하다는 지적이 나오고 있다.

취업포털 '커리어'가 2006년 10월 서울 COEX에서 열린 '2006 어르신 일자리 박람회'를 보라. 방문한 만 60세 이상 노인 구직자 826명을 대상으로 한 설문조사를 실시한 결과는 이렇다. 전체 노인 구직자들이 가장 일하고 싶은 직종은 운전·경비·배달 등 단순직(44.3%)으로 조사됐다. 희망 월급 수준은 '70만~100만 원'이 35.6%로 1위를 차지했다. 일자리를 구할 때 고려하는 것은 급여(32.3%)보다는 근무환경(36.1%)이었고 일하는 기간은 평생(22.7%)보다 70~75세(51.6%)까지를 선호했다.

그렇다면 8년이 지난 현 시점에 이 조사는 어떤 희망을 줄까. MBC 이브닝 뉴스가 2014년 10월 고령자 인기직업에 대한 취재를 했다. MBC가 고용노동부 자료를 인용한 것을 보면 1위가 청소원, 2위가 경비원, 3위가 가사도우미로 나타났다. 신규 구직자는 경비원으로 많이 진입하는데 근무 환경이 열악하지만, 업무 강도가 높지 않기 때문에 경비원이라는 직종에 대한 인기는 높다고 전한다.

결과만 놓고 보면 8년 전에는 그래도 다양한 직종으로 진출할 수 있었지만 최근에는 더욱 경박단소輕薄短小하는 추세로 씁쓸함이 밀려온다. 대부분의 노인층이 취업박람회를 통해서 취업하는 비율은 전체 참가자의 6%에 머문다. 이들도 대부분 3년 미만 근무하는 것으로 보인다. 한마디로 보통 노인이 좋은 일자리를 구해서 오래 다니기는 '하늘에 별 따기'이다.

한국 노인인력개발원의 박용주 원장은 "자신의 꿈에 도전하거나 경력을 살리는 이른바 '좋은 일자리'를 가진 노인은 일하는 노인 전체의 7%에 불과하다"고 현실을 꼬집었다. '노인일자리'는 고용의 질이 형편없다는 의미이다. 주변에서 보더라도 도시노인 일자리의 경우, 폐품수집이나 청소 등 일용직이나 임시직 일자리가 대부분을 차지하고 있다.

이것이 우리나라의 현실이다. 더 이상 동방예의지국은 없다. 노인들이 갈 곳이란 탑골공원이나 지하철 말고는 특별한 곳도 없다. 일하려고 해도 일자리가 없는 세상, 도시의 처참한 모습이다.

참고로 우리나라는 60대, 특히 65세에서 69세까지의 노인 고용률이 41%에 달한다. OECD 회원국 가운데 1위이다. 노인 대국인 일본보다도 높고, OECD 평균인 18.5%와 비교하면, 두 배 이상 높은 수치다. 왜냐하면 일하지 못하면 삶을 지탱할 수 없기 때문이다.

70대 도시재취업 죽지 못해서 한다

결론적으로 60대 이후 세대에게는 제대로 된 일자리가 주어지지 않는다. 실버 취업자 중 다수가 생활비를 위해 100만 원 정도의 낮은 임금을 받는다. 70대 이후 단순노무직 종사자 등 취약계층은 병이나 사고 등으로 근로기회를 잃어버리면 빈곤층으로 전락할 우려가 있다.

우리나라에서 70대 이상의 노인으로 산다는 것은 대단히 고통스러운 일로 점점 변화한다. 물론 현금 자산만 10억 이상 있으면 특권계층으로 살 수 있다. 퇴직자들은 여러 고통을 떠안고 70, 80대 노년을 보낸다. 너무 이른 나이에 자신의 의사와 무관하게 직장에서 밀려나 어렵게 생계를 꾸려 나가야 한다.

아무런 준비 없이 직장을 떠나는 퇴직은 이후 생활에 있어서도 회한과 시련의 연속이다. 막상 퇴직을 하고 나면 우리사회는 열심히 일한 국민에게 아무런 역할도 훈장도 주지 않는다. 다만 '역할 없는 배우'로 국가와 민족을 위해 더 열심히 노력하면서 살아달라고 요구한다. 이미 은퇴한 분들이나 퇴직을 앞둔 중장년층은 너무도 큰 아픔을 겪어야 한다.

정부가 70세 이상 고령자들을 위해 마련하는 일자리는 무엇인가. 60대도

직장과 직업을 구하기는 하늘에 별 따기인 6~10% 수준이다. 임금 수준이란 것이 시급 5,580원의 아르바이트 수준이다. 그것도 일시적인 단순노무직이 대부분이다. 상당수가 4대 보험을 절약하기 위해 1년 미만의 단기 고용이다. 대부분의 노인들은 이러한 상황 속에서 30~40년의 여생을 가난하게 살아가야 한다는 것은 치욕이라고 느낀다. 노인 자살률이 높은 이유이다.

대한민국에서 노인으로 산다는 것

2012년 6월 보건복지부가 전국 노인 1만 1542명을 대상으로 조사한 '2011년도 노인실태조사'를 발표했다. 조사결과 노인의 삶의 여건은 녹록치 않았다.

노인들은 월 평균 70만 원(연간 849만 6000원)의 수입이 있었다. 또 3명 중 한 명 꼴로 우울증을 앓고 있었으며, 치매로 발전할 수 있는 인지기능 저하를 경험하고 있었다.

독거노인이나 부부끼리만 사는 노인 단독 가구의 비중이 늘고 자녀와 함께 사는 노인들이 크게 줄었다. 독거노인은 19.6%, 노인부부 가구는 48.5%였다. 자녀와 함께 사는 경우는 27.3%에 그쳤다. 1994년에는 자녀와 함께 사는 노인이 절반 이상(54.7%)이었지만 2011년에는 노인 부부들끼리 사는 가구가 절반에도 미치지 못했다.

어쩔 수 없이 일하는 노인도 해마다 증가하고 있다. 2011년 일하는 노인은 34%였다. 노인 취업률은 1994년 28.5%, 2008년 30%로 매년 늘고 있다. 노인 일자리는 농림어업이거나 단순노무직에 쏠려있다. 일하는 노인 52.9%가 농림어업에 종사하고 26.1%가 단순노무직이었다. 노인들은 일하는 이유로 생계비 마련(79.4%)을 가장 많이 꼽았다. 이 부분을 주의 깊게 보아야 한다. 노후에 일할 수 있는 노동기반은 '귀농귀촌' 밖에 없다는 것을 이야기한다. 도시의 네트워크와 지식기반에 농업을 융합시켜야 노인이 되어서 가난하게 살지 않는다.

이런 저런 이유를 종합해 보면 대한민국의 노인은 사교육비와 자녀 혼수자금 마련을 위해 자신들의 노후를 포기한 숭고한 인물, 아니면 현실적으로는 바보와 같은 존재로 귀결된다.

노인빈곤의 끝장은 어디인가

자식과 직장을 위해 노력하다 보면 어느덧 실버가 된다. 노인이면 따라다니는 것이 '빈병족'*이다. 빈곤과 병마는 아무 준비도 없는 노인을 극단으로 몰아간다. 그 결과 노인들은 정신적으로도 '아픔'을 겪는다.

● '빈곤과 병마를 달고 다니는 족속'이라는 필자의 조어

노인은 경제적인 가난뿐만 아니라 신체적으로도 취약하다. 복지부가 실시한 '2011년도 노인실태조사'를 보자. 노인들 중 29.2%가 우울증상을 보였으며, 특히 소득 하위 20%인 노인의 47.1%가 우울증상이 있다. 평생 성실하고 열심히 일했지만 저소득으로 내몰린 노인들의 우울증이 심한 것으로 조사됐다. 이러한 아픔의 극단화는 노인들에게 자살을 유행처럼 조장한다.

실제 자살을 생각해본 적이 있는 비율도 11.2%에 이르렀다. 이들 가운데 실제 자살을 시도한 노인은 12%였다. 우리나라 노인 자살률은 세계적으로도 높은 편으로 2010년 인구 10만 명당 자살한 노인은 81.9명으로 미국 14.2명, 일본 17명으로 OECD 국가 가운데 타의 추종을 불허하는 1위이다.

한마디로 평균 수명이 늘어나 '노후'는 길어지는데 노후준비는 전혀 준비되지 못했다. 하지만 노년 경제현실은 오히려 열악해지고 있으며, 노인빈곤율과 노인자살률은 대한민국 수립 이후 최고조에 달하고 있다. 정부도 이를 방지하기 위해 복지예산을 정부수립 이래 최대 규모로 늘리지만 이것은 정

답이 아니다. 스스로 안정적인 일자리를 농산어촌에서 창출하게 돕고 이들이 80세까지 일하게 하고, 이후 자생력 없는 삶을 국가가 지원해줘야 한다.

선진국에서는 퇴직이나 은퇴를 새로운 인생의 출발로 받아들이지만 우리나라는 개인의 능력부족 등에 따른 '퇴출'이나 '용도폐기'로 인식하는 경향이 짙다. 퇴직을 재도약이나 인생 후반전을 시작하는 도전과 기회의 출발점으로 삼아야 한다.

이런 이야기를 하면 배부른 소릴 한다고 독자들은 욕한다. 하지만 패배감과 좌절감으로 실의에 빠지거나 이 나이에 무엇을 할 수 있을까 하는 식으로 '자포자기'하는 경우도 나쁘다. 노인들은 퇴물이라는 사회적 인식을 개선하자. 스스로 좋아하는 일과 취미, 봉사로 살아가자. 이것이 한국사회를 변혁하는 방안이라고 노인문제 연구가들은 지적하고 있다.

그렇다면 인생 후반전을 멋지게 보낼 준비는 어떻게 시작해야 할까. 사람들은 안락한 노후 생활이라고 하면 풍족한 노후 자금과 해외여행 등을 떠올리기 쉽지만 노후자금 마련이 은퇴생활 준비의 일부이지 전부는 아니다.

전문가들은 은퇴 후 주거지를 정하는 문제에서부터 자식과의 관계를 어떻게 정립할지, 건강을 어떻게 지속할지, 취미생활을 어떻게 풀지, 나는 누구이고 남아 있는 인생을 어떻게 보람차게 보낼 수 있을지 등에 대해 미리 대비해야 한다고 입을 모은다.

지금부터 잘 생각해야 한다. 여러 정황자료를 정리하면 다음과 같다.

1. 50대 이후(은퇴 후) 보통사람들이 안정적인 직업을 얻기는 어렵다.
2. 50대 이후 퇴직자들의 재취업을 해도 근무만족도는 매우 떨어진다.
3. 60대부터는 취직을 해도 일용직이 대부분이다.

4. 60대 직장근무 연수는 단순노무직을 포함해도 3년을 넘기기가 힘들다.
5. 돈 없는 노인들의 도시생활은 '고비용 저효율' 구조로 오래 견디기 어렵다.
6. 대부분의 사람들은 80대 초반이 되면 '빈병족'으로 몰락한다.
7. 결국 죽을 때까지 국가에 의지하는 비참한 존재가 된다.

결국 노년의 도시생활은 자전거타기와 같은 이치다. 자전거페달은 돈이나 경제력을 말한다. 힘들어도 페달을 돌려야 쓰러지지 않고 앞으로 나갈 수 있다. 만약 돈 잘 벌던 '왕년시절' 같은 내리막길이 아니라면 페달을 멈추는 순간 자전거는 넘어질 것이다. 불행하게도 한국노인 70% 이상의 자전거타기에는 쉬운 내리막길이 없다.

도시생활도 지속적으로 노동을 하고 생존경쟁에서 낙오가 되지 말아야 살아갈 수 있다. 특히 도시의 아파트 생활은 뭐든지 구매를 해야 먹고 살 수 있는 구조다. 대부분이 70대 중반 이후 빈병족이 될 것이고 기본적인 먹을거리조차 해결할 방안이 없다. 그래서 노인들이 선택하는 길은 자살이라는 최악의 방법을 조심스럽게 타진하고 택한다.

대한민국 정부에게 묻고 싶다. 조국근대화와 수출, 경제자립을 만든 이분들의 종말을 이렇게 비참하게 만들 것인가. 정녕 스스로 자조적 복지나 일자리를 통해 자급자족할 방안은 없는 것인가.

30대부터
은퇴준비를 하라

은퇴준비의 종류

20년 전만해도 우리나라 30, 40대는 은퇴준비를 몰랐다. 오로지 자녀교육과 내 집 마련이 인생목표였다. 그리고 여유 있는 사람만이 주식과 펀드, 부동산투자로 재산을 축적했다. 자본주의 국가에서 살아가니까 돈을 정당하게 투자해서 버는 것은 미덕이다. 여러 분야에 다양한 경험을 쌓고 재산을 축적하는 것은 축복받을 일이다. 다만 은퇴 후를 생각한다면 복리가 나올 수 있는 곳에 투자하는 것이 바람직하다. 내가 생각하지 않아도 원리금이 보장되면서 계속 복리로 따라갈 수 있는 곳에 투자하자. 은퇴 후 노후준비는 크게 세 분야로 나눌 수 있다.

① 삶의 에너지 저축 분야 : 돈과 공부

누구나 다 잘 아는 돈 모으기이다. 자본축적을 위해서는 끊임없는 공부를 해야 한다. 또 고급정보를 얻어야 한다. 공부하고 노력해서 대박 나고, 잘 저축하는 것이 은퇴 이후 인생을 경영하는 방법이다.

1970년대 이후 고도성장시대, 부자가 되는 길은 성실하게 월급을 저축해서는 부자되기가 어려웠다. 먼저 아파트를 분양받고 대출받고 일을 저질러야 부자가 되는 형태다. 하지만 최근 10여년 이상 예금금리는 저축을 위태롭게 하고 수십 년 고도성장기의 저축 금리를 부럽게 하고 있다.

2008년 '서브프라임 모기지' 이전까지 사람들은 집을 사고 대출이자를 조금씩 갚아나가다가 보면 어느새 집값은 처음보다 수십 %가 올라가 있었다. 이것은 집 가진 사람들에게 꿈과 희망, 자기만족이었다.

부동산투자의 조건은 인구유입과 주택보급율의 만성적 부족이 대전제이다. 산업화로 지속적인 농촌인구의 도시유입이 산업과 경기에 활력을 준다. 도시는 수출의 전초기지로 많은 노동력이 필요하다. 이를 충족시키기 위해서 도시기반시설과 주택을 건설하는 방식이 부동산의 선순환구조를 그렸다. 하지만 농촌인구의 유입이 줄어들고 지나치게 비대해진 건설사의 막가파식 아파트 건설이 임계점에 도달했다. 사람들은 더 이상 부동산 투자가 안정적이지 않다는 점을 알고 있다. 좀 더 안정적인 펀드에 매달리고 다양한 투자처를 찾는다.

최근에는 이촌향도가 아닌 이도향촌移都向村의 시대가 열렸다. 정확하게는 2009년부터 향촌向村인구가 향도向都인구보다 많아지기 시작했다. 2013년 국토부도 보도자료를 통해 농촌으로 가는 사회적 인구가 많다고 처음으로 인정했다. 이것은 중요한 지표적 전환이다. 주택가격의 양대 축인 인구이동이 지난 60여년과 다르게 변화한다는 증거이다.

② 삶의 노동 분야 : 취미와 일, 봉사

은퇴 후 40년 동안 지속할 취미와 봉사 일의 '3위 일체' 기능을 가꾸어 가는 것이다. 은퇴 후 다양한 봉사활동이나 농촌에 돌아가 목가적인 생활을 준비하는 등 아름다운 노후를 설계할 수도 있다.

사례를 하나 살펴보자. P씨는 은퇴 후 무엇을 하며 생활할지를 고민했다. 하지만 무엇을 잘 할 수 있는지 알 수 없었다. 시골에 내려가 농사를 지을 생각은 있었지만 구체적인 어떤 대안도 만들어 놓지 못했다. P씨는 20년간 하사관으로 근무했다. 당시 취미가 색소폰을 부는 것이다. 시간 날 때마다 신디사이저 연주도 즐겼다. 예편 후 보도블록, 주차블록을 설치하는 일을 했고 나름 돈도 벌고 은퇴시점이 찾아왔다.

P씨는 고향으로 내려가려고 했지만 아내와 자녀의 반대가 심해서 서울 근교 시골마을에 귀촌하기로 결심했다. P씨가 마을에서 하는 일은 노인회관에 노래방을 개설하는 일이다.

자신이 좋아하는 음악연주도 하고 할아버지 할머니 경로잔치도 열었다. 식자재를 사와 음식도 함께 만들어 어른들께 대접했다. 또 어깨 넘어 배운 주택 관련 일도 있어 집수리도 손봐줬다.

마을사람들의 태도는 어느 순간부터 외지인에서 주변인으로 바꿨고, 귀촌 3년차부터는 내지인이 되어 버렸다. 뭔가 화제 거리가 있으면 P씨를 찾는다. P씨는 자신이 좋아하는 취미를 봉사와 연계해 마을에서는 없어서는 안 될 중요한 인물이 되었다.

하지만 P씨에게는 일이 문제이다. 자신이 과거에 하던 보도블록 설치는 나이가 들어 일이 힘이 부쳐 걱정을 하고 있었다. 농사도 몇 년 경작해 보니 시들해 버렸다. 규모를 팍 줄였다. 서울에 살고 있는 자녀들에게 보내 줄 정도만 한다. 그래도 동네 어르신들과 서로 이것저것 나눠먹고 음식은 늘 남아서 넘친다.

P씨는 평소 하고 싶었던 것을 실천했다. 음악과 건축을 결합한 음악이 흐르는 건축카페를 열었다. 그동안 건축과 집짓기를 연습을 통해 허름한

카페가 아닌 흡음과 파음(破音) 방지장치가 된 음악전용 공간을 만들었다. 그리고 음악연주와 간단한 식음료를 먹을 수 있는 쌈지도 만들었다. 자신이 하고 싶은 일과 취미와 봉사를 함께하는 공간을 만들었다. 한동안 즐거움이 끊이질 않았다. P씨에게 최근 고민이 또 생겼다. "어떻게 일을 줄일 수 있느냐"이다. 결국 후배를 불러들여 동업을 했다. 날짜와 시간을 배분해 자유로운 시간을 만들었다. P씨는 저자에게 "인생은 한번 밖에 없는 연극"이라면서 "은퇴 이후에는 자신이 하고 싶고, 재미있는 일과 취미와 봉사를 잘 조화롭게 엮는 것이 중요하다"고 말한다. 그는 중용(中庸)이 행복을 가꾸는 지름길이라고 판단한 것 같았다.

③ 삶의 철학 분야 : 건강과 가족 그리고 친구

은퇴 후 40~50년 동안 가장 필요한 것은 건강이다. 그리고 가족은 미우나 고우나 함께 가져가야 할 그림자이다. 이 둘은 운명공동체로 같이 가야 하지만 세상이치는 늘 그대로 흐르도록 우리를 놔두지만은 않는다. 이해와 사랑, 믿음, 배려로 지켜가야 할 존재.

다음으로 허구한 날, 만나도 지겹지 않는 친구들을 만들어야 한다. 남자들의 세계에서 친구들은 보통 직장생활의 선후배, 학교생활의 동창, 고향 선후배 등으로 구성된다. 여성들은 커뮤니티나 취미, 종교, 자녀, 각종 계모임 등 시시콜콜 다양하다. 여기서도 중요한 것은 취미생활을 같이 할 수 있는 친구를 만들어 나가야 좋다. 예를 들어 인터넷 동호회에 가입해 활동하면서 오프라인 모임에 나가서 인사하고 이들과 친하게 지내는 것도 하나의 방법이다.

● 인생이란 8개의 공을 조화롭게 돌리는 지혜 ●

인생은 공중에서 8개의 공을 돌리는 마술이다. 각각의 공을 일, 취미, 봉사, 가족, 건강, 친구, 그리고 나와 가족을 지탱해 주는 돈과 학습이다. 서커스의 피에로처럼 모두 공중에서 공이나 봉을 돌리자. 40세가 넘어가면서 당신은 일, 취미, 봉사라는 공은 고무공이어서 떨어뜨리더라도 바로 튀어 오른다는 것을 알게 될 것이다.

삶의 무게에 스트레스 받고 현실이 고통스러울 때 다른 부류의 공이 존재한다는 것을 어렴풋이 알게 된다. 하나의 부류는 무거운 쇠로 만든 공이고 또 다른 부류는 유리공이라고 추측한다. 바쁜 일상이 흐르고 50세가 넘어가면서 '가족, 건강, 친구'는 확실히 유리로 되어 있다는 것을 인식한다. 만일 당신이 셋 중 하나라도 떨어뜨리게 되면 추락한 공들은 강도에 따라 닳고, 상처입고, 긁히고, 깨지고, 흩어져 버려 다시는 과거와 같이 될 수 없음을 깨우친다. 그렇다. 당신이 지켜야 할 것은 유리공이다.

무거운 쇠구슬 공은 쉽게 굴리거나 움직일 수 없다. 단지 돈과 학습 혹은 정보는 내 주변에서 항상 내가 필요할 때 나에게 도움을 줄 수 있도록 기름을 치고 관리하는 것이 지혜라는 것을 경험한다. 이 사실을 인식한 순간부터 당신의 인생에서 8개의 공들이 균형을 갖도록 노력해야 한다.

친구는 자식 모두 키워 놓은 다음부터 진짜 필요하다는 이야기도 설득력을 가진다. 마음 맞는 친구와 서로 하고 싶은 일 나누자. 가정도 포기한 채 청춘을 바쳐 한 평생 지켰던 직장도, 혼신의 힘을 다해 뛰었던 사업도, 결국은 시대와 젊음 앞에 서서히 멀어지고 일은 떠나가는 것이다. 그것이 거역할 수 없는 사회의 섭리임을 왜 몰랐을까.

결국 사람에게 평생직장은 가정뿐이고 배우자가 가장 소중하다. 건강하게 살기 위해서는 가정을 중심으로 얼마간의 돈과 자신이 할 수 있는 취미, 친구와 일이 있어야 한다. 일도 돈을 벌기 위한 일이 아니라 소일과 취미, 친구와 가족과의 끈끈한 정(情)을 이어주는 매개체가 되어야 행복하다.

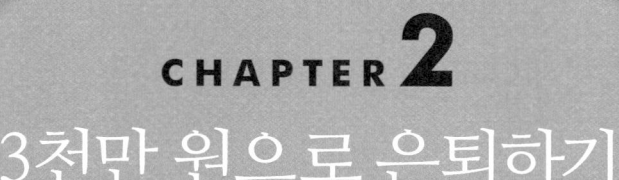

CHAPTER 2
3천만 원으로 은퇴하기

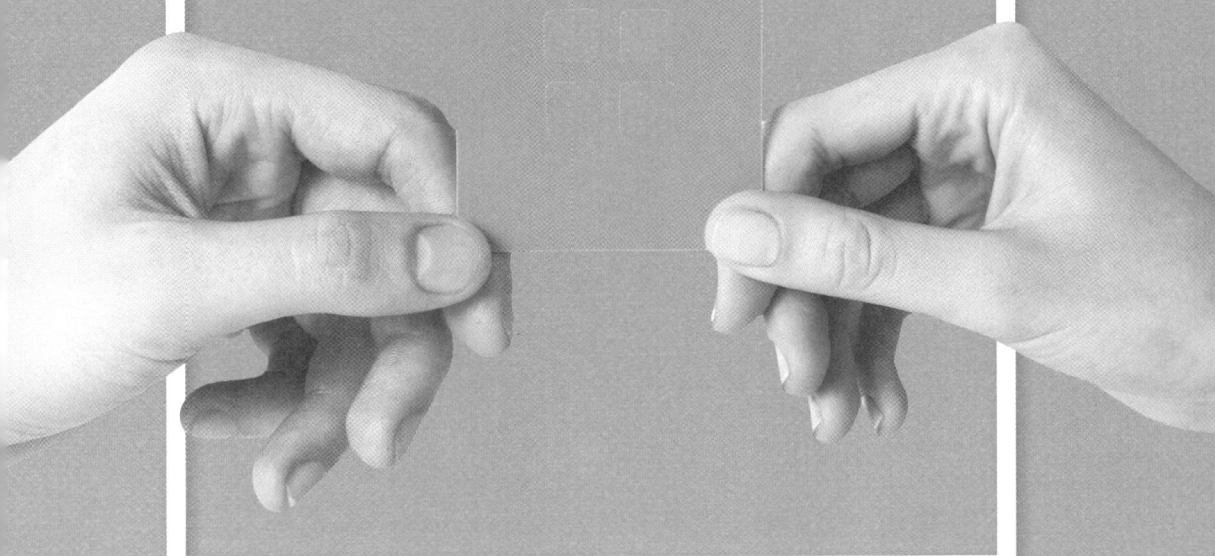

은퇴자금의
공포는 없다

보통사람들이 마련할 수 없는 노후 은퇴자금

여기서 잠시 은행과 보험, 펀드 등 개인의 돈을 유치해서 사업을 하는 기관에서는 어떻게 노후자금을 보고 있으며 얼마나 필요한지에 대해 살펴보자.

2008년 이후 은행과 보험, 펀드 등 금융권이 노후자금 유치에 혈안이다. 돈 있는 부자들의 돈을 안정적으로 장기 관리한다는 전략이다. 또 미래가 불안한 20, 30대도 불안감을 부추겨 노후대비를 하라고 독려한다. 이제는 중장년층뿐만 아니라 청년층까지도 노후산업시장에 포함시켜 전천후 마케팅을 한다. 각종 노후관련 상품을 팔기 위해 겁주고 스트레스를 받게 해서 어르고 부추기는 '공포마케팅'이 현실이 됐다.

착각하지 말 것은 은퇴와 노후는 돈만으로 준비되는 것이 절대 아니다. 그렇다고 돈도 없이 아무런 준비도 하지 않는데 누군가 주는 것도 결코 아니다. 보통 사람들이 준비해야 할 것은 무엇인가. 적은 돈으로 노력하면서 스스로 노후를 준비하는 방법이다. 필자가 관심을 갖는 것은 '3천만 원으로 은퇴 후 40년 사는 지혜'이다. 금융권에서 말하는 것처럼 적어도 8~10억 이상을 저축할 수 있는 사람들 이야기가 아니다.

• 가상의 40대 김성실 씨 사례(상위 10% 수준) •

대기업 부장인 김성실 씨(45)와 공무원 아내 복지부동 씨(44)는 중학교 3학년의 아들과 초등학교 6학년의 딸을 두고 있다. 남편은 법 개정으로 60세 은퇴를 예상하고 있지만 기업생리상 요즘 불안하다. 그보다 아내는 느긋한 편이다. 고위직 공무원도 아니고 60세 정년퇴직을 내심 믿고 있지만 연금축소가 걱정이다.

현재 부부의 소득은 월 800만 원이 넘지만 3년 전 구입한 주택자금 3억 5천만 원이 부담스럽다. 이자와 원금, 자녀의 사교육비, 시골에 사는 부모님 용돈, 각종 경조사비를 포함하고 남들과 어울려 해야 할 여행이나 모임을 생각하면 한 달 100만 원 저축하기도 빠듯하다. 이들이 현재 가진 재산은 시가 7억 원을 하는 아파트 한 채와 주식 1천만 원, 정기예·적금 3천500만 원, 적립식펀드 500만 원이 재산의 전부다.

남편이 앞으로 10~15년을 더 직장생활을 하고 아내가 16년을 한다고 가정하자. 이들 가족이 앞으로 10년 후에 아이들 교육이 마무리되고 회사취직과 결혼을 한다고 가정하면 자녀들에게 약 2억 원 정도 비용이 소요될 것으로 추정된다. 이들이 절약을 해서 매달 200만 원씩 저축을 한다 해도 자녀와 부모부양을 포함한다면 향후 4억 원 이상을 모으기는 어렵다는 결론에 도달한다. 김성실씨 가족이 가진 총자산은 12억 정도. 이 중에서 부채가 3억 5천만 원 정도다. 이들이 은행에서 여러 프로그램을 사용한다고 해도 마지막 인생의 황혼기는 불안하다. 김성실씨 정도라면 대한민국에서 가장 안정된 중상층의 최적의 예이다. 상위

> 10% 안에 속하는 가정이라고 볼 수 있다. 하지만 이들 가족도 금융권에서 말하는 안정적인 노후를 준비하는 가정은 아직 아니다. 김성실씨 가족이 은퇴하면 약 300만 원 정도 연금을 받을 수 있다. 하지만 병이나 사고가 겹친다면 100세까지 살아가는 데는 불안하다. 대안은 80세가 될 때까지 20년 정도 더 일하면서 취미거리를 찾는 것이다.

금융기관의 은퇴자금 추정치와 공포마케팅

그렇다면 은행이나 금융권에서 예상한 은퇴 후 노후자금은 도대체 얼마인가. 조사기관에 따라 추정치가 각양각색이어서 은퇴가 예상되는 40~50대 중년들은 혼란스럽다.

최근 추정치부터 과거까지 거슬러 올라가 보자. 2015년 1월 한국보건사회연구원 김재호 부연구위원은 '초고령사회와 노후소득' 연구보고서에서 "은퇴 후에 필요한 평균소득은 약 4억 322만 원으로 월평균 약 153만 원"이라고 밝혔다. 필요소득수준이란 은퇴 후 소비를 충당하는 데 필요한 소득 수준을 말한다. 보통 65세 이상 노인가구의 월평균 소비지출액이 약 82만 원인 것을 감안하면 실제 65세 이상 노인가구가 매달 쓰는 필요소비액은 현실보다 더 많은 셈이다.

2014년 1월 국민연금관리공단은 국민연금연구원의 노후보장 패널조사(2011년도분)를 분석한 결과, 50대 이상 은퇴자와 은퇴예정자가 최소 극빈생활비로 매달 부부 합산 133만 원, 개인은 월 77만 원이 필요한 것으로 나타났다고 밝혔다. 응답자들은 극빈 생활인 '최소'가 아니라 표준 생활인 '적정' 생활비로는 부부 합산 매달 184만 원이라고 답했다.

2013년 3월 국민연금공단에서 나온 다른 자료를 보면 1인 가구가 서울에서 생활하는 데 필요한 적정 생활비는 월 평균 140만 원으로, 65세에 은퇴하는 경우 90세까지 8억 800만 원이 들어간다고 언급했다. 결국 연금공단측은 최소 133만 원 정도가 필요하고 전체금액은 8억 정도를 준비해야 한다고 판단하고 있다.

KB금융지주 경영연구소가 2013년도 10월 발표한 '2013 한국 비은퇴 가구의 노후준비 실태' 보고서에 따르면 "월 평균 노후생활비 227만 원의 91만 원만을 준비"해서 비은퇴자 노후준비에는 "월 136만 원 부족"한 것으로 밝혔다.

2008년 3월 매일경제신문사와 농협중앙회, 삼성경제연구소가 공동으로 여론조사 전문기관인 KDN리서치에 의뢰해 성인 남녀 1,500명을 대상으로 조사한 결과 응답자들은 평균 수명을 80세로 가정했을 때 60세 이후 20년간 필요한 노후자금을 평균 3억 9000만 원이라고 답했다. 이것을 월별 환산을 하면 매월 162만 5천 원이 필요하다는 이야기이다. 응답자들은 매월 160만 원의 생활비 지출을 예상하고 있으며 최소 4억 원을 노후자금으로 마련해야 은퇴 후 안정된 생활이 가능할 것으로 판단하고 있다. 그럼에도 불구하고 상당수가 노후 필요자금을 공적연금에 의존하려는 경향이 있는 것으로 나타났다.

삼성금융연구소가 2007년 전국 7대 도시 거주 4000가구를 대상으로 조사를 했다. 근로소득자가 60세에 은퇴했을 때 원하는 생활수준을 유지하기 위해서는 은퇴 시점에 평균 8억 1000만 원, 월 200만 원이 필요한 것으로 추정했다.

LG경제연구원이 2006년 10월 분석한 자료에 따르면 현재 40세 부부가 60세에 은퇴하고 평균 수명까지 사는 데 필요한 자금은 4억 7300만 원으로 조사됐다. 60세부터 생활비를 매달 쓰고 자금을 굴려 연 5% 수익률을 거두는 경우다.

삼성생명은 2006년 10월 직장에서 60세에 은퇴한 부부가 연간 해외여행을 한 번 하고 골프를 월 2회, 가사도우미를 월 8회 부르는 등 풍요로운 노후생활을 하면서 80세까지 산다고 가정할 때 거주비를 제외한 노후자금은 11억여 원 필요하다는 계산을 제시했다.

교보생명이 2005년 11월 추정한 노후자금은 11억 원이었다. 또 2014년 3월 추정에 따르면 30세 직장인이 55세에 은퇴했다고 가정했을 때 은퇴시점에 필요한 금액은 9억 8627만 원이다. 물가상승률 3%로 은퇴 이후 월 생활비를 150만 원만 쓰면서 90세까지 산다는 조건이다.

2005년 PCA생명은 1000명을 대상으로 한 설문조사에서 은퇴 후 부부가 취미와 레저생활을 하면서 80세까

- 이 비용은 본인이 월 필요자금을 30년을 지속한다고 가정해서 산출한 것으로 LG경제연구원이 제시한 평균적인 노후자금은 현재 40세의 경우 60세에 도달했을 때 그 시점의 돈 가치로 환산해 1억 8천만(군 지역)~4억 7천만 원(서울)이 있으면 될 것으로 추산했다.

각 기관 별로 추정하는 가구당 노후 필요자금

조사기관	조사시점	평균 은퇴비용	비 고
보건사회연구원	2015. 1	4억 322만원	월 153만원, 노인가구 월 평균지출액 82만원
국민연금관리공단	2014. 1	월 184만원	최소 부부 월 133만원, 개인 77만원 필요
통계청	2013.11	월 247만원	최소생활비 168만원 전년보다 10만원증가
국민은행	2013.10	월 227만원	40.3%(91만원)만 준비 예상
매경. 농협	2008. 3	3억8939만원	월 162만원, 80세 생존가정
LG경제연구원	2006.10	4억7300만원	60세 은퇴 / 연 5% 수익률 가정
삼성생명	2006.10	11억원	연1회 해외여행, 월2회 골프 등
PCA생명	2005.10	5억5920만원	월 233만원/80세 사망예측
통계청	2005.12	3억6천만~ 5억4천만원	서울시 154만원, 광역시 130만원, 군 지역 97만원
국민연금관리공단	2004. 5	2억6000만원~13억	평균 7억

지 사는 데 월 233만 원씩 모두 5억 5천920만 원이 드는 것으로 제시했다.

공포마케팅에 빠지지 않는 현명한 은퇴계획

독자들이 먼저 인지해야 할 것은 금융기관보다도 국가통계를 믿으라는 것이다. 적어도 국가는 공익을 따질지언정 기업이익이나 사익을 추구하기 위해 '뻥' 치지는 않는다. 2013년 11월 통계청이 발표한 '2013 가계금융·복지조사'에 따르면 현재 은퇴하지 않은 가구주들이 생각하는 은퇴 후 적정생활비는 월 247만 원인 것으로 조사됐다. 이들 가구주의 예상 은퇴 연령은 66세이며, 가구주와 배우자의 월평균 적정생활비는 247만 원, 최소생활비는 168만 원으로 응답됐다. 이는 2012년 조사 때보다 적정생활비는 18만원, 최소생활비는 10만 원 늘어난 금액이다.

약 10년 전인 2005년 시점은 은퇴전략을 구성하는데 기준이 되는 가이드라인이 만들어진 해이기도 하다. 2005년을 기점으로 '가구 소비 실태'를 근거로 은퇴생활을 하고 있는 고령자 부부의 월평균 생활비를 통계청이 조사했다. 주거비를 포함해서 군 지역의 경우 97만 원, 시나 광역시는 130만 원, 서울은 154만 원이라고 제시했다. 최소생활비라고 가정해도 매년 10만 원씩 증가한다는 결론에 이를 수 있다.

2004년 5월에 국민연금관리공단이 노후자금의 틀을 만들었다. 공단이 분석한 노후자금은 『2억 6천만 원~13억 원』으로 산정했다. 이를 종합해 보면 연령별로는 30대, 40대, 50대, 60대 이상으로 구분했다. 지역도 과소지역, 중소도시, 서울을 포함한 대도시권으로 구분해 놓았다. 이를 근거로 사망시점까지 적게는 2억 6천만 원, 평균 7억 원, 많게는 13억 원에 이른다는 대안을 발표했다. 이 추정치를 근거로 수많은 금융권이 마케팅 전략을 세우고 공포마케팅을 시도하고 있다.

이와 같은 추정치는 저금리 현상과 보험회사들의 공포마케팅 전략이 겹쳐 과장된 것이라는 지적도 나오고 있다. 하지만 은행권에서 바라보는 안정적인 노후생활을 위한 가이드라인으로 참고하기에는 충분한 자료이다. 또 하나 중요한 것은 실제 건강수명이 늘어나면서 도시가 아닌 농촌에 귀농귀촌해서 일자리를 창출한다면 소득증대가 실현되는데 이러한 관점에 대해서는 전혀 언급이 없는 것이 아쉽다.

독자가 주의해야 할 것은 대기업이나 공적연금에 대한 공포감 확산이 결과적으로 국민이 아닌 거대금융기업에게 도움을 준다는 것이다. 대표적인 참회록이 '우재룡 한국은퇴연구소 소장'의 자기반성이다. 그는 삼성생명 은퇴연구소 소장을 역임(2010.08-2012.12)한 대표적인 은퇴전문가로 통한다. 그가 2013년 4월 6일자 머니투데이와 인터뷰하며 '삼성에서 공포마케팅하며 가슴이 아팠다'고 전했다. 그의 폭탄선언이 의미하는 것은 무엇인가.

IMF 이후 한국에 몰려든 보험사 등 외국계 금융회사들이 2005년 이후 '공포 마케팅'을 한국에 전파했다. 통계와 수천 명 설문조사를 인용한 복잡해 보이는 수치, 선진국의 추세와 한국의 현실을 접목해 새로운 공식을 만들어 잔뜩 나열한다. 결론은 "은퇴자금이 10억 원이 필요한데, 지금 이대로 가다간 1억 원도 못 모은다"고 잔뜩 겁을 주고 최면에 걸린 듯 당황한 당신을 컨설팅한 뒤 교묘하게 상품을 팔았다.

공포마케팅을 추구하는 대부분 보험회사들의 추정치는 감당하기 어려운 고비용이다. 이것은 상류층을 주 공략 대상으로 삼아 노후자금 설계가 골프, 해외여행, 파출부, 중형차 등으로 상징되는 '웰빙+웰다잉 생활 패턴'을 전제로 이루어졌기 때문이다. 또 기술적으로는 노후자금 규모와 물가상승률은 과대평가하면서 노후에 얻을 수 있는 투자의 기대수익률은 낮게 책정한 것도 문제점으로 보인다.

우리국민의 80% 이상은 이러한 수치를 보면 자신의 일이라고 생각하지 않는다. 설령 생각한다고 해도 이런 고소득을 낼 수 있다고 판단하지 않는다. 그렇다면 보통사람들의 은퇴 후 노후 대비는 어떻게 해야 하는가. 국가나 정부가 대안을 못 만든다면 우리가 자조적으로 만들어야 하지 않는가.

먼저 은퇴 후 기대수준을 낮추면 많은 일들이 편해진다. 서울에서 산다면 평균 250만 원, 최소 154만 원이 든다. 하지만 지방 군지역의 읍·면소재지가 97만 원이지만 실제 자연마을로 가면 70만 원이면 살 수 있다. 도시에서 노년가구에 가장 비중이 큰 것이 식비와 건강에 관련된 비용이다. 농산어촌에서 산다면 많은 부분의 식비와 건강관련 부분이 공기 좋은 곳에서 농사지으면서 안전한 먹거리로 해결될 수 있다. 때문에 귀농귀촌에 설득력이 있다.

건강은 안전하고 신뢰할 수 있는 신선한 음식으로 지켜야 한다. 음식으로 지키지 못한다면 병원에서도 큰 도움을 받을 수 없다. 문화생활이 불편하지만 노동하고 봉사하며 살아가자. 시골에서 일하는 것은 작고 소박하게 살아가는 방식을 익히는 것이다. 은퇴 이후 인생은 작고 소박하게 나누고 원주민을 위해 봉사하는 시간으로 판단하자.

그렇다면 100만 원으로 충분히 시골에서 살아갈 수 있다. 자신이 좋아하는 일을 해서 작은 소득 올리고 먹을 것을 자급자족하고 도시의 후배나 지인, 자식들에게 안전한 농산물을 공급해 주고 꾸러미사업으로 살자.

그러기 위해 도시에서 귀농귀촌교육을 제대로 받고 충분히 준비하자. 보통사람이라면 아마 연수입 2,000만 원 월수입 200만 원 언저리를 그릴 것이다. 이것으로 아끼고 근면하게 생활해 안빈낙도安貧樂道를 즐기자. 가급적 100만 원으로 생활하자. 80세 이후 일 못할 것을 생각해서 최대한 절약해서 살자. 3천만 원으로 은퇴 후 40년 사는 지혜를 만들자. 먹을 것 자급자족하고 세금도 내자. 우리세대 사람들이 세계에 전하는 한국발 새로운 메시지가 될 것이다.

은퇴자금
3천만 원으로 충분하다

은퇴자금은 계륵鷄肋이다. 정부 입장에서도 수많은 돈이 고령자를 부양하기 위해 들어간다면 국가재정이 엉망이 되고 국가발전에도 득得 될 것이 없다. 필자는 60대를 노인으로 보고 이들을 고령연금 등으로 지원하는 것을 반대한다. 정부가 가야 할 길은 자조적 복지정책이다. 60대는 노인이 아니라 신장년이다. 이들이 스스로 일 할 수 있도록 도와주고 농산어촌에서 소득을 올리면서 봉사하게 돕자. 80세가 넘어 지쳐 힘들 때 나머지 부족한 부분을 정부가 채워주는 정책이 바람직하다.

만약 도시에서 은퇴 후 40년을 보낸다고 결정한다면 긴축과 저축, 피말리는 투자전략과 보험, 그리고 주거 포트폴리오 등을 지루하고 고통스럽게 대처하며 장기전을 대비해야 한다. 그 전쟁에서 본인이 100% 이길 것이라는 확신을 갖지 말라.

이제 돈 많이 들어가고 점점 초라해지는 노후를 도시에서 보내는 방식의 제고가 필요한 때이다. 부자가 아니라면 금융권에서 권장하는 은퇴방법을 과감히 정리하고 저비용 고효용의 은퇴방식을 찾아 나서자.

아름다운 자연과 훈훈한 인심이 살아있는 전원생활 귀농귀촌을 준비하자. 들어가는 비용은 3천만 원으로 충분하다. 한국농어촌공사에서 임대하는 한계농지와 빈집을 1천만 원을 들여 빌리자. 그리고 1천만 원으로 민박을 하고 된장과 고추장을 담구고 발효액이나 효소차도 만들고 전통주도 익히자. 도시에 사는 친척이나 친구, 직장 선후배에게 안전하고 신선한 농산물을 공급하자. 10가구에게만 무농약 농산물을 공급하고 민박을 경영한다면 월 120만 원 연소득은 1천 5백만 원 정도가 나올 것이다. 나머지 1천만 원은 미래를 위해 투자해 놓자.

도시의 자산과 연금은 있는 그대로 장기 복리로 돌리는 방안을 생각하자. 노후는 어떤 일이 어떻게 발생할지 아무도 모른다. 은퇴 이후 삶의 방식은 이소연과 같이 동거해야 한다. 앞서 설명했듯이 이소연은 '이자+소득+연금'이다. '3:4:3'의 원칙을 세우고 시골의 소득만으로 생활하는 안빈낙도를 실천하자. 어렵고 힘들어도 익숙해져야 한다.

익숙해지는 방법은 '교동공장'이다. ①교육을 농업기술센터에서 받고, ②동네에 봉사하면서 친교하고, ③공무원과 친하게 싸우지 말고 지내고, ④장기알바를 선도농이나 강소농, 작목반장 등 연수입 1억 이상 되는 고소득자에게 받는 방법이다.

좀 더 구체적으로 3천만 원에 대해 살펴보자. 먼저 3등분을 하자. 주거에 1천만 원, 농사 및 생활에 1천만 원, 비상금으로 1천만 원으로 삼등분하자.

첫째, 주거마련은 한국농어촌공사 농지은행(www.fbo.or.kr)에 들어가면 다양한 매물을 검색할 수 있다. 연고가 있지 않다면 절대 초기에 바로 농촌에 집이나 전답을 사지 말라. 바로 사서 후회해봐야 아무도 알아주지 않는다. 먼저 농지은행이나 시군 귀농지원센터에 연락해서 빈집과 텃밭을 임

농지은행 홈페이지(www.fbo.or.kr)

대해야 한다.

선임대 후매입 원칙을 지키자. 임대료는 1천만 원이면 충분하다. 이것보다 비싼 2~3천만 원 하는 집과 전답은 규모화를 필요로 하는 것이다. 또 농촌의 어메니티가 떨어지는 곳이 대부분이다. 가급적 과소화되어 농촌다움과 전통이 있는 곳을 노려라. 주변 경관과 농지가 서정적이면서 어메니티가 있는 곳을 주의 깊게 보는 것이 바람직하다.

시골에 직접 가서 보면 1천만 원으로 집을 찾기는 쉽지 않을 것이다. 하지만 찾아보면 없는 것도 아니다. 아래와 같이 대부분이 산촌 어촌과 연관되는 곳에 많이 있다.

이들 지역의 특성은 도시에서 멀리 떨어진 낙후지역이다. 잘 찾아보면 1천만 원으로 주택과 전답을 임대해서 농사지을 수 있는 곳이 있다. 평소에 엉뚱한 곳 가지 말고 과소지역을 집중하다. 물론 음성, 예산, 상주, 문경, 통영이나 제주 조천읍과 같은 몇몇 지역은 조금 무리이다. 해당 지역 특징은 백두대간과 소백산맥 주변의 산촌이거나 바다에 접한 오지가 많다. 앞으로는 이런 지역에서 경관과 여유를 갖고 6차산업부터 시작해 친환경 농업을 이행하면 가능성이 많다. 낙후지역은 지자체에서 지원하는 다양한 프로그램이 많다. 왜냐하면 과소지역에서 인구감소를 해결하기 위해 귀농귀촌 시책을 마련해야하기 때문이다.

둘째, 1천만 원으로 농사를 지어야 한다. 농사는 먼저 10명의 도시가구

• 대한민국 귀농귀촌 60선 •

강원도 (10): 양구(양), 인제, 화천, 정선, 영월, 삼척

충청북도 (6): 옥천, 보은, 단양, 영동, 괴산, 음성

충청남도 (7): 금산, 부여, 청양, 예산, 서천, 보령, 홍성

경상북도 (7): 봉화, 영양, 청송, 문경, 상주, 예천, 의성

경상남도 (10): 거창, 합천, 하동, 함양, 산청, 남해, 창녕, 의령, 고성, 통영

전라북도 (7): 무주, 진안, 장수, 완주, 고창, 순창, 임실

전라남도 (11): 장흥, 보성, 고흥, 완도, 해남, 진도, 강진, 무안, 신안

제주도 (4): 한경면, 표선면, 안덕면, 조천읍

※ 암기할 때는 지역 이름 앞 글자를 따서 외워 보자.(예, 무진장완고순임(전라북도))

와 네트워킹을 마련해야 한다. 이들로부터 미리 친환경먹거리를 구매한다는 약속을 받자. 도시에서부터 안전한 도시농업 공급을 통한 신뢰를 형성하는 것이 필요하다.

기본적인 생각은 일본에서 유기농 직거래를 하는 귀촌가구와 유사하다. 먼저 도시농업에서 친환경농산물이라는 가능성을 보여준다. 다음, 귀촌 후 그곳에서 생산하는 다양한 친환경농산물을 도시민에게 공급한다. 매년 3월에 시작해서 2월에 계약이 끝난다. 4~5월에 새순과 산나물, 여름과 가을에 농산물을 택배로 보내준다. 여름휴가는 농촌에서 보내고 2박과 식사를 책임진다. 가을에 김장을 같이 해서 나눠가고 다음해 2월 고추장, 된장을 함께 만들어 가지고 간다.

이 정도로 해서 100만 원을 선불로 받는다. 지금같이 먹거리 불안이 화

두인 시대에 안전한 먹거리를 안심할 수 있게 먹을 수 있다는 것은 큰 만족이다. 더구나 여름에 휴가까지 마음을 나누는 사람과 보낸다는 것은 큰 기쁨이기도 하다.

10가족을 미리 1백만 원씩 1천만 원을 받아 이것으로 농사를 짓는다. 가급적 품종은 다양하게 하고 도시 지인을 참여를 독려한다. 이것이 성공 비결이다. 규모가 커지면 마을주민들이 참여하는 꾸러미사업으로 확대도 가능하다. 처음부터 규모화하는 농사는 금물이다. 도시에서 충분히 도시농업을 연습한 이후 참여가 가능하다. 농사가 익숙하지 않은 사람들은 ①안전하고, ②안심할 수 있으며, ③신선하고, ④신뢰받는 농산물을 꾸러미사업으로 공급해 소득을 내자. 필자는 '2안2신'이라고 용어를 만들었으며 이것을 생산하거나 유통하는 것이 귀농귀촌인이 살아갈 수 있는 방안이라고 주장한다.

자신이 준비한 비상금 1,000만 원은 가급적 사용하지 않는다. 보통 유기농으로 한다면 최대 부부가 5백~1천 평 정도는 농사지을 수 있다. 하지만 초기에는 농지農地나 농사욕심을 내지 않고 적당히 쉬엄쉬엄 하고 지력地力을 살리면서 친환경농산물을 유통하면서 농사일을 배우고 익히자. 고객관리와 민박, 원료가공형 꾸러미사업에 치중하는 편을 권한다.

전국에 유명한 진주 엄마꾸러미가 2만 5천 원에서 5만 원 상당의 꾸러미 박스를 매주 보내는데 반응이 폭발적이다. 필자는 매주 보내는 방식이 아니라 즐기면서 소통하고 교감하는 방식을 추천한다. 다음 표에서 보는 만큼의 농산물을 친환경농산물로 공급한다면 결코 서울에서 사기 힘든 가격이다. 최소 150만 원 이상은 족히 들 것이다. 이것을 100만 원에 공급한다면 10가족 모으기는 그리 어렵지 않다. 명심할 점은 귀농귀촌 하기 전에 도시농업을 통해 자신의 농산물을 팔아 줄 고객을 미리 확보하는 것이다. 영

- **1가족이 100만 원을 낸다고 산정했을 때의 명세표**

- 휴가비용　　　　　　40만 원(4인 2박 6식 자연산 닭백숙)
- 김장비용　　　　　　20만 원(4인 친환경배추, 총각김치, 무김치)
- 고추장, 된장비용　　　10만 원(무농약 콩, 친환경 고추)
- 채소 및 농산물공급　　20만 원(유기농 쌈채, 오이, 호박, 고추 외 4회 공급)
- 각종 효소&술 공급　　10만 원(복숭아주, 매실주, 오디주, 포도주 등 2리터공급)
- 그 밖에 과일, 고사리, 산채 서비스

국, 프랑스, 독일의 경우와 달리 일본과 한국의 귀농귀촌인들은 그냥 내려가 생산하고 나서 비로소 판매걱정을 하고 마케팅을 고민한다.

또한 중요한 것이 어떻게 믿음을 심어주고 모임을 잘 이끌어 나갈 것인가이다. 그리고 친환경농업으로 재배해 안전하고 안심할 수 있도록 정성으로 재배해야 한다. 만약 자신이 유기농으로 재배할 수 없다면 주변에 믿을 수 있는 인증 받은 친환경농산물을 공급하자. 저농약, 무농약, 가급적 유기농산물이나 자연에서 수확한 자연농산물이 있다면 그것을 공급해 주자.

세 번째는 1천 만원은 예비비로 준비해 놓아야 한다. 농촌에서는 돈을 벌려면 오히려 돈이 들어가고 규모화가 되면 돈을 낭비하게 된다. 철저하게 소농구조와 가족자경농이 되어야 경쟁력이 있다. 귀농 첫해에 농사로 돈 벌려고 한다면 최소 적자를 면하기 어렵다. '교동공장'을 기억하자. 가급적 좋은 농산물을 고르는 눈을 만들고 꾸러미사업으로 농산물을 지인에게 공급해서 생활하자. 만일을 위해 1천만 원은 예비비로 남겨두면 좋다.

이렇게 농사를 한 2년~5년 정도 경작하고 정말로 마을이 좋고 농사가 천직이라고 생각되면 그때 농지를 사도 늦지 않는다. 하지만 동네와 원주민을 모른 채 농지부터 사서 농사지으면 후회하기 쉽다. '선임대 후매입', 이 점만 명심하면 된다.

그러면 도시의 집과 재산은 어떻게 하나. 그것은 전세든 월세든 이자를 받을 수 있는 구조로 만들어 놓아라. 시골에서 살려면 절약을 해도 한 달에 70~100만 원 정도는 든다. 또 규모는 작지만 경조사비는 여전히 나갈 것이다. 서울 집을 월세로 놓는다면 별로 걱정 안하고 마음 편히 시골에 내려와 살 수 있을 것이다.

생활은 처음에는 무척 불편하고 점차 불편하지만 익숙해질 것이다. 조금 불편해도 짠돌이, 짠순이로 살자. 정이 통하는 사람과 자연의 넉넉함, 느림의 미학으로 자신만의 생활문화를 만들어 보자. 취미생활을 하면서 일이 있어 좋고, 소득이 있어 행복하다. 자식 같은 농작물이 자라고 수확을 맛보아서 기쁘다.

건강과 돈, 일이 없으면 인생은 초라해지고 외롭고 고독해진다. 도시에서 무료급식이나 받고 종각에서 천안까지 지하철 1호선을 타고 왔다 갔다 하루를 보내지 말자. 열심히 일해 연수 2천만 원을 만들자. 건강하게 농촌과 농업을 지키고 가꾸면서 자신감 있게 사는 방법이 좋지 않은가.

초라한 노후는 자신뿐만 아니라 국가도 가난하게 만든다. 결국 스스로 자조적 복지를 만들어 가는 개념이 귀촌하는 방안이다. 필자가 작명한 '일소대부건'이란 말이 있다. ①일을 안 하면 소득이 없고 ②소득이 없으면 대인을 기피하고 ③대인 접촉 횟수가 줄어들면 부정적으로 변하고 ④부정적인 사고를 가지면 건강까지도 해치고 ⑤건강을 잃으면 모든 것이 끝장이다.

3천만 원으로 40년을 살아가자는 의미는 우리가 스스로 잘할 수 있는 일과 기회와 가능성을 융합해 열심히 살자는 뜻이다. 스스로 일하는 대한민국, 스스로 일할 수 있도록 돕는 나라가 희망을 주는 나라이다. 자신의 노후를 스스로 책임질 수 있는 국민은 1등 국민이다. 개인에게 부담을 줄여주며 스스로 행복하게 살아가는 방법을 찾고자 노력하는 국민에게 대한민국이 도움을 줬으면 한다.

정부도 노후복지는 스스로 일자리 마련하기 위해 노력하는 국민에게 인센티브를 주자. 늙어서 세금내면서 사회에 건전하게 기여하는 사람들에게 먼저 혜택을 주는 방향으로 귀농귀촌정책을 전환하는 것이 국익과 사회안정에 기여할 것이다.

농촌에 내려가서
생활하는 비용

시골에서 잘 먹고 잘 사는 방법

그렇다면 시골로 내려가 실제 살 수 있는 기간과 행태는 어떻게 될까. 50~60세 정년을 한 후 75~85세가 되는 20~30년을 시골에서 생활을 한다. 이후 몸의 기력이 약해 더 이상 농사를 경작할 수 없다. 농촌에서 여생을 보낼까, 아니면 다시 도시로 돌아와 5~10년을 대형병원 근처 아파트나 노인캐어센터, 요양원에서 살까. 어차피 마지막 5년 정도는 입원과 퇴원, 중환자실을 거쳐 100세에 사망한다고 생각하자. 21세기 인류는 디지털 노마드$_{nomad}$이기 때문에 끊임없이 이동할 것이다. 그것이 운명이다.

행정 리$_里$ 단위의 시골에서 최대한 절약한다면 한 달에 70만 원씩 85세까지는 2억 5천 2백만 원이 든다는 계산이다. 그리고 마지막 15년은 요양원 생활의 비용인 월 100만 원씩 1억 8천만 원 정도가 든다고 가정하자. 물론 국가의 복지비용이나 여러 요인이 있지만 생략하자. 농

● 노마드(nomad)는 '유목민', '유랑자'를 뜻하는 용어. 공간적인 이동만을 가리키는 것이 아니라, 버려진 땅을 새로운 생성의 땅으로 바꿔가는 것, 곧 한 자리에 앉아서도 특정한 가치와 삶의 방식에 얽매이지 않고 끊임없이 새로운 자아를 찾아가는 것을 의미한다.

촌에서 아무것도 안 하고 최저 생활만 한다면 약 4억 3천 2백만 원이 소요된다.

만약 연금소득이 있다면 비용은 2억 원 이하로 적어질 것이다. 또 농사를 친환경농법으로 짓고 도시와의 네트워크가 형성된다면 비용은 처음에는 비용이 들어가지만 도시농업부터 연습하고 꾸러미사업 등 직거래와 로컬푸드, 슬로푸드 slow food 사업, 가공과 유기농 생산과 유통, 민박과 농촌관광을 한다면 전혀 다른 결과를 가져 올 것이다. 오히려 돈을 벌수도 있다.

필자는 농촌에서 적정기술을 배우고 익히면서 반농반도사半農半都事(반은 농사짓고 반은 도시에서 하던 일을 계속한다)를 실천한다면 30년 동안 최소 3억에서 5억 정도는 저축을 할 것으로 확신한다. 이 책에서 설명하는 대로 잘 따라 한다면 목표를 달성할 것이다. 그것이 은퇴 후 인생을 안빈낙도 속에서 행복하게 사는 지혜이다.

이를 위해 앞서 설명했듯이 이소연과 먼저 친해지자. 이자를 받기 위해 도시에 있는 주택은 월세로 놓자. 연금은 복리로 저축하자. 이렇게 월 100만 원 수준으로 연복리 저축을 하면 최소 5억 원 이상을 85세 시점에 만들 수 있다. 귀농귀촌해서 번 돈 3~5억과 주택과 연금의 복리이자 5억 원 정도를 가지고 마지막 노년을 즐기자.

10억이면 미래에 대한 불안에서 해방돼 세계여행도 하고 재미있게 살 수 있다. 우리가 간과한 중요한 점은 60세부터 은퇴생활을 하는 것이 아니다. 80세부터 은퇴생활을 하고 자신이 잘하는 분야를 농촌에서 선점해야 한다. 이를 위해 철저히 준비하고 저비용 고효율을 낼 수 있는 지역과 장소로 이동해 새 삶을 시작하는 것이다.

만약 독자에게 80세에 집도 있고 10억 원 이라는 돈이 있다면 어떻게 하겠는가. 가난한 친구에게 맛있는 음식도 사주고, 어려운 사람도 도와주고 자식들에게 당당하게 말할 것이다. 손자 교육비는 걱정하지 말라. 현금 가동능력만 7~10억 원이지 도시의 주택을 역모기지로 활용한다면 또 다른 소득원도 마련할 수가 있다. 국가에 부담주지 않고 내 스스로 자주적으로 살아가는 행복한 삶이자 이 책이 주장하는 자조적 복지의 핵심이다.

이를 위해서는 30, 40대부터 착실하게 귀촌과 귀농 준비를 해야 한다. 국가에서 주장하는 6차 산업도 익히자. 전통술 제조방법도 배우자. 귀농귀촌종합센터에 가면 교육안내의 보고이다. 농촌에서 할 수 있다고 생각되는 모든 것은 전국 160개 농업기술센터 어느 곳에서든 교육한다고 보면 맞다. 교육 받고 실습한다면 가공식품, 각종 발효식품을 만들 수 있다. 충분한 준비를 했다면 오히려 은퇴 후가 소득이 높아질 수 있다. 농촌도 도시와 같이 경쟁과 상업화, 선택과 집중이 통용되는 사회구조를 갖는다는 점을 명심하자. 처음부터 귀농중심으로 식물을 재배하거나 동물을 사육하는데 몰입하지 말자.

모든 것은 단계가 있다. 한 아이가 태어나서 교육받고 성인이 되는 과정을 보라. 만약 어느 하나라도 잘못된다면 성인으로 자라지 못할 수도 있다. 이 수순을 잘 익히는 것이 성공과 행복을 만들고 가꾸는 방법이다.

도시민이 모르는 시골생활의 허와 실

도시민들이 모르는 시골생활이 많다. 그 중 하나, 시골은 60~70대가 제일 왕성하게 농사를 짓고 소득도 많이 올리는 세대라는 점이다. '농가경영주 연령표'에서 보듯이 2006년도 60대 농가경영주가 전체의 33%를 차지하지만 2013년에는 29.6%로 조금 줄어들었다. 반면, 70대 이상 경영주는 26.0%에서 2013년 37.7%로 급격하게 고령화가 진행 중이다. 농촌의 고령화는 전국 평균의 3배 이상으로 심각한 것이 현실이다.

농가경영주 연령별 분포

(단위: 천가구, 세, %)

	계	40세 미만	40~49	50~59	60~69	70세 이상	평균 연령
2006	(100.0)	(2.8)	(14.0)	(24.2)	(33.0)	(26.0)	
2008	(100.0)	(2.0)	(11.4)	(23.3)	(32.8)	(30.5)	
2010	(100.0)	(2.8)	(11.9)	(24.4)	(29.9)	(30.9)	
2012	(100.0)	(1.6)	(9.3)	(23.7)	(29.3)	(36.2)	64.4
2013	(100.0)	(1.2)	(8.1)	(23.4)	(29.6)	(37.7)	65.4

출처: 통계청

대부분의 시골의 60대는 보통 연 2천만 원~5천만 원 정도의 소득을 올린다. 참고로 2013년도 농촌의 평균 호당소득은 3천 4백만 원 정도이다. 이것을 도시개념으로 소득환산을 하면 5천만 원 이상이다. 왜냐하면 교통비와 식비, 주거비가 거의 들지 않고 각종 보조금과 혜택이 많기 때문이다.

도시민이 시골에 가서 이들처럼 농사를 짓지는 못하지만 최소 반타작은 충분히 할 수 있다. 경관농업이나 그린투어를 통해 민박이나 팬션을 운영해도 소득은 농촌평균 농가소득에 버금가는 방법이 많다. 여기에 정부에서 지원하는 각종 보조금이나 융자금을 활용해 사업을 한다면 여름과 가을의 소득은 도시보다 높다고 단언한다.

다만 농촌에서 귀농생활이 어려운 점은 겨울과 초봄 즉, 12월에서 4월까지 5개월의 소득이 전혀 없다는 것이 대부분의 농촌의 문제점이다. 따라서 도시민이 시골로 내려가 은퇴할 때는 농한기 소득창출방안에 대해 심도 있는 모색이 필요하다.

최근 정부도 이러한 방법에 대해 많은 노력을 경주해 귀농귀촌법(2014.12.29. 국회통과), 6차산업법(2014.5.2. 국회통과), 식파라치 농가신고 예외 규정마련(식약처 고시 2014.3.11.) 등 속속 규제완화가 진행되고 있다. 따라서 농번기 유기농생산과 농한기 가공유통을 하는 2단계로 대처 방법을 마련한다면 도시보다 고소득 저비용의 행복한 농촌생활을 할 수 있다. 예를 들어 콩을 생산해 일부를 팔고 나머지를 가지고 메주를 만들어 겨울에 팔아보는 것도 하나의 방법이다. 중요한 것은 못 벌고 돈 쓰는 구조에서 탈피하는 것이다. 왜 우리가 도시를 떠나 시골로 가는가. 은퇴 후 도시에서는 못 벌고 돈 쓰기 때문이다.

누구나 미래에 대한 목표와 계획이 없다면 장래는 밝지 않다. 시골에 내려가 살든 도시에서 살든 은퇴 후 어떻게 살 것인가에 대한 목표를 분명히 해야 한다. 생계와 건강, 가족을 위해 시골로 내려갈 것인가. 아니면 도시에서 취업이나 창업을 할지, 봉사활동 등 사회적 역할을 추구하는 것인가. 이도저도 아니면 건강관리만 하면서 조용히 취미생활을 즐기려는 것인지 등등…. 무엇이든 좋으니 삶의 목표를 정하는 것이 중요하다.

건강과 경제적인 안정은 누구나 갈망하는 것이다. 또 불안한 미래에 대해서는 못 견뎌 한다는 점은 청장년 모두 공통점이다. 그렇다면 잘 준비해 시골로 내려가 농사짓고 건강 챙기고 돈도 버는 방법은 어떨까. 목표를 분명히 해야 조건과 처지에 맞게 비전설계가 가능하다.

30대는 도시경험을 배우고 익히고, 40~50대가 꼭 챙겨야 하는 것은 먼저 자신을 위해 투자하라는 점이다. 불안한 노후를 탈피하기 위해 자신의 장점이나 특기와 농업, 농촌, 농민을 융합시켜 거기서 일자리를 만들 수 있는 투자를 해라. 먼저 비중 있는 접근도 해야 한다. 정부 정책에서 나오는 교육이나 훈련을 적극적으로 활용하자. 예를 들어 고용노동부의 내일배움카드* 활용도 생각하자. 귀농귀촌종합센터의 지자체 교육은 대부분이 무료로

● 노동부 관할 고용센터에서 훈련상담을 거친 후 적격자로 판단되면 내일배움카드(실업자계좌제)훈련에 참여할 수 있다. 발급일로부터 1년간 유효(연간 200만원 한도, 5년간 총 300만원 한도로 지원하고 지원대상자별로 별도 자비부담금 있음)하며 매월 교통비와 식비로 31만 6천 원~26만 6천 원이 지원.

진행된다는 점도 잊지 말자.

도시 삶을 보면 소득에 비례해 사교육비·주거비 등의 고정비용도 많이 증가한다. 조금만 방심하면 저축을 거의 못하게 될 뿐 아니라 부채까지 생길 수 있다. 특히 최근에는 부모들이 아이들 뒷바라지에 매달리다 보니 자신들의 노후에는 투자할 수 없는 것이 한국의 현실임을 기억하자. 심지어 자녀와 아내는 외국에 나가고 자신이 돈 벌어 가족을 위해 헌신하는 기러기아빠들은 정말 안타깝다. 노후준비가 확실하지 않다면 절대 무모하게 굴지 말라. 아무도 자신의 노후를 챙겨주지 않는다는 사실을 명심하라. 부부를 위해 투자하는 방법이 가족들이 노후에도 즐겁게 살아가는 길이다.

CHAPTER 3
귀농귀촌을 결심하기 전에

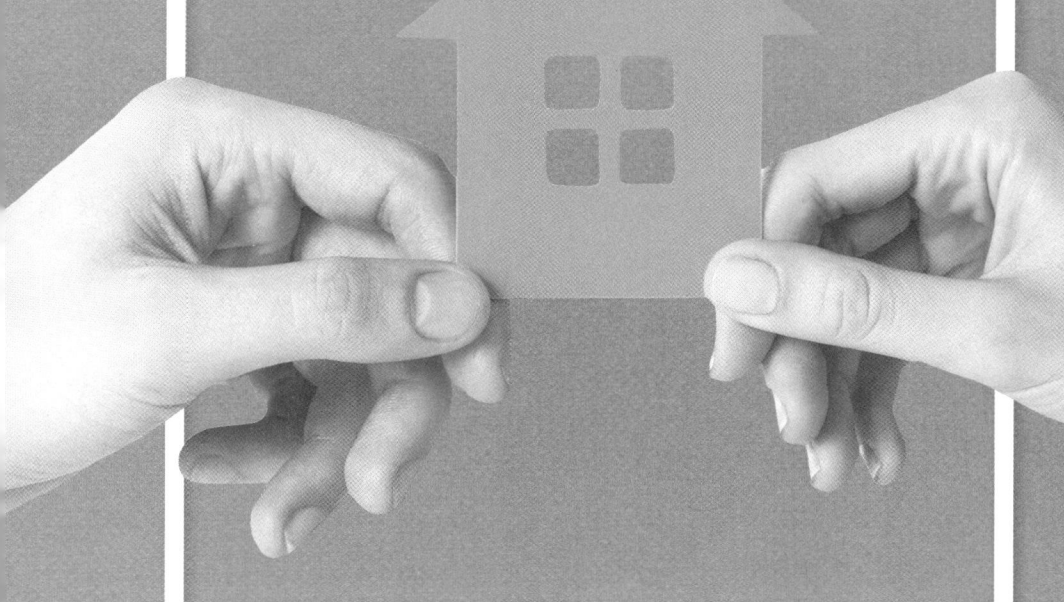

귀촌설계는 30, 40대부터

30대 초반부터 은퇴준비 귀농귀촌 계획을 세우자

"30대 초반부터 적극적으로 은퇴 준비를 하지 않으면 늦는다." 아직 결혼도 못한 내게 은퇴준비라니? 무슨 귀신 씨나락 까먹는 소리인가. 하지만 30대는 전천후 올라운드 플레이어나 슈퍼맨이 되어야 한다.

어차피 부모 잘 만나 걱정 없는 소수 엘리트는 10억 원 이상 많은 여윳돈을 가진다. 그들의 능력은 돈을 초월해 다른 영역에 가있다. 그들은 현재 자신이 하고 싶은 분야에 몰입한다. 그러기 때문에 성공할 수 있는지도 모른다.

하지만 대부분의 사람들은 자신과 상관없는 남의 일이다. 3천만 원으로 은퇴준비를 위해서는 어떻게 해야 할까. 많은 돈이 없어도 살아갈 방안이 필요하다. 삶을 바라보는 태도와 관점이 중요하다. 철학이 있는 계획을 세우고 자신의 욕심만 줄인다면 행복한 노후를 즐길 수 있다.

분명한 것은 '욕망을 충족하는 만족이란 없다'는 사실이다. 살아가면서 비우고 인정하고, 소박하면서 느린 삶을 추구하는 자세가 저비용 고효율의 인생을 가꿀 수 있고 행복해지는 방안이다. 필자는 '작은비놀부'라는 조어를 만들었다. 은퇴 이후 시골에서 살아가는 자세에 대한 말이다. 욕망을 줄이고 행복의 가치를 높이는 방안이다.

작 : 작게 점점 규모를 작게 살고
은 : 은혜를 베풀고 더 크게 베풀고
비 : 비우고 점점 더 크게 욕망을 비우고
놀 : 놀면서 재미있게 즐겁게 만족하면서 놀고
부 : 부지런히 일하며 봉사하고 취미생활하자

그럼에도 불구하고 30대는 우리사회에 대해 많은 것을 배우고 익히고 훈련하는 것이 유리하다. 여기저기 관심 있는 분야에 몰입하고 실패도 해보고 향후 70년을 살아가는 기반을 만들어야 하겠다. 필자 개인 생각으로는 청년 귀농도 좋지만 30, 40대는 도시에서 하던 일을 전문화하고 차근차근 준비해 50대에 귀농귀촌하는 기반을 마련하는 것이 현명하다. 적극적인 귀농귀촌을 정부는 권장하지만 득실을 잘 따져보는 분석력이 요구된다.

결론적으로 3천만 원으로 은퇴 후 40~50년을 설계하는 방법은 시골로 내려가서 사는 귀촌과 시골의 안전한 농산물을 생산, 가공, 유통, 민박을 하는 방법밖에 다른 해결책이 존재하지 않는다. 만약 다른 묘안을 찾는다면 동남아시아로 가서 사는 방법도 고려해볼 만하다. 하지만 은퇴 이민에 대한 이야기는 다음 기회로 미루자.

은퇴 이후 '제3의 인생'을 신나게 누리기 위해선 늦어도 30대 말 혹은 40대 초반부터 적극적으로 은퇴계획표를 짜야 한다. 또 교육받고 도시농업, 도농교류, 어디로 갈 것인가, 어떤 집에서 사나, 무엇을 할 것인가 등 체계적으로 준비해야 한다. 자녀들에게 소요되는 돈의 일부를 자신들의 노후를 위해 사용하는 것도 지혜이다.

실제 선진국의 젊은 세대 즉, 3말4초들은 은퇴 이후의 미래를 설계하는 데 골몰하고 있다. 일찌감치 조기은퇴를 구체적으로 준비하는 현상은 일본, 미국, 서유럽, 북유럽 등 전반적으로 일어나는 세계적인 현상이다.

은퇴 이후의 행복한 생활을 일찍 준비하는 근본적인 이유는 고령인구의 증가도 그렇거니와 정부가 자신들을 위해 지원해줄 수는 없을 것이라는 인식에서 출발한다. 자신들의 돈은 노인부양에 집어놓고 정작 자신들의 복지는 텅 비게 된 세계적인 맹점에서 벗어나려는 몸부림일 것이다.

결국 국가가 대안을 마련해주지 못하는 틈새를 찾아 전문적으로 은퇴상담을 해주는 컨설팅사들이 금융자산 운용, 보험가입, 자녀교육 상담 등의 다양한 사업영역에서 뛰어들고 있다.

실제 미국의 경우를 보면 은퇴 이후를 설계하는 다양한 회사가 있다. 맥그로힐사(www.personalwealth.com), 저축교육위원회(www.asec.org), 투자자문단(www.divinvest.com)투자가이드(www.investorguide.com/retirement.htm), 장수게임(www.northwesternmutual.com/games/longevity) 등의 회사들이 대표적인 예다. 일본의 경우도 일본 리쿠르트를 중심으로 일어나고 있다.

하지만 우리나라는 돈 많은 상위 5% 부자들의 은퇴 후 계획과 설계만이 춤추고 있다. 돈 없는 일반 서민이나 일반 회사원의 은퇴 계획을 세우는 책은 돈만을 모으라고 설교한다. 물론 돈이 중요하지만 돈으로 인생의 전부를 해결할 수는 없다.

세대별 금융대책과 은퇴 이후 귀농귀촌 준비

은퇴 이후의 삶은 구체적으로 어떻게 준비해야 하는가. 전문가의 자문을 통해 연령대별로 30대, 40대, 50대, 60대, 70대 5단계로 나눠 은퇴 이후의 삶을 설계하기 위한 금융자산의 운용방법에 대해 알아보자.

구체적으로 도시에서의 은퇴생활을 준비한다면 30대인 경우는 어느 정도 위험부담을 안고서라도 수익성이 높은 부문에 투자하는 포트폴리오를 짤 것을 권한다. 비록 실패하더라도 좌절을 극복할 시간적 여유를 가질 수 있는 나이이기 때문이다. 이를테면 주식 가운데 안전성이 담보된 대기업의 대형주(45%)에 투자하되 손실의 위험에도 불구, 단기간에 큰 폭의 이득을 가져다 줄 소형주와 뮤추얼펀드(25%), 국제증시(20%)에 대한 투자를 중시하라는 지적이다.

40대에서는 안전성을 따져 채권(25%)과 대형주(45%) 등에 주목하면서 소형주(15%)와 국제증시(15%) 등에 대한 투자규모를 줄이라고 충고한다.

50대의 경우 절대적으로 안전성을 중시해 채권(50%)과 대형주(30%)에 대부분 투자하는 반면 소형주(10%)와 국제증시(10%)의 투자 규모를 대폭 축소토록 해야 한다.

60대의 경우는 안전성과 더불어 현금 확보능력을 조금씩 키워나가야 한다. 부동산가치와 채권(50%)과 대형주(30%)에 대부분 투자하는 반면 소형주와 국제증시의 투자 규모를 미래를 위한 다양한 지식으로 전환하는 지혜가 필요하다.

70대 이후부터는 금융안전성과 더불어 건강과 현금 확보가 가능한 월세수익을 볼 수 있는 부동산 투자능력을 살려야 한다. 부동산(20%)과 채권(50%)과 대형주(30%)에 대부분 투자하는 반면 투기성 자산이나 고위험 자산을 줄여가는 전술이 요구된다.

만약 4말5초에 귀농귀촌을 한다면 3말4초부터 도시농업연습, 가공, 꾸러미 직거래와 유통에 대한 공부와 자신의 물건을 사줄 잠재적 고객에 대한 마케팅이 들어가야 한다.

이러한 금융지식을 바탕으로 귀촌 준비를 본격적으로 시작해보자.

미국은 은퇴예비자들을 돕기 위해 사회보장사무소(www.ssa.gov)가 있다. 이 사무소에서는 핫라인을 운영하고 각종 은퇴 후 정보를 제공하고 있다. 하지만 우리나라는 이러한 기관이나 시설이 없다.

농촌으로 귀촌하거나 귀농을 생각하는 일반 국민들에게 전문적으로 상담해주는 행정기관이 딱 하나 있다. 귀농귀촌종합센터(1899-9097)가 그것인데 우여곡절이 많다. 처음 농림부에서 2009년 농협에 설치했다가 농어촌공사로 일부 기능을 이전했다가 다시 농협으로 왔다가 2012년부터 농진청에 설치했다가 2014년 7월부터는 농림부가 농정원 인력을 활용해 직영해 2015년에 비로서 10억 원의 예산을 기재부로부터 배정받아 정식 출범하였다. 귀어귀촌종합센터(1899-9597)는 2014년 10월에 부산 기장에 설치되었는데 아직 준비해야 할 것이 태산이다.

지난 5년여의 귀농귀촌종합센터의 과정은 행정의 원칙인 일관성, 예측가능성, 지속가능성 모두 오락가락하고 있다. 이제부터라도 제대로 된 상담 창구를 만들어 귀농귀촌인들의 가려움을 해결해주길 기대한다.

정부 당국에 건의한다면 귀농귀촌인들이 실질적인 소득과 농촌에서 살 수 있는 방안 즉, 6차산업 중심으로 소득창출을 상담할 수 있도록 해야 한다. 농촌체험이나 관광 관련 사이트에 조그만 코너, 자신에게 적합한 가내수가공, 꾸러미 사업 등 실질적으로 귀농귀촌인에게 필요한 상담지원이 요구된다. 이 부분은 전문가들도 없고 농협, 농촌공사나 농림부는 공익적인 이야기만 해서 큰 도움을 받을 수 없다는 지적이다. 한국농어촌학회나, 한국귀농귀촌진흥원, 농촌진흥청의 전문박사들을 활용하는 것도 대안이 될 수 있다. 귀농, 귀촌의 체계적인 상담과 전문기관의 조언과 자문이 금융권의 서비스와 같이 지원되기를 바란다.

구체적인 세대별 귀농귀촌 준비

지금부터는 귀촌을 준비하는 사람들이 무엇을 준비해야 하는가에 대해 간단하게 살펴보자. 먼저 30대는 귀농귀촌 기초교육을 받기를 권장한다. 귀농귀촌 전 단계는 농림부가 주관한다. 산하 농정원내 귀농귀촌교육을 공모하는데 구체적인 내용은 귀농귀촌종합센터 홈페이지를 참고하라.

은퇴 후 농산어촌에서 부부가 같이 살기를 원한다면 많은 농촌마을을 여행하기를 추천한다. 전국에 녹색농촌체험마을, 전통테마마을, 팜스테이마을 등 약 1,700여 곳의 마을이 그린투어와 농촌체험을 하고 있다.

이런 마을들이 비교적 도시민들에게 개방적이고 열린 마을이라고 할 수 있다. 개방적이고 도시민을 이해할 수 있는 마을을 부부가 여행하고 간단한 주말농장도 분양받아 농사짓는 것이 좋다. 이런 마을을 소개한 곳이 웰촌(www.welchon.com)사이트이다.

40대부터는 실질적으로 인터넷 동아리에 가입하고 구체적인 활동을 하는 것이 좋다. 귀농교육을 하는 한국귀농귀촌진흥원이나 귀농운동본부, 전국농업기술자협회 등의 귀농교육을 수강하는 것도 하나의 방법이다. 귀농귀촌교육은 반드시 농정원에서 주관하는 것을 교육받아야 귀농귀촌창업자금을 신청할 수 있다. 창업자금은 최고 3억 원까지 연리 2%, 5년 거치 10년 분할 상환의 융자금이다.

한국귀농귀촌진흥원은 필자가 원장으로 있는데 〈유상오 원장의 귀농귀촌 100선〉을 유튜브(www.youtube.com)에 2015년 1월에 자비로 제작해 무료로 올렸다. 하루 300명 이상의 사람들이 들어와 귀농귀촌을 공부하는데 반응이 뜨겁다. 어떤 이들은 필자에게 정부가 해야 하는데 하지 못한 부분을 먼저 제공해주는 것에 대해 감사 인사를 보내온다. 누구나 은퇴 이후 안정적인 삶과 지속적인 소득향상을 바란다. 귀촌을 준비해야 하지만 시간과 돈이 들어가고 여유가 없는 사람들을 위해 만들었다. 예비 귀농귀촌인들이 꾹 참고 100개의 강좌를 시청한다면 기초는 잡힐 것이다.

또 40대에는 다양하게 지역에 적응하는 방법을 익혀야 한다. 지역주민과 갈등을 방지하는 방법, 범죄안전이나 자연재해에 대처하는 방법, 각종 사고에 대처법에 대해 준비하자. 현재의 귀농귀촌교육이 지나치게 농사짓는 실습이나 황토집 짓는 강좌 등 돈 버는 교육이나 품목소득별로 특화되어 있다. 전문화는 좋지만 기본이 부족한 기술중심 교육은 문제를 불러올 수 있다. 인간이 무르익지 못한 이에게 칼을 준다면 어떻게 되겠는가. 귀농귀촌 전단계 교육도 '선 지역적응 후 기술교육' 형태로 교육제도 개선이 되어야 하겠지만 요원하다.

그다음 실제 농촌에 가서 소득을 올릴 수 있는 가공이나 민박, 향토음식에 대해 전문적인 지식은 꾸준히 준비하고 축적해야 할 사항이다. 40대에는 몇 개의 지역 후보군을 꾸준히 방문하면서 자신에게 적합한 지역을 선택할 준비를 해야 하는 시기이다.

50대부터는 구체적으로 귀촌지역을 선정하고 지속적으로 방문하고 서로간의 신뢰를 구축하는 것이 중요하다.* 또 귀촌해서 무엇을 할 것인가가 구체적으로 나와야 한다. 또 부부가 같이 가야지 남편이나 부인 혼자서 가는 것은 큰 어려움이 따른다. 50대에는 직접 농촌으로 이사하는 시기이기 때문에 주민과의 친교나 갈등 방지도 교육받고 기본적인 사항은 스스로 해결해야 한다.

● 만약 40대에 귀농귀촌할 사람들이 있다면 적정시기에 50대의 방안을 실천하길 바란다.

갈등 방지에 제일 좋은 방법은 고령의 시골 할아버지 할머니들의 부족한 부분을 채워주는 방법이다. 즉, 맛있는 요리해주기, 편리한 생활 지원하기,

이동 수단 도와주기, 뜸이나 침, 마사지 등으로 아픈 부위 통증완화해주기 등이다. 예를 들어 요리에 취미가 있다면 중식자격증이나 제과제빵 자격증을 하나 따서 가끔 노인정 잔치를 하는 것도 방법이다. 기계에 취미가 있다면 자동차나, 농기계정비를 해주면 이것도 좋다. 집수리, 보일러 수리, 지붕 수리 등도 인기가 많다. 재능이 있다면 시간을 갖고 2~3년 준비하면 멋진 노년을 보낼 수 있다.

60대에는 조금 늦은 감이 있어도 가서 쉬고 재미있는 생활을 한다고 생각하면 좋다. 전국에는 수많은 휴경지나 빈집이 있으며 농지는 한국농촌공사의 농지은행에서 관리한다. 이 농지은행을 이용하면 적은 돈으로 만족할 수 있는 농지를 임대해 사용할 수 있다. 중요한 것은 욕심을 버리고 안전한 먹거리를 도시 소비자가 안심할 수 있도록 재배해 나누어먹는 방법이 농촌에서 지속적인 소득을 내며 살아가는 방안이다. 60대 적응방법은 많이 듣고 같이 놀아주는 것도 방안이다. 장에 함께 자동차로 모시고 가기, 영정사진 찍어주기, 이미용 기술을 배우고 익혀 모발 정리해주기도 좋은 방법이다. 취미가 있는 사람들이 모여 함께 봉사하면 금상첨화이다.

중요한 것은 30대 기초학습과 다양한 농촌의 방문, 40대 2~3개의 후보군으로 압축, 50대에 1개로 선정 후 지역정주, 마을 적응기를 거쳐 60대와 70대에 다양한 소득확보와 지역자립을 하는 것이 요구된다.

• 청양으로 간 헤어디자이너 간미숙 씨 •

대전에서 충남 청양으로 귀농한 간미숙 씨는 청양의 유명인사가 되었다. 그녀가 유명인사가 된 비결은 직업의식이었다. 헤어디자이너는 많은 사람들을 만나고 그들의 이야기를 들어주는 것 역시 아름다움을 선사하는 직업이다.

간 씨가 마을에 가서 제일 먼저 한 일은 마을 어른들에게 인사하는 것, 그리고 매일 아침 만나 이야기하고 이야기 들어주는 것을 했다. 어느 정도 안면이 익숙해지자 할아버지 할머니들의 머리 손질을 해주기 시작했다. 평균 2~3주에 한 번씩 마을 어르신들의 머리를 다듬어준다. 물론 추석과 설날, 생일, 어버이날 전에는 마을 어른들의 치장사가 되어 멋있는 노년을 만들어 준다.

이런 정성 덕분인지 마을 어른들은 먹을 것이나 농사지도사가 되어 잔소리가 심하다. 이거 갖다 먹어, 농사 그렇게 지면 안 돼. 내가 하는 거 잘 봐, 말씀들이 많으시다. 하지만 그 말속에는 정이 듬뿍 담겨 있다. 시골가면 텃세가 심하다고 한다. 하지만 모두 자신이 하기 나름이다. 천성이 다정다감하지만 정성이 눈에 보인다. 정을 주면 인심이 돌아온다. 간 씨는 그것을 잘 활용하고 있다.

자신을 농촌형 인간으로 변화시켜라

농촌은 식물족, 도시는 동물족이 사는 공간

도시민은 동물이다. 맹수성을 가지고 끊임없이 돌아다니며 먹이를 찾는다. 농촌에 사는 농민은 식물이다. 한 자리에 뿌리를 내리고 광합성을 하며 양분을 흡수해 살아간다. 한마디로 도시와 농촌의 가장 큰 차이점은 무엇일까. 도시가 끊임없이 공격 목표를 찾고 잡아야 생존이 가능하다면 농촌은 한 자리에서 주변을 항상 관찰하고 방어해야 생존이 가능하다.

필자는 도시는 동물족이 사는 공간, 농촌은 식물족이 사는 공간이라고 정의한다. 귀촌을 준비하는 사람들은 물질가치보다는 정신가치를 중요하게 생각하고 느림의 미학을 존중해야 시골생활에서 조화로울 수 있다. 그래야 농촌의 다양한 사람들과 조화롭게 살 수 있으며 삶의 질과 행복을 얻을 수 있다. 전원생활이란 단순하고 소박한 자세로 자연과 더불어 살아가는 방식이다. 매일매일 자연의 변화 속에 적응해 다양한 가치를 추구하는 생활이 시골생활에서의 즐거움이다.

귀촌을 하려면 작고 투박한 아름다움에 익숙해져야 한다. 농촌은 초록빛 세상과 만날 수 있는 통로다. 농촌을 통해 우리는 유유히 흘러가는 세월의 느림을 미학으로 배울 수 있다.

도시의 삶은 이것과 정반대다. 크고 복잡하고 빠르며 기계적 매커니즘이 주축인 생활이다. 크고 강한 것이 아름답다는 논리다. 농산어촌이 지향하는 '작고 소박한 자연이 아름답다'는 마음이 없다면 시골로 내려가지 말라.

만약 이런 준비가 없이 귀촌한다면 외로움과 이웃과의 단절, 절대고독에 매몰된다. 결국 도시적인 동물족의 사고방식은 주민들과의 갈등과 스트레스를 만든다. 그것을 극복하지 못한다면 귀촌을 포기하고 다시 도시로 돌아올 수밖에 없다. 때문에 도시에서 충분한 정보획득과 교육을 받고 준비해서 가야 한다.

도시가 '3진 아웃'이라면 농촌은 '1진 아웃'이다. 도시는 관용과 배려가 존재하지만 농촌은 아닌 것은 아니다. 식물은 항상 위험에 노출되어 있어 엄격하다. 한번 실수는 곧 죽음을 의미한다. 동물은 위험이 닥치면 도망가면 끝이지만 식물은 순응할 수밖에 없다. 때문에 항상 주변을 관찰하고 일상의 조그만 변화도 중요하게 생각한다.

농사도 마찬가지이다. 우리나라 농사는 1년에 한번 수확하는데, 이를 못하면 1년이 배고프다. 3년 흉작이 들면 둘 중 하나를 선택해야 한다. 그 자리에서 굶어죽든지 고향을 떠나 도적이 되든지. 때문에 농촌, 농업, 농민은 엄격한 규칙과 자연의 원리에 순응한다. 식물을 키우는 식물족은 도시민의 사고와 분명 다르다. 준비 없는 도시민들이 낭만적 접근은 귀농귀촌의 실패를 가져온다.

도시적 일상생활에서는 돈과 명예, 권력 등이 귀중한 가치다. 농촌에서는 이러한 가치보다도 들풀 하나, 한 톨의 밀알, 안개 낀 산과 아지랑이, 저

도시(동물족)와 농촌(식물족)의 특징		
구분기준	도시특성	농촌특성
구성원	동물족(끊임없는 이동)	식물족(생명을 키우고 정착)
사회구성	고밀도 진취적사회	전통적 사회
인구밀도와 규모	이익중심 사회	형평성 사회
인구의 집중	동태적 사회	정체성 사회
사회분화의 정도	다원화 사회	가족중심의 집단사회
사회체계	전문화 사회	획일화 사회
사회변동	변화와 개선, 인공적 구조물	고착과 보수, 자연환경
가족구성	핵가족	중, 대가족(일가친척)
지역구성	이질성 익명성사회	동질성
중심사고	직관과 정보	경험과 관찰
이동정도	일을 찾아 도시간 이동	마을내 이동
대표특징	먹이를 찾아 이동하는 동물족	관찰과 경험을 중시하는 식물족

녘놀에 비친 밥 짓는 연기 등 사소하게 생각될 수도 있는 어메니티 하나하나가 소중하다. 농촌은 바삐 살아가는 사람들에게는 가치가 없겠지만 삶이 익어가는 중장년층에게는 숨 막히는 도시생활의 대안적 삶이다. 농촌은 대한민국의 생명을 만들고 에너지를 키우는 성장의 자궁이다.

도시는 젊고 능력 있는 사람들이 일할 수 있는 세계다. 분업화, 전문화, 조직화를 통해 문화융합을 만든다. 돈이 들어가고 상업화와 기술혁신이 빠르게 일어난다. 대기업의 성장과 노동의 집중과 차별화가 두드러지게 된다. 최근에는 소수의 전문 기업과 인력이 세계의 모든 산업을 조종하는 사회로 급속히 변화하고 있다. 글로벌 기업에 소속되면 행복하지만 그렇지 못하면 불행의 길을 걸을 수도 있다. 최고만이 사는 세상이 도시이다.

그래도 사람들은 도시로 몰려온다. 시골에서뿐만 아니라 외국에서도 많은 사람들이 '코리안 드림'을 꿈꾸며 온다. 결국 '기대소득이 높은 곳으로 인구가 집중'된다. 그 결과 도시경제영역의 확대와 인구집중은 가속화된다. 최근에 40대, 50대, 60대를 중심으로 귀농귀촌이 붐을 이루는 것은 도시에서의 기대소득보다 농촌에서 기대소득이 높다는 것을 의미한다. 특히 주의해서 보아야 할 점은 40대의 귀농귀촌이 매년 늘어난다는 점이다. 40대가 도시를 버리고 농촌으로 들어간 이유는 무엇인가. 평생 일자리, 안정적인 전원생활, 도시민에게 안전한 먹거리 공급 등을 통한 기대소득 확보에서 소득을 높일 수 있다고 판단했기 때문이다.

도시와 농촌의 융합을 위하여

우리나라 인구는 5천만 명인데 이중에 48%가 서울 등 수도권에 몰려 살고 있다. 결국 집적이익이 가중되어 자본capital. 노동labor. 지식knowledge의 전략적인 거점이 도시가 될 수밖에 없는 것이다. 반면 농촌은 도시의 부속처럼 인식되지만 절대 도시와 농촌이 따로 갈 수는 없다. 엄마와 아빠가 같이 가야하는 것처럼 2인3각 체재이다.

도시의 경제력 집중은 노동력 집중을 가져온다. 즉, 대부분 경제활동은 도시에서 창출되며 서로 기능을 주고받는다. 반면 농촌은 노동력 상실과 분산을 가져온다. 도시에서는 다양한 '거리연산'이 가능하지만 농촌에서는 스스로 교통수단을 가질 때만이 자유롭다. 농촌은 거리도 문제가 된다.

도시는 거리장애distance friction를 극복하기 위해 사람이 모여 살고 집적 이익을 성장 동력으로 삼는다. 과거의 지리적 거리가 산업화 이후에는 시간거리로 변화한다. 도시와 도시와의 거리는 중요한 것이 아니라 시간이 중요하다는 말이다. 서울에서 뉴욕은 14시간 걸리는데 서울에서 흑산도까지 가려면 14시간 이상이 걸린다. 지리적 거리는 흑산도가 가깝지만 현실적인 시간에서 느끼는 거리는 흑산도보다 뉴욕이 가깝다.

최근에는 이러한 거리개념도 각종 인터넷 등 지식, 정보 기반을 사용할 수 있느냐 없느냐, 즉, 정보거리가 중요한 조건으로 부각된다. 여기서 중요한 개념 하나를 정리하자. 인류는 무역과 같이 두 지점의 거리를 소통시킴으로 해서 돈을 벌었다. 거리개념은 ①지리 거리→②시간 거리→③정보 거리로 진화해왔다. 거리의 차이에 따라 나타나는 거리장애를 극복하는데 교통과 통신 그리고 기술의 발달이 필수적이다. 이를 통해 도농 간의 상호작용이 증대되며 점차적으로 하나의 구조화된 공간형태가 이루어진다. 귀농귀촌 덕분에 시골도 공간장애가 없는 시대 속으로 급속히 들어간다.

도시는 분명 수많은 사람들이 집중되고 다양한 분야의 상호작용으로 인해 인간들에게 매력이 있다. 문화의 혜택, 자녀교육, 풍요로운 생활, 공공서비스의 기회 증대, 교통의 편리, 정보획득 기회의 증대, 인간관계의 자유, 능력 발휘의 가능성 증대 등 다양한 끌림을 가진다.

반면 도시는 능력이 없거나 떨어진 사람들에게는 고통을 안긴다. 퇴출돼서 더 이상 설자리가 없는 은퇴자들에게 도시는 아무것도 해줄 수 없다. 도시의 기본 원리는 돈으로 모든 것을 해결한다는 약속 아래서 변화와 발

도시와 농촌의 매력		
도시의 매력	농촌의 매력	향후 지향점
문화의 혜택	자연의 혜택	건강 health
자녀교육	안전한 먹거리	안전 safety
풍요로운 생활	여유로운 생활	쾌적 amenity
공공서비스의 기회 증대	시간 통제에서 벗어남	정보 information
교통의 편리	안빈낙도	여가 lesure
정보획득기회의 증대	적은 스트레스	자연 nature
인간관계의 자유	친밀한 인간관계	소득 income
능력 발휘의 가능성 증대	경쟁에서의 해방	감동 emotional

전을 한다. 결국 도시는 돈 많은 사람들의 천국이다. 도시에서 돈 못 벌고 살아가기란 곤란하다. 왜냐하면 수입은 없지만 돈을 써야 생존이 가능한 구조이기 때문이다.

도시와 달리 시골은 어떨까. 시골은 일단 몇 가지 문제만 해결한다면 스트레스가 적고 친밀한 인간관계 속에서 일들을 생산적으로 만들어나갈 수 있다. 풍부한 자연의 혜택으로 맑고 신선한 공기와 안전한 먹거리를 통해 건강한 삶을 영위할 수 있다. 또 무한 경쟁에서 해방돼 소박한 삶을 누리며 작은 만족과 행복도 느낄 수 있다.

시골생활에서 도시인들이 제일 어렵게 느끼는 것이 감시와 간섭이다. 식물을 키우는 사람들이 사는 마을은 언제나 불문율을 강요하고 다름을 인정 못한다. 기다려주지도 않는다. 이점을 도시민은 가장 불편해한다. 해결책은 도시에서 충분히 연습하고 준비해야 한다. 그리고 서서히 접근하고 주민과 더불어 봉사하면서 생활한다고 생각하면 편하다.

행복한 인생을 원하는가. 의미 있는 황혼黃昏을 살고 싶은가. 건강하고 안전하고 쾌적한 생활이 중요한가. 자연에 감동하면서 여유로운 노후를 보내고 싶지 않은가. 그렇다면 삶의 방식을 전환하고 자신과 다른 시골의 흐름을 받아들일 필요가 있다.

농촌형 인간으로 재설계 하기

퇴직 후 자신이 가진 에너지를 재설계하는 방법은 여러 가지가 있다. 그 중에서 가장 긴요한 것이 자신이 잘할 수 있는 일을 찾아 계속 그 일에 몰입하는 것이다. 좋아하면 잘할 수 있다. 얼과 혼에 정성을 곱하면 최고가 될 수 있다. 좋아하고 열정을 바칠 수 있는 일을 찾아 매진하자. 은퇴 후에도 지속가능한 인생을 설계하는 방법이다.

가장 잘할 수 있는 것이 무엇인가를 꼭 찾아야 한다. 해오던 일과 전혀 상관없고 좋아하지도 않는 전혀 다른 직종으로 전직을 한다는 것은 위험하다. 특히 도시민이 시골 이주 후 귀농을 명분으로 무모한 자본을 투자하는 것은 절대 금물이다. 저비용 성공과 지속가능 그리고 자력갱생이 은퇴 이후 가장 중요한 명제이다.

지금까지 인생을 근검절약하고 살았다면 앞으로도 그렇게 가라. 습관은 천성이기 때문에 그렇게 사는 것이 좋다. 변화는 도전의 기반이 준비되었을 때 가능하다. 준비되지 않은 도약이란 추락을 의미한다. 결국 에너지를 재충전하라는 말은 "자신이 제일 잘하는 것을 선택하고 시간을 가지고 하나하나 실천하자"는 의미다. 다시 말하면 제3의 인생에 지속가능한 자신을 설계해야 한다. 자본이 들어가는 커다란 동력이 아닌 자신만의 힘으로 돌릴 수 있는 작고 소박한 에너지를 사용해야 한다.

은퇴 후 귀촌은 도시에 있는 동안 어떻게 준비했느냐에 따라 성패가 결정된다. 시골에 정착한 이후에도 태도와 경영방법이 어떠냐에 따라 손익이 다르게 나올 수 있다. 농촌에서는 자신이 만든 농산물에 대해 스스로 가격 결정을 해야 한다. 평범한 물건을 만들면 힘들다. 우리가 생산해 팔아야 할 농산물은 농약을 가급적 주지 않고 땅의 힘으로 지을 수 있는 농업이어야 한다. 누가 본다면 초라하고 못생겼지만 안전하고 안심할 수 있는 먹거리이어야 한다.

만약 스스로 에너지 설계를 잘못한다면 어려움을 처한다. 전문가의 도움을 받아라. 부인 혹은 남편, 자녀들의 불만도 나올 수 있다. 실질적으로 지역에 많은 농가가 경쟁업체다. 그들과 경쟁하면 외지인인 내가 손해 볼 것이다. 그들과 상생 협력할 수 있는 방법을 찾자.

은퇴 후 할 일은 안전한 농산물을 지인과 가족에게 공급하기

은퇴 후 농촌으로 들어가 산다는 의미는 '취미농사의 실천'이다. 농사를 지어 떼돈을 번다는 생각은 버리는 것이 좋다. 먼저 도시에서 지인들과 네트워크를 형성해라. 다음으로 경관 좋고 아름다운 농촌에 거점을 만들자. 그리고 식물족과 동물족의 소통에 다리가 되는 생활을 하자. 도농이 융합하면 생활이 즐겁고 농촌에 활력도 주고 자신의 소득도 만들 수 있다.

도시민에게 믿을 수 있는 양심 농산물, 진짜 먹거리를 공급하자. 대도시에 남아있는 가족과 친척, 친구와 지인들에게 정성으로 만든 농산물을 공급하자. 또 그런 농산물을 마을 사람으로부터 구입해 전달하자. 농약을 어쩔 수 없이 쓰더라도 친환경약제를 사용하자. 금지 농약이나 과도한 농약이나 제초제, 화학비료를 사용한다는 것은 스스로 자멸하는 것이라 생각하자.

내가 편하자고 맹독성 농약 팍팍 뿌린 것을 공급한다는 것은 나를 믿는 가족, 선후배, 지인의 신뢰를 난도질하는 이치다. 그라목손 계통의 농약을 마시고 살아남는 사람 있는가. 관행농업은 자신과 도시의 가족과 지인, 고객 모두를 농산물에 남아 있는 잔류농약으로 서서히 죽이는 결과를 가져 올 것이다. 도시에 남아있는 사람들에 대한 '신뢰'를 저버린다면 자신도 한 방에 죽을 것이다.

● 농진청은 2012년 11월부터 그라목손 계통의 맹독성 농약 사용을 금지하고, 보통 및 저독성 농약만 유통·사용하게 조치했다.

신뢰를 먹고 사는 취미농업은 관행농업과 다르다. 친환경생산으로 특화된 농업이다. 비록 힘들지만 다르지 않으면 성공하기 힘들다. 이것으로 얻을 수 있는 결과는 무엇인가. 한마디로 정리하면 '귀농귀촌인은 믿을 수 있는 농산물을 공급해서 생활이 가능하고, 도시민은 안전한 농산물을 먹고 생존이 가능'하도록 만드는 것이 먹거리 도농융합이다. 만약 생산이 어렵다면 친환경인증을 받은 농가의 농산물을 도시에 공급하는 유통을 장악하라.

교육받고 준비된 상태로 시골로 내려가 지역농가들과 어떻게 살아가는 것이 정답인가. 함께 공존, 공생, 공영하는 방법을 찾아야 한다. 여러 번 강조하고 앞으로도 강조하는데 '안전, 안심, 신뢰, 신선한 농산물로 차별화'되는 것이 살아남는 방법이다. 이 책에서 이것 하나 얻고 실천한다면 당신이 애국자이고 도시민의 우상이다. 지금은 남과 다른 경쟁력을 갖는 것이 생존의 필수요소이다. 결국 살아남는 방법은 도시에서부터 철저한 정신무장으로 농민과 같이 공영하는 법을 익히는 것이다. 그다음이 바르고 옳은 농사방법과 안전제일의 농법을 스스로 익히고 터득하는 방법이다. 도시에서부터 지인에게 안심할 수 있는 농산물을 공급하고 잘해왔던 원칙을 농촌에서도 실천할 수 있으면 은퇴 후 농촌에서 성공할 수 있다.

귀농귀촌이 막연한 동경인지를 테스트하라

 도시에서 정년 후 행복하게 살 수 없다는 판단이 앞선다면 농산어촌으로 가서 생활하는 귀농귀촌 정주에 대해 심각하게 고민하자. 도시에서부터 삶을 농촌형으로 조금씩 바꿔야 한다. 단언컨대 쉽게 바꾸기는 어렵다. 농산어촌으로 돌아가 행복을 찾겠다는 신념이 있다면 시간과 관심, 노력이 조금씩 도와줄 것이다. 어떻게 가치와 철학을 전원생활에 알맞도록 바꿀 수 있을까. 그것은 있는 그대로의 자연환경을 보고 느끼며 자연과 공생하는 것이 자연스럽다는 것을 인정하는 데에서 시작한다. 그러면 조금 천천히 느리게 사는 것도 가치 있는 생활이라고 인식하고 받아들일 수 있다.

2005년 작고한 프랑스 폴발레리 몽펠리에 제3대학의 철학교수 피에르 상소는 1998년 저작 《느리게 산다는 것의 의미》에서 '생활의 완보緩步'를 강조했다. 속도의 세계가 지배하는 디지털 시대에 '느림의 미학'이라는 불씨를 전파했다. 빠른 변화에 익숙해지는 것이 진보나 발전이라는 관점에서 벗어나는 것이 사고전환의 출발이다.

저자가 보는 '느림'의 정의는 '경쟁에서 도태되는 것이 아니라 '여유로움을 즐길 줄 아는 것'이 '진짜 느림'이라고 주장한다. 시골살이를 준비한다면 빠르고 기계적인 등산이 아니라 한가롭게 오솔길이나 숲길을 산책하며 대지와 동식물의 소리에 귀를 기울여보자. 세상의 온갖 속삭임과 더불어 삶을 인정함으로 비로소 느리게 살 수 있다.

'느리게 산다는 것의 의미'는 세차게 흘러내리는 강물에서 거슬러 오르는 연어를 상상하게 한다. 작가가 정의하는 느림은 '거세게 휘몰아치는 파도 속에서도 휩쓸리지 않고 나만의 리듬을 잃지 않는 것'이다. 자기 정체성을 갖고 세상을 살아가는 것이다. 그러기 위해서는 매일 되풀이되는 '하루'의 분주함이 아니라 '지금 여기'에 자신만의 감성을 담아야 한다. 또 안빈낙도의 형태로 시간을 포옹해야만 한다.

오른쪽의 표와 같은 생활이 도시에서는 어렵지만 자연으로 돌아가면 가능하다. 그것은 바로 빠른 현대 리듬 속에서도 천천히 사는 능력이다. 피에르 상소는 "천재나 예술가의 특이한 능력들 중 뛰어난 하나는 고급스런 게으름뱅이 기질"이라고 설명한다. 어찌 보면 물아일체적인 생활일 수도 있다.

도시에 사는 사람들, 특히 한국의 도시에서 생활하는 사람들은 특유의 '빨리빨리'에 병들어 있다. 항상 자가용을 타고 다니고 스마트폰 웹으로 뭐든지 바로바로 결정하고 시행하려고 한다. 말 그대로 원클릭one click을 이끌어가는 사람들이 한국의 도시민이다. 뭐든지 즉흥적으로 결정하고 빠르게 변화해야 속이 시원하다. 이런 획일화된 동류의식과 빠른 결정이 아닌 때를 기다리고 타이밍을 존중하는 조화로운 삶을 준비하는 것이 행복을 추구할 자세이다.

즉흥적인 삶은 짜증이 나고 참을성도 없어지는 악순환이 반복된다. 현재 상황에 만족하고 한 템포 늦추는 인내가 필요하다. 느리게 산다는 것은

● 시골생활에 귀감이 되는 사자성어 5 ●

가난을 받아들이고 도를 즐겨, 욕심으로 본성을 해치지 않고, 이익으로 자기를 묶지 않으며 의로움을 어겨 거짓으로 취하지 않는다 安貧樂道, 不以欲傷生, 不以利累己, 故不違義而妄取는 '문자文子·상인上仁' 편의 내용

안빈낙도安貧樂道 : 구차하고 궁색하면서도 그것에 구속되지 않고 평온하게 즐기는 마음으로 살아감

안분지족安分知足 : 본분을 지키면서 만족함을 안다는 중용의 의미로 절제할 줄 알고 작은 것에 만족할 줄 아는 생활철학이 몸도 마음도 평화롭고 건강을 유지

자승자박自繩自縛 : 자신이 만든 줄로 제 몸을 스스로 묶는다는 뜻으로, 자기가 주장한 의견이나 행동으로 말미암아 난처한 처지에 놓일 수 있으므로 귀농귀촌 초기 주의

물아일체物我一體 : 바깥 사물과 나, 즉, 객관과 주관, 또는 물질계와 정신계가 어울려 한 몸으로 이루어진 시골생활을 표현

유유자적悠悠自適 : 여유를 가지며 한가롭고 걱정이 없는 모양이라는 뜻으로, 속세에 속박束縛됨이 없이 자기가 하고 싶은 대로 마음 편히 지냄

여유를 갖는다는 의미이지 남들보다 뒤떨어진다는 개념은 결코 아니다.

  도시는 소비 지향적이고, 자본 중심적이다. 모든 것이 돈과 서열에 의해서 좌우되는 사회다. 저급한 자본주의와 퇴폐주의, 형식주의가 만연해 도시사람들은 남들과 비교하기를 좋아한다. 남들과 경쟁하며 싸움에서 반드시 이기려 한다. 그런 사람들의 특성은 프레임 속에 있어야 안심이 되는 사

람들이 주류를 이룬다.

필자가 일본에서 유학하던 1990년대 초반 모든 샐러리맨은 진곤색 양복을 입어야 했다. 동경 전체가 아침 출근 때면 진곤색 물결이 밀려간다. 마치 1970년대 중·고등학교 때 교복 입고 소풍갈 때를 연상시킨다. 이러한 획일화 추세는 지금도 여전하다. 남들과 같은 유행하는 옷 입고, 같은 생활방식에 같은 음식, 모든 것이 똑같아야 안심할 수 있는 곳이 불행하게도 도시다. 도시는 빨리빨리 문화에 천민자본주의에 매몰돼 있는 잿빛 모래섬이다.

성공귀촌을 위한 육하원칙

실제 도시민이 귀농준비에서 농가경영까지 하려면 여러 가지 사항을 고려해야 한다. 이런 준비가 없이 막연한 꿈을 찾아가서 실패한 경우가 많다. 여러분도 그런 경우인지 아닌지를 꼭 테스트해 보아라.

매스컴에서 기사를 작성할 때에 기본적으로 지켜야 할 원칙이 있다. 여섯 가지 기본요소라고 할 수 있는 육하원칙이다. 귀촌을 준비하고 있다면 가장 손쉬운 방법으로 육하원칙에 따라 한번 정리하고 테스트해 보는 것도 의미가 있다. 귀촌에 대한 관심이 있고 귀촌을 준비해보려는 은퇴준비자들이라면, 아래사항을 점검해보자.

2009년에 성공을 위한 귀농귀촌 테스트를 만들었다. 좀 더 구체적으로 2012년에 귀농귀촌 준비단계를 평가하는 평가 툴을 만들어 한국귀농귀촌진흥원(www.krci.kr) 홈페이지에서 볼 수 있도록 해놓았다. 본서의 내용보다 구체적이고 스스로 판단할 수 있는 내용도 많으니 한귀원 홈페이지 메인 화면 하단에 들어가 참고해보는 것도 추천한다. 먼저 ①사용자 인증→②컨설팅 항목 기본조사→③귀농성공 테스트→④테스트 결과를 볼 수 있다. 감히 말하지만 우리나라에서 가장 전문적인 컨설팅을 무료로 받을 수 있다.

1) 귀촌주체who : 누가 귀촌을 하는가. 혼자, 부부, 가족 등. 귀촌자간의 단합과 팀워크가 있는지, 어느 정도 귀촌준비를 했는지, 모두가 찬성하고 있는지, 도시에서의 구체적인 준비를 했는지 등이 기본적으로 고려되어야 한다. 귀촌자가 어떤 자질과 능력을 갖추고 있는가 하는 것이 매우 중요하다. 최근의 귀농귀촌 현황을 보면 '단독 세대>2인 세대>3인 세대>4인 이상 세대' 순이며 비율은 5:3:1:1이다. 우리나라의 귀농귀촌 비율은 3:7로 귀촌이 빠르게 늘어나고 있다. 하지만 일본의 1.5:8.5, 영국의 1:9에 비하면 아직 귀촌의 중요성을 잘 모르는 것 같다.

만약 혼자 귀촌을 한다면 스스로 팀워크를 대체할 수 있는 힘이 있어야 한다. 가족 모두가 총체적으로 준비해야 한다. 모든 것이 혼자하려면 여럿이 하는 것보다 힘들다는 사실을 명심하자.

항목	3	2	1
1. 귀촌주체는 결정되어 있는가	있음	보통	없음
2. 귀촌자간의 단합과 팀워크가 있는가	있음	보통	없음
3. 어느 정도 귀촌준비가 되어 있는가	있음	보통	없음
4. 가족 모두가 찬성하고 있는가	있음	보통	없음
5. 도시에서의 구체적인 준비가 되어 있는가	있음	보통	없음
6. 귀촌자가 어떤 자질이 있는가	있음	보통	없음
7. 귀촌자가 특별한 능력이 있는가	있음	보통	없음
8. 귀촌자가 건강한 신체와 정신을 소유했는가	있음	보통	없음

2) 귀촌시기when : '언제'는 귀촌의 시기 혹은 타이밍이라고 할 수 있다. 귀촌의 시기는 손으로 치는 박수와 같다. 양손이 잘 맞으면 소리도 크고 경쾌하다. 만약 엇박자가 난다거나 맞지 않는다면 소리는 작거나 들리지 않을 것이다. 귀촌 아이템에도 귀촌의 시기가 있으며, 귀촌진입이 너무 빨라도 혹은 너무 늦어도 실

패할 수 있다. 귀촌은 충분히 준비되어 가야 한다. 먼저 가족동의를 받고 충분히 공부하고 '어디서 살지'가 결정되어야 가능하다. 새 생명을 잉태하듯이 정성을 기울여 충분히 준비한 다음에 가도 늦지 않다. 다만 70세가 넘은 늦은 귀촌생활은 전문가의 상담을 받는 것이 좋겠다.

항목	3	2	1
9. 귀촌 시기는 구체적으로 결정되어 있는가.	있음	보통	없음
10. 귀촌 타이밍에서 고려되는 요소를 알고 있는가.	있음	보통	없음
11. 주변 사람들과 충분히 상의하고 있는가.	있음	보통	없음
12. 현재 살고 있는 주택의 처리방안이 나왔는가.	있음	보통	없음
13. 도시에서 쉽게 떠날 수 있게 준비되어 있는가.	있음	보통	없음

3) **귀촌예정지**[where] : 어디서라는 것은 귀촌할 장소를 말한다. 귀촌예정지는 단순히 경관만 좋아서는 안 된다. 자신과 귀촌할 사람들과 살고 있는 원주민들과의 궁합도 중요하다. 가서 무엇을 할 것인가도 원주민과 이야기해야 한다. 부부가 서로 궁합이 다르면 부부로서 살 수 없듯이 원주민과 갈등이 커지면 함께 살기가 어렵다. 지역의 풍토와 환경, 원주민과의 궁합, 지자체의 지원 등도 귀촌에 있어서는 대단히 중요하다.

항목	3	2	1
14. 귀촌예정지의 인문현황에 대해 잘 알고 있는가.	있음	보통	없음
15. 귀촌지의 사람들과 친밀도는 있는가.	있음	보통	없음
16. 원 거주지에서의 접근성은 좋은가.	좋음	보통	나쁨
17. 귀촌지의 기후, 풍토, 토질에 대해 알고 있는가.	있음	보통	없음
18. 귀촌예정지에서 농사경험이 있는가(주말농원 등)	있음	보통	없음
19. 귀촌예정지에 멘토가 있는가.	있음	보통	없음

4) **귀촌아이템**what: 무엇을 만들고 판매할 것인가 하는 문제를 말한다. 이것은 귀촌아이템과 직결된 것으로서, 관련 분야에서 경험을 쌓은 후에 귀촌을 하는 것이 필요하다. 민박과 음식업을 하겠다는 사람이 조리사자격증이나 호텔관리론도 모른다면 어렵다. 또 지역음식에 대한 전문적인 지식이 없다면 곤란할 것이다. 이러한 경우에는 지역에 호텔이나 식당에서 몇 개월간 근무를 해 보는 것도 많은 도움이 될 것이다. 결국 초기에는 6차산업적인 마인드를 가지고 가는 것이 시골생활에 도움을 받을 수 있다. '선 6차산업 후 1차산업'으로 가든지 아니면 6차산업을 더욱 특화시킬 것인지는 차차 판단해도 늦지 않다.

항목	3	2	1
20. 도시에서 귀촌아이템 분야에 경험이 있는가.	있음	보통	없음
21. 전문 아이템은 선정이 돼 있는가.	있음	보통	없음
22. 농사경험은 있는가.	있음	보통	없음
23. 귀촌지에서 차별화할 6차산업 특기는 있는가. (주조, 음식, 민박 등).	있음	보통	없음
24. 전문기술에 대해 학습경험이 있는가.	있음	보통	없음

5) **귀촌방법**how: '어떻게'는 귀촌의 여러 요소를 어떻게 융복합시켜서 경영하는가 하는 문제를 말한다. 기술개발, 자금조달, 홍보 및 마케팅, 시장개척, 인사관리 등의 여러 문제를 어떻게 관리하고 운영할 것인가 하는 것을 말한다. 귀촌자는 자기 나름대로의 경영철학과 전략을 갖고 있어야 할 것이다. 많은 귀농자가 실패하는 이유 중 하나는 농사만 잘 지으면, 좋은 농산물을 생산하면, 잘 살 수 있다고 판단하는 것이다. 농업은 ①생산, →②마케팅, →③판매, →④경영을 모두 잘해야 100점이다. 때문에 귀농은 100점 아니면 0점이다. 도시의 회사생활은 내 직무, 내 일만 잘하면 되지만 농업소득을 내기 위해서는 4대 요소를 모두 잘 조절해 이익을 내야 한다. 때문에 충분히 준비되기 전에는 귀촌생활이 필

요하다. 귀촌은 마케팅이나 판매, 경영만 해도 살아갈 수 있다. 하지만 귀농은 25%뿐이 안 되는 생산은 하고 나머지도 해야 된다는 점을 명심하라. 농산물 가격은 친환경농산물과 특수작물이 아니면 전세계적으로 하향 평준화되고 있다. 그렇다면 처음부터 무모한 귀농이 아니라 귀촌해서 자신이 잘하는 분야에서 승부를 내는 것이 옳지 않은가.

항목	3	2	1
25. 귀촌후의 경영 계획은 작성했는가.	있음	보통	없음
26. 간편 회계를 작성할 수 있는가.	있음	보통	없음
27. 자신을 홍보하고 마케팅할 수 있는가.	있음	보통	없음
28. 홈페이지는 있는가.	있음	보통	없음
29. 도시에 지인을 고객으로 만들 수 있는가.	있음	보통	없음
30. 예상하지 못한 문제에 대해 해결능력 있는가.	좋음	보통	나쁨

6) 귀촌철학 why : '왜'는 '무엇 때문에 귀촌을 하는가'와 같이 귀촌의 목표나 동기를 분명하게 해야 한다. 또한 귀촌의 과정에서 일어나는 수많은 문제와 의사결정에 대해서 '왜'라는 질문을 스스로 하고 또한 자신 있게 대답할 수 있어야 한다. 귀촌철학이 없으면 초기의 감성이 사라지면 그 다음부터 어렵고 힘든 고난의 길을 걸어가야 한다. 이 길을 슬기롭게 극복하려면 가족이 한마음 한뜻이 되어야 한다. 그리고 충분한 정보와 교육을 받아야 한다. 다음은 자신이 살아갈 지역에 대한 이해와 학습, 자신을 도와줄 멘토의 확보, 어려움을 극복하는 비밀병기 등을 마련해야한다.

    행복한 시골생활이 인생 마지막 진검승부이다. 여기서 이겨야 보람차고 가치 있는 인생에서 승리하는 것이다.

항목	3	2	1
31. 자신이 왜 귀촌하는가에 대해 설명할 수 있는가.	있음	보통	없음
32. 귀촌목표가 분명한가.	있음	보통	없음
33. 귀촌 후 3년간 버틸 자신이 있는가.	있음	보통	없음
34. 원주민과 잘 지낼 자신이 있는가.	있음	보통	없음
35. 농민들을 좋아하는가.	좋음	보통	나쁨
36. 농촌을 좋아하는가.	좋음	보통	나쁨
37. 농업을 좋아하는가.	좋음	보통	나쁨
38. 가족 중 부부동의를 받았는가.	좋음	보통	나쁨
39. 귀농귀촌 교육을 200시간 이상 받았는가.	좋음	보통	나쁨
40. 귀농귀촌지에 멘토가 있는가.	좋음	보통	나쁨

6개 분야, 총 40개의 항목에 대해 총 120점 만점이다.

101-120점 사이의 점수를 획득했다면 언제든지 귀촌해도 잘 적응할 수 있는 최상의 능력을 지닌 사람이다.

81-100점 구간의 점수를 얻었다면 농촌으로 귀촌해 가서 생활해도 나쁜 평판을 받거나 문제를 일으켜 지역에서 퇴출되지는 않을 것이다. 하지만 지속적으로 공부를 해야 한다. 특히 지역사회를 이해하는 측면에 신경 쓰고 갈등방지나 식물족의 특징에 대해 공부해야 한다.

61-80점 안의 점수를 받은 사람들은 아직 귀촌준비가 되어있지 않은 사람들이다. 지금 귀촌을 한다면 성공확률은 50% 이하로 많은 노력을 해야 할 것이다. 좀 더 시간을 갖고 온라인, 오프라인 교육과 도시농업, 시골탐색을 하면서 노력해야 한다. 40-60점 정도의 점수를 받은 사람들은 귀촌 준비를 이제 시작하는 사람이다. 초보자라고 보아도 무방할 것이다. 만약 2년 이상 준비를 했다면 귀촌이 자신에게 적합한지 여부를 심각하게 고민해야 할 것이다. 만약 귀촌해서 적응하지 못한다면 경제적 정신적 손실은

클 것이다. 한 번뿐인 인생의 황금기를 헛되게 소비해서는 안될 것이기 때문이다.

점수	특징
101-120	최우수: 당장 귀촌해서 잘 살 수 있음
81-100	우수: 농촌에 가서 정착할 수 있으나 좀 더 노력을 해야 함
61-80	적응: 도시에서 준비를 하면서 농촌과 농업경험을 익혀야 함
40-60	준비: 귀촌, 귀농에 대한 다양한 준비를 해야 함

● 은퇴 후 노후보장에 대한 3대 착각 ●

은퇴 후 일반인들이 흔히 접하는 착각이나 오해가 있다. 크게 보면 3가지가 있는데 여러 번 곱씹어 자기 것을 만들어야 한다.

첫째가 9988234(99세까지 88하게 살다가 2~3일 앓고 4일째 간다는 뜻의 조어)할 것이라는 생각이다. 나에게 80 이후는 오지 않고 어느 날 갑자기 행복하게 죽을 것이라는 착각이다. 대부분의 사람들은 노령기 후반으로 갈수록 신체기능이 떨어지기 시작해 죽기 직전 4~6년간 지루하게 입원과 퇴원을 반복한다. 마지막 6개월은 병원 중환자실에서 고통을 받다가 죽어간다. 우리가 태어나서 안정을 찾을 때까지 많이 울었듯이 죽음을 향해가는 과정도 눈물과 아픔을 수반할 것이다.

둘째는 국민연금이 나의 노후를 책임져줄 것이라고 판단하지 말라. 2045년 이후 연금이 고갈된다면 어떻게 상황이 변화할지 모른다. 정부는 연금가입액은 늘리고 수급기간은 늦추고 지급액도 적정 생활비의 40% 수준으로 줄이는 전략을 사용하려고 할 것이다. 실제 2015년 공무원연금개혁에 이어 점차 사학, 군인연금에 까지 연금개혁은 전방위로 확대될 것이다. 왜 이런 현상이 일어날까. 나라 경제가 장기불황에 빠져 있고 저출산 고령화의 심화가 근본이유이다.

처음부터 적게 내고 많이 받는다는 연금전략으로 일관한 과거정부 정책과 단절을 누가 어떻게 해야 하는가 결단만 남아 있다. 생각만 해도 험난하다.

셋째는 우리 자식들이 부모를 부양할 것이라는 착각이다. 앞으로 저출산 고령화는 지금보다도 심화될 것이다. 지식기반과 정보홍수의 시대 나이 먹고 전문성 없는 사람들이 도시에서 대우받고 살 수는 없다. 지금처럼 복지가 강화된다면 앞으로는 세금을 10% 이상 더 내야 할 것이다.

이 땅의 아이들은 자기들 살기에도 고달픈 인생이 되기 쉽다. 자식들이 부모 돈 빼가지만 않아도 다행이라는 생각을 가져야 한다. 자녀들도 점점 치열해지는 금융자본주의에서 손자손녀 키우며, 국가에 우리 세대보다 많은 세금 내며 살아갈 것이다. 사랑, 그것은 내리사랑으로 만족해야 한다. 부모를 부양하는 세대는 우리 세대로 끝난 것이다. 단지 좋은 관계를 유지하며 서양처럼 만나는 것이 일반화될 것이다.

PART 2

실전,
귀농귀촌
따라잡기

- **CHAPTER 4**
  귀농귀촌, 이제 실전이다
  귀농귀촌 5단계로 준비하라
  귀촌준비 3년 안에 끝내기
  시골과 친해지는 것이 우선이다
  도시에서 농사 연습하기
  내게 맞는 귀촌지 찾기
  귀농귀촌 주택 임대에서 이사까지

- **CHAPTER 5**
  귀농귀촌, 공부가 답이다
  농촌 전문가가 되어야 한다
  귀농귀촌 정보가 모이는 곳
  '농림사업지침서'는 귀농귀촌 공부의 기본
  정보의 보고, 농업기술센터와 농정과
  귀농귀촌 교육 어디에서 받을까?

- **CHAPTER 6**
  정부지원자금 100% 활용하기
  농사지으면 나오는 각종 융보조금
  정부의 귀농귀촌 정책방향
  도시민 유치전략의 현주소
  지자체의 귀농유치 홍보

- **CHAPTER 7**
  귀농귀촌 성공전략
  귀촌 후 2년 안에 인정받아라
  지인들의 먹거리 안전을 책임져라
  농사보다 창조적인 농촌체험과 민박
  안전한 농산물을 직거래하라

- **CHAPTER 8**
  귀농귀촌 성공기 7
  원추리 재배로 부자산촌을 만들다
  (충남 부여 김은환 대표)
  잘 나가는 임원에서 고추농사의 달인이 되다
  (충남 청양 한만희 대표)
  단고사리로 억대 소득을 올리다
  (전북 장수 홍재완 대표)
  황무지에 감동을 주는 펜션을 세우다
  (강원도 평창 정철화 대표)
  나이 70세, 연봉 1억의 체리농사꾼
  (충북 음성의 이보섭 대표)
  귀농귀촌 모범교육생이 된 대기업 사장
  (양평 그린토피아 정경섭 박사)
  야생화에 대한 사랑과 고집이 만든 성공
  (경주 다봉마을 김말순 여사)

CHAPTER 4
귀농귀촌, 이제 실전이다

귀농귀촌
5단계 준비로 성공하라

귀농귀촌 준비의 요령은 크게 5가지 단계에 세부적으로 약 50개 과정의 준비로 나눌 수 있다. 1단계 귀농귀촌결심기, 2단계 귀농귀촌준비기, 3단계 귀농귀촌이주기, 4단계 지역적응기, 5단계 자립 및 안착기로 구분된다.

● 1단계 : 귀농귀촌 결심기

1단계 귀농귀촌 결심기는 도시에서 삶과 미래에 대한 성찰과 고민의 시기이다. 도시에서의 생활이라는 것은 반드시 돈이 요구된다. 귀농귀촌을 고민하는 사람들의 유형은 다양하다. 돈 많은 사람들이 갖는 로망의 실현도 있다. 안정적인 공무원 출신의 노후생활비 절약과 취미생활도 있다.

하지만 이 책에서 애정을 갖고 도움을 주고자 하는 대상이 있다. 세상을 위해 뼈빠지게 일하고 가족을 위해 헌신했지만 현실의 무게에 짓눌려 점점 고독해지는 기층 민중에게 대안적 삶을 제시하는 것이다. 그런 의미에서 《3천만 원으로 은퇴 후 40년 사는 법》은 중요하다. 이 책에서 제시하는 방식을 잘 따라와 주길 바란다. 그리고 유튜브에서 귀농귀촌 100을 치고 5분 내외의 동영상 100개를 숙지한다면 보통사람들도 80세까지 경제력을 고민하지 않고 소박하게 살아갈 수 있을 것이다.

지금까지 도시에서 여러 가지 과정과 절차에 시달리고 털리고, 서럽게 살았다면 새로운 인생을 기획하라. 먼저 여러 삶의 방식을 꿈꾸고 준비하고 고민을 해라. 그래도 가슴 답답함이 뻥하고 뚫리지 않는다면 이 책을 여러 번 정독하길 권장한다. 귀농귀촌을 심각하게 고민하고 철저하게 준비한다면 현실적인 대안을 만들 수 있다.

• 욕먹을 각오로 쓰는 공적 영역의 귀농귀촌 수준 •

이런 이야기를 하기는 싫지만 정부나 지자체, 공적 영역을 너무 믿지 말라. 관료는 퇴직 후에도 월 200만 원 이상 연금 나오는 노후가 안정된 배부른 사람들이다. 일부는 애정과 사명감으로 봉헌하지만 대부분은 흐르는 강물 위 낙엽 같은 존재이다. 애국애족을 위해 자신을 버리지 못한다. 자신만 다치지 않는다면 부정과 비리에 눈감을 수도 있다. 애써 현실도 외면하고 자위한다. 때로는 '영혼이 없음'을 자랑스레 강조하기도 한다. 대한민국이 더 이상 성장하지 못하는 이유 중에 하나이다.

귀농귀촌도 '도긴 개긴'이다. 귀농귀촌은 도시에서 준비단계가 무척 중요한데 현재 농림부 산하기관의 근시안적 교육운영과 권위적인 태도, 호치키스적인 업무처리가 있는 한 귀농귀촌 진흥은 없다.

거꾸로 보면 서민들은 피눈물이 더욱 쏟아질 것이다. 전략도 전술도 작전도 전투력도 없는 무소불위 권위만이 있는 공기관은 공기관이 아니다. 그곳에 귀농귀촌을 맡긴 국민들이 불쌍하다. 그런 측면에서 본다면 2012년 여름의 기획재정부 판단이 정확하다.

2013년 한 해 동안 시골로 내려간 귀농귀촌인은 5만 6천 명인데 그해 도시에서 100시간 이상 귀농귀촌 교육을 받고 간 사람들은 2천여 명이다. 왜냐하면 교육 목표를 2천 명으로 잡고 시행했기 때문이다.

분명한 것은 5%도 미치지 못하는 소수만이 준비하고 시골로 간다는 점이다. 나머지 95%는 준비 없이 시골로 가서 초기 갈등과 지속적인 도시적 사고思考에서 많은 혼란과 아노미anomie를 겪는다. 그리고 일부는 다시 도시로 돌아온다.

이 모든 행태가 그 팀과 담당자 잘못이라고 말할 수는 없다. 하지만 5명도 되지 않는 실무자들에게 모든 업무를 맡기고 쓸데없는 개폼 잡고 엉뚱한 홍보를 하는 낙하산과 상층부의 현실이 있는 한 대한민국에서 귀농귀촌을 꿈꾸는 자는 슬프다.

도시에서 시골로, 귀촌만이 막판 인생역전이나 행복을 찾는 입구다. 한마디로 도시는 지속가능하지 못한 구조이다. 진창에서 빠져나오기 위해서는 옷이 더러워지는 것을 두려워해서는 곤란하다. 설사 몸에 상처가 나고 부상을 당해도 빠져나와야 살 수 있다면 실행해야 한다. 충분히 준비하고 한 번에 빠져나와야 100점짜리다.

귀농귀촌 결심단계에서 정보수집을 하는 과정이 중요하다. 도시에서 다양한 언론정보나 귀농귀촌종합센터, 귀농카페 같은 곳에서 지식을 얻고 공감하는 단계다. 너무 흥미 위주의 인터넷 카페에 처음부터 의존하지 말라. 조금 딱딱하고 부담스러워도 객관적인 정보를 줄 수 있는 귀농귀촌종합센터와 언론 정보를 근간으로 중심을 잡아 놓아야 실패확률을 줄일 수 있다.

결심기간은 2~3년 이상을 넘지 말아야 한다. 기간이 길어지면 나태해지고 시간을 허비할 수 있기 때문이다. 구체적인 자료수집이나 조사과정은 귀농귀촌 전반에 대한 기초지식을 수집해야 한다. 내가 해야 할 업(業)을 만들고 가꾸어나갈 대상을 선정해야 한다. 그리고 언제 어디로 가서 무엇을 어떻게 할 것인가도 구상해야 한다.

이 과정에서 수집된 자료를 정리하고 분석해야 한다. 분석은 매우 중요한데 귀농귀촌에 대한 자료단위, 관찰단위, 마을·지역현장, 관찰수준으로 이해하고, 자료를 신문기사, 단행본, 설문, 정부보고서, 인터넷 카페, 자신의 직접 경험 등으로 구분한다. 이러한 분석을 통해 흐름, 즉, 트렌드를 잡아내는 것이 핵심이다. 결국 좋은 분석은 성공으로 이끄는 해석을 만든다. 자신의 귀농귀촌 모델을 만들어 놓아야 귀농귀촌에 실패하지 않는다. 결론은 자신이 완벽하게 준비해야 한다는 것이다.

전문가상담과 가족동의는 순서가 바뀔 수도 있다. 자료 수집 과정과 보통 함께 가는 데 전문가는 자신이 명확한 부분에 대해 튜닝해주는 존재이니 너무 맹신해서는 곤란하다. 전문가는 일반적인 부분과 명확히 다른 부분은 잘 지적하고 조언할 수 있으나 개별적인 특수한 부분에 대해서는 본인이 해결해야 한다.

가족동의는 부부와 자녀동의까지 모두 받는 것이 중요하다. 가족동의는 흔히 '신사시대'라고 표현하는데 아래와 같다.

신 : 신뢰를 갖고
사 : 사랑을 갖고

시 : 시간을 갖고

대 : 대안을 갖고 설득해야 성공한다.

가족동의가 필요한 것은 농사나 농촌 일은 최소 2명이 함께 해야 효율적이기 때문이다. 가족 동의 없이 내려가거나 문제가 생기면 반드시 자중지란이 일어나 심한 경우 가정이 파탄나기도 한다. 때문에 가족동의를 받는 것은 중요하며 최소 시골로 이사 전까지 동의를 받도록 준비하라.

가족동의 이후 귀농귀촌결심은 가장 행복한 시기이다. 마치 허니문 시절을 연상하게 한다. 다양한 낭만적인 꿈과 매일매일 상상의 바다에 빠지며 자신과 가족의 꿈을 펼친다. 결심을 한 다음에는 스스로 합리적인 계획을 만드는 것이 중요하다. 현실적으로 정부를 믿고 가야하는 데 초기에는 귀농귀촌종합센터 정보와 농정원 교육에 의지해야 한다. 귀농귀촌결심기의 진행과정은 ① 은퇴 후 삶의 고민(귀농귀촌종합센터 정보제공) → ② 정보수집(인터넷) → ③ 구체적인 자료조사와 분석 → ④ 전문가 상담 → ⑤ 가족동의 → ⑥ 귀농귀촌 결심 → ⑦ 자가계획(꿈) 순으로 이루어진다.

1기 : 귀농귀촌결심기		세분	건강	가족	친구	취미	일	봉사	학습	돈
귀촌결심기		1 은퇴 후 삶의 고민	O	O	O	O	O	O	O	O
		2 정보수집(인터넷)	△	△	O	O	O	O	△	O
		3 구체적인 자료조사/분석	△	△	△	O	△	O	△	O
		4 전문가상담	O	△	△	△	O	△	O	O
		5 가족동의	△	O	O	O	△	O	O	△
		6 귀농귀촌결심	O	O	△	△	O	△	O	O
		7 자가 계획(꿈)	△	O	△	O	△	O	△	O

중요 : O, 보통 : △, 미미 : ×

제일 좋은 방법은 스스로 그림을 그려보라는 것이다. 즉, 조감도는 자신의 모든 것을 표현할 수 있는 방안이다. 조감도를 그려 전문가들과 상의하면 어느 정도 감이 잡힌다. 현재 이러한 분야의 교육이 꼭 필요한데 마을디자인의 자기농장 설계과정이 귀농분야에 있으며 귀촌의 구체적인 귀촌창업교육과정이나 6차산업과 관련된 창업설계과정은 아쉽게도 없다.

● 2단계 : 도시준비기

● 도시농업에 관해서는 '도시농업의 육성 및 지원에 관한 법률'이 2011년 제정되고 점차 도시에서 농업농촌의 소중함을 익히는 과정으로 인식되고 있다. 도시의 텃밭이나 주말농장에서 내 손으로 신선채소를 생산해 먹는 재미+안전+먹거리 공급적 측면이 강하다. 지금까지는 농민이 농촌에서 국민의 먹을거리를 생산하는 과정이었다. 이제는 도시농업을 통한 건강과 환경개선 및 교육이나 공동체 회복 등 도시민들이 삶의 질 향상을 위해 역할을 하고 있으며 서울시에서 적극적으로 시행하고 있다.

2단계 귀농귀촌준비기는 도시에서 본격적인 귀농귀촌을 준비하는 시기이다. 제일 중요한 것은 귀농귀촌 교육을 받는 것이다. 이 부분은 그 무엇보다도 중요해서 따로 장을 만들었다. 2부 5장을 참고하길 바란다.

귀농귀촌을 전제로 도시농업●에 대해 탐색하고, 도농교류를 통해 농촌선택하고, 이주준비를 하는 시기이다. 이주 준비를 위해 구체적인 작목과, 사업계획을 마련하고, 살 집을 고르는 시기이다.

구체적으로 도시농업은 베란다에 간단한 야채와 농산물을 심고 관리해 수확하는 연습이 필요하다. 이후 텃밭을 5~10평 규모로 마련해 직접 도시농사를 짓는 것이다. 텃밭 마련은 매년 연초에 시청에서 직접 1년 단위로 분양하고 있다.

서울시의 경우는 서울시 농업기술센터에서 2~3월초 분양한다. 도시농업은 도시생활을 하는 동안 꾸준히 작목을 바꿔가면서 준비하는 것이 좋다. 물론 정원이나 농토가 있다면 좀 더 적극적인 준비를 할 수 있다. 도시농업기에서도 1단계의 정보와 귀촌탐방 등 농촌에 들어가서 생활하는 사람들과의 네트워크가 중요하며 지속되어야 한다.

귀촌귀농준비기	2기 : 귀농귀촌준비기								
	세분	건강	가족	친구	취미	일	봉사	학습	돈
	8 귀농귀촌교육	○	○	○	○	○	△	○	△
	9 도시농업	○	○	△	○	△	△	○	○
	10 도농교류	○	○	○	○	△	△	○	○
	11 지역선정	○	○	○	○	○	○	○	○
	12 이주준비	○	○	○	○	○	○	○	○
	13 작목선택	○	○	○	○	○	△	○	○
	14 사업계획	△	○	○	○	○	△	○	○
	15 주거지 마련	○	○	○	○	○	○	○	○

중요 : ○, 보통 : △, 미미 : ×

현재 도시민을 받을 준비가 되어있는 마을이 농림부와 한국농어촌공사의 웰촌 사이트에는 1,700여 개 이상이 있다. 이들 마을은 정부가 지원하는 각종 도농교류사업을 추진하는 마을로 열린 마을들이다. 행자부, 농림부, 농진청, 산림청, 해수부, 문화부, 환경부 등 다양한 정부부처의 도움을 받아 마을을 적극적으로 마케팅하고 도농교류에 적극적인 마을이다. 이들 마을 중 하나를 선택하면 좋다. 현재 도농교류나 농촌체험을 주로 하는 사업 즉, 농림부 도농교류협력사업* 등이 많으며 시민단체에 요청하면 1인당 하루 2~3만 원 내외의 비용으로 농촌마을체험과 정보를 얻을 수 있다.

● 농소정사업(농민, 도시소비자, 정부가 도농교류를 하는 것을 돕는 사업)이 진화해서 명칭과 내용이 보완되고 바뀜

지역선정을 위해서는 다양한 마을을 체험하는 것이 필요하다. 초창기에는 농촌, 산촌, 어촌을 두루 체험하고 자신이나 가족과 가장 잘 어울리고 끌리는 마을을 결정하라. 결정은 늦어도 상관없다. 어차피 정년 후 귀촌한다고 결정하면 그 시기까지 도시차원에서 준비할 수 있는

최대한의 것을 준비하라. 다양한 지역에 친구도 만들고 자신이 귀촌 후 하고 싶은 아이템도 정하고 다양한 지식을 넓혀라. 그것이 귀촌 후 큰 자산이 될 수 있다.

지역선정에도 과정이 있는데 다음 과정이 정석이다.

① 지역탐방: 귀농귀촌종합센터, 웰촌, 도농교류협력사업을 통한 정보확보 후 현장방문
② 최초방문: 현장을 최초로 방문(개인 방문보다 공적 연계로 단체로 가는 것이 유리)
③ 재방문: 여러 곳 방문 후 마음에 드는 곳이 있으면 재방문
④ 지역후원자: 여러 번 방문 후 지역과 마을이 마음에 들면 지역후원자가 됨 (1사1촌 활용)
⑤ 준주민: 지역축제와 마을 경조사에 참석 미연에 갈등방지(친밀도와 상호이해)
⑥ 이주: 지역과 가족이 준비되면 본인이 커밍아웃하고 지역으로 이주
⑦ 주민: 지역주민으로 교동공장의 실천

이주준비는 도시에서의 생활을 정리하고 본격적으로 전원생활을 실행하는 때로 가급적 비용은 적게 들이고 살 집은 반드시 임대할 것을 권한다. 도시에서 처음부터 집을 사는 사람은 많지 않다. 농가주택을 전세로 얻고 논밭도 전세로 얻고 농사일을 시작하자. 어차피 프로는 아니다. 프로들이 하는 규모화, 기업농화는 아예 생각부터 접어라.

작목선택은 농지에서 농약치지 않고 할 수 있는 농업으로 정하라. 자신있게 만든 농산물을 지인들에게 공급하라. 앞서 설명한 방법대로만 한다면 도시민 20가구만 공급하면 연수 3천만 원이 충분히 될 수 있다. 농촌에서 3천만 원은 도시의 5천만 원 이상의 가치가 있다. 내가 도시생활에서 먹

고 싶고 필요한 농산물을 무농약으로 생산하자. 그리고 와서 보고 알게 하라. 진짜 믿을 수 있는 농산물을 체험하고 사가지고 가게 만들자.

사업계획은 무리하지 말고 일 중심이 아닌 취미와 봉사, 일이 적정하게 조화로운 방법을 찾는 것이 열쇠이다. 인생 사이클에 적합한 중용을 찾는 것, 그것이 행복이다. 한번 사는 인생 다양하게 즐기면서 의미 있게 사는 것이 행복이다. 늙어서 돈보다 소중한 가치가 여러 가지 있다. 그것들을 잃어버리거나 깨트리지 말고 잘 살리자.

농촌으로 이주하기 전에 주거지를 마련해야 한다. 주거지 마련에는 귀농형과 귀촌형을 구분해야 하는데 귀촌형은 전원과 경관이 아름다운 곳으로 선정한다. 또 귀농형은 농업환경이나 편리, 기능, 중심, 공무원 지원이 많은 장소를 선택을 먼저 고려해라. 또 마을 주민들과 공동농업 활동을 용이하게 할 수 있는 곳을 찾아라. 마당이 넓어 작물재배가 용이하며 진입로가 원활한 곳이 좋다.

● 3단계 : 귀농귀촌실행기

이주단계는 1단계와 2단계가 정리되고 마음의 준비가 된 다음에 하는 것이 좋다. 이주는 가급적 3월 이전에 하는 것이 유리하다. 자녀가 취학연령인 경우 반드시 2월에 하는 것이 현지적응에 도움이 된다. 농업은 1년에 한 번 하는 장사라고 보면 된다. 물론 시설채소의 경우 연중으로 하는 경우도 있지만 노지농사는 씨 뿌리고 싹 틔우는 시기를 놓치면 그것으로 한 해 농사는 끝난다고 보면 된다. 따라서 귀농형의 경우 가급적 2월에 이사하길 권한다.

이주 후 바로 면사무소나 시군청의 귀농귀촌종합센터의 도움을 받아 주민등록이전을 통한 전입신고를 한다. 본인이 세대주일 경우는 신분증을 지

3기 : 귀농귀촌실행기								
	세분	건강	가족	친구	취미	일	봉사	학습	돈
귀촌실행기	16 이주	○	○	○	○	○	○	○	○
	17 전입신고	×	×	×	×	×	×	×	×
	18 자기소개와 마을친교	△	○	○	○	△	○	△	○
	19 이웃과 관계개선	△	○	○	○	△	○	△	○
	20 마을 및 지역봉사	△	○	△	○	△	○	△	○
	21 농사준비	○	○	○	○	○	○	○	○
	22 정주 훈련	△	△	○	△	○	○	○	○

중요 : ○, 보통 : △, 미미 : ×

참하면 된다. 이사 후 14일 이내에 전입신고를 해야 하며 미신고시 과태료가 발생할 수 있다.

인터넷으로 전입신고를 할 수 있는데 인터넷 검색창에 민원24를 치면 정부민원포털(1588-2188) 민원24(www.minwon.go.kr)에 연결되고 직접 처리할 수 있다. 최근에는 시군 측에서 집들이 비용을 지원해 마을 주민들과 친교를 하는 경우가 많아지고 있다는 것은 긍정적이다.

자기소개와 마을친교의 경우 시골에서 무척 중요하다. 여기서부터 정신 바짝 차리자. 첫인상이 끝까지 간다고 말하면 도시에서는 지나가는 말로 들을 것이다. 하지만 시골은 다르다. 시골은 식물족들이 산다. 여기서는 고정적이고 보수적인 감각이 소중한 가치이다. 변화와 이동은 금기이다. 한 장소에서 관찰과 경험, 이동 없는 인내를 덕목으로 살아가는 사람들이다. 이들 식물족과 동물족이 첫 대면을 한다. 긴장하고 식물족들이 원하는 대답을 자기소개 형식으로 표현해주어야 한다.

이웃과의 관계 개선은 초기 서먹서먹한 주민들에 대해 동물족 즉, 귀농귀촌인들이 다가가야 한다. 이웃과의 친교와 관계개선은 주민들이 못하거나 부족한 부분을 충족시켜주어야 한다. 대부분의 농촌마을의 특징은 특정 생산력만 높지 상업화가 떨어진다. 노인들의 관내 이동이 취약하고, 각종 농기계나 시설, 전자제품 등의 수리, 고장에 취약하다. 또 응급환자가 생겼을 때의 초기대처나 의료보건시설도 열악하다고 볼 수 있다. 이런 측면을 고려할 때 동물족들이 식물족의 취약점을 파고들어가야 공생을 모색하고 식물족 사이에서 생존할 가능성을 높일 수 있다.

이주기에 있어서 주무부서인 행정자치부의 역할이 중요하다. 현재 행자부는 귀촌인의 도농간의 이동에 별 관심이 없다. 행자부는 매년 5만 명 이상 늘어나는 자국민의 지역이전보다는 다문화가정의 국내정착에 관심이 많다. 행자부는 인구이동이나 조직, 지역발전, 지방행정을 총괄하는 국가기관이다. 이들이 국민의 이동과 지역갈등, 부적응에 대한 대안과 대책에 적극적 복안을 만들어내야 한다. 하지만 농림부가 귀촌부분까지 싹 쓸어가는 데도 못 본 것인지 못 본체 하는지 알 수가 없다. 대통령이 한 마디 하면 그때부터 부랴부랴 대책 세운다고 아우성 칠거면서 손 놓고 있는데 대해 경악을 금치 못하겠다.

독자들은 분개해야 한다. 왜, 내가 우리나라에서 세금 내고 사는데 이주에 필요한 정보제공도 없고 이웃과의 관개개선도 스스로 해야 하는지 의문스러울 것이다. 그것도 한 해 5만 명 이상 대규모 엑소더스가 일어나는데 귀촌에 대해 주무부서는 왜 아무 일도 안 하고 있는가.

이사 갈 거점을 마련한 이후 동물족들은 특유의 기동력을 가지고 마을과 인근 마을, 지역을 활발하게 이동하고 감을 잡아야 한다. 동물적인 탐색과정을 시작하고 자신에게 유리한 환경과 거점을 마련해야 한다. 특히 봉사라는 측면을 잘 활용하라. 자신과 지역이 공생, 공유할 수 있는 거점을 마련하는 것은 귀농귀촌기에 있어서 대단히 필요하다. 중요한 것은 이러한 봉사가 친교과정에서 끝나서는 곤란하다. 자신이 지역을 이용하지 않고 끝까지 같이 간다는 이미지로 끝까지 남을 수 있도록 하자.

농사준비는 도시에서 해오던 훈련을 현장에 적용하는 형식이 되어야 한다. 중후장대한 농업이 아니라 가볍고, 취미농사 형태의 작고 소박한 농업이어야 한다. 그리고 식물족의 농업방식과 경험을 최대한 존중해야 한다. 그들은 현장에서 작게는 십수 년 많게는 수십 년, 경험을 가진다. 환경과 역사, 문화, 생활 등 토착 지식은 몇 대에 걸친 축적으로 도시민들이 도저히 따라갈 수 없다. 농사를 시작하기 전에 반드시 원주민의 경험에 대한 조언을 듣고 실행하는 것이 중요하다.

동물족이 절대 주의해야 할 점은 식물족의 경험과 관찰, 인내가 동물족의 직관보다 발달된 형태라는 점을 간과해서는 곤란하다. 이것을 우습게 알았다가 식물족에게 당하는 사례를 여럿 보았다. 식물족은 어려움이 닥치면 일치단결하여 외적에 대항한다. 수많은 외침에 관군과 양반은 다 도망가도 농민들은 끝까지 싸워 지킨 실례를 역사에서 여러 번 목격했다. 왜 그럴까. 식물족에게 농작물은 생명이다. 농작물을 지키지 못한다면 굶어 죽을 수밖에 없다. 이렇게 죽나 저렇게 죽나 매한가지라면 내 것을 지키면서 죽는다는 생각이 클 것이다. 귀농귀촌인에 대한 생각도 큰 틀에서 보면 똑같을 것이다. 귀촌인들이 적이 아니라 친구이자 형제라는 점을 보여주어야 함께 살 수 있다. 이후 농업과정은 공존의 섬세함과 협력이 상호이익이 된다는 점을 잘 설명하지 못한다면 실패한다.

정주훈련은 동물이 자신이 살아보지도 경험하지도 못한 이름 모를 밀림에 와서 살아가는 형태다. 흡사 병만족의 모험과도 같다. TV를 보면 매번 병만족은 굶주린 배를 채우기 위해 생존력을 발휘하며 먹을거리를 구하려 했지만 결국 제대로 된 식사에 실패한다. 적응과 대안, 현지방식을 익히는 것은 대단히 중요하다. 그 방식을 익히면 병만족은 정글의 법칙을 정복하고 즐거운 생활이 시작되지만 시청자들은 재미가 없을 것이다.

농촌에서 생존하는 훈련은 정글의 법칙과 같아 초기에 정착하지 못하면 그 마을에서 갑甲으로 생존하기란 무척 어렵다. 따라서 갑으로 생존할 수 있는 방법을 도시에서부터 충분히 준비해나가야 한다. 갑으로 사는 것은 희생과 봉사를 전제한다.

● **4단계 : 지역적응기**

귀농귀촌 경제사회적 적응기

식물족인 농민의 특징은 스스로 광합성을 한다. 즉, 스스로 농사를 짓고 먹고 산다. 둘째, 외부반응에 느리게 반응한다. 이동을 하지 않고 한 자리에서 평생 살아가기 때문이다. 주변에 대한 관찰과 경험을 축적하고 그 경험치에 의존해 살아간다. 외부적 충격을 방어하기 위해 껍질이라는 방어막을 둔다. 번식을 위해 꽃과 열매를 만든다. 농민족은 이러한 특징을 가진다.

반면 동물족은 끊임없이 먹이를 찾기 위해 이동해야 한다. 인내나 끈기보다는 직관에 의한 순간적인 판단력과 임기응변에 강하다. 동물족이 해야 하는 농업훈련은 쉽지 않다. 한 번도 해보지 않은 부분이기 때문이고 익숙하지도 않다. 하지만 도시에서부터 철저하게 준비하고 연습해 온다면 어렵지도 않다. 중요한 것은 어떻게 식물족과 조화롭게 살 것인가의 문제이다.

이를 해결하는 방안은 서로 공존·공영하는 방법을 찾아내는 길이다. 이를 테면 동물족은 동물족의 역할에 충실하는 것이 방법이다. 예를 들어 식물이 번식을 위해 아름다운 꽃과 향기 달콤한 열매를 가지고 곤충과 동물을 유혹한다. 동물은 그 열매를 먹고 번식을 도와준다.

		4기 : 지역적응기								
		세분	건강	가족	친구	취미	일	봉사	학습	돈
지역적응기	경제적 적응기	23 농업훈련	○	○	○	○	○	△	○	△
		24 농업마케팅	△	○	○	○	○	○	○	△
		25 농외 소득배가방안	△	○	○	○	○	○	○	○
		26 농가 유통 및 경영	△	○	○	○	○	○	○	○
		33 농지임대	△	○	×	×	○	×	×	○
		34 영농자금 융자	△	○	×	×	○	×	○	○
		36 전문교육과 현장실습	△	△	△	○	○	○	○	△
		38 영농평가와 컨설팅	×	×	×	○	○	○	△	○
	사회적 적응기	27 주민과 관계설정	△	○	○	○	○	○	○	○
		28 갈등조정	△	○	○	○	○	○	○	○
		29 봉사와 이미지설정	○	○	○	○	△	○	○	○
		30 취미계발	○	○	○	○	△	○	○	○
		31 가족과 행복	○	○	○	○	○	△	○	○
		32 건강과 운동	○	○	○	△	△	○	○	△
		35 주거안정방안	○	○	○	△	△	○	△	○
		37 지역사회참여	△	○	○	○	△	○	○	△
		39 지역정주 판단	○	○	○	○	○	○	○	○

중요 : ○, 보통 : △, 미미 : ×

여기에 해답이 있다. 동물족의 열매와 먹거리를 유통하고 이익의 일부를 식물족에게 돌려주는 것이다. 이것이 동물족과 식물족이 살아가는 '공생협력방법'이다. 공생협력 방안 중 필자가 소개하는 것은 '협력형 소득사업'이다. 농민이 생산하고 도시민이 이를 판매해 함께 나누는 방안이다. 서로의 영역을 침범하지 않고 동일 공간에서 공생하는 방안을 만들어내는 것이 현안이다. 이런 측면에서 경제부처인 농림부에게 이 일을 맡기는 것은 무책임하다. 행정자치부가 전체적인 조직과 기획을 하고 기재부가 예산배분하고 경제부처가 참여하는 것이 건전한 상식의 범주이다.

　세부적으로 동물족이 판매를 위한 농업훈련을 익히고 식물이나 먹거리의 특성과 안전, 안심, 신선, 신뢰받는 농산물을 고를 수 있는 직관력을 키우자. 결국 식물족과 협력형 소득사업을 한다면 각자 잘하는 부분을 공유하고 융합시키는 방법이 핵심이다. 결국 농민이 생산, 귀촌인이 마케팅, 판매, 경영을 하도록 해야 한다. 그리고 서로 믿고 신뢰를 할 수 있는 기간 동안은 전체적인 회계를 외부에 위탁해 공정성을 가져야 할 것이다.

　어디에 식물 열매를 배설해주고 번식시킬 것인가는 전적으로 동물족에 달려 있다. 농업마케팅은 식물족의 번식을 도와주고 새로운 생산을 가능하게 동물족이 먹고 사는 방법이다. 식물족은 나무나 식물을 키워내는 데는 천재적인 소질을 가지고 있다. 동물족은 많은 시간을 배우고 익혀야 식물족에 유사해진다.

　동물족이 잘하는 것은 이동하고 지형지세의 특징을 파악하고 환경의 특징을 살펴 나에게 필요한 이득을 취하는 것이다. 식물처럼 정직하지도 우직하지도 않다. 동물족의 소득배가방안은 식물이 원하는 것을 하면서 같이 살아가는 방식을 얻어내는 것이다. 시골에 동물족이나 식물족 모두 없어서는 생존자체가 어렵다는 것을 알아야 한다. 아니 깨달아야 한다.

지역적응기에 생존 방안

　초창기 농외소득 배가방안의 기본은 '민박'이다. 민박은 자생적인 재생산구조를 가능하게 하는 좋은 방안이다. 즉, 민박을 통해 사람과 돈, 정보가 유입되고 내가 주인이 되는 도시와 농촌의 소통이 시작된다. 소통은 희망과 문화를 만든다. 희망과 문화는 미래생활의 버팀목이 되는 에너지를 창조한다. 한마디로 민박은 신시장의 창조이다. 아무도 쳐다보지 않고 전혀 모르는 시골 땅에 도시민의 눈과 귀를 끌어들이며 먹거리 기행을 시키는 혁신이다. 민박을 통해 소득을 증대할 수 있고 원주민과 협력이 가능하다. 그렇다면 타인과 차별화될 수 있는 나만의 조건에 대해 연구하자.

농가유통 및 경영방안의 기본은 신뢰와 흑자이다. 농가유통은 결국 직거래로 가서 '꾸러미 사업'의 활성화가 개별농가단위에서 먹고 사는 방안이 될 것이다. 직거래는 안전, 안심, 신선, 신뢰받는 농산물 공급이 노루목이다. 밥이 보약, 밥상이 약상, 식탁이 가족 건강지킴터가 되어야 의미가 있다. 이를 위해 가급적 저농약●, 무농약, 유기농으로 먹거리를 구성해 공급해주고 소비자가 공급자에 대한 안심과 무한신뢰를 보내야 지속가능하다.

● 2010년부터는 저농약 인증을 국가에서 해주지 않는다. 2015년이 지나면 우리나라에서 저농약 인증은 없어지고 무농약과 유기농산물만이 존재한다.

생산과 유통을 통해 경영이 흑자를 내야 생존가능하다. 좋은 물건을 생산하면 무조건 팔린다는 생각은 옳지 않다. 팔아야 팔리고 흑자를 내야 농가경영이 가능하다. 무엇을 팔 수 있나. 소비자가 원하는 살아있는 농식품을 만들어내야 살아갈 수 있다.

농지임대는 주민과의 관계에서 형성된다. 얼마나 친밀감과 믿음을 줄 수 있느냐의 관건이다. 귀농귀촌이 늘어나면서 농지는 점점 구하기 힘들어진다. 누가 농지를 가지고 있는지, 누가 임대 가능한지를 알고 협상하자. 시골 정서는 절대 모르는 사람에게 피 같은 농지를 임대하지 않는다는 것이다. 한마디로 농사 못하는 풋내기에게는 땅을 빌려주지 않는다. 시간과 정성이 필요하다.

영농자금융자는 확신이 설 때 하는 것이 좋다. 모르면 용감하고 용감하면 저지른다. 준비가 없는 상태에서 저지르면 반드시 망한다. 이런 이유 때문에 필자가 '교무용저인망'이라는 조어를 만들었다.

교: 교육받지 않으면(귀농귀촌 교육받지 않으면)

무: 무식하고(무식이 쌓여 눈에 보이는 것이 없으면)

용: 용감하고(용감한 것을 넘어 만용蠻勇이 되면)

저: 저지르고(준비 없이 저지르면 반드시)

인: 인간한테 걸리는데(그 인간은 사기꾼•이고 선수한테 걸리면)

망: 100% 망한다는 말이다. (욕심 부리지 말고 공공을 믿고 차근차근 준비하라.)

● 시골에서 귀농귀촌인을 노리는 4대 사기유형이 있는데 ①땅사기, ②전원주택사기, ③묘목사기, ④컨설팅사기가 있다.

왜 나에게 피해를 입히는 일을 스스로 하나. 시골에서의 돈은 아끼고 절약하는 것이 미덕이다. 식물에게 있어서 성장과정의 패턴은 늘 일정하다. 우연적인 요소는 별로 없다. 충분히 준비하고 연습한 다음에 귀농귀촌창업자금 융자를 받아 하자. 처음부터 모르고 받으면 '사詐欺'자가 낀다. 단 5년이 지나지 않는 범위에서 해야 한다. 주민등록을 이전한지 5년이 지나면 더 이상 귀농귀촌인이 아니기 때문이다.

영농평가와 컨설팅은 국가가 제공해주어야 할 서비스이지만 현재 정지해 있다. 정부도 정주평가와 만족도, 재정적인 문제 등을 평가하고 보완해야 할 점을 도와주자. 귀농귀촌인들이 농촌사회에 적응하고 살아갈 수 있도록 정부가 대책을 마련해야 한다는 말이다. 불행하게도 현재 이러한 부분의 예산은 전무하다. 빠른 보완과 대책이 요구되는 부분이다.

귀농귀촌 사회적 적응기

동물족들이 식물족이 사는 시골에 정착하기 위해서는 '선귀촌 후귀농'을 해야 한다. 주민과 관계설정의 기본은 공유와 공생, 공영의 사회경제를 만드는 것이다. 어차피 동물족과 식물족은 다르다. 다름을 인정하고 다름이 서로의 부족한 부분을 채워줄 수 있도록 마을공동체구조를 차별화하는 것만이 둘 다 살아남는 길이다. 처음에는 어렵겠지만 협력형 소득사업만이 살아갈 방안이다. 식물족과 동물족의 상생방안을 만드는 지혜가 21세기 한국사회가 선진화되는 방안이다.

이질적인 두 집단의 갈등조정은 배려와 이해이다. 서로의 다름을 인정하고 농민이 참고 기다려주어야 한다. 동물족들이 시행착오를 겪고 자리 잡을 때까지 배려와 이해로 기다려주자. 이 부분이 중요한데 지방행정 특히 농업기술센터가 역할을 해야 한다.

만약 갈등이 발생한다면 지역사회안전망이 작동할 수 있도록 시스템을 마련해야 할 것이다. 귀농귀촌은 이제 시작이다. 귀농귀촌인들이 충분히 지역사회에 대해 사전에 학습 받고 준비하고 시행착오가 생기더라도 개선할 수 있도록 지역사회가 역할을 해야 한다. 이런 측면에서는 한국귀농귀촌진흥원이 제안하는 지자체 귀농귀촌매뉴얼과 새내기 귀농귀촌인을 위한 월간 단위 오리엔테이션orientation 교육이 절실하다.

귀농귀촌인도 마찬가지이다. 봉사와 공생 이미지 설정은 지역사회에 나의 존재를 채색하는 과정이다. 세상에 이타란 존재하지 않는다. 이타란 단지 이기와 이기의 공유부분을 찾는 과정이다. 결국 나에게도 좋고 타인에게도 좋은 공통분모를 어떻게 찾아낼 것인가. 나의 취미생활이 타인에게 도움과 봉사, 헌신을 주는 방법에 대해 찾아보아야 한다.

예를 들어 꽃을 촬영하는 것이 취미인 사람이 있다. 대상을 꽃에서 노인들의 영정사진으로 바꾸자. 아름답게 치장시키고 멋진 사진을 찍어 선물하자. 본인뿐만 아니라 가족들도 고마워할 것이다. 한국사회는 주고받는 선물 문화가 미덕인 사회이다. 지역사회에 부적응이나 조금 서툴더라도 이해하고 넘어갈 수 있도록 자신이 선물을 준비해 농산어촌으로 들어가자.

취미계발은 자신의 3기 인생을 완성시키는 과정이다. 자기만족과 타인에 대한 봉사를 함께 할 수 있는 취미이어야 가치가 있다. 결국 취미는 타인에게 도움이 되면서 이타적 분모가 되는 취미를 찾아보자.

취미도 타인에게 도움이 될 수 있으려면 만시간의 법칙이 적용된다. 흔히 1만 시간 이상의 투자는 전문가의 영역에 속한다. 하루 10시간씩 3년을 투자하면 전문가가 된다. 전문가라 함은 스스로 '자력갱신'을 하고 그 분야에 권위를 인정받는 인물을 말한다. 경제적인 이득을 취하지 않는다면 3천 시간만 투자해도 충분히 자기만족과 타인의 만족을 충족시킬 수 있을 것이다. 귀농귀촌 전에 3천 시간을 투자해 노인들이 좋아할 지압이나 뜸, 침, 이·미용, 중식요리, 제과, 제방, 건축, 목수, 보일러, 용접, 수리수선 등을 배우고 익히자. 취미계발은 노후 소일과 봉사, 원주민과의 관계개선을 가져올 것이다.

가족행복의 근간은 소통과 건강이다. 건강을 위해 운동하고 소통하기 위해 배려하고 이야기를 들어주자. 가족과 행복하기 위해서는 공통의 주제와 몰입이 있어야 한다. 종교나 자녀, 여유가 있다면 좀 더 행복에 가까이 갈 수 있을 것이다. 가족이 힘께 미술, 음악, 스포츠, 농업, 레저, 여행, 영화감상, 취미 등 뭐든 같이 할 수 있고 장소와 시간을 공유할 수 있어야 한다. 이것도 투자하고 공유하고, 배려해야 자란다. 행복은 건강한 몸과 마음을 근간으로 정성과 약간의 돈이 필요하다. 약간의 돈은 나오는 곳을 두드리고 노력해야 만들 수 있다.

건강과 운동은 어려서부터 가족문화 속에서 형성되어야 한다. 운동족들은 운동하고 독서족들은 독서만 한다. 움직임을 좋아하는 운동족은 동물족으로 진화하고 관찰을 좋아하는 독서족들은 식물족으로 변화한다. 독서와 운동을 병행하는 것은 좋지만 쉽지만은 않다. 중요한 것은 음식의 조화와 균형이 건강을 만들 듯이 몸과 마음, 정신을 튼튼하게 유지하기 위해서는 노력과 절제가 요구된다. 시골생활에서 육체건강은 취미농사에서 찾고 정신건강은 명상과 힐링Healing에서 찾도록 노력하자.

주거안정방안도 농지임대방안과 유사하다. 점점 시골에 살 집이 부족하다. 시골 정서상 모르는 사람들에게 집을 빌려주지 않는다. 자식들 입장에서도 연로한 부모님이 언제 어떻게 될지 모르는데 장기 임대해줘서 곤란함을 당하기 싫기 때문이다. 처음부터 마을에 주거지를 소개받아 들어가기가 어렵다면 2단계 귀농귀촌도 생각해볼 수 있다.

먼저 읍면지역에 임대주택을 얻고 마을에 가서 농사를 지으면서 친밀도를 높인 뒤 임대하는 방법이 좋다. 좀 더 좋은 방법은 지속적으로 마을을 방문해 신뢰가 생기고 주민들이 환영하고 마련해주는 방법일 것이다.

정부도 임대주택문제에 대해 관심을 갖고 경기도형 클라인가르텐 모형을 전국에 보급하면 좋겠다. 귀농인의 집은 그대로 유지하고 자신이 임대해 살고 싶은 임대주택을 1년 단위로 보급하는 방안이다. 1년에 2~3백만 원을 내면 100평 정도의 텃밭과 15평 정도의 집을 임대해 농업과 전원생활을 연습할 수 있도록 하는 제도를 준비하자.

전문교육과 현장실습은 마을 안에서 잘 적응하는 방법이다. 동물족이 식물족으로 변해가는 과정이다. 빠르면 2~3년 길면 10여 년 정도 걸린다. 이 과정을 통해 동물족의 장점이 직관과 이동에서 적응과 관찰로 변해간다. 귀농귀촌인들이 시간이 경과함에 따라 서서히 농민으로 변해간다.

개구리 올챙이적 생각 못한다는 말처럼 일부 선배 귀농인이 신규로 들어온 후배 귀농인들을 견뎌내지 못하는 형태도 보인다. 다름이나 차이를 인정하던 과거 자신과도 달라진다. 지역에서 농업을 하면서 지역화가 되어가기 때문이다. 하지만 농업은 농민처럼, 판매는 동물처럼, 경영은 박쥐처럼 실리적으로 해야 한다.

지역사회 참여는 마을적응이 되고 농업과 주민관계가 안정적으로 변화하면 점차 시간을 늘린다. 시골은 편가르기에 능하다. 따라서 확실히 상호간 마음의 문을 열기 전까지 나의 주장이나 주의를 내세우는 것은 불리하다. 따라서 공익과 봉사 정도의 수준에서 출발해 서서히 늘려가는 것이 바람직하다.

마지막으로 지역적응기에 해야 할 일이 정주 판단이다. 나와 우리 가족이 마을에서 살아갈 수 있는가. 문제나 불편한 점이 개선될 수 있는 것인가. 이것을 인내하고 살아가는 것이 행복한가. 과도한 스트레스를 받고 있지 않은가. 다른 곳으로 간다면 대안이 될 수 있는가. 다시 처음부터 전 과정을 재현할 자신과 시간, 열정이 있는가 등을 잘 판단해야 한다. 시행착오는 비용과 시간, 에너지 손실을 가져온다. 때문에 귀농귀촌 전 단계에서 교육과 훈련, 준비와 계획이 중요하다. 따라서 정부는 정보제공과 교육기획에 좀 더 체계적인 정책이 필요하다.

● 5단계 : 안착 및 자립기

4단계에서 지역에 정주하기로 마음먹었다면 지역에서 본격적으로 살아갈 준비를 해야 한다. 충분히 적응하고 후회 없는 판단이 되어야 한다. 일단 농촌에 자금이 투여된다면 회수하는 환금성이 도시에 비해 현격히 떨어진다.

귀농귀촌을 성공하기 위한 3가지 원칙이 있다. ① 선교육 후귀촌, ② 선귀촌 후귀농, ③ 선임대 후매입이 그것이다. 첫째, ① 선교육 후귀촌은 귀농귀촌 이전단계로서 도시에서 충분히 배우고 준비해서 농촌으로 오라는 것이다. 초창기에는 반드시 귀촌과정을 통해 사회적 유대와 신뢰를 형성하지 않으면 곤란하다는 것을 표현했다.

두 번째 단계로 ② 선귀촌 후귀농, 충분히 저역사회에 적응하고 이후 귀농으로 전환해도 늦지 않는다는 것을 말한다. 농사부터 시작하면 빠른 것 같지만 결코 빠르지 않다. 2015년 1월 아시안컵 준우승 후 슈틀리케 감독은 한국 축구에 뼈아픈 한마디를 했다. "한국 축구의 문제점 하나만 얘기하고 싶다. 대다수 선수들이 학교에서 축구를 배운다. 그런데 학교에서는 선수들에게 승리하는 법을 가르칠 뿐 축구를 즐기는 법을 가르치지 않는다"고 말했다. 이기고 싶으면 기본기에 충실해야 한다. 농촌에서도 마찬가지로 소득을 내기 위해 생활, 협동, 적응, 조화가 간절하다.

셋째, ③ 선임대 후매입이다. 바둑에 '아생연후타살我生連後他殺'이라는 유사한 용어가 있다. 굳이 표현하자면 '내가 살고 난 후에 상대를 잡는다'는 뜻이다. 섣부른 투자가 아닌 귀농귀촌 후 이웃이나 마을과 궁합이 조화로운지를 살핀다. 그리고 마을에 정착여부를 심각히 판단하자.

정주결정을 내리면 나의 능력에 적합한 곳을 고르자. 나의 집과 땅이 되는 터전을 매입하고 형태를 갖춘 후에 소득과 활동영역을 넓히자. 지극히 평범한 원리를 망각하고 비싼 남의 집과 땅, 그림에 떡과 같은 먼 곳만 바라보는 과욕은 금물이다. 결국 바둑과 같이 삶의 근본을 망각하는 어리석음이 없기를 바란다.

마을사람이 된다는 것은 적어도 20~30년 한 지역에 산다는 것을 의미한다. 길게 보면 이 마을에서 평생 살다 죽어 마을에 뼈를 묻을 생각을 해야 한다. 시골에 안착하기 위해서는 이제 농경지와 주택을 구입하자. 영농자금융자, 귀농귀촌창업자금, 농신보 등은 지금 사용하면 좋은 무기이다.

신뢰가 쌓이면 양질의 농지와 주거지를 소개받을 것이다. 마을에 정착하겠다는 판단은 가급적 주소지 이전 이후 만 3년 정도 안에 하는 것이 유리하다. 그 정도면 상호간에 충분히 판단이 가능하기 때문이다. 토지 매입은

5기 : 안착 및 자립기									
	세분	건강	가족	친구	취미	일	봉사	학습	돈
안착 및 자립기	40 농경지 및 주택구입	△	○	△	○	○	△	○	○
	41 전문농업 경영	△	○	○	△	○	△	○	○
	42 사업브랜드	△	○	○	○	○	△	○	○
	43 협력형 소득사업	○	○	○	○	○	○	○	○
	44 지역주민으로 안착	△	○	○	△	○	○	△	○
	45 자조적 복지 실현	△	○	○	○	○	○	○	○
	46 마을지도자로 성장	○	○	○	○	○	○	○	○
	47 경제자립 지역안착	○	○	△	○	○	○	○	○
	48 귀농귀촌인 멘토	○	△	○	○	○	○	○	○
	49 도농융복합 모델	○	○	○	△	○	○	○	○
	50 자립형 노후복지	○	○	△	○	○	○	○	○

중요 : ○, 보통 : △, 미미 : ×

가급적 저렴하면 좋겠지만 시세가 있어 공시지가의 4~6배 정도면 만족해야 할 것으로 보인다. 최근에는 귀농귀촌인의 증가로 매매 가격이 계속 상승하고 있다.

전문농업경영은 본격적으로 영농을 시작한다는 말이다. 농사는 자급자족이 가능해야 한다. 타인의 도움이 없이 기본적으로 굴러가야 한다. 하지만 영농경험이 몇 년 안된 초보 귀농인들에게 만만하지 않다. 전문농업인이 되기 위해서는 농업기술센터나, 농정과와 관계하고 지속적으로 지원해 줄 멘토가 필요하다. 따라서 농업연구회나, 작목반에 가입해 함께 연구하고 공동생산에 참여하는 방안이 요구된다.

사업브랜드는 소득과 직결된다. 브랜드란 무엇인가. 특정 메이커의 상품이라는 것을 명시하기 위한 명칭이나 표지를 말한다. 원래 브랜드의 기능은 상품이나 서비스의 책임자나 구매자에게 그 품질이나 기능을 보증하는 것에서 출발했다. 오늘날 브랜드는 차별화 전략의 일환으로 사용되어 남들과 다름 내지는 과시를 뽐낸다.

브랜드의 기본요소는 출처표시, 기업표시, 상품과 기업의 식별, 품질보증, 광고, 선전, 신분, 소유 등을 나타낸다. 농산물브랜드의 경우 신뢰나 안전, 안심 등이 선정기준이 되기도 한다. 따라서 브랜드를 만들고 고객의 충성도를 높이기 위해서는 작목반 단위의 마을브랜드로 가는 것이 유리하다. 귀농귀촌인이 주도권을 잡으려면 브랜드가치 창출과정에서 무엇을 할 것인가를 고민해야 하겠다.

협력형 소득사업은 브랜드 창출과정에서 나타난다. 마을브랜드를 만들기는 쉽지 않지만 자기상품을 개발하기란 어렵지도 않다. 물론 팔리는 상품을 개발해 만들어낸다는 것은 별개의 문제이다. 먼저 자기 상품이 시장에서 팔릴 수 있도록 해야 한다. 그리고 상품 우위를 가지고 마을 사람들을 참여시키는 협력형 소득사업을 만들어나가야 한다. 이것은 상품이 좋으면 사람들이 모이기 마련이다. 상품은 가급적 농민들이 원료를 생산하고 귀농귀촌인들이 가공이나, 유통, 농촌관광으로 풀어나가는 협력형 사업이 바람직하다.

지역사회에서 경제적, 사회적으로 도움을 주면 정착하기는 힘들지 않다. 이해관계가 일치하기 때문이다. 주민이 된다는 것은 책임과 의무가 따른다. 농촌에서는 동물족이 식물족과 어울리기가 쉽지만은 않다. 벌과 꽃, 새와 열매와의 관계를 익히고 설명하는 것이 중요하다. 자신이 잘하는 것으로 봉사하고 이익을 공유하는 자세만 가진다면 그리고 식물족들이 싫어하는 행위만 조심한다면 큰 문제가 없다. 처음에 잘 모르는 시기에 찍히지만 않으면 생활하는 데 큰 문제는 없다.

자조적 복지의 실천

자조적 복지를 실현한다는 것은 "스스로 복지를 만들어 나가야 한다"는 의미이다. 복지는 소득이 없이는 불가능하다. 따라서 농업소득보다는 농외소득과 주민과 협력체제를 만들어 소득을 내고 소득의 일부를 이웃과 가족을 위해 사용하는 자조적 복지 체계를 만들어 나가는 것이다. 자조적 복지는 결국 자신과 가족, 마을이 공생, 공영하는 시스템을 만들어나가는 방법이다.

자조적 복지를 실현한다면 마을에서 새로운 지도자가 탄생하는 과정을 보게 된다. 마을지도자는 3가지를 명확하게 해야 하는데 첫째가 사업투명성, 둘째가 회계투명성, 셋째가 리더십 투명성을 가지고 가야 한다. 한 마디로 지속가능하고, 예측가능하고 신뢰를 받아야 좋은 평가를 받을 수 있다.

마을지도자가 되면 한 마을의 모든 것을 책임져야 하는 형국이다. 마을이장이 되기 전에 흔히, 반장, 청년회장, 부녀회장, 지도자 등의 과정을 거쳐 검증된 사람에게 마을을 맡긴다. 일부 마을에서는 절대 외지인에게 마을일을 맡기지 않는 곳도 있다. 미리 알아보고 귀농귀촌하는 것이 현명하다.

경제자립과 지역안착은 전반적인 형태를 모두 성공할 때 쓰는 말이다. 귀농귀촌을 성공했다고 평가해도 좋다. 마을에서 인정받고 경제적으로 성공하고 지역의 리더로서 활동하는 인생 후반부에 경사가 난 경우이다. 여러분들이 바라는 인생 3기 고생 끝 행복 시작의 경우를 말한다. 이 시기가 되면 조금 거만해지고 지나친 자신감이 생길 수도 있다. 식물족과 살아가는데 중요한 점이 겸손과 자신을 낮추는 자세이다.

경제사회적으로 시골에서 성공했다면 진짜 봉사를 해야 하는데 새롭게 시골마을로 귀촌한 후배들을 뒤에서 돕는 멘토 역할을 해야 한다. 아무래도 본인의 초창기 경험에 비쳐 더 동물적인 사람들이 많을 것이다. 이들에게 공유, 공생, 공존, 공영의 방법을 가르쳐주는 것이다. 갈등 완화, 조정, 중재의 방법과 소득을 내기 위해 농민과 도시민의 차이점을 이야기하고 스스로 깨달아 자신의 길을 가도록 도와주는 역할이다.

도농융복합 모델은 우리가 지금까지 적게는 수십 년 많게는 100년 이상 해오는 산업화 과정에서의 문제점을 해결하는 방안이다. 이농과 자매결연, 농활과 신토불이, 도농교류와 도농직거래, 일사일촌의 끝은 귀농귀촌이다. 귀농귀촌을 통해 우리는 결국 도농융복합을 만들어낼 것이다. 도농융복합은 도시와 농촌이 함께 번영하고 같이 잘사는 방법, 공존하고 대안을 창조하는 방법을 만들어낼 것이다.

귀농귀촌의 결론은 자립형 노후복지 마련이다. 자조적 복지가 스스로 일자리를 창조해서 자신이 잘 사는 방법을 만들어낸다면 자립형 노후복지는 자신뿐만 아니라 이웃, 마을, 지역커뮤니티를 함께 도우며 상부상조, 환난상휼하는 방법을 찾고 만들고 지켜나가는 방법이다.

귀촌준비
3년 안에 끝내기

귀촌에도 단계가 있다. 먼저 자신에게 적합한 지역과 함께 지자체의 지원도 주의 깊게 살펴보는 것이 필요하다. 지자체에서는 지역 인구를 늘리고 도시민 이주를 통해 지역활성화를 꾀하려는 시군이 점점 늘어나고 있다.

도시민의 이주는 도시자본의 유치와 연관이 높다. 그러나 지자체는 도시자본을 유치할 것이 아니라 도시민의 마음을 얻는 것에 주안점을 두어야 한다. 마음이 귀촌지에 남아야 그곳에 투자할 수 있다.

귀농귀촌인이 정착할 수 있도록 정부와 지자체 우리사회가 최대한 도와야 한다. 다음 페이지의 지자체 지원 표와 같이 일반적인 귀농정보를 제공하는 지자체도 있고 다양한 지원과 정보를 제공하는 지자체도 있다. 부록에 수록된 여러 정보를 활용하면 좋겠다.

경기/강원도의 귀농귀촌관련 지자체 지원 일람표

지자체 귀농귀촌지원정책

구분		정주/이사							교육				영농지원							생활/환경						지역적응친교					30	총계
도	시군	1	2	3	4	5	6	7	8	9	10	11	12	13	14	15	16	17	18	19	20	21	22	23	24	25	26	27	28	29	30	계
경기	연천	*	*	*		*		*	*	*	*	*		*						*						*	*					11
	포천	*	*						*				*	*																		7
	양주	*							*																							4
강원	강릉					*			*	*		*		*																		6
	홍천					*			*							*							*									5
	횡성			*								*		*																		4
	영월									*							*				*											6
	화천						*									*											*		*			9
	양양								*	*			*	*		*																8
	평창															*																3
	정선									*													*									2
	철원											*									*	*										5
	양구																													*		2
	인제																													*		2
	고성																															3

정주/이사 : 1 이사비용지원 2 집들이 비용 3 정착지원금 (주택신축/구입) 4 주택설계비 5 주택수리비 6 소규모전원마을지원 7 신재생에너지 보급지원

교육 : 8 귀농귀촌교육 9 교육훈련비 지원 10 현장실습지원

영농지원 : 11 영농창업장려금 12 귀농인 경작비 13 경운비지원 14 농기계 임대 및 구입 지원 15 비닐하우스지원 16 농지전용지원 17 농정복조사업지원 18 농기구입 세제지원

생활/환경 : 19 생활(변호든, 쓰레기 등) 처리지원 20 학자금지원 21 농가도우미지원 22 출산장려금 23 전기, 수도, 인터넷 등 인프라시설 지원 24 농업신문 지원

지역적응친교 : 25 멘토멘티제운영 26 귀농상담실운영 27 도시민재능기부 28 도시민유치지원사업 29 귀농귀촌인 화합(모임)지원 30 귀농인의 집 운영

*30개 항목의 대표 유형으로 분류하였으며 소그룹 지원사업은 대표품목에 포함
**(예) 귀농교육이 지자체에 따라 다양하며 기초, 전문, 작목교육 등 귀농교육으로 단일화/
***자세한 내용은 부록참조

자료: 귀농귀촌종합센터자료 분석

① D-3~2년 준비사항 : 귀농귀촌 결심을 실행

가급적 은퇴 시점에 시골로 내려가려면 은퇴 이전에 충분한 준비를 해야 할 것이다. 한마디로 말하면 국가가 당신을 지켜주지 못할 것이다. 상위 20% 이내의 사람이나 하위 20%의 사람들은 개인과 국가에 의해 지켜질 것이다.

나머지 60%의 평범한 사람들은 스스로 노후를 책임져야 한다. 무슨 수로 책임질 것인가. 결론은 하나이다. 일하는 것이다. 실패하지 않고 일하는 방법과 방식을 찾아나가는 것이다. 당신이 적극적으로 노력한다면 국가는 당신을 도와줄 수도 있다. 만약 당신의 선택이 귀농귀촌으로 수렴된다면 다음과 같이 하자.

먼저 귀농귀촌이 진정 자신에게 적합한지 충분한 검증을 하자. 정보와 교육을 받고 인터넷을 활용하자. 다음으로는 가족동의를 받고 가족이 함께 준비해나가자. 그것이 애국이고 지금까지 경험하지 못한 노후에 새로운 가난에서 벗어나는 길이다. 이 시기 기본적인 귀농귀촌 개론 100시간 정도의 교육을 받자.

개인적으로는 600시간 정도를 교육받을 것을 권한다. 국가가 200시간의 기본교육과 컨설팅은 국비로 지원하고 중급과 심화과정은 개인이 스스로 일정부분 자부담하는 것이 바람직하다.

② D-2~1년 준비사항 : 본격적인 준비 결행

귀농귀촌 전문교육을 400시간 이상 받아야 한다. 시골은 알면 천국이요, 모르면 지옥인 곳이다. 시골은 너무 다른 여러 개의 얼굴을 가지고 있다. 각각의 얼굴을 경험할 순 없어도 알 수는 있다. 관광객에게 보이는 얼굴, 체험객에게 보이는 얼굴, 귀농인에게 보이는 얼굴, 주민에게 보이는 얼굴 모두가 다르다.

  전문교육과 함께 시골을 여행하며 다양한 얼굴을 살펴보자. 주말농업도 다품종 소량생산으로 해보자. 이것저것 텃밭에 심어보고 주변에게 나누어 주자. 지인들은 나를 먹여 살리는 구세주이다. 지인들이 팔아주어야 내가 생존할 수 있다. 지인이 좋아할 농산물이 무엇인지 미리 알아보자. 시골에 접근하는 방법은 '최초방문→재방문→다중방문→후원자→준주민→주민→지역일꾼→중간리더→총괄리더(이장)' 순으로 변해가야 한다.

  주의해야 할 사항은 시골은 관광객에게는 관대하지만 와서 살겠다는 이주민에게는 텃세와 무자비함을 갖는다. 한마디로 처음 도시민이 느끼는 감정과 나중에 이주민이 경험하는 감정은 천지차이가 난다. 때문에 지역에 연착륙하는 것이 중요하다. 지금처럼 박람회 한 번, TV에 나오는 사탕발림에 속아 아무 준비 없이 가는 95% 사람들을 보면 한심하다는 생각뿐이다. 아무리 똑똑하다고 악을 써도 전문가의 눈에는 도토리 키재기이다. 기본기가 되어 있지 않는 귀농귀촌은 고통의 시작이요, 갈등의 서막이다.

③ D-1년 준비사항 : 구체적인 사항을 점검

  귀촌 1년 전에는 다양한 정보를 습득하고 구체적으로 귀촌지를 탐색하는 단계가 필요하다. 만약 회사에서 1사1촌을 한다면 이들 지역도 잘 살펴보라. 나와 인연이 있는 곳으로 가는 것이 유리하다. 왜 우리는 고향으로 유턴하는 비율이 떨어지는지 모르겠다. 고향으로 귀향하는 것이 귀농귀촌 효과를 극대화할 수 있음을 알자.

  시골은 한번 정착하면 도시처럼 쉽게 발을 뺄 수 없는 구조이다. 때문에 선 임대 후매입을 강조했다. 시골에서 고등학교까지 나왔다면 시골로 가는 것이 정석이다. 특별한 작목이나 귀농적 특징이 없다면 고향으로 가는 것도 적극적으로 검토해보라. 지자체 중에는 도시민을 정착시키기 위해 다양한 유치정책을 지원하기도 한다. 이런 특징을 잘 파악하는 것이 중요하다. 예비 귀농귀촌인들이 착각하지 말아야 할 것은 정착자금은 보조금이 아니다. 융자대출이고 책임이 따른다는 점이다. 만약 잘못되면 개인의 경제적 손실이 막대하며 은퇴 이후라고 한다면 막막할 것이다. 2015년부터 정책자금 이자율이 3%에서 2%로 인하해 부담이 적다.

④ D-1년~6개월 준비사항 : 세부적인 사항을 체크

적어도 귀촌 1년에서 6개월 전에는 정착자금과 귀농조건, 주거지 안내 등 큰 틀을 파악해야 한다. 여러 가지 경험 속에서 어디로 갈 것인가를 결정하기를 바란다. 귀촌인들이 늘어나면서 점점 주거지나 농지의 조건이 열악해지고 있다. 하지만 국토의 J자 축을 유심히 살펴보면 대안을 찾을 수 있다. 과소지역, 마을인구 20호 미만인 지역, 1,700개의 거점지역을 분석하자. 3천만 원으로 가야 할 지역은 수도권에서 멀리 떨어져 있다는 점이다. 접근성이 멀면 도농교류사업이나 지인들이 수도권에서 오기 힘들다는 점도 고려해야 한다.

수도권이나 대도시 주변 지역을 제외하고는 지가가 상대적으로 저렴하다는 공통점을 가지고 있다. 경제가 낙후한 지역으로 가자. 인구가 감소하는 과소 지역으로 귀농귀촌한다면 저출산 고령화가 심각한 지역에서는 환영할 것이다. 가더라도 1700개의 거점마을로 가면 좋다. 지역역량이 약해 파트너십을 통해 일을 진행하기가 대부분의 마을에서는 어렵기 때문이다. 예를 들어 한 악기를 3년 이상 다룬 사람이라면 여럿이 모여 오케스트라 연주도 몇 번 연습하면 가능하다. 일정부분 훈련하면 정교한 작업도 완수한다. 하지만 악기를 전혀 다뤄보지 못한 몇몇 사람들과 함께 연주한다면 문제는 심각하다. 대부분의 마을이 이렇다고 보면 된다. 우리나라 농촌에서 가장 중요한 자조정신은 1960년대 만들어져서 새마을운동을 하는 1970년대 완성돼 1980년대 절정을 이루다 1990년대 우르과이라운드UR 전후로 다 망가지고 이제는 스스로 자발적으로 하는 일이란 강원도, 경북을 제외하고는 별로 없다.

이 시기에는 구체적인 리스트를 가지고 체크해야 한다. 의식주의 기본을 체크하고 어디서 살 것인지도 결정해야 한다. 아이들이 어리다면 학교문제나 나이가 많다면 병원이나 응급시스템도 점검해야 한다. 이웃에 누가 사는지, 귀농귀촌인들이 기피하는 동족부락, 특정종교마을, 대규모 축산단지, 혐오시설 등이 주변에 있는지도 점검해 보아야 한다.

⑤ D-6~3개월 준비사항 : 도시생활 정리와 시골살이 계획

귀촌 6개월에서 3개월 전에는 구체적으로 살 집을 임대賃貸로 구하는 단계이다. 살 집은 전술한 바와 같이 자신과 궁합이 맞아야 한다. 삶터와 일터, 놀터 세 가지의 궁합이 맞아야 그곳에서 정착할 수 있다는 사실을 명심하라. 시골은 넓다. 한 번 실패하면 또 다른 곳을 찾으면 된다.

조바심은 귀촌의 적이다. 여유로운 마음을 가지고 느린 것, 작은 것, 소박한 것이 아름답다는 마음으로 살 집을 찾아본다면 결국은 자신에게 적합한 삶터를 찾을 수 있다. 결혼할 때 결혼 상대자를 번갯불에 콩 구워 먹듯이 선택하지는 않을 것이다.

결혼 상대자의 성격, 직업, 외모, 집안, 취미 등 요모조모 잘 살핀 다음 결정했듯이 귀촌지도 잘 판단하길 바란다. 그것은 귀촌자와 그 지역사회 모두가 좋은 일이 되어야 한다.

가장 어려운 문제는 아무래도 어디에 정착할 것인가 하는 문제이다. 만약 귀촌이 아닌 귀농을 목적한다면 다음 설명에 주의해주길 바란다.

기존 농지가 있는 고향이나 연고가 있는 곳으로 간다면 좋다. 하지만 새로운 농산어촌을 물색한다면 선택할 작목과 관련지어 생각해보아야 한다. 귀농은 결코 쉽지 않다고 강조했다. 사전에 전문적인 지식과 경험, 마케팅 능력이 있어야 가능하다. 현재 영농은 첨단과학ICT과 결합한 형태이자 경영으로, 단순한 농사가 아니다. 과거와 같은 주먹구구식 농사를 지어서 생계를 유지하는 것은 쉽지 않다. 차라리 취미농이나 자연농이라면 과거와 같은 형식으로 해도 좋다. 미래비전을 갖고 돈 벌어서 생활하고 부를 축적하려면 생각과 판단을 바꿔야 가능하다.

지역별로 명성을 얻고 있는 지역 특산품이 있다. 예를 들자면 상주 곶감, 성주 참외, 나주 배, 장호원 복숭아, 제부도 포도, 무안 양파, 대관령 고랭지배추, 고창 수박, 진영 단감, 고흥 유자, 구례 오이, 문경 오미자, 청양 구기자, 영양 고추, 부여 수박, 청도 반시, 횡성 한우 등 다양한 명품 농산물이 있다.

이런 지역 명성이 있는 작물은 손쉽게 판매할 수 있고 가격도 잘 받을 수 있다. 이런 지역으로 간다면 100점 귀농이라고 할 수 있다. 왜냐하면 품질 향상만 신경 쓴다면 유통이나 판매시스템이 잘 되어 있어 특별히 신경 쓰지 않아도 되기 때문이다. 이밖의 일반지역에 간다면 농업통계를 보고 생산, 가공, 유통, 판매, 경영의 올라운드 플레이어가 되어야 한다.

지역에 가서는 농업기술센터 공무원이나 전문가의 멘토링을 잘 듣고 따라 해서 명품을 만들어 낼 수 있다. 철저하게 교육받고 따라하는 것은 기본이다. 절대 금물은 잘난 체, 아는 체 하는 것이다. 농사는 농민이 최고라는 생각과 겸손함을 갖는다면 귀농에 성공할 수 있다.

정부 귀농귀촌창업자금 관련 주의할 점

정부에서 지원해주는 자금의 90% 이상이 융자금이라는 점을 분명히 하자. 간혹 시골가면 돈 준다는 그릇된 소문에 아무 생각 없이 빠지면 사기로 봉착한다.

또 적은 돈으로 전원주택도 마련하고 소득도 창출할 수 있다고 현혹하는 것의 대부분도 사기詐欺라고 보면 된다. 심지어 정부 귀농귀촌창업자금보다 낮은 금리로 돈을 빌려주고 전원주택과 소득을 세트로 분양한다는 것도 100% 액면 그대로 믿어서는 곤란하다. 그 정도로 사업성을 내기는 현실적으로 곤란하다. 만약 사업성이 좋다면 자신들이 독점하지 왜 다른 사람들에게 좋은 일을 하겠는가.

융자금은 다른 말로 하면 빚이다. 부채는 조건이 있고 경영수지가 맞아야 의미가 있다는 것을 명심하자. 남의 돈이라고 아무 생각 없이 쓴다면 농촌에서도 마찬가지로 실패하기 십상이다.

지금 정부당국에서 걱정하는 것은 귀농귀촌 창업자금이다. 2015년에는 매년 1천억 원 정도 담보대출해 주고 있다. 가구당 최고 3억 원 연이율 2%, 5년 거치 10년 원리금 상환의 조건이다.

시골과 친해지는 것이 우선이다

사람도 자주 봐야 친해지고 정이 들곤 한다. 농촌도 마찬가지다. 미운 정 고운 정 다 들어야 비로소 농산어촌이 좋아진다. 사실 동물족인 도시민의 관점에서 농촌을 본다면 여러 가지 면에서 불편하다. 아이 교육이나 의료, 문화, 쇼핑 등 생활이 도시보다 떨어지는 것도 사실이다.

① 농촌과 친해지기 위해서는 끊임없이 농촌을 관찰하라

농촌의 아름다운 면이나 농민의 인정이나 농업의 소중함, 자연의 다양한 모습을 관찰하고 애정을 가지고 보자. 그것이 시골과 친해지는 첫 번째 방법이다. 사실 냉정한 사람의 눈으로 본다면 많은 단점이 존재한다. 이 세상에서 가장 사랑하는 가족도 많은 단점이 있는데 전혀 모르는 농촌이야 얼마나 많이 보이겠는가. 하지만 끝없이 사랑하고 칭찬한다면 농촌이 한없이 고마운 존재로 여겨질 것이다.

② 농촌을 소재로 하는 이벤트를 자주 만들자

귀촌이나 귀농을 하려고 한다면 다양한 지식을 가져야 한다. 그러기 위해서는 많은 것을 보고 배우고 알아야 가능하다. 보통 30, 40대가 회사 일을 팽개치고 작심하고 배우고 준비하기는 어렵다. 때문에 다양한 이벤트로 익히는 것이 머리에 잘 들어온다. 예를 들어 도농교류 박람회나, 내나라 박람회 등 농림부나 행자부에서 개최하는 박람회에 가보는 것도 좋다. 가서 보면 도농교류에 적극적인 마을들에서 무엇을 하는지 어떻게 도시민을 유치하려고 하는지 알 수 있다.

③ 한 달에 한 번은 농촌생활을 즐겨라

아무리 바쁘고 대소사가 있어도 한 달에 한번은 꼭 농촌에 가서 그 특징을 살펴보자. 농촌의 특성은 여러 가지가 있으나 다음 8가지의 특징으로 나누어 보자. 먼저, 좋은 먹거리가 있는지, 볼거리와 쉴거리는 다양한지를 보자. 이 세 가지는 농촌의 매력을 만드는 요소다. 이것이 아주 뛰어나다면 관광지로 흘러갈 것이다. 이것이 어느 정도 갖췄다면 민박이나 펜션이 가능하기 때문에 중요하다. 다음으로 마을에 알거리, 놀거리, 일거리, 할거리가 있는지 그리고 이것을 마케팅해서 내가 팔 수 있는 팔거리가 있는지가 대단히 중요하다. 농촌에서 먹고 살 수 있는지를 농촌의 지역자원관점에서 바라보는 것은 중요하다. 농촌을 저비용으로 가려면 농어촌공사에서 주관하는 도농사업을 참가하는 것도 방법이다.

8거리를 공부해서 지역자원을 알고 자원을 안다면 어떻게 마케팅과 소득을 낼 수 있는 방법이 나온다. 이 방법을 도시에서 농촌 갈 때마다 연습하면 나중에 자신이 귀촌할 마을의 자원과 주제가 나온다. 그러면 먹고 사는 것은 걱정 안 해도 된다.

• 지역자원 파악의 마술사 8거리 •

볼거리: 마을이나 자기 집에 특이한 경치, 바위, 동굴, 폭포처럼 이목을 집중시키는 요소

먹거리: 자기 집이나 마을에서 특이한 음식으로 도시민들이 먹어보지 못한 소재와 맛

쉴거리: 마을에 편히 쉴 수 있는 곳이나 자기 집을 민박으로 활용

알거리: 마을의 전설, 이야기, 재미있는 사실 등 도시민이 흥미를 끌 수 있는 내용

할거리: 도시민과 함께 만들고 학습하는 테마로 이것이 살아야 마을이 활성화 됨

놀거리: 도시에서 체험하지 못한 우리 시골만의 재미, 호기심을 줄 수 있는 주제

일거리: 도시민과 더불어 1시간 정도 농사체험을 할 수 있는 거리, 6차산업도 가능

팔거리: 도시민에게 팔 수 있는 농산물, 전통장류, 건 나물, 과일, 자연에서 얻은 약재(藥材)

④ 부부가 하루 30분씩 농업과 농촌, 농민을 공부하라

농촌으로 돌아가 살고 싶다면 그 기본에 대해 알고가야 한다. 귀농하겠다는 사람들이 아무런 준비 없이 농촌에 가서는 실패하기 십상이다. 준비도 텃밭 가꾸기 정도 하고 돌아가는 것이 대부분이다. 이 역시 대부분 실패한다. 그것은 기본도 아니다. 가장 중요한 것이 같이 커뮤니티를 이루고 살아갈 사람 즉, 농민에 대해 이해하는 것이다. 주변에 좋은 이웃과 멘토가 있다면 행복해질 수 있다. 좋은 멘토를 얻는 방법은 귀농귀촌현장지원실습을 신청해 선도농가에서 실습하고 돈 받는 것이다. 정부는 매년 560명을

반농반도사 半農半都事

반농반도사는 도시에서 하던 일이나 자신이 잘할 수 있는 일을 농사와 함께 한다는 개념이다. 즉 농업적인 개념으로 본다면 1종 겸업농을 말한다. 도시에서 수십 년 살던 사람이 농업에 프로가 되어 농민보다 농사를 잘 짓기는 사실 어렵다. 그렇다면 자신이 잘할 수 있는 부분과 농사를 겸업하면 어떨까. 예를 들어 도자기나 목공예를 할 수 있다면 농사와 더불어 도자기체험이나 목공체험을 도시민과 더불어 한다면 농외소득도 올릴 수 있다.

처음부터 중후장대한 시설투자는 금물이다. 보다 작고 소박하게 해야 한다. 농촌에서 큰돈을 벌겠다는 생각보다 은퇴 이후에도 계속 일을 해서 좋고 감사하다는 생각을 가진다면 기회가 올 것이다. 그때 해도 늦지 않다. 하지만 큰돈을 투자해 실패한다면 앞날은 도시에서보다 어두울 것이다. 반농반도사는 농업과 자신의 일을 병립시키는 아이디어다.

농촌진흥청 주관 아래 사업을 실시하고 있다.

하지만 탄목과 불신, 분쟁으로 이어진다면 농촌사람들은 귀촌자를 왕따시킬 것이 불을 보듯 뻔하다. 또 농촌도 지역사회를 공부하는 차원에서 알아야 한다. 내가 지역사회에 어떻게 적응하고 무엇을 하고 어떤 관계를 만들고 유지할 수 있는가. 현재 하고 있는 도시에서의 직장 일을 시골에 가서도 계속할 수 있는지 이런 것을 알아보는 것이 중요하다. '반농반도사 半農半都事(반은 농사짓고 반은 도시에서 하던 일을 계속한다)'를 기억하고 명심하자.

⑤ 한 달에 적어도 한 번은 반드시 서점이나 도서관에 함께 가라

부부나 가족이 한 달에 한 번 정도는 정보의 보고인 책방이나 도서관에 가서 최신동향이나 정보를 얻는 것이 중요하다. 인터넷 동호회에 가입하고 동호회의 오프라인 모임에 참가하는 것도 좋은 방법이다.

서점에 가면 여러 가지 신간이 나오고 있다. 이중 한 권을 사서 부부가 같이 읽고 느낌을 이야기한다. 정년 은퇴 후 귀촌을 한다면 여유를 갖고 다양한 책들을 읽어보면 좋겠다. 책 종류도 여러 가지 있지만 농업일반 총론, 농사관련, 그린투어관련, 발효와 술, 음식, 농지토지관련, 지역사회관련, 농촌활력, 농촌마케팅, 홈페이지, 야채, 산야초 등 다양한 지식을 공부한다. 이중에서 자신이 좋아하고 적성에 맞는 부분에 대해 집중적으로 공부하면 바람직하다.

⑥ 함께 농사짓는 시간을 가져라

시골과 친해지기 위해서 기본적으로 하는 것이 텃밭 가꾸기이다. 텃밭은 정원이 있는 주택이라면 마당 중 일부를 텃밭으로 가꾸면 좋다. 또 베란다가 있는 아파트라면 간단한 야채를 가꾸어 수확하고 먹으면 된다. 좀 더 본격적으로 농사체험을 하기를 원한다면 도시의 지자체나 개인이 운영하는 주말농장을 분양받는다. 1년 단위로 운영하며 비용은 한 구좌에 3~10만 원 정도한다.

⑦ 가끔은 역할을 바꿔 농민으로 생활해 보자

자신이 미래의 농민이 되어 생활하고자 한다면 가끔 역할을 바꿔 생활해보는 지혜도 필요하다. 한 달에 한 번씩 농촌에 간다면 좋아하는 마을이 생길 것이다. 그 마을에서 도농교류 이벤트를 한다면 농민으로 참가하라.

자원봉사하면서 도시민과 접촉하라. 여러 사람들과 접할 것이다. 접하면서 어떤 점이 어려운가. 도시민이 무례한 점이 있는지, 잘 몰라서 그러는지 다양하게 경험해보라. 이것은 자신이 농촌에 직접 와서 살 경우도 해당된다.

도시에서
농사 연습하기

텃밭 주말농장을 시작하자

　귀농·귀촌을 하겠다고 결심했다면 하루라도 빨리 도시에서 간단한 농사연습을 하자. 도시민들이 도시에서 할 수 있는 농사는 다양하다. 아파트 베란다에서 할 수 있는 베란다 농사가 있다. 베란다 농사는 아파트 베란다를 녹색공간으로 활용해 하는 것으로 가족들에게 신선한 채소를 공급할 수 있다. 베란다 농사는 공간이 협소해 많은 종류의 농작물을 재배할 수는 없다.

　주로 재배하는 것이 고추, 상추, 가지, 방울토마토, 오이, 깻잎, 야생화 등으로 주로 엽채류와 쌈류를 재배해 집에서 삼겹살을 먹을 때 필요한 야채를 공급한다. 베란다 농사는 약 1평에서 1.5평이 되는 공간을 어떻게 세분화하고 이를 활용하는가에서 출발한다. 베란다 농사의 좋은 점은 가족 모두가 활용할 수 있다는 점과 아이들에게 농사를 가르치고 안전한 농산물을 자신이 직접 생산하고 직접 먹을 수 있다는 것이 특징이다.

　두 번째는 텃밭이나 주말농원이 있다. 주말마다 가족들과 함께 텃밭을 일구러 이곳을 찾는 사람의 수가 2003년 경기도 고양시 자유주말농장 한 군데만 500가구나 됐다. 지난 93년 주말농장이 처음 등장한 이래 그 수가 꾸준히 늘어 전국에 400여 곳이 성업하고 있다. 이용자도 10만 명을 넘어섰다는 것이 전문가들의 말이다. 주말농장에 대해 자세한 설명이 되어 있는 사이트가 있다.

주말농장닷컴(www.jumalnongjang.com)에 들어가면 주말농장, 관광농원, 가족농원, 체험농장, 테마공원, 수목원, 식물원, 농가 민박 등 다양한 자료를 접할 수 있다. 이 사이트의 정보마당에는 주말농장 운영정보, 주말농장 개요, 관련 정보와 귀농자료도 있다. 주말농원은 보통 5평의 텃밭 가꾸기로부터 시작한다.

실제 주말농장 한 군데를 들어가 보자. 서울에서 잘 정리되고 잘 한다고 소문이 난 대원주말농장(www.daewonfarm.co.kr; 011-497-4187)을 보자. 서초구 원지동 227번지에 있는 이 농장은 강남구와 서초구 사람들이 회원으로 가입되어 있는 곳이다. 농장 주인 최성희 대표는 농가주부연합 대표로 있는 중앙 농민단체장으로도 유명하다.

이곳은 규칙도 엄격하기로 소문이 났지만, 사람들이 잘 따르고 비교적 완성도가 높은 곳이다. 물론 회원이 되기도 쉽지 않다. 매년 2월 5일 ~15일까지 10일간이 회원등록기간이다. 회비는 13만 원으로 1구좌 3평으로 다른 곳보다 조금 작다.

농장개장일은 매년 4월 둘째 주 주말부터 시작한다. 주말을 낀 5일간이 친교하고 인사하고 소개받는 기간이다. 농장주는 비슷한 직업과 연령, 비슷한 동네끼리 이웃이 될 수 있도록 연결해준다고 하며 이것이 농장의 성공비결이라고 전했다.

대원농장은 농장주와 회원이 할 일을 명확히 구분해 놓았다. 먼저 농장

주는 봄농사를 위해 3월, 가을농사를 위해 8월에 거름과 밭갈이를 해준다. 또 모종 씨앗을 준비해 준다. 모종은 상추, 생채, 겨자, 비트, 치커리 씨앗은 지원하고 얼가리 열무 씨 등은 무상으로 공급해주고 있다.

봄농사는 4월 둘째 주에 봄 작물 농사를 시작해서 7월 30일에 1차 마감을 한다. 가을농사는 9월 1일에 시작해서 12월 영하 3도 이전에 모두 끝내도록 한다.

대원주말농장 회원규칙	
회원이 할 일	
대원주말농칙	1. 주1회 농장 방문
	2. 남의 밭 농작물 손 안대기
	3. 쓰레기 함부로 버리지 말기
	4. 농장주 지시 잘 따르기
	5. 사무실 게시판 매주 보기
	6. 쉼터 이용 시 다음 분을 위하여 깨끗이 하기
	7. 주차 시 제대로 차대기
	8. 아이들 남의 밭 밟지 않게 하기

이 농장은 회원에게 엄격하다. 이것은 회원 모두를 위해서이다. 자신의 농장관리가 안돼 다른 사람에게 피해를 줄 수 있기 때문에 전체의 이익을 위해 회원들이 지켜야 할 준수사항을 요구하고 있다.

텃밭이나 주말농장은 도시 주변에서 얼마든지 찾을 수 있다. 또 자신이 조금 부지런하다면 안전한 먹거리를 자신이 생산해 다양한 체험도 가능하고 가족과 이웃간에도 정을 나눌 수 있다. 또 농업을 통해 도시녹지의 녹화와 건강한 학습을 아이들에게 교육하고 농업농촌의 소중함과 농업의 다원적 기능도 맛볼 수 있다.

도시에서 텃밭과 주밀농장은 귀농귀촌을 할 때도 무척 중요하다. 이 책에서 3천만 원으로 은퇴 후 죽을 때까지 30에서 50년을 살아가는데 씨앗이 되는 것이 도시농업 중에 '텃밭 가꾸기'이다.

텃밭에서 안전하고 안심할 수 있는 농작물을 생산할 수 있는가는 핵심이다. 왜냐하면 귀촌 후에 도시에 있는 지인들이 믿고 먹을 수 있는 농산물을 공급해줄 수 있기 때문이다. 먼저 자신이 생산한 농산물을 지인들에게 아낌없이 주어라. 그리고 맛에 대해 이야기도 하고 품평을 받자.

시간이 흘러 자신이 귀촌을 할 때 즈음하여 안심농산물구좌를 설명해 주어라. 한 구좌 100만 원으로 1년에 한 번 2박 3일 놀러 올 수 있고 오면 닭 잡아 주고 맛있는 현지음식과 자신이 만든 술을 마음껏 먹을 수 있다. 또 1년에 5~10차례 택배로 신선야채나 생산물을 보내준다. 이 정도 하면 도시민 입장에서는 대만족이다. 도시에서부터 믿고 안심할 수 있는 먹거리를 계속해서 공급하고 오랜 우정으로 돈독한 친구도 보고 그가 정성 들여 만든 발효액, 효소, 각종 건강식품, 술 등을 먹을 수 있다면 생각만 해도 흐뭇할 것이다.

지인에게 공급하기는 많이 하면 실패한다. 열 가족 정도면 부부가 충분히 먹고 살 수 있다. 믿을 수 있고 평생 함께 갈 열 가족의 친구를 만들어라. 그것이 농촌에서 3천만 원으로 행복하게 살 수 있는 길이다.

텃밭이 도시농업의 중심이 되지만 이밖에 오너제 농원과 체재형 주말농장 등이 있다. 오너제 농장은 논이나 배, 사과 포도와 같은 과수, 채소를 계약재배 하는 것이다. 농민은 판로확보를 하고 도시민은 값싸게 안전한 농산물을 먹을 수 있고 농업교육도 받을 수 있는 일석이조의 프로그램이다. 이것은 그린투어의 한 방식으로 체험과 여가, 교육, 농산물 수확 등 다양한 재미를 느낄 수 있다.

체재형 주말농장은 아직 우리나라에서는 생소하지만 외국에서는 활발하게 진행되는 방식이다. 농촌정주의 전단계로 5도2촌을 실천하는 방식이다. 지자체가 공동으로 도시민들에게 주말정주의 시설을 임대하고 정주시설 주변에 텃밭을 가꾸고 지역 주민들과 교류하는 방식이다. 이것은 러시아의 다차, 일본의 시민농원, 독일의 클라인가르텐이 이와 같은 방식이다.

텃밭 가꾸기의 중요성과 외국사례

텃밭 가꾸기는 스스로 자급자족을 연습하는 방법이다. 즉, 친환경농작물생산을 할 수 있는 체계의 학습이다. 결국 안전하고 안심할 수 있는 농산물을 생산해 자신과 가족에게 믿을 수 있는 농산물을 공급하고 스스로 건강을 지켜나가는 대안이다.

텃밭을 가꾸다 보면 도시중심의 삶에서 5도2촌 같은 대안적 삶을 꿈꾼다. 도시에서 각박한 생활을 극복하고 가족의 건강과 삶의 질을 높이는 대안적인 삶을 원한다면 시골에서 생활하는 지혜가 필요하다. 정부는 국토균형개발을 지속적으로 추진하고 있다. 5도2촌의 실천은 전 국민의 삶의 질을 높이고 귀농귀촌을 촉진할 것이다.

텃밭 가꾸기가 어느 정도 익으면 귀농귀촌을 준비해도 좋다. 귀농귀촌은 도시민과 농촌주민을 연결하고 도시의 선진된 기술과 흐름을 농촌에 전달하는 수단이다. 농민은 도시민에게 안전한 먹거리를 생산하는 방법을 가르쳐 도농교류를 완성할 수 있다.

텃밭 가꾸기는 은퇴 후 농촌에서의 삶이 가능한지 준비과정이 올바른지에 대해 알려줄 것이다. 도시민들은 텃밭 가꾸기를 통해 농업농촌이 자신에게 적합한지를 시험하는 계기가 될 것이다. 텃밭 가꾸기가 잘 이루어지고 있는 몇몇 나라를 보자. 먼저 독일의 클라인가르텐, 러시아의 다차에 대해 살펴보자.

① 독일 클라인가르텐 kleingarten

독일에는 클라인가르텐 kleingarten(소정원 혹은 분구원)이 있다. 도시근교에 통나무집 형태의 별장에서 가족과 함께 휴식을 취하며 과일·채소·약초를 키우며 머무를 수 있는 곳이다. 독일에서 1864년 라이프치히를 시작으로 전국에 보급됐다. 현재 독일인 20명당 1명이 이용할 정도로 인기가 높다.

클라인가르텐의 또 다른 이름은 슈레버가르텐Schrebergarten이다. 이는 19세기 중엽 의사인 슈레버 박사가 자신을 찾아오는 대부분의 환자의 치료처방으로 "햇빛을 보고 맑은 공기를 마시며 흙에서 푸른 채소를 가꿔라"라고 주문을 했다. 이것이 라이프니찌의 클라인가르텐의 효시가 된다.

독일의 클라인가르텐의 시초인 라이프치히는 베를린에서 182km 남서쪽에 있는 도시다. 중부 유럽에서 교통의 요지로 중세부터 상업도시로서 발전했다. 15세기부터는 무역박람회가 개최되는 등 유럽 각지로부터 많은 상인을 끌어들여, 제2차 세계대전 전까지는 독일의 최대 무역박람회 도시로 알려져 있었다. 2차대전 이후에는 동독에 소속되어 활기를 잃어갔으나 통독이후 다시 박람회를 개최하는 등 재건되고 있다.

라이프치히는 전통적으로 독일의 인쇄업·출판의 중심지로서, 400개 이상의 출판·인쇄회사가 있고, 도서출판업은 지금도 국제적으로 유명하다. 19세기부터 철강·기계·화학·섬유 등의 공업이 발달했으며, 주요 공장지구는 바이세엘스터강의 서안西岸과 동쪽 교외에 전개되어 있다.

이런 중화학산업과 환경 덕분에 시민들은 늘 스트레스를 받고 있었다. 또 산업화과정에서 자연을 그리워하고 동경하게 되었다. 슈레버박사는 자신을 찾아오는 환자에게 늘 권하는 것이 자연과 친하고 농업을 부업으로 하라는 것이다.

그는 비좁고 숨이 막히는 도시생활은 오염된 공기와 운동부족이 스트레스를 만들고 이것은 병이 된다고 보고 있었다. 또 어린이들의 건강에는 맑은 자연환경 속에서 마음껏 뛰어놀고 친구들과 운동하는 터전이 중요하다고 역설했다.

슈레버 박사의 철학은 주변의 도움과 공감을 얻기 시작했다. 먼저 박사의 사위인 하우스쉴트 박사는 어린이들이 도시에서 편하고 안전하게 놀 수 있는 어린이 놀이터 마련이 중요하다고 생각했다. 그리고 그는 장인의 이름을 따서 슈레버광장Schreberplatz을 만들었다.

그 후 초등학교 교사인 게셀이 슈레버광장에 나무를 심고 정원을 만들었다. 그는 어린 학생들이 농사체험을 통해 운동과 건강, 안전한 먹거리 체험을 하게 했다. 농장실습과 놀이, 어린이들의 협동심을 키우기 위해 실습농장을 조성한 것이다.

처음에 게셀은 어린이들이 스스로 농장을 가꾸고 관리하기를 기대했으나 어린이들은 처음에만 재미있게 놀고 곧 싫증을 냈다. 농장은 차츰 잡초가 무성하게 자랐다. 이를 본 게셀은 학부모와 상의해 학생가족들이 가꾸는 소정원을 만들기 시작했다. 부모와 자식간에 자연을 통해 정을 나누고 정원 안에 농작물을 기르고 다양한 운동과 체험을 하기 시작했다. 점점 도시환경은 좋아지기 시작했으며 병에 걸려 병원을 찾는 환자의 수도 조금씩 줄어들기 시작했다.

결국 슈레버 박사가 주창한 슈레버가르텐은 점점 발전해 참여가족이 늘어나기 시작했다. 사회적 수요와 개인적 만족, 건강이 하나되는 프로그램이었기 때문이다. 점차 체계화되면서 정원경계도 표시하고 울타리도 치고 각종 꽃과 나무, 채소를 심고 잔디밭도 만들어놓는 오늘날의 형태로 발전했다. 가족들은 직장이 끝나면 와서 쉬고 농사짓고 음식도 먹으면서 즐겁게 생활하는 체계를 만들어가고 있다.

독일은 19세기 후반부터 녹색공간이 없는 도시민에게 소형 주말가족농장을 보급하는 클라인가르텐 운동을 해왔으며 현재 전국에 약 100만 개의 클라인가르텐이 있다.

독일의 클라인가르텐은 앞에서 설명했듯이 슈레버 박사가 19세기에 주창해 발전해나갔다. 클라인가르텐이 지금까지 150여 년을 이어오면서 가져올 4가지의 원칙이 있다.

첫째, 텃밭을 통해 어린이의 몸과 마음을 건강하게 키운다. 둘째, 가족과 친구들을 위한 심신 휴양공간을 만든다. 셋째, 건강한 농산물 생산공간을 만든다. 넷째, 도시에 녹색공간을 조성하고 도시공원으로 활용한다.

이 4가지가 독일의 클라인가르텐을 성공시킨 배경이 되고 있다. 공익과 개인의 먹거리 안전과 휴양을 만드는 것이 중요하다. 클라인가르텐은 독일 전체에서 4천 660만㎡ 정도의 면적을 가지고 있다. 회원수는 120만 명, 동호인회가 15,200개로 한 구획의 크기는 약 300㎡로 통나무집 크기는 30㎡ 이하로 과수나무의 면적은 25% 이상을 차지하지 못하게 되어 있다.

한 구획의 연간 임대료는 45유로로 약 6만 원 정도이다. 이밖에 관리비, 전기료, 물사용료, 보험료 등을 포함하면 약 350유로로 월 30유로, 한화로 월 3만 원 정도의 비용을 지불한다고 보면 된다.

② 러시아 다차Дача

러시아의 다차는 19세기 제정 러시아의 알렉산드로 3세가 귀족들의 별장인 다차를 일반인도 사용하게 했다. 일반인도 다차에 대해 흥미를 느끼고 스스로 안전한 먹거리를 생산하기 시작해 20세기 초반에는 다차가 대중적인 개념이 되었다. 1917년 공산혁명 이후 다차의 실용적인 역할을 높이 평가해 다차의 토지와 통나무집 소유를 허가하고 개인재산으로 인정해주었다. 1958년 흐루시쵸프는 모든 국민에게 150평의 토지의 주말별장을 무료로 임대해 주었다. 이것은 국민 식량의 자급자족과 집회와 시위를 막는 데 일조했다.

1965년 코시킨 수상은 주 40시간 5일 근무제도를 확립해 스스로 식량을 생산하게 하고 잉여산물은 교환하게 했다. 이것은 집단농장(소프호즈와 콜호즈)를 약화시키고 개인 스스로 먹거리 결정력을 높이는 계기가 되었다.

2004년 현재 다차는 약 3천2백만 개로 인구 4.5인당 1개소가 있을 정도로 대중화되었다. 다차의 대중화는 다차의 기증매매가 가능하도록 했고 이것은 영주권이 있는 외국인들에게도 소유가 가능하다.

이러한 다차농업은 스스로의 안전한 먹거리를 만들고 이것은 유축농업과 순환농업을 만들어 안전한 먹거리를 생산하고 있다. 순환농업을 하기 위해서는 퇴비생산이 필요한데 다차에서는 울타리 옆에 화장실이 있고 이것으로 퇴비를 만들어 사용한다. 또 러시아에만 있는 특이한 풍경으로는 트럭에 한가득 퇴비를 싣고 다차에 가는 사람, 퇴비를 사라고 호객하는 모습은 정답기까지 하다.

러시아 다차에서 생산되는 농산물 품종 1위부터 순서대로 보면 다음과 같다. ①감자, ②양배추, ③오이, ④양파, ⑤토마토, ⑥비트beet, ⑦당근, ⑧브로콜리, ⑨칼리꽃, ⑩샐러리 등이 대중적으로 카우는 농작물이다. 화훼류는 ①다알리아, ②작약, ③카네이션, ④장미 등의 순으로 키우고 있으며 이밖에도 여러 품종을 생산하고 있다.

가축의 순위는 ①닭, ②오리, ③거위, ④산양, ⑤돼지 순이고 개는 가축이 아닌 가족의 개념으로 사육하고 있다.

최근에는 현직에서 은퇴한 사람들이 다차에서 살고 있는 추세가 늘어나고 있으며 이들은 다차생산물을 자기소비 내지는 인민시장에서 서로 판매하고 있는 추세이다. 러시아 다차에서 생산된 농작물은 감자 83%, 양파 71%, 양배추 62%, 오이 58%로 이는 소프호즈(국영농장)나 콜호즈(협동농장)에서 생산한 생산량을 초과하는 놀라움을 보인다.

다차가 러시아 사회에 깊이 영향을 미치는 것을 곱씹어 보아야 한다. 다차는 경제적으로도 성공한 모델이다. 우리나라의 새마을운동과 비견될 수 있을 정도다. 1999년 러시아의 국가부도 사태에서도 추운 겨울 러시아를 지탱해 준 것도 역시 다차이다. 2004년 러시아인의 GNP는 약 3900달러이다. 러시아의 지하경제 비중이 56%이므로 실제 1인당 소득은 약 8000달러로 추산되고 있다. 이중 다차가 기여하는 부분은 약 8~8.5% 정도이다. 약 800~900달러 정도가 다차에서 생산되는 경제적인 부분이다.

러시아에서는 이런 말이 있다. 월요일에는 범죄자가 없다. 이 말뜻은 독일의 클라인가르텐과 유사하다. 자연과 접하면 사람이 온화해진다는 의미일 것이다. 다차에서 생산된 농산물은 팔기보다는 나누어 먹는다. 이것은 사회안전망의 측면에서 커뮤니티를 형성하는 데 중요하다. 또 러시아인들이 친환경적인 삶을 영위하는 데도 기여하고 있다.

다차나 클라인가르텐과 같은 텃밭 가꾸기는 스스로 먹거리를 자신이 해결하도록 해준다. 도시화로 삭막한 사회에 자연친화적인 새로운 대안을 제시해 준다. 또 은퇴 후 농촌정착을 가능하게 해주며 민간이 중심이 되는 도시와 농촌의 공동체를 시민이 참여해서 만들어가는 것이다.

텃밭 가꾸기 실제

귀농귀촌 희망자에게 텃밭 가꾸기는 대단히 중요하다. 텃밭 가꾸기는 농업생활의 예습이자 연습이다. 도시에서 살아오면서 사람들은 자연의 느낌에 무감각해져 있으며 자연의 소중함을 알지 못한다. 이것을 보여주는 것이 텃밭 가꾸기이다.

또 자연의 변화와 생물을 성장을 보면서 기후의 변화에 대해 익숙해질 수 있다. 텃밭 가꾸기는 점점 도시생활이 어려워지고 자신감이 없어지기 시작하는 정년을 앞둔 사람들에게 하나의 위안이 된다. 정년 후 어떻게 살 것인지 도시에서의 대안이 없다고 생각하는 사람에게 정서적인 안정을 준다. 그리고 자연과 더불어 느리게 살아가는 양식을 배울 수 있다.

도시농업에 대해서는 현재 국가적으로, 특히 서울시에서 적극 지원하고 있다. 도시농업의 육성 및 지원에 관한 법률이 2011년에 제정되어 2013년에는 전면 개정되어 시행중이다. 또 도시농업을 활성화하는 도시농업지원센터(http://www.uasc.or.kr)가 사단법인 형태로 되어있으며 홈페이지를 통해 다양한 정보도 얻을 수 있다.

도시민들은 텃밭 가꾸기를 통해 먼저 생명과 흙의 소중함을 알게 된다. 또 계절이 흘러감에 따라 다양한 자연의 변화를 터득하게 된다. 스스로 가진 오감을 통해 자신만의 방법으로 자연을 접하고 익히게 된다.

또한 인간과 자연과의 관계가 주종관계가 아닌 상생관계라는 진실을 깨달을 수 있다. 그 과정에서 농사의 의미와 수확의 기쁨을 알게 된다. 결국 사람이 나서 살아가고 자연과 더불어 생활하는 순환과 생명에 대한 사랑을 알게 된다. 그리고 그런 생활을 남은 인생 지속해나갈 것을 다짐한다. 이런 것이 텃밭을 가꾸는 의미이자 기쁨이 아닐까.

인생에도 가야 될 길과 가지 말아야 할 곳이 있다. 텃밭도 마찬가지이다. 텃밭을 만들 땅이 있는 경우, 물과 햇빛과 바람, 토질 그리고 사람의 정성이 모여야 생명체인 농작물이 잘 자란다. 즉, 물의 사용이 용이한 곳, 햇볕이 잘 드는 동남쪽, 바람과 물 빠짐이 좋은 곳, 흙이 부드럽고 밟아서 푹신푹신한 느낌이 드는 땅이어야 농사를 잘 지을 수 있는 땅이다. 이를 위해 지렁이와 부엽토를 땅에 넣어준다.

텃밭을 만들 경우 먼저 마음의 준비가 중요하다. 또 농사를 지을 경우 선배나 농부의 도움이 절실하다. 모든 것이 모르는 것이 대부분이다. 또 한 해 농사계획을 세워야 한다. 그때마다 필요한 것을 준비하는 것이 아니라

작물재배계획표에 따라 연간, 월간, 일일 텃밭 가꾸기 계획안을 만들고 이를 점검해야 한다.

텃밭농사를 지을 수 있도록 도와주는 책자는 많다. 서점에 가서 한 권의 텍스트를 사서 따라하면 좋다. 텍스트는 자주 보고 자주 모방하고 그대로 하는 것이 좋은 방법이다. 농사는 시기라는 것이 있다. 이 시기를 놓치면 실패하거나 수확량이 적어진다. 인생도 마찬가지이다. 노후를 어떻게 보낼 것인가, 정년 후를 어떻게 보낼 것인가를 늘 준비해야 하겠다. 준비하는 사람만이 기회가 왔을 때 그것을 잡을 수 있다.

텃밭농사를 통해 취미와 여가, 건강과 일을 함께 공유하고 이것이 정년 후의 아름다운 삶을 영위하기 위한 씨뿌리기라는 사실을 명심해라. 정년 후의 새로운 인생에서 보람을 찾으려면 자신만의 좋은 농사습관을 익혀야 한다.

텃밭을 처음부터 욕심을 내서 가꾸면 실패하기 쉽다. 처음에는 3~5평 정도를 가꾸고 점차 면적을 늘려 약 10여 년 정도 한다면 준 농부 수준의 50여 평~100평 정도면 좋다. 이정도 규모를 취미농으로 완벽하게 소화해 낸다면 시골로 내려가서 자립할 수 있다. 약 10여 년 정도 걸린다는 사실을 잊지 말고 선배와 전문가의 이야기를 잘 듣고 책을 통한 영농학습도 게을리 하지 말라는 것이 전문가들의 충고다.

텃밭 가꾸기 연간계획안				
월	활동내용	월	활동내용
3월	• 텃밭 둘러보기 • 텃밭 팻말 만들기 • 땅 고르기 • 퇴비 뿌리기 • 씨앗과 흙 관찰하기	8월 9월	• 옥수수 수확 • 옥수수 말리기 • 깻잎 관찰 • 허수아비 만들기 • 배추, 무심기
4월	• 엽채류 씨앗 뿌리기 • 텃밭의 잡초 뽑기 • 깻잎 씨앗 뿌리기	10월	• 고구마 줄기 자르기 • 고구마 캐기 • 들깨 받기 • 시금치 씨앗 뿌리기
5월	• 엽채류 관찰 • 엽채류 수확 • 텃밭의 벌레 찾기 • 옥수수 씨앗 뿌리기 • 토마토 모종심기	11월	• 퇴비 뿌리기 • 시금치 수확 • 배추, 무 수확
6월	• 고구마 심기 • 퇴비 뿌리기 • 모심기 • 옥수수 관찰	12월	• 보리 관찰 • 김장
7월	• 퇴비 만들기 • 토마토 관찰 및 수확 • 옥수수 관찰 • 깻잎 수확	1월 2월	• 퇴비 만들기 • 농사 연간 계획 잡기

도시농업 텃밭가꾸기, 전국귀농운동본부, 2004

내게 맞는
귀촌지 찾기

절대로 첫눈에 반하지 마라

막상 시골로 내려간다고 결정하면 여러 가지기 좋고 예쁘게 보인다. 세상에 무엇이든지 숙고하지 않고 선뜻 결정하면 낭패를 본다. 2~3년, 전국을 기회 있을 때마다 한 달에 한두 번 다녀보고 가서 살 시골을 선택하면 좋다. 제일 바람직한 것은 귀촌 시점 5년 전부터 교육, 도시 텃밭, 도농교류, 지역선정, 작물기술 습득, 지역적응 등을 체계적으로 하는 것이 좋다.

보라. 우리는 30여 년을 일하기 위해 20여 년을 공부하고 배워왔다. 인생후반부 40여 년을 잘 먹고 잘살기 위해 3~5년이라는 시간을 투자하는 것에 결코 인색하지 말라. 교육은 가난한 조국에 부와 영광을 주었다. 빈곤과 환경을 변화시킬 수 있는 유일한 방법은 교육뿐이라는 것을 명심하자. 귀농귀촌도 예외가 아니다.

귀촌입지 선정을 어떻게 하면 좋을까. 가급적 삶터를 보려면 겨울에 가라. 겨울에 가면 마을과 산, 계곡의 모습이 모두가 한 눈에 들어온다. 마을이 어떤지 자신과 어울리는지도 볼 수 있다. 시골 사람들도 여름과 가을에는 모두 바빠 움직이느라 시간을 내어 설명하거나 가르쳐주지 않는다. 농사를 짓는 것은 결코 한가롭지 않다.

겨울에 가면 농한기라 막걸리 한 병으로 이런저런 이야기도 들을 수 있다. 동네 인심이나 사람 사는 이야기, 문제점 등을 알 수 있다. 만약 귀농귀촌해서 살 시골을 정하려면 마음먹고 겨울에 가서 알아보는 것이 좋다.

'첫눈에 반하지 않기'는 귀농귀촌 할 땅 찾기에 철칙이다. 결혼도 첫눈에 반해 버리면 게임 끝이다. 주변에서 아무리 조언해도 귀에 들어오지 않는다. 귀농귀촌지도 마찬가지이다. 이웃과의 관계, 전 거주지와의 거리, 교통, 지자체의 지원, 선배 귀농귀촌인의 지원 정도 등 여러 가지 조건을 충족시켜야 한다.

시골 찾기 이렇게 하면 실패한다

첫눈에 반해 실패한 사례를 하나 보자. 서울에서 섬유 수출업체를 경영했던 K씨는 2005년 귀촌을 했다. 평소 농촌으로 돌아가 살아보고 싶은 생각도 있고 아이들도 어느 정도 자라 대학생과 사회인이 되었기 때문에 귀촌하기로 결심했다.

섬유 경기는 꾸준하지만 점차 젊은 사람들의 감각을 뒤쫓아 가기도 어려워 사업을 그만두기로 결정했다. 결정을 하자 모든 것이 시원섭섭했다. 그리고 자신이 원하는 것을 위해 여행을 하면서 귀촌지를 물색하기로 했다. 여름에 회사를 정리하고 8월과 9월은 정신없이 지냈다. 말이 정리이지 20여 년 해온 사업체를 정리하기란 말처럼 간단한 것이 아니다.

10월이 되어 부부동반으로 백암온천과 영덕에서 게나 먹고 오자고 해서 모처럼만에 여행을 갔다. 2박을 하고 돌아오는 길에 점심을 먹고 오는데 마을계곡이 그림처럼 예쁜 곳을 지나가게 되었다.

시간도 많고 산수도 괜찮아 잠깐 마을 이야기도 좀 들으러 갈 겸해서 마을에 갔다. 이장님을 수소문해서 만났다. 이런저런 이야기를 하다가 마을에 귀촌을 할 땅이 있냐는 이야기가 나왔다.

이장님은 계곡 근처에 정말로 그림 같은 땅이 있다고 말을 해주고, 땅값도 싸게 나왔다고 귀띔을 해주었다. 가서 보았다. 부부 두 명이 평소 로망을 품었던 그런 땅이었다. 계곡에는 작은 소(沼)가 있고 소 한편에는 잘생긴 바위가 떡 버티고 있는데 앙증맞은 폭포도 있다. 과거 밭으로 썼다고 하는데, 지금은 나무가 빽빽하다. 뒤로는 산이고 옆에는 개울이 흐르는 정말로 절경이다.

너무 좋아 부부는 다른 사정 볼 것 없이 1주일 후에 계약을 하고 땅을 사버렸다. 사고 나서도 정말 땅을 잘 구입했다는 생각이 들어 이장에게 복비도 후하게 주었다.

실제 들어가 살려고 후배 건축사와 함께 땅 자랑을 하면서 같이 같다. 건축사는 안색이 변하며 몇 평을 얼마에 주고 샀냐고 물었다. 8천 평을 평당 2만 원에 주고 구입했다고 말을 하자 그는 그런 결정을 하려면 자기에게 한마디 말하고 결정하시지 왜 혼자 결정하냐고 역정을 냈다.

건축사 이야기에 따르면 일단 길이 없는 맹지이고, 전기도 800m 정도 끌어 와야 하고, 농지전용도 해야 한다고 하면서 여기는 사람들이 없어 살기 외로울 것이라고 말을 해주었다. K씨는 후배가 괜한 소리를 한다고 역정을 냈다.

이장에게 집을 짓기 위해 아래 토지 소유주들의 동의를 받아달라니 돈이 1,000만 원 정도 들 거라고 했다. 2주일 후 동의서가 나오고 집을 지으려니 전기가 없었다. 한전에 연락했더니 지번을 가르쳐 달라고 해 말했더니

400m는 한전에서 부담하고 나머지 400m 부분에 대해 자부담을 해야 한다고 한다. 그래서 이것저것 해서 2000만 원이 날아갔다. 이번에는 물이 문제였다. 집터 옆에 물이 잘 나올 것 같더니 겨울이 되니까 말라버렸다. 어차피 공사를 하면 대형관정을 설치할 생각은 했었다. 관정도 700만원 주고 공사하고 본격적으로 건축공사를 하는데 지역사람들의 텃세도 심했다. 평당 300만 원 이상 들었지만 철골조로 2층 주택이 완성되었다. 사사건건 돈과 연관되어 공사기간 내내 마음고생이 심했다. 이장과도 관계가 소원해지고 공사 끝나고는 별로 이야기도 안했다.

그래도 집과 마당, 밭과 뒷산이 너무 좋아 모든 것이 천하명경을 얻기 위해 감내해야 할 과정이라고 생각했다. 아무런 간섭이 없는 생활이 너무 좋았다.

이런 생활이 4개월이 지속되자 차츰 짜증이 나기 시작했다. 단조롭고 무료한 생활이 싫어지기 시작했다. 그래서 전세 주었던 서울 집에 다시 들어가 두 집 살림을 시작했다. 딱 2년 만에 점점 시골에 가기 싫어졌다. 예전에는 시골 가는 4시간이 그렇게 좋더니 이제는 4시간이 지겨워졌다. 특히 겨울에는 난방비 걱정도 해야 되고 땅은 있지만 평생 농사에 농자도 모르는 사람이 농사로 소득내기는 불가능에 가까웠다. 그래도 귀촌 첫해는 텃밭을 일구어 삼겹살에 상추깻잎을 먹는 재미, 이곳으로 그동안 신세졌던 지인, 친구를 초대해 먹는 바비큐는 평생 간직할 기억이 됐다.

그러다가 아내가 아파 병원에 입원하자 병간호로 두 달을 시골에 가보지 못했다. 집중호우에 진입로도 망가지고 마당은 엉망이고 한 마디로 처참했다. 경치는 좋지만 소득이 나오지 않고 너무 서울과 멀어 K씨는 집을 팔려고 내놓았으나 팔리지 않았다.

총비용은 5억 가까이 들었지만 3억에도 사람들은 사주지 않았다. 결국

K씨는 헐값에 이 집을 매도하고 다시 서울로 왔지만 3년 반이라는 세월이 너무도 야속하고 한심한 생각에 누구에게도 하소연하지 못한다.

누구나 전원생활을 꿈꾸며 또 살 수도 있다. 하지만 중요한 결정을 하기 전에는 전문가의 조언이나 상담을 받는 것이 자신이 만든 소중한 돈을 지킬 수 있다.

가서는 복 달아나는 터와 지역

가서는 곤란한 터와 지역이 있다. 자신과 잘 어울리는지 아닌지가 먼저 중요하다. 즉, 그 지역과 땅이 자기 마음에 들어야 한다. 평양감사도 싫으면 그만이다. 아무리 주변에서 추천해도 왠지 기분이 나쁘거나 꺼림칙하면 그 지역과는 인연이 없는 것이다. 기분이 나쁜 자리는 궁합이 맞지 않고 음기가 많은 자리라고 보면 된다.

음기가 많은 자리는 주변에 강이나 계곡이나 물이 있어 오랫동안 있으면 우울해지고 신경이 과민해진다. 반대로 물이 전혀 없는 자리도 문제이다. 물이 없으면 사람이 산만해지고 한 곳에 집중이 잘 되지 않는다. 때문에 조화라는 것이 중요하다.

여러 가지 조건이 좋은 데도 산만해지는 터가 있다. 이런 경우는 지하에 수맥이 흐르는지 여부를 조사해보아도 좋다. 수맥이 흐를 경우 지하에서 폭이 좁은 지층을 따라 높은 곳에서 낮은 곳으로 나무줄기의 모양으로 지하수가 흐른다. 대체로 물 흐름이 느리고 지표상에 사는 사람들에게 신경통 등 영향을 미친다. 또 투수성이 높고 엷은 지층이 지층 사이에 끼어있을 경우, 교차하는 단층군 또는 지각의 갈라진 틈 속을 지하수가 순환할 경우도 마찬가지이다.

수맥이나 고압선이 흐르는 곳에 집을 지으면 여러 가지 안 좋은 일들이 벌어진다. 삶터에 수맥이 지나가게 되면 항상 몸이 피로하고 간염 걸린 사람처럼 생기가 부족해진다. 신경이 예민하거나 둔해지고, 의욕이 떨어진다. 또, 작업능률저하, 생산성 감소 등 각종 질병을 유발하고 특히 수맥에 민감한 체질이나, 노약자나 임산부, 어린이는 그 피해가 더욱 클 수가 있다.

또 농사를 지을 경우에도 동물을 집단으로 사육하는 축사로 양계장, 양돈장, 목장 등 동물이 일정하게 서식하는 장소에도 영향을 미칠 수 있다. 동물이 사는 데 수맥이나 고압선이 지나갈 경우 번식력, 성장저하, 원인 모를 폐사 등 경제적, 정신적인 손실을 많이 볼 가능성도 있다는 것도 참고로 하면 좋다.

큰 수맥이나 석회암지대에 지하수맥이 지나가면 부동침하에 의한 균열이 발생하여 건축물에 영향을 줄 수가 있다. 자칫 부실시공으로 오인할 수도 있으므로 잘 관찰해야 한다. 따라서 산속에 건물을 지을 때 수맥탐사를 먼저 시행하고 그 자료를 반영하는 것이 바람직하다. 제일 좋은 방법은 검증된 마을 주변에 가면 좋지만 귀촌인들은 산속으로 깊이 들어가 혼자 유유자적하고 싶어 한다.

그렇다면 기본적으로 자신이 기분이 좋은 터와 지하에 큰 수맥이 흐르는지 여부를 보고 자리를 잡는 것이 좋다. 수맥은 L로드라고 하는 봉으로 간단하게 흐르는지 여부를 알 수 있거나 인터넷으로 의뢰하면 적은 비용으로 바로 잡아 준다.

그렇다면 어떤 땅에 가는 것이 좋은지 살펴보자. 위의 표와 같은 터는 좋은 '길지'라 한다. 이중환의 《택리지》를 보면 팔도총론八道總論과 복거총론 2편으로 나누어서 좋은 땅을 설명했다. 팔도총론에서는 전국을 8도로 나누어 그 지리를 소개했으며 그 지방의 지역성을 출신인물과 결부地人相關시켜서 밝혔다. 복거총론에서는 살기 좋은 곳을 택하여 그 입지조건을 들어 타당성

	귀농귀촌하면 좋을 터
지적적 측면	① 토지까지 지적도상 도로가 있는 터 ② 땅 중 일부가 계곡이나 도랑(구거)에 접해 물구하기가 쉬운 터 ③ 도로보다 지반이 높은 터 ④ 도로에 접한 땅이 많은 터 ⑤ 상하수도가 지원되거나 지하수 개발이 쉬운 터 ⑥ 전기가 공급되는 터
지리적 측면	① 평지 보다 약간 높은 구릉지 ② 마을과 적당한 거리(100-500m)가 떨어져 있는 터 ③ 주변에 혐오시설이 없는 터 ④ 개발이 어렵거나 제한이 없는 터 ⑤ 사람들이 먼저 산 적이 있는 터
풍수적 측면	① 남쪽이나 남동쪽을 향한 터 ② 뒤로 산이 배경으로 있고 앞에 물이 흐르는 터 ③ 주변이 자신과 어울리는 터 ④ 여기에 있으면 안도감이 넘치고 생기가 나오는 터 ⑤ 불안하거나 산만하지 않은 터 ⑥ 좌우에 산이 있어 바람과 추위를 막아주는 터 ⑦ 4철 햇빛을 잘 볼 수 있는 터 ⑧ 바람이 잘 통하고 습도가 적당한 터 ⑨ 수맥이 흐르지 않는 터

을 이야기하였다.

팔도총론은 각 자방의 풍물을 소개하는 지방지(地方誌)라고 불린다. 복거총론은 인문지리적 총설에 해당된다. 사람이 살 만한 곳의 입지조건으로서 지리·생리(生利)·인심(人心)·산수(山水) 등 4가지로 구분해서 논하고 있다. 여기에도 여러 가지로 구별하여 가거지류(可居地類)·피병지(避兵地)·복지(福地)·은둔지(隱遁地)·일시유람지(一時遊覽地) 등으로 나누었다.

귀농귀촌을 준비하는 사람들은 반드시 한 번은 읽어 보는 것이 좋다. 어디가 길한 땅이고 어디가 복이 있는 땅이며, 어디가 난을 피하는 곳인지 알아 두면 좋은 것이다. 지금 한 평생을 들어가 산다고 하면 기왕이면 좋은 곳을 택해야 한다.

귀농귀촌 주택 임대에서 이사까지

 귀농귀촌을 하려면 1~2월에 하는 것이 좋다. 그러기 위해서는 겨울에 이사 준비를 해야 한다. 가능하면 인생계획에서 귀농귀촌 시기를 정하자. 귀농귀촌 5개월 전인 늦가을부터 여러 가지 꼼꼼히 준비하는 것이 바람직하다. 초봄에 이사를 마쳐야 하는 이유는 5월부터 본격적인 농사를 시작해야 하기 때문이다. 그러기 위해서는 최소한 50일 정도 농사준비를 해야 좋다. 이를 역산하면 3월 초에는 이사가 끝나야 한다. 귀촌도 마을의 시스템과 같이 초기에 적응하는 것이 바람직하다.

본격적인 이사 전에 살 집을 먼저 손보는 것이 먼저 할 일이다. 집에 비가 새는 곳은 없는지, 금이 가서 위험한 곳은 없는지, 수돗물은 있는지, 만약 없다면 먹는 물은 어디서 가져 오는지, 뒤틀어진 창틀은 없는지 등 꼼꼼히 살펴보아야 한다. 귀농귀촌 이사를 앞둔 사람이라면 신경 쓰이는 곳이 한두 군데가 아니다. 고생 끝에 발품 팔아 구한 내 집에서 이사 들어간 첫날부터 집안이 문제 덩어리라면 기분이 별로 좋지 않을 것이다.

2015년 1월 어처구니없는 안전사고가 경북 문경 연천리에서 벌어졌다. 신축한 주택에 입주한지 이틀 만에 부부가 변사체로 발견되었는데 국과수 부검결과 가스중독으로 나타났다. 시골집에 대한 경험과 신축가옥에 대한 안전점검 부실이 희망을 죽음으로 몰고 갔다. 귀농귀촌교육에 안전교육이나 기본이 제대로 된 교육을 포함시켜야 하지만 소득교육과 품목교육이 대세를 이루는 것이 현실이다.

돈을 버는 것은 귀농귀촌에 있어서 중요하다. 하지만 기본이 되어 있지 못하면 돈을 벌어도 소용이 없는 경우도 많다. 지역주민과 융화, 화합, 상생할 수 있는 기본기를 배우고 다음에 소득을 내는 것이지 돈만 벌기 위해 농촌으로 간다는 것은 무모한 일이다. 나와 가족이 행복해지기 위해 시골로 가는 것이지 돈 벌러 가는 것은 분명 아니다.

어쨌든 귀농귀촌은 남태평양 리조트로 여행 온 것이 아니다. 3천만 원으로 살려면 보다 검소한 생활을 해서 도시생활의 어려움을 벗어나려는 목적이 근본이다. 소박하고 작은 삶에서 만족을 느끼려는 것이다. 안전하고 안심할 수 있는 농산물을 직접 생산해 도시의 지인과 직거래를 통해 서로의 신뢰를 이어가기 위함이다. 시골에 잘 적응하는 사람들을 보면 농민과 더불어 농민 속에서 살면서 의미를 찾는 사람들이다.

● 시골 빈집 고르는데 도움 받을 수 있는 팁 ●

귀농귀촌을 꿈꾸는 도시민을 위해 정부와 지자체에서 적극적으로 농산어촌의 빈집 정보를 제공하고 있다. 특히 농림부는 도시민 농촌 유치프로그램 지원사업의 일환으로 도시민의 정주지원 토털서비스를 실시해 전원생활과 주택정보, 농지은행 정보 등을 포털사이트를 통해 제공하기 때문에 미리 유익한 정보를 얻을 수 있다.

● **귀농·귀촌 관련 홈페이지(농림부 지원)**: 귀농귀촌종합센터(www.returnfarm.com)와 농민신문(www.nongmin.com)에 정보광장-지상복덕방에는 각종 기자재가 소개되어 있다. 각 민간단체와 지역에서 운영하는 귀농귀촌종합센터 홈페이지에 농어촌주택의 매물이나 임대물을 게시하는 것이 그나마 눈여겨 볼만하다. 홈 피 중간에 귀농귀촌 지자체관 → 시도클릭 → 시군클릭을 하면 빈집 정보를 볼 수 있다.

각 지자체별 다양한 빈집 매물에 대한 정보와 거래희망가가 공개돼 있다. 하지만 직접 들어가 보면 알겠지만 정보의 질이 그다지 높다고 볼 수 없다. 일례로 경상남도에 20개 지자체가 빈집정보에 소개되어 있지만 12개 지자체의 빈집 정보가 전무하고 8개만이 소개되어 있고 소개 정도도 빈집 3개를 올린 지자체도 있는 반면 80개가 넘는 빈집을 소개한 의령같은 지자체도 존재한다.

해수부도 귀어귀촌종합센터(1899-9597)를 2014년 10월에 부산 기장에 설치운영중이다. 농림부의 경우 농정원에 위탁 운영하지만 해수부는 직접 서기관을 파견해서 운영하는 특징이 있다. 하지만 홈피에는 아쉽게도 빈집관련 정보가 없다.

● **각 자치구 농어촌 빈집정보센터(행자부 지원)**: 전국 시·군구 생태도시과, 도서개발과 등 농산어촌보금자리 정보센터를 설치하고 있다. 아쉬운 점은 행자부 주도의 홈페이지를 만들어 주거이전과 빈집, 전화번호, 필요정보 등을 일목요연하게 볼 수 있는 통합 사이트이다. 언제 지자체 하나하나를 다 들어가서 보아

야 하는가.

현재 사이트는 도시민들에게 빈집의 위치·면적·지목·소유자의 성명 등 빈집에 대한 기초자료를 제공한다. 자료를 원하는 도시민은 각 자치구 홈페이지나 전화를 통해 빈집의 현황자료를 열람할 수 있다. 빈집 소유자와 연락해 조건에 맞는 주택과 임대차 가능여부를 협의할 수 있다.

● **온비드 등 공공사이트:** 온비드(www.onbid.co.kr) 사이트를 방문하면 각 자치구 내 농가주택 임대 매물정보를 얻을 수 있다. 직거래 물건 → 농어촌 빈집이나 직거래매물 메뉴에서 농어촌 주택의 빈집 현황 정보를 얻을 수 있다. 농지은행(www.fbo.or.kr) 사이트에서 매물 → 농지매물 조회를 하면 관심지역 내 금액과 지역별 다양한 토지 매물 정보를 얻을 수 있다.

● **인터넷 동호회·사설 단체:** 모 포털사이트의 귀농 동호회는 수백 개가 넘쳐난다. 이곳에서 귀농희망자들이 정보를 공유하며 농촌주택 임대매물에 대한 정보도 활발하게 공유한다. 귀농 복덕방 또는 빈집 정보란 메뉴를 확인해보면 다양한 매물을 접할 수 있다. 또 지자체 지역신문사와 귀농 민간언론사 사이트에도 농가주택 빈집 정보와 부동산 직거래 메뉴를 두어 매물을 열람할 수 있다. 신뢰받을 수 없는 사이트와 다양한 사람들이 익명으로 정보를 올리고 거래하고 있으며 신중한 접근과 사기에 대한 예방책이 마련되어야 한다.

● **농촌지역 친지·중개업소 이용:** 가장 안전하고 정확한 시골주택 정보를 얻으려면 현지에 거주하는 친지나 이장에게 내 조건에 맞는 임대매물을 부탁해 두는

것이다. 가끔 지역 내 퍼져있는 빈집이나 거의 공짜에 가까운 임대매물을 얻어 일정기간 무료로 이용할 수 있거나 값싼 임대물건을 수월하게 찾을 수 있는 기회도 생긴다. 중개업소를 이용하면 현지 농가주택의 다양한 임대매물과 함께 전원주택에 대한 매물정보를 발 빠르게 얻을 수 있다.

농산어촌 빈집을 세 얻기 전 꼭 파악해야 할 것들
농가주택에 세를 얻기 전 미리 확인해야 할 사항으로는 등기부등본을 열람해 등기부상 권리관계를 반드시 파악해야 한다. 지상권이 설정되어 있어 대지 소유주와 건물주가 다른 경우도 있다. 간혹 무허가주택도 볼 수 있다. 등기부상 과다한 저당이나 압류가 설정돼 있다면 경·공매에 넘겨질 수도 있다. 이 경우 전세금이나 보증금을 손해 볼 수도 있다. 또 현재 주택 거주자와 재 거주자와 임대차계약을 쓰기보다는 등기부 상 소유자와 직접 계약서를 작성해야 추후에 임대차 분쟁을 미연에 방지할 수 있다.

빈 농가주택을 살필 때는 외관보다 내부를 눈여겨보아 간단한 수리정도만으로 입주할 수 있는 지를 확인해봐야 한다. 간혹 폐가로 방치된 농가주택 중에 흉가로 소문난 곳이거나 오래 방치해둬 우중충한 느낌을 주는 주택도 있다. 반드시 주변 어르신들에게 과거 누가 살았는지 언제부터 빈집이 되어 있는지 길흉사가 있었는지 물어 보자. 막걸리 몇 병과 새우깡이 좋은 정보를 안길 수도 있다. 가급적 2년 이상 공가는 피하는 것이 좋다. 얼마 전까지 사람이 거주했던 인정이 느껴지는 시골집을 고르자. 가급적 1천만 원 정도로 얻을 수 있는 낙후지역의 빈집을 찾아 아담하게 꾸며 살면 좋다. 그리고 빈집은 5년 이상 장기 임대를 하는 것이 유리하다.

농민과 스스럼없이 잘 사는 사람들은 운전면허가 없다. 운전하지 않으니 장에 가도 할아버지 할머니와 같이 버스 타고 가고 함께 돌아온다. 조그만 집에 농민처럼 산다. 농민과 같이 일하고 서로 돕고 왕래도 많다. 품앗이 하고 아침에 일찍 일어나고 인사도 잘한다. 시골 어른들의 정서는 농민 같은 사람들을 좋아하고 도시민 같은 사람은 그냥 남 혹은 이주민이라고 생각한다.

결국 마을공동체의 가족으로서 서로 나누고 나눔의 미덕을 실천할 수 있느냐의 문제에 귀결된다. 시골의 삶이란 느림과 공동체 미학을 익히는 깨달음의 과정이다. 또 함께 공유하고 더불어 살아가는 철학이 필요하다.

농촌에서의 생활은 물질적인 측면에서는 다소 부족함이 있어도 정신적인 만족이 크다고 느껴야 행복해질 수 있다. 얻고 잃음은 마음속에 있다는 석가모니의 말을 되새겨야 할 때다. 시골에서 잘 살려면 필자는 '5G1T'라고 표현한다. 'Give+Give+Give+Give+Give+Take.' 다섯 번 주고 한 번 받으라는 말이다. 어떻게 다섯 번 주고 한 번 받나. 도시적 사고로는 이해가 가질 않는다. 다른 말로 표현하면 주기만 하고 받지 말라는 말도 된다. 돈을 줄 순 없다. 그러니 마음이나 학습능력, 정보, 노동력 등을 주어라. 받을 생각 없이 그냥 봉사한다고 생각하면 마음이 홀가분할 것이다. 내 부모, 형님 같이 생각하고 돕자. 그러다 보면 돌아오는 것이 농촌이다.

가급적 농촌에 없는 기능을 주자. 귀농귀촌 전에 배워 들어가는 것도 방안이다. 이·미용, 중식요리, 목공, 보일러, 용접, 농기계수리, 침, 뜸, 노래교실 등이 인기 짱인 품목이다. 이러한 것으로 봉사하고 친하게 지내면 농업은 쉽게 적응할 수 있다. 한 마디로 바라지 말고 주는 것이 모두 얻는 방법이 될 수도 있다.

아무리 지역이 좋다하더라도 처음에는 임대해서 생활하는 것이 실패를

● 귀촌지의 집은 어떻게 점검 체크리스트 ●

① 남향 집이라면 거실이나 안방 불을 끄고 자연 채광 상태에서 집의 밝기, 전기와 전구가 제대로 인지 점검한다.
② 집에 있는 문과 창문을 점검한다. 모든 방과 창호를 점검한다. 벽에 금이 가 있지는 않은지, 안전한지, 미닫이와 여닫기가 매끄러운지, 저절로 열리고 닫히지는 않는지, 문틀이 틀어지진 않았는지를 자세하게 살펴본다.
③ 오래되고 낡은 집이라면 전선이 100V인지, 또 220V 사용에 문제가 없는지 알아본다. TV수신 상태와 인터넷 환경도 점검해 두는 것이 요구된다.
④ 가급적 집안에 놓여진 붙박이장이나 가구가 있다면 그대로 사용하는 것이 유리하다.
⑤ 만약 집이 수세식 욕실과 주방 등의 수도 시설이 있다면 모두 물을 틀어보고 변기 물도 내려 본다. 수압과 배수 상태를 알기 위한 방법인데 수압이 매우 낮다면 세탁기를 쓸 때 불편하다. 세면대 물막음 장치도 작동시켜 본다. 화장실과 싱크대에서 고약한 냄새가 나지 않는지도 본다.
⑥ 특히 중요한 것은 보일러이다. 보일러가 고장나면 겨울이 문제다. 봄이나 여름이라도 온수를 틀어 봐 보일러 작동 여부를 꼭 확인해야 한다. 연통이 외부로 향하는지와 연통 이음새에 구멍이 있는지 확인하라.
⑦ 시골은 연료로 나무이거나 연탄 아니면 LPG를 써야 한다. 어떤 것을 선택할지 고민해야 한다.
⑧ 창고나 다용도실을 열어서 곰팡이가 피어 있는지 점검한다.

줄이는 일이다. 선임대 후매입. 우리가 잊어버리지 말아야 할 개념이다. 전

● 지역사회환경 점검 체크리스트 ●

① 만약 아이들이 어리다면 아이들이 다녀야 할 학교를 알아보고 소요되는 시간을 점검해야 한다. 또 아침 통학을 어떻게 해야 하는지 통학버스가 있는지 아니면 마을에서 함께 하는지 매일 데려다 주어야 하는지를 고려해야 한다. 젊은 부부는 꼭 체크를 바란다.
② 주변 면소재지에 시장이나 마트 등이 있어 생활용품이나 식품 구입이 편리한지 알아본다. 아니면 군청소재지까지 가야 하는지, 이웃 시군에서 생필품구입이 가능한지 살펴보아야 한다. 먹고 살자고 귀촌귀향 했는데 지나치게 불편하다면 결국 짜증나고 애써 만든 둥지를 떠나야 한다.
③ 비상시를 대비해 병원이 얼마나 떨어져 있는지 체크해 보아야 한다. 만약 은퇴 후 귀촌의 경우 급작스러운 응급상황에 적절하게 대처할 수 있는지 살펴보는 것도 상식이다.
④ 주변에 바다나 아름다운 관광지나 명산, 하천, 구릉지나 산책로가 있다면 금상첨화다.
⑤ 부동산이나 지역에 대해 많은 지식을 갖고 있는 사람이나 어른을 모시고 가서 객관적인 견해를 들어 보는 것도 좋다.

  세집의 개·보수비용은 가급적 들이지 말아야 한다. 시골집 주인의 생각도 공가로 내버려 두는 집 들어가 살아달라는 느낌의 집을 얻어야 한다. 추가로 들어가야 하는 비용은 최소화하고 생활하자. 대부분의 지자체에서 빈집 수리비를 지원하고 있으니 연초에 받아 수리하는 것이 현명하다.
  정말로 마음에 들어 귀농귀촌해서 살고 싶은 곳을 찾았다면 임대로 와서 살다가 1~2년 지난 다음 이장이나 마을사람을 통해 정식으로 거래를 성사시키면 된다. 어느 정도 시간이 지나가면 서로의 진한 믿음이 생기고 마을에서 필요한 사람이라고 한다면 싸고 좋은 집과 밭을 소개해 줄 것이다. 이때 사도 늦지 않는다. 하지만 이 책에서 의도하는 것은 3천만 원으로 평생 살아가는 방법이다. 그렇게 한다면 시골에 투자하지 말고 살아가자는 내용이다. 투자할지 말지는 본인이 나중에 결정하는 것이 현명하다.

지역사회환경 점검도 필수이다. 사람이 밥만 먹고 살 수 없듯이 집과 밭에서 살아갈 수만은 없을 것이다. 나와 가족이 농촌에 편안하게 살 수 있는 지역기반시설도 중요하다. 먼저 살펴보아야 할 것은 공교육시설, 의료시설, 시장과 마트, 이미용실과 음식점 등과 같은 기본적인 사항이다. 이러한 기능이 필요한데 부족하거나 없는 경우는 귀농귀촌지로서 다시 검토할 필요성이 제기된다.

귀농귀촌 이사 절차

귀농귀촌 2주 전
① 먼저 포장 이사를 할 것인지 일반 이사를 할 것인지를 결정한다.
② 인터넷을 통해 싸고 안전한 이사를 할 수 있는 업체를 선정한다.
③ 포장 이사를 할 경우 이삿짐센터에 예약을 한 뒤 이사할 집의 답사를 한다.
④ 알려야 할 곳에 이사 통보를 하고 도시민과 관계를 정리한다.
⑤ 아이들 전학 수속관계를 알아보고 불필요한 살림살이는 이웃에 주거나 미리 버리는 것이 비용 절감에 도움이 된다.
⑥ 이사할 집에 수리해야 할 부분이나 불편한 부분을 미리 손을 본다.

1주 전

① 통장이나 신용카드 주소지를 변경하고 우편물 배달 이전, 전화 이전 신고를 한다.

② 각종 공과금 정리에 들어간다.

③ 아파트에 산다면 이사 날짜를 관리실에 알려준다.

④ 신문이나 잡지, 우유 등 배달되는 물품들을 정리하거나 주소를 이전한다.

⑤ 세탁소에 맡긴 옷은 없는지 확인한다.

⑥ 이사 갈 집에 필요한 개·보수를 미리 시작한다.

⑦ 계약서, 인감도장, 등기권리증, 통장, 패물 등 귀중품은 별도로 챙겨 둔다.

2~5일 전

① 새집의 전압 콘센트 위치와 방 크기, 창문의 위치 등 기본적인 구조를 파악한 뒤 가구 배치도를 작성한다.

② 앵글이나 선반, 커튼 등 설치물을 분해한다.

③ 시간이 걸리는 어항이나 수족관, 새집, 화초 등을 정리한다.

④ 이사할 집 청소도 미리 가서 해 둔다.

이사 전 날

① 짐 꾸리는 일을 마무리 짓고 세탁기에서 물을 뺀다.

② 냉장고 정리와 함께 에어컨 배관도 정리한다.

③ 마지막으로 귀중품과 유가증권 등을 잘 정리해서 따로 보관한다.

④ 가스 시설을 철거한다.

⑤ 이사 갈 집 잔고는 수표 한 장보다 적당히 나눠 준비하는 것이 낫다. 여유가 있다면 가급적 은행이체를 하라.

⑥ 인계해야 할 집 열쇠, 잔금은 따로 정리한다.

⑦ 아이들 학용품은 이삿짐에 들어가지 않도록 따로 챙겨 둔다. 이사 당일 ① 이웃에게 인사하고 신변용품을 재점검한다. ② 이삿짐을 다 비우고 나면 간단하게 집 청소를 한다. ③ 주민등록증, 의료보험증, 계약서 등을 가지고 읍, 면사무소에 전입신고를 한다. ④ 전세일 경우는 전세계약서에 확정일자를 받는다. ⑤ 이사 비용을 정산한다. ⑥ 만약 아파트에 거주한다면 관리비를 지불하고 인수인계한다. ⑦ 새집의 전기, 수도, 가스 등을 연결하고 전화와 인터넷을 개통한다.

	시골로 이사를 가기 전에 부동산 체크 포인트
기본원칙	작은 텃밭과 빈집을 임대해 살아가자. 모르는 곳에 절대 돈 투자하지말자. 언제나 자신의 권리나 돈은 스스로 지켜야 한다. 법은 권리를 지키려는 사람의 이익만을 보장해 준다.

① 인터넷 법원이나 등기소에서 등기부등본을 열람하고 소유권을 제한할 수 있는 근저당, 압류, 가압류, 가등기, 예고등기 등이 걸려 있진 않은지 반드시 점검한다.
② 가등기, 예고등기 등에 걸려 있다면 차후 재산권 행사에 걸림돌이 될 수 있으므로 전세금과 비교해 보자. 가급적 그 집은 입주하지 않는 것이 좋다.
③ 만약 대출금이 있다면 잔금 지급과 동시에 갚는다는 조건을 달아둔다.
④ 군청에서 토지이용계획 확인원과 건축물 관리대장, 토지대장 등을 떼어 보고 자신이 알고 있던 면적과 지번, 소유주가 서류상의 것과 일치하는지 확인한다.
⑤ 계약 시 상대방이 실제 소유주인지 확인하고 만일 대리인이라면 반드시 위임장과 인감증명서, 주민등록증 등으로 신원을 확인해야 한다.
⑥ 계약서를 쓸 때는 이름은 반드시 본인이 직접 쓰고 인감도장을 사용한다.
⑦ 돈이 오가는 행위에는 반드시 영수증을 받아 두고 입주 때까지 여러 차례 등기부등본을 재확인하여 권리 변동이 있는지 알아봐야 한다.
⑧ 확정일자를 반드시 받아주자.
⑨ 마을이장님과 주변사람에게 인사하는 것을 잊지 말자. 검소하게 떡을 해서 돌리는 것도 좋고 지자체 집들이 비용도 받자.
⑩ 자신이 믿고 따를 수 있는 멘토도 미리 정해 두면 좋다.

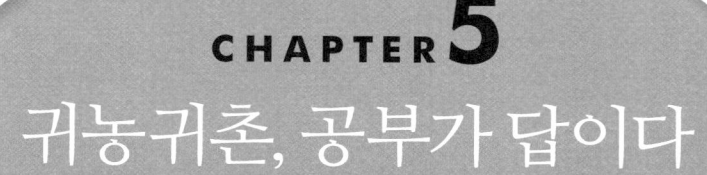

CHAPTER 5
귀농귀촌, 공부가 답이다

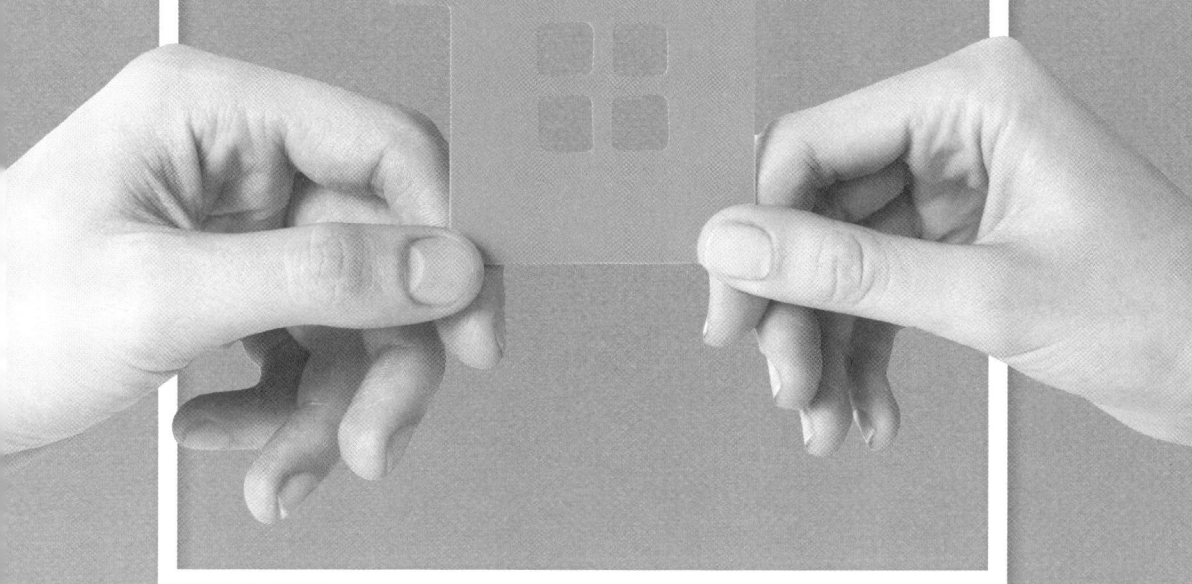

농촌 전문가가 되어야 한다

잘 활용해야 하는 귀농귀촌정보

도시생활에 익숙한 사람이 농촌이나 자연으로 돌아가 살기는 쉽지 않다. 작고 소박한 느림의 미학을 생활에서 느껴야 한다. 농촌과 만날 기회를 넓혀야 한다.

어떻게 해야 농촌으로 자연으로 돌아갈 수 있을까. 전문가들은 시골로 돌아가기 위해서는 자주 농촌에 갈 기회를 만들라고 충고한다. 시간 날 때마다 직접 가는 것도 좋지만 다양한 소식을 접하는 것도 필요하다. 농촌에 대한 투자시간도 넓히고 자신이 농촌에서 할 생활도 꿈꿔라.

먼저 매일매일 농촌에 관한 소식을 접하는 구조를 가져라. 자신의 컴퓨터에 귀농귀촌 폴더를 만들고 자료를 수집해놓는 것도 좋다. 농림부, 해수부, 농진청, 산림청, 전국의 각 도청이나 지방자치체의 홈페이지에는 농촌에 대한 다양한 소식을 접할 수 있도록 계속 자료와 정보를 제공하고 있다. 이러한 소식을 자주 접하려면 농림부 귀농귀촌종합센터(1899-9097)나 해수부 귀어귀촌센터(1899-9597)에 자주 들어가자. 경험은 지식을 축적한다고 하지 않았나. 익히다 보면 자신만의 안목이 생긴다. 이것을 바탕으로 농촌을 찾아가면 다양한 소식과 경험을 할 수 있다.

가급적 빨리 농촌체험과 귀농의 꿈을 살려라. 만약 30대부터 농촌체험과 귀농을 꿈꾼다면 그는 가장 큰 성공을 할 수 있다. 열정을 가진 꿈은 복리이자보다 더 큰 부와 만족을 줄 수 있다. 이것을 위해서는 30대나 40대부터 적극적인 귀농교육을 받고 차근차근 준비할 필요가 있다. 얼마나 치밀하게 준비하느냐가 성공적인 농촌생활을 결정한다.

농산어촌에 대한 관심이 있고 도시에서 농촌으로 조금만 관점을 바꾼다면 다양한 지식을 얻을 수 있다. 시간이 없어 농촌에 갈 수 없어도 책과 신문, 인터넷 속에 농촌이 있다. 즉 독서를 통해 다양한 지식을 넓힐 수 있다. 특히 신문을 보면 다양한 지식을 얻을 수 있다. 신문에는 전국면을 보면 좋다.

특히 연합뉴스는 전국의 대부분의 기초지자체에 주재기자를 두고 있어 농촌에 관한 다양한 지식을 전달받을 수 있다. 또 전문지를 활용하면 좋다. 농업관련 신문은 농민신문과 농어민신문을 비롯해 몇 개의 신문을 볼 수 있으며 이것은 신문가게(http://www.newspaper.co.kr/)라는 전문 신문 사이트를 통해 한눈에 손쉽게 볼 수 있다. 또 기자들이 기사 쓸 때 즐겨 찾는 카인즈(www.kinds.or.kr)라는 한국언론재단 사이트도 도움이 된다.

이런 간접경험을 통해 다양한 지식을 얻고 가끔 농촌을 여행하면서 농촌에 관한 안목을 늘려야 한다. 짧게는 몇 년, 길게는 10여 년 이상 안목을 넓히면 대충 우리나라 전체가 손안에 들어온다.

어디에 가면 누가 있고 그가 어떻게 귀농 혹은 귀촌을 했는지 신문과 인터넷, 잡지가 상세하게 이야기해 준다. 특히 인터넷신문이나 잡지는 기사 양에 구애받지 않아 많은 이야기를 접할 수 있다.

그 과정에서 만약 본받고 싶은 귀농귀촌 유형이나 모델이 있다면 그것을 스크랩해놓고 자료를 축적해두어야 한다. 그리고 시간 날 때 그를 찾아가라. 그리고 인생의 선배 혹은 스승으로 모시고 그로부터 많은 것을 얻어라. 그는 당신이 10년 동안 익혀야 할 것을 한 달 안에 돌려 줄 수도 있다.

귀농귀촌 멘토 만들기-세 사람의 멘토 구하기

1대 다수의 학교교육에 길들여진 대한민국 사람들에게는 '멘토'란 말이 익숙하지 않다. 하지만 가장 좋은 스승은 학교에만 있지 않다는 사실도 알아야 한다. 학교는 일정한 규격의 사람을 대량생산하는 기관이지 최고를 만들어 주지는 않는다. 최고는 '멘토'의 지도에 자신의 노력과 열정을 더해야 이루어진다.

귀촌생활의 성공은 농촌에서 세 사람의 멘토(후견인)를 찾는 것이다. 인생에서 최고의 투자는 친구를 얻는 것이라는 격언을 명심하라. 시간을 쪼개 다양한 귀촌 성공자를 만나라. 그러는 과정에서 스스로 귀촌예정지를 찾을 수 있을 것이다. 그렇다면 20%의 성공을 이루었다고 생각하라.

농촌에서 세 사람의 멘토를 구하기는 스스로의 힘으로는 어렵다. 지자체가 나서서 적극적으로 도와주어야 한다. 지자체는 이것을 위해 먼저 정주인구가 아닌 교류인구를 늘릴 방법을 모색해야 한다. 절대로 한 술 밥에 배부르지 않는다. 도시민이나 농촌주민들에게 계속 갈등방지, 화합교육을 해야 한다. 지자체의 도농연계방안은 ① 도농교류 → ② 도농직거래 → ③ 도농연대 → ④ 도농융합 형태로 발전해 나가야 한다. 이를 위해 지자체는 귀농귀촌을 키워드로 활용해야 하는데 시간과 프로그램을 가지고 지속가능한 가이드라인을 마련해야 한다. 법에서도 시·군단위 귀농귀촌기본계획을 수립하도록 하고 있으며, 기본계획안에서 상황에 적합한 계획을 수립하여야 한다.

구체적으로 어떤 멘토를 어떻게 만들어 나가야 하나. 먼저 한 사람의 귀촌인에게 세 사람의 후견인을 붙여주어야 한다. 한 사람은 농업에 대해 자세히 가르쳐 줄 사람이다. 즉, 선도농가 혹은 강소농인 농민이어야 한다. 다른 한 사람은 농촌생활이나 사람과 사람의 관계를 알려 줄 사람이 필요하다. 시군 지자체나 농협, 농어촌공사 등 공적 영역에 있는 사람이다. 마지막 한 사람은 그 지역에 먼저 귀촌해서 자리를 잡고 성공한 귀촌자이다. 세 사람은 커다란 솥을 지탱하고 있는 삼발이와 같다. 삼발이가 있기 때문에 솥에 물을 담을 수 있다.

세 사람의 도움이 한 사람 혹은 한 가족의 귀촌을 성공시킬 수 있다. 귀촌인은 섬세하며 상처받기 쉬운 사춘기 여학생과 같은 존재다. 이들을 어떻게, 무엇을 도와주어야 정주인구의 증대, 지역활성화와 귀농귀촌인의 역량을 강화시켜 지역력地域力이 증대되는지를 연구해야 한다.

농촌적응을 위해 '아가잘있나'를 외우자

고기를 잡으려면 물에 들어가야 하듯 농촌체류시간을 늘려라. 농촌에서 생활하는 시간을 즐기자. 농촌정주를 즐기는 것은 어쩌면 용기가 필요할 수도 있다. 용기를 가지고 농촌을 찾으면 자신과 어울리는 농촌을 발견할 수 있다. 자신에게 어울리는 농촌을 찾는 가장 쉬운 방법은 정부의 농촌체험프로그램에 자주 참여하는 것이다. 중앙정부→지방정부→시·군 순으로 가는 것이 정석이다. 먼저 농림부 체험사업을 시민단체와 함께 가고 도 차원의 사업도 가보고 지자체 사업도 가보고 하면 감이 생길 것이다.

농림부는 매년 수십억 원을 들여 도농교류연대사업*을

• 한국농어촌공사 웰촌 홈페이지(www.welchon.com)를 참고하면 다양한 도농교류의 정보가 있다. 또 철도공사의 농촌관광 철도여행도 같은 맥락에서 추진되고 있다.

하고 있다. 농민과 도시소비자, 정부가 힘을 합쳐 농촌의 농산물을 팔아주고 현장을 확인하는 프로그램으로 거의 무료 수준으로 농촌을 찾아갈 수 있다. 어느 정도 농촌에 대해 안 다음에는 많이 가는 것보다 자신에게 적합한 농촌 지역을 자주 찾아가는 것이 더 중요하다.

농촌에 가서는 다음 점을 주의해야 한다. 첫째는 농촌사람들에게 관대하고 자기에게 엄격해야 한다. 즉, 자기관리를 잘 해야 사람들이 좋아한다. 이것은 세상 어디서나 비슷한 이치가 아닐까. 만약 농촌에서 잘 모르는 것이 있다면 말하라. 농민들에게 잘 모른다고 솔직하게 말하라. 농촌생활에 정착하기 위해서는 솔직함보다 좋은 자산도 없다. 한 가지 지적하고 싶은 것은 농민의 이중성이다. 처음 모르는 때는 친절하고 좋지만 귀농귀촌해서 같이 살 예정이라고 말하면 태도가 변하는 수도 있다. 따라서 귀농귀촌은 시간을 가지고 미묘함을 극복해야 가능하다.

농민이 싫어하는 것은 '4척'이다. 농민 앞에서 4척 안하기 위해서는 '아가잘있나'를 외우자.

아: 아는 척(지식), 하지 말기
가: 가진 척(재산), 하지 말기
잘: 잘난 척(명예), 하지 말기
있: 있는 척(예절·교양), 하지 말기
나: 나를 낮추기, 나대지 말기는 절대 중요하다.

농민이 배알 꼴리면 되던 일도 안 된다. 그렇다고 내숭을 떨거나 말을 아끼라는 말은 아니다. 자연스럽고 솔직하게 있는 그대로를 보여주어라. 쉽게 외우기 위해 '아가잘있나'라고 이름을 붙였다.

상대가 농민이고 여러 가지가 도시민 특히 당신과 다르다는 사실과 그들을 배려한다는 생각을 가지면 많은 것이 해결된다. 절대 건방지다고 느끼게 하지 말고 예의바른 사람이라는 이미지를 주어라.

마지막으로 꼭 귀촌하겠다는 열정이 행복한 농촌정착을 돕는다. 귀촌에 성공한 선배들은 끈기와 노력으로 무장한 사람들이다. 그들은 자주 농촌에 가서 농업을 즐기면서 자신에게 적합한 농촌을 찾은 사람들이다.

귀농귀촌 정보가 모이는 곳

 귀촌준비가 어느 정도 되어 있다면 본격적으로 자신에게 적합한 유형의 귀농, 귀촌방법을 찾아보자. 현재 인터넷에는 약 300여종의 각종 귀농사이트가 있다. 그 중에서 어느 정도 활발하게 커뮤니티를 이루는 사이트는 약 50여 개라고 볼 수 있다.

정부사이트는 앞에서 소개한 웰촌(www.welchon.com), 농어업·농어촌 종합정보포털 옥답(www.okdab.com), 귀농귀촌종합센터(www.returnfarm.com), 귀어귀촌종합센터(www.sealife.go.kr), 통합농업교육정보시스템(www.agriedu.net), 온나라(www.onnara.go.kr), 토지이용규제정보서비스(http://luris.moct.go.kr), 흙토람(http://soil.rda.go.kr), 부동산공시지가(http://www.kreic.org) 등이 대표적인 사이트라고 할 수 있다. 이들 사이트를 잘 활용하는 것은 귀농귀촌에 많은 도움이 된다. 민간 사이트는 생생한 경험이나 정보량은 많지만 실제 귀농자의 마음에 쏙 드는 내용은 적은 것이 사실이다.

하지만 농업, 농촌 전반에 대한 큰 틀을 이해해야 귀농귀촌이 쉬어진다. 민간 사이트를 주로 보더라도 가끔은 공공사이트도 들어가 최근 귀촌관련 정책이나 흐름을 살펴보는 것도 좋다.

민간 사이트는 너무 많아 소개하기가 간단하지 않다. 개인적으로는 '귀농사모'와 '전원과 조경'의 회원으로 참여하고 있다. 너무 많으면 전체를 다 파악하기는 어렵지만 대표적인 사이트 몇 개를 골라 주기적으로 활동하는 것이 바람직하다.

우리국악의 대중화로 명성이 높은 음악평론가이자 국악방송 진행자인 윤중강 선생의 국악과 친해지는 10가지 방법이라는 글이 있다. 10가지 방법을 통해 국악을 싫어하는 사람들에게 친해지는 방법을 전파한다. 벌써 10여 년 동안 이러한 운동으로 우리음악의 대중속 침투시키기 작전을 하고 있다.

그는 ① 작게 하고 듣기 ② 쉬운 곡부터 듣기 ③ 현대국악부터 고전으로 거꾸로 듣기 ④ 움직이며 듣기 ⑤ 상상하며 듣기 ⑥ 찾아가서 듣기 ⑦ 여럿이 함께 듣기 ⑧ 기본 장단 알고 듣기 ⑨ 적어가면서 듣기 ⑩ 마음 비우고 듣기 등의 방법이 국악과 친해지는 방안이라고 말한다.

이것을 도시에서의 귀촌을 위한 방법으로 활용해보자. 귀촌을 준비하는 일이 부담이 되면 곤란하다. 귀촌이나 농업에 재미나 의미를 발견하지 못하면 포기하게 된다. 작고 소박하게 하면 좋다. 무의식적인 일상 속에서 귀촌을 생각하는 습관이 되면 시간이 흐르면서 자신도 모르게 끌리게 된다. 자연스럽게 작은 시간을 쪼개어 자신이 좋아하는 각종 사이트에 접속하자.

처음부터 긴 곡이나, 어려운 음악을 들으면 질린다. 다시 말해 음악에 대해 잘 알지 못하는 사람이 처음부터 어려운 곡을 들으면 점점 음악이 싫어진다. '쉬운 것부터 듣기'는 '국악 같지 않은 국악듣기' 등이 좋은 방법이듯이 귀촌준비도 마찬가지다. 처음에는 낯설게 느껴지기 쉬우니까 쉽게 따라 할 수 있는 것이 좋다.

귀촌준비를 가만히 앉아서 경직된 자세로 하면 안된다. 농장에 나가서 농사도 짓고 활동해야 한다. 우리 음악을 들을 때, 그 장단 리듬에 맞추어서 몸을 자유스럽게 흔들어보는 것도 음악을 깊이 있게 느끼는 데 좋은 지름길이 된다.

마찬가지로 귀촌 준비도 여기저기 돌아다니면서 하는 것이 좋다. 마음 내키는 곳, 자신의 몸이 하는 대로 그냥 내버려두는 것이다

음악을 '나눔의 예술'이라고도 한다. 우리 음악 속에는 공동체 사회의 흥과 신명이 있고, 그것은 모든 사람들이 다함께 했을 때 진정한 가치를 발휘한다.

노동요 같은 것은 모든 사람들이 함께 일하며 불러야 가치가 있고, 또 야외에서 펼쳐지는 탈놀이 같은 것도 결국 이런 노래와 놀이를 통해서 여러 사람이 하나됨을 지향하고 있다.

귀촌정보도 마찬가지이다. 우리가 각종 사이트에 찾아가고 접속하는 것은 공감을 하기 위해서다. 귀촌준비는 혼자하는 것보다는 여럿이 함께 하며 느낄 때 참 의미를 알게 된다.

동호회 활동을 하면서 귀촌지를 물색하자

뒤의 표에서 소개한 여러 사이트를 돌아다니다 자신에게 적합한 사이트를 골라보자. 자신이 즐길 수 있는 사이트를 찾아가는 것이 급선무이다. 자신이 좋아하고 즐길 수 있는 내용이 살아 움직이는 사이트에 가서 다양한 내용을 보아라. 그리고 작게 지속적으로 참가해라. 물론 도시에서의 주말농업이나 베란다농업을 하는 것이 중요하다.

사이트를 자신만의 천부적인 소질을 발굴하는 도구로 사용하라. 사이트를 통해 자신이 모르는 부분을 개발하고 정리하자. 농촌에서 살아남기

● 귀농귀촌 관련 사이트 ●

- **귀농사모** cafe.daum.net/refarm 우리나라 최대 귀농관련 사이트
- **구들연구소** www.gudeul.net 구들연구, 교육, 한옥, 황토흙집, 민박펜션, 귀농
- **귀농 토종꿀** www.koreabee.co.kr 벌꿀 전문 농원, 토종벌꿀 제품 소개
- **앙성댁의 봉화산골이야기** www.angsung.com 전원생활 정보사이트, 귀농일기
- **천안 연암대학에 귀농지원센터** refarm.yonam.ac.kr 실질적인 귀촌정보
- **부산귀농학교** www.busanrefarm.org 교육강좌, 수강안내, 농업정보, 사진첩 등
- **옥답** www.okdab.com 농림부 농업, 유통, 농촌정보사이트
- **웰촌** www.welchon.com 한국농촌공사 도농교류전담 사이트
- **인드라망생명공동체** www.indramang.org 인드라망소개, 불교귀농학교, 명상공부
- **농림부** www.maf.go.kr 농지은행 사업안내, 귀농·귀촌 및 주택정보, 여행관광
- **전원주택과 조경** cafe.daum.net/gardenmakimg 귀촌자 집짓기 사이트
- **자연을 닮은사람들** www.naturei.net 귀농, 전원생활, 유기농정보, 자연환경
- **전국귀농운동본부** www.refarm.org 귀농학교 소개, 살림강좌, 자료실, 동호회
- **전국농업기술자협회** www.kafarmer.or.kr 도농교류, 그린투어 귀농, 귀촌운동
- **주말농장닷컴** www.jumalnongjang.com 우리나라의 주말농장자료소개
- **시골로 간 꼬마 산약초** cafe.daum.net/returnsigol 귀농일반, 전문지식 많은 곳
- **지성아빠의 세상나눔-전원&귀농** cafe.naver.com/kimyoooo
- **한국귀농귀촌진흥원** www.krci.kr 귀농귀촌에 대한 전반적인 소개

는 최초, 다름, 차별화가 키워드이다. 자신이 귀농귀촌을 한다고 해도 어느 정도 준비가 되어야 자신만의 아이디어로 자신만의 세계를 디자인할 수 있

다. 그것을 사이트 내에 다른 사람에게 알리고 비슷한 생각을 하는 사람과 만나 심화시켜야 발전할 수 있다. 그런 측면에서 오프라인 귀농귀촌교육은 가치가 크다.

자신만의 귀농귀촌 목표를 디자인하고 싶다면 목표를 구체적으로 정하라. 예를 들어 수많은 분야 중에 농업인지 농외소득부문인지를 선택해야 한다. 무엇을 주업으로 할까. 농업부문에서 과수, 채소, 수도작, 원예, 조경, 약초, 축산 등 여러 분야가 있다. 농외소득부문에는 가공, 유통, 농촌관광, 민박, 체험, 축제, 이벤트 등 많은 분야가 존재한다. 이중에 선택해야 한다. 무엇을 부업으로 할까. 자신이 좋아하는 취미는 어떻게 할까. 구체적인 목표를 챙겨야 한다. 구체성이 없는 낙관은 결국 현실적응에 실패하기 마련이다. 결국 대부분의 결론은 자신이 지금까지 해오던 일과 농업, 농촌, 농민을 결합하는 형태에서 대답을 찾을 것이다.

다음으로 긍정의 힘을 믿고 귀촌지를 모색하자. 귀촌지를 알아보기보다 귀농지 구하기는 쉽지 않다. 제일 어려운 점이 특성이 강한 식물 족속에 들어가야 하는 점이다. 귀농을 준비하려면 45세 미만의 젊은 귀농을 생각하자. 50세가 넘었다면 귀농보다는 귀촌을 생각하자. 귀촌해서도 여러 가지 먹고 살 방안이 있다. 정부의 6차산업 진흥책을 살펴보면 좋은 대안들이 많이 나온다. 귀촌을 해서 잘 정착하면 귀농으로 전환할 수도 있으니 너무 어렵게만은 생각하지 말자.

각종 사이트에 선배 귀농귀촌인들이 사이트에 올린 글은 대단히 많다. 하지만 50%만 믿어라. 그 글을 모두 믿지 말고 신뢰할 수 있는 교육기관에 가서 교육받는 것이 빠르다. 필자는 앞서 설명한 '교무용저인망'이라는 말을 자주 쓴다. 제대로 교육받지 않으면 무식하고, 무식하면 용감하고, 용감하면 저지르고, 저지르면 사람(人, 사기꾼)한테 걸리고 사기꾼한테 걸리면

100% 망한다. 천천히 시간을 가지고 교육받고 시골로 차근차근 접근해 가야 한다. 한 달에 1~2회 시간 날 때 떠나라. 웰촌이나 전통테마마을 사이트, 정보화마을(www.inril.org) 사이트가 도움을 줄 수 있다.

열정의 크기만큼 성공할 수 있으므로 시골 삶터 선택에 정열을 뿌려라. 앞에서 언급했듯이 동네 길이 꼬불꼬불한 지역으로는 절대 귀농하지 말라. 동네 길처럼 자신의 노년도 꾸부러질지도 모른다. 아무리 귀농지가 마음에 들고 토지나 집이 맘에 든다고 해도, 3군데에서 정보를 반드시 얻어야 한다. 하나는 시군 귀농귀촌센터나 면사무소, 농협 등 기관, 두 번째는 지역 귀농귀촌자모임, 세 번째는 도시에서 알고 있는 지인을 통한 현지파악이 필요하다. 구체적인 정보도 앞서 설명한 '온나라'나 '토지이용규제'에 가서 한번 살펴보라.

지역에서 일이 있어야 귀농귀촌이 가능하다는 것은 상식이다. 일이 없으면 부정적이고 말년이 고독해진다. 부정적이면 아무도 자신의 일을 도와주지 않는다. 오직 도와줄 사람은 가족과 자기 자신이라는 진실을 꼭 기억하자. 만약 정보가 비관적이라면 과감히 포기하라. 귀농지는 전국에 산재해 있다. 처음부터 너무 청년시절 연애할 때와 같이 열병이 들면 나중에 후회할 수 있다. 귀농도 마찬가지다.

'농림사업지침서'는
귀농귀촌 공부의 기본

농림사업지침서(http://manual.agrix.go.kr)는 농사를 실제 경작하는 가운데 필요한 사항을 지원해주는 농림부의 사업내용을 모두 적어놓은 책이다. 농림사업은 정부가 국민의 세금으로 우리 농업농촌의 경쟁력을 강화시키고 농민소득을 위해 사용하는 자금을 말한다. 절대로 개인이 순수하지 못한 목적으로 사용하면 곤란하다. 만약 부정수급이나 사용이 있으면 감사과정에서 문제가 되고 심한 경우 구속까지도 될 수 있다. 순수하게 농업용으로 사용하고 자부담이 있으면 자부담 비율대로 납부하고 열심히 농사를 지으면 아무 문제가 없다.

만에 하나 보조금을 빼돌리거나 하지도 않은 시설을 허위로 했다거나, 임의로 착복하면 문제가 된다는 사실을 분명히 하자. 몇 년 전에 문제가 된 직불금도 농림사업지침서에 있는 사항을 원칙대로 실천하지 않아 생긴 문제이다.

농림사업지침서는 농림축산식품부, 해양수산부, 농진청, 산림청에서 실시중인 농림사업에 대한 신청방법, 농림사업의 목적, 농림사업 신청 자격

농림사업지침서 내용소개

제1권 농림축산식품분야 재정사업관리 기본규정
I. 재정사업관리기본규정해설, II. 재정사업관리기본규정, III. 15년도농림축산식품사업 시행지침

제III권: 식량 원예 식품 산림 분야 사업 시행 지침	식량분야	I. 생산기반 확충 1. 농지규모화사업　　　　　　2. 경영회생지원농지매입사업 3. 농지매입·비축사업　　　　 4. 종자산업기반구축사업 5. 해외농업개발(융자)사업　　6. 농기계임대사업 II. 생산 및 유통개선 7. 고품질쌀유통활성화사업　　8. 들녘경영체육성사업 9. 농작물병해충예찰·방제사업　10. 밭식량작물산업육성사업
	원예· 식품분야	I. 생산 및 유통개선 11. 농산물공동출하확대지원사업　12. 농산물산지유통시설지원사업 13. 농산물마케팅지원사업　　　　14. 산지유통활성화사업 15. 소비자참여형직거래활성화사업　16. 소비지유통활성화사업 17. 농산물자조금지원사업　　　　18. 인삼·약용작물계열화사업 19. 첨단온실신축지원사업　　　　20. 농업에너지이용효율화사업 21. 식품·외식종합자금지원사업　22. 전통발효식품육성지원사업 23. 학교급식지원센터운영활성화사업　24. 기능성양잠산물종합단지조성사업 25. 농산물우수관리제도운영 II. 과수생산 및 유통개선 26. 원예시설현대화사업　　　　27. 과실전문생산단지기반조성사업 28. 과원규모화사업
	임업 및 산림분야	I. 생산 및 유통개선 29. 산림경영계획작성사업　　　30. 산림사업종합자금지원사업 31. 산림소득증대사업　　　　　32. 산림바이오매스확충사업 33. 백두대간주민소득지원사업　34. 임산물수출사업 II. 산림자원조성 35. 조림·숲가꾸기사업
제III권: 농촌 개발 축산 광특 회계 분야 사업 시행 지침	농촌 개발분야	I. 생산 및 유통개선 36. 유기질비료지원사업　　　　37. 토양개량제지원사업 38. 농업자금이차보전사업 II. 기술개발 39. 농림축산식품연구개발사업　40. 신기술보급사업 III. 인력육성 41. 농업경영컨설팅사업　　　　42. 귀농귀농업창업 및 주택구입지원사업 43. 농촌출신대학생학자금지원(융자)사업　44. 취약농가인력지원사업 45. 후계농업경영인육성사업 IV. 소득보전 46. 쌀소득등보전직접지불제　　47. 경영이양직접지불제 48. 친환경농업직접지불제　　　49. 경관보전직접지불제 50. 밭농업직불제　　　　　　　51. 조건불리지역직불제 52. 농어업인건강·연금보험료지원사업　53. 농업안전보건센터지정·운영사업 54. 농업인자녀및농업후계인력장학금지원사업

	V. 소득원개발 및 생활환경개선	
	55. 농어촌관광휴양자원개발사업	56. 농촌보육여건개선사업
	57. 농촌융복합산업활성화지원사업	58. 농촌공동체활성화지원사업
축산분야	I. 사육기반확충	
	59. 조사료생산기반확충사업	60. 사료산업종합지원사업
	61. 가축분뇨처리시설사업	62. 말산업육성지원사업
	63. 축산물수급관리사업(송아지생산안정사업)	
	II. 생산 및 유통개선	
	64. 축사시설현대화사업	65. 축산경영종합자금사업
	66. 축산자조금지원사업	67. 한우직거래활성화지원사업
	68. 축산관련종사자교육사업	
지특회계	69. 농촌자원복합산업화지원사업	70. 일반농산어촌개발사업
	71. 지역전략식품산업육성사업	
기타	기타1. 배수개선사업	
	기타2. 방조제개보수사업	
	기타3. 수리시설개보수사업	
	기타4. 다목적농촌용수개발사업	
	기타5. 농공상융합형중소기업육성사업	
	기타6. 식품기능성평가지원사업	
	기타7. 친환경농업기반구축사업	
	기타8. 농업기반정비사업	
	기타9. 한발대비용수개발	
	기타10. 농촌용수 관리(수질개선사업)	

요건 등을 설명한 책자로 인터넷이나 시군농업기술센터, 농정과, 산림과 등 농림어업 관련과에 가면 열람할 수 있다. 보다 자세한 내용은 농림부 홈페이지의 농림사업시행지침서를 통해 확인하실 수 있다. 농림부→농림사업지침서→홈페이지→공고에 가면 매년 1월에 그 해분의 농림사업지침서를 한글파일로 다운로드해 볼 수 있다. 정부가 어떤 정책방향으로 가고 있는지를 알 수 있다. 또 6차산업 중심으로 어떻게 가야 귀농귀촌을 성공할 수 있는지 가늠쇠 역할을 하는 좋은 자료이다.

위의 표에서 보는 바와 같이 농림사업지침서는 총 3권으로 구성되어 있고 농림축산식품부와 해양수산부, 농촌진흥청 및 산림청 소관 사업내용이 수록되어 있다. 제1, 2권에는 농림축산식품분야 재정사업관리 기본규정과

해설을 수록하였다. 제3권에는 농촌개발·축산·광특회계분야 사업시행지침을 상세하게 설명되었다.

또 제3권 농림사업지침서는 ① 농림축산식품사업의 종합안내, ② 농림축산식품사업 신청 및 지원절차의 투명성 확보, ③ 지방자치단체의 자율성 확대 및 농업인등의 자조역량 향상, ④ 경영장부(경영일지)기록 의무이행 및 경영교육 이수 강화, ⑤ 부실경영체의 무리한 사업참여 자제를 유도하기 위한 사후관리 강화 등이 수록되었다. 농림사업지침서는 농업회생에 역점을 두어 농업농촌농민이 잘 사는 구조를 만드는 기본 지침이다.

● 농림사업지침서를 보는 시각 ●

가끔 시군 귀농귀촌담당자들과 담화를 나누다 보면 자연스레 업무불만과 황당한 이야기를 한다. 공무원들이 어디 가서 하소연 할 수가 없으니 필자에게 한바탕 쏟아 낸다. 그러면 좀 속이 시원한 모양이다. 공무원들도 동물족의 생리를 잘 모르는 것 같다. 그러니 농민들이야 어떻겠는가. 실제 귀농귀촌 업무를 3년 이상 담당하는 경우는 전국에 손꼽을 수 있다. 귀농귀촌인들이 합리적이고 객관적으로 질문하고 정확한 결과를 요구한다. 한마디로 농촌에서 지금까지 경험하지 못한 현상이다. 공무원들도 당혹스러워 평균 1년도 못되고 다른 부서로 가거나 다른 업무를 본다.

지자체장 입장에서는 인구유입이 중요하고 지역을 발전시킬 수 있으니 적극 독려하지만 해당 부서나 공무원들은 시큰둥하다. 왜냐하면 피곤하고 시도 때도 없이 전화오고 예비 귀농인과 전화상담하면 보통 1시간이다. 이러니 누가 그 자리에 오래 있겠는가.

얼마 전 모 지자체 담당계장이 실제 있었던 일을 이야기하는데 내용인즉 이러했다. 전혀 모르는 사람이 "귀농했다"면서 다짜고짜 농림사업지침서 3권 **번 사업을 지원하겠다고 했다. 담당자가 그런 사업이 있냐고 말했더니 귀농인은 황당하다는 표정으로 "공무원이 밥 먹고 하는 일이 정부 정책을 집행하는 것인데 농림사업지침서 내용도 모르냐"며 20여분 떠들고 갔다고 한다.

한바탕 개망신을 당하니 기분이 좋지 않았다. 어디다 하소연 할 수 없었고 며칠 동안 우울했었다고 전했다. 사실 농림사업지침서는 전체가 6,000쪽이 넘는다. 4~5개 사업 분야만 있는 것이 아니라 총괄 분야로 4개 정부기관의 80여 개 사업내용이 모두 지침서에 수록된다. 이것을 지원하기 위한 세부지침서는 수만 쪽에 이른다. 그것을 어떻게 다 알 수 있는가. 전에 해당업무를 본 사람도 자기 업무만을 알 수 있다.

귀농귀촌인들에게 중요한 것은 사업을 따서 자기 것으로 만드는 것이다. 공무원을 망신주고 그들과 좋은 관계가 유지되기를 바라지 말라. 담당 공무원이 도와주고 도道와 연계되어야 한다. 지방정부에서 전체 시군 전체 수요를 파악하고 중앙정부에 올리고 예산심의를 해서 집행돼야 사업을 딸 수 있다. 아래 그림과 같이 신청절차는 복잡하다.

만약 독자가 공무원이고 불쾌한 경험을 했다. 귀농한 사람이 왜 안하느냐, 빨리 하라고 윽박지른다면 어떻게 할 것인가. 아마 대부분은 해 주지 않을 것이다. 공무원에게는 결정권이 있기 때문이다. 겉으로는 친절모드이지만 속으로는 방해할 궁리를 할지도 모른다.

시골은 공존과 조화가 필요한 고장이다. 공무원과 주민, 지도자와 여러 가지 얽혀 있는 곳이 농산어촌이란 말이다. 거기서 살아남기란 처음 경험치가 중요하다.

공손하고 예의바르고 설사 공무원이 무식하고 싸가지 없어도 지피지기知彼知己할 때까지 참아야 한다.

필자가 보기에는 공무원 개망신주고 잘났다고 천방지축 날뛰면 10중 8, 9는 보조금이나 융자 받기가 어렵다. 보조금은 먼저 보는 놈이 임자라는 말이 있다. 그것은 귀농귀촌인에게 적용되는 것이 아니다. 지역에 터 박고 영향력을 행사하는 시장 군수에게 큰 소리 칠 수 있는 오피니언 리더에게 해당된다. 그때까지 참아야 한다.

만약 그것이 힘들다면 처음부터 까불지 말고 지역공무원과 친하게 지내고 교육 다른 사람보다 열심히 받고 준비하며 기다려라. 공무원이 예쁘게 인식하고 도와주기로 마음 먹으면 없던 사업도 생기고 우수교육생으로 표창도 받고 시군 대표로 도 교육이나 농진청 교육도 간다. 이것은 가점으로 연결돼 자신이 원하는 사업을 추진할 수 있다.

결국 시골은 공무원이 갑이다. 전에 모 부처 장관하신 분이 필자에게 뜬금없이 묻는다. 유박사! 대한민국의 갑은 누굴까요. 저는 "정치인 아닌가요" 하고 답했다. 그이는 고개를 저으며 대한민국 갑은 관료입니다. 어쩌다 공무원 되는 어공이나 정치인은 늘공을 이길 수가 없습니다. 늘공(늘상 공무원)을 이기는 건 다수의 국민뿐이 없습니다.

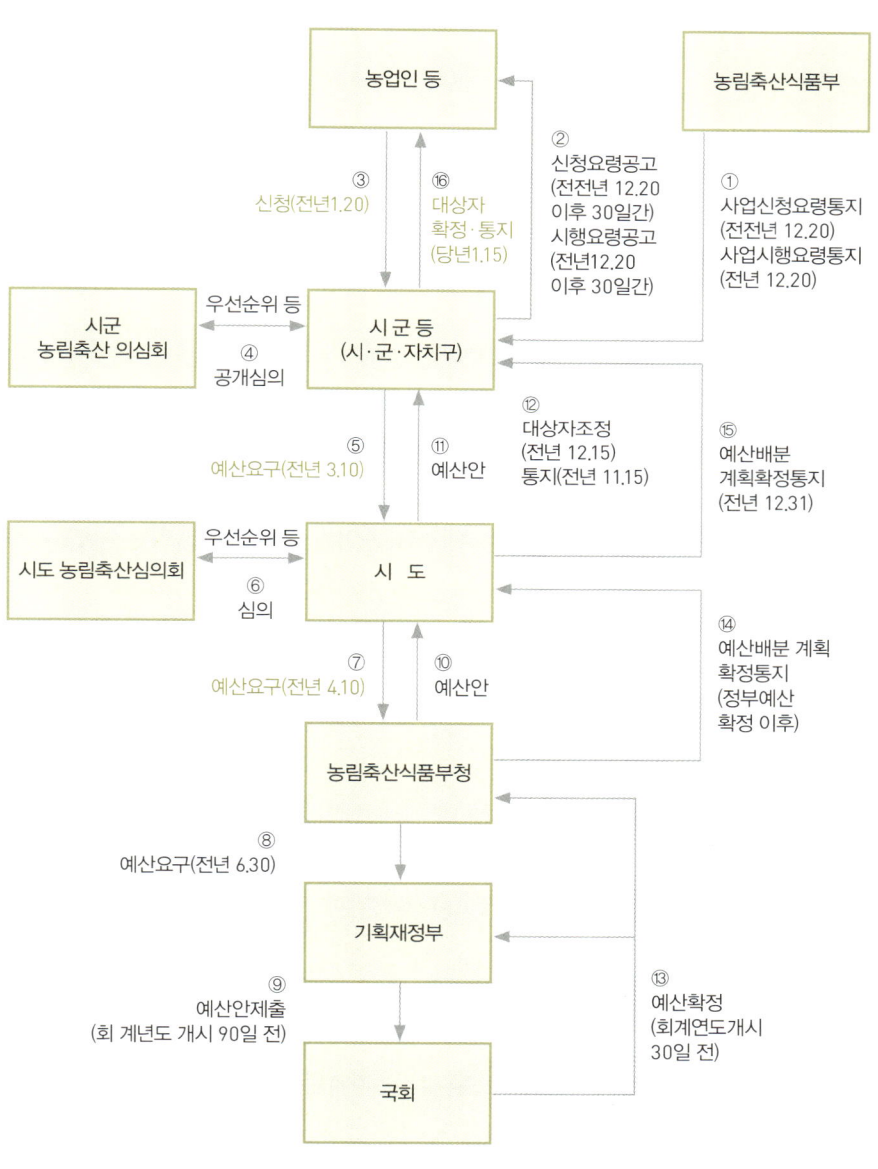

정보의 보고,
농업기술센터와 농정과

 지역에서 대표적으로 농업과 농촌생활을 지원해주는 기능이 각 시군의 농업기술센터와 농정과가 있다. 또 생활지원은 읍면사무소가 있다. 이중에서 농정과는 농림부 지휘를 받고 있으며 농업정책과 각종사업에 관련되는 곳이다. 농업기술센터는 농업인이 사업을 잘할 수 있도록 교육과 지도를 하고 있어 실질적인 도움을 많이 받을 수 있는 곳이다. 일부 시군은 이들 기구가 통합되어 있는 곳도 있고 분리되어 운영되는 지자체도 있다.

농업기술센터는 보통 소장 밑에 농촌지도과와 친환경기술과가 있어 하나는 농촌생활지원을 담당하고 다른 하나는 농업기술을 지원하는 이원화된 구조로 되어 있다. 농업기술센터는 농업기술과 정보를 보급하는 지방자치단체 산하기관이다. 165개 시·군에 설치되어 있다.

농업기술센터의 기능은 다음과 같다. 지역농업의 발전을 위하여 친환경농업과 새로운 과학영농 기술을 개발 보급하고 있다. 또 농업인의 현장애로, 기술개발, 농촌 주거환경개선, 과학영농의 선도자 육성, 새로운 품종보

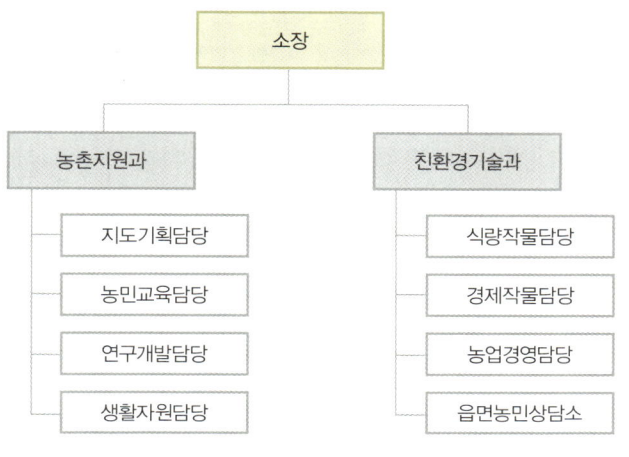

급, 농업인 영농기술교육, 농가 경영개선지도, 농축산물 가격정보 제공, 농업기술에 대한 현지지도 등 복지농촌건설과 농가소득 증대를 위한 농촌진흥사업을 추진하고 있다.

농업기술센터의 역사는 1962년 3월 제정된 농업진흥법에 따라 시군에 설치된 농업관련 계몽지도, 기술보급 및 훈련을 담당하는 농촌진흥청 산하의 농촌지도소가 1998년 10월에 개편된 것이다. 농촌지도사업, 교육훈련, 농업특화사업 등을 관장하며, 종사자들은 1997년 1월 1일부터 국가직에서 지방직으로 소속이 변경되었으며 여전히 국가직에 대한 미련을 갖고 있는 상태다.

앞에서 잠시 설명했듯이 시군에서 농업, 농촌관련 공무원을 만나서 친하게 상대하는 것은 쉽지만은 않다. 먼저 공무원사회는 폐쇄적이고 명령에 의해 움직이는 사회이다. 또 지역사회에는 외부에 대해 배타적인 부분이 많다. 지연, 혈연, 학연으로 똘똘 뭉쳐진 지역사회에 그냥 가서 도와 달라

	농업기술센터 조직과 업무
농촌지원과	① 지도기획업무 : 농촌지원과의 주무계로 전체를 총괄하고 있다. 주요업무로는 지도 기획 업무 전반, 직원 근무 상황 관리, 국·도비 및 지방비 예산관리, 기술공보 등을 담당한다. ② 농민교육담당 : 새해영농설계교육, 품목별 농업인 연구모임 육성, 농민교육 담당 업무 전반, 품목별 상설교육 등을 지원한다. ③ 연구개발담당 : 새기술실증시범 농장 운영, 농업인 기술개발 사업, 새로운 소득작목 실증재배, 농촌지도사 실증연구 사업추진 등을 한다. 구체적으로 조경용 꽃묘 생산, 과수(배, 감) 실증 시범포 운영, 실증시범농장 체험농장 운영, 자생화동산 운영 등을 하는 지역도 있다. ④ 생활자원담당 : 생활개선회 육성, 생활과학기술 교육, 생활환경업무 전반을 담당하고 있으며 농촌 전통테마마을 육성, 농촌여성 일감갖기, 농촌여성 평생학습센터 운영, 식생활 지도, 농가주거환경개선추진, 시범마을 육성, 농촌노인 생활지도, 농업인 건강관리실 설치 등을 하고 있다.
친환경기술과	⑤ 식량작물담당이 있어서 식량작물 기술보급 보고서 및 지도계획, 교육, 홍보 및 래방농업인 상담지도, 식량작물 자료수집 및 기초 연구분석, 토양검정실 운영 및 시비개선 실천지도, 쌀 품질관리실 운영, 벼 실험실습포장 운영, 농작물 병해충 예찰소 운영, 농작물 병해충 종합진단실 운영, 전작물 생육 및 병해충 관찰포 운영, 농약 안전사용지도, 각종 시범사업 추진, 우량종자 공급, 답작물 재배기술 지도 등을 하고 있다. ⑥ 경제작물담당은 특용작물 재배기술, 축산시범사업 추진, 화훼 재배기술, 과수 재배기술, 화훼 및 과수 시범사업추진 등을 한다. ⑦ 농업경영담당은 농업경영컨설팅, 정보화 교육장 운영, 농업기술보급 정보화, 지역농업 홈페이지 운영, 농업정보 DB화, 원격영농상담 시스템 운영 등을 담당한다. ⑧ 읍면농업상담소는 새기술 보급 및 대농민종합상담, 농민 학습단체육성, 우량종자 알선 및 교환을 해주고 있다.

는 것은 MH방식(맨땅에 헤딩하는 방식)이라고 볼 수도 있다.

 때문에 멘토의 중요성이 크다. 지역사회에서 영향력이 있는 사람의 도움을 받는다면 어려운 일도 쉽게 될 수도 있다. 보통 혼자서 하는 일은 지역사회에서 실패할 확률이 높다. 더불어 지역여론을 등에 업고 하면 쉽다. 그리고 공무원과 친해지는 방법은 공무원이 주최하는 교육, 연수, 현장견학 등을 빠지지 않고 참석하는 것이다. 이러다 보면 인지상정이라고 서서히 친해 질 수 있다.

 중요한 것은 절대 자신감을 잃지 말라는 점이다. 끝까지 자신감을 잃지 말고 진행하기를 바란다. 우리가 예전에 연애할 때를 생각해 보자. '포기하는 순간 지는 것'이라는 점 명심하자.

• 지역에서 공무원을 상대하는 8가지 방법 •

1. 자신감을 잃지 말자

우연히 예쁜 여자를 만났다고 모두 데이트 약속으로 연결되지는 않는다. 또 모든 데이트가 좋게 성공하는 것도 아니다. 하지만 공무원과의 관계는 자신감을 갖고 진솔하게 필요한 것과 도움 받아야 할 사항을 이야기해주고 도움을 청하면 대부분은 긍정적인 결과가 나온다.

2. 공무원과 싸우지 말라

설사 공무원이 서운하게 했다 하더라도 잊어라. 공무원은 많은 사람들을 상대하면 다 친절하게 대하기는 힘들다. 집에서 매일매일 웃으면서 지낼 수 없는 이치와 같다. 공무원들도 나름대로 스트레스를 받고 감사도 받는다. 위로부터 깨지고 나름 우리가 회사 생활하는 것과 유사하다. 이들에게 세금 내는 국민이라고 甲의 입장에서 대우 받기를 바라지 말라.

마음속에 왜 몰라주나 하는 섭섭함을 갖고 있으면 자신만 손해. 현재 중앙부처 공직에 있지 않는다면 지방공무원과 싸워서 민간인이 이길 확률은 적다. 설사 이겼다 하더라도 지역사회에서 '똘아이'로 찍히면 지역생활을 잘하기 어렵다. 보기 싫고 마음에 안 드는 것이 있으면 웃어넘겨라. 그리고 다시 다른 건으로 상대해라. 그리고 친해질 때까지 자주 만나고 우호적인 태도를 보여주어라. 그것이 지역에서 살아남는 방법이다.

3. 급하게 서둘지 말라

처음 만남에서 보조금이야기나 지원요청을 하지 말라. 공무원과 주민 간에도 지켜야 될 선이 있다. 지역에서 수 십 년 살고 친구 아버지와 같은 사람들은 '이거 도와줘' 하면 도와준다. 왜냐하면 지역의 어른이기 때문이다. 하지만 생전 처음 본 사람이 와서 도와달라면 도와주고 싶겠는가. 서로 친해지는 시간이 필요하지 않은가.

만약 당신이 여자라면 "처음 만난 호감도 갖기 전 남자가 당신에게 키스를 시도한다"면 어떻게 하겠는가. 미친놈이라고 하지 않겠는가. 성추행범으로 신고 할 수도 있다. 일을 급히 서둘지 말라. 남녀관계와 마찬가지로 지역에서 공무원과의 관계도 살아있는 유기체와 같은 것이어서 나름의 방식으로 전개된다. 마음먹은 대로 밀어붙이지 말고 적절하다는 느낌이 들 때까지 기다려라. 어떠한 경우에도 만난 지 1주일 만에 사랑 고백을 해서는 안 된다. 시간을 갖자. 귀촌 후 40년을 지역에서 산다고 생각하자.

4. 도를 지나치지 말자

어떤 만남이건 간에 일정 기간을 지나간 후에도 상대방에 대해 편안한 느낌을 준다면 그 만남은 오래 지속될 것이다. 공무원과 농민의 관계도 마찬가지이다. 그렇다고 지나치게 감동을 주고 싶은 충동으로 결국 사태 악화를 초래해서는 안 된다. 편안하게 대하는 것은 좋으나 무리한 부탁을 하거나 공무원이 곤란한 일을 부탁을 하거나 하는 선을 넘어서는 안 된다. 공무원은 명예를 먹고 사는 사람들이다. 그들을 수치스럽게 하거나 불명예스럽게 한다면 그 관계는 그것으로 끝이다.

5. 다른 공무원과 비교하지 마라

지역에서 살아가다 보면 여러 명의 공무원과 친해질 수도 있다. 또 다른 지역공무원도 알 수 있다. 언론에 오르내리는 청백리와 같은 사람, 일처리를 기가 막히게 잘 하는 사람, 여러 부류의 공무원을 볼 수 있다. 그러나 그 사람은 잘 하는데 왜 당신은 이 모양이냐고 말한다면 당사자는 기분이 나쁘고 당혹스러울 것이다. 그런 관계를 만들어서 좋을 것이 아무것도 없다. 어차피 공무원과 민원인의 관계는 대부분이 갑과 을의 관계라는 것을 명심하라. 실제 지방에 가면 아직도 국졸 공무원들도 있다. 이들은 과거 1970년대 임시직으로 들어가 일반직으로 전환되어 빽과 뻥으로 승승장구한 사람들도 있다. 세월이 그런 걸 어떻게 하랴. 시간이 지나가면 많은 부분도 해결 될 수 있을 것이다.

6. 칭찬에 인색하지 말자

상대방을 칭찬하는 것이 구닥다리 방법이라고 해서 무시해서는 안 된다. 공무원의 외모나 유머 감각에 대해 마음껏 칭찬하라. 또 고마움을 받았으면 그것에 대해 보상하라. 보상하라는 것이 뇌물을 주라는 말이 아니다. 식사 한 끼 같이 하고 자신이 생산한 농산물이라도 조금 나누어 주자. 그것이 관계를 더욱 돈독히 할 것이다. 특히 남자와 여자의 칭찬방법이 다르다고 한다. 남성들은 똑똑하다, 일처리 잘한다, 머리가 비상하다거나 능력이 있다는 말을 좋아한다고 한다. 여성들은 미인이다, 젊어 보인다, 예쁘다는 말에 호감을 가진다고 하니 활용하면 좋겠다.

7. 과거에 대해 너무 시시콜콜하게 자랑하지 말라

누구든 과거가 있다. 도시에서 겪었던 성공담과 실패담을 시시콜콜하게 화제에 올릴 필요는 없다. 숨겨진 자질을 약간 보여주는 것은 몰라도 과장할 필요는 없다. 내가 옛날에 누구라는 둥, 있는 척, 가진 척, 아는 척해도 공무원들의 눈에는 농민 중 한 특이한 사람 정도로 생각한다. 이럴 필요는 전혀 없다. 또 능력을 과대포장해서 힘자랑하려고 하지도 말라. 공무원들은 전화 몇 통과와 전후관계를 보면 다 안다. 많은 민원이나 접근방식이 비슷하기 때문이다.

8. 공무원을 가르치려 하지 말라

도시에서 부귀명예를 쌓고 잘났어도 귀농귀촌 하는 순간부터 주민이다. 지역은 지역의 정서와 논리가 있다는 것을 인정하자. 설사 공무원이 잘 모르고 비상식적인 행동을 한다 해도 쉽게 가르치려 들지 말라.

그들이 갑甲이라는 것은 살다보면 알게 된다. 을이 갑을 무너트리기란 쉽지 않다. 우월감으로 뭉친 철밥통 집단을 개인이 그것도 전혀 연고가 없는 이방인이 일격을 가해도 맵집만 튼튼하게 해줄 뿐이다. 만약 공격하고 싶다면 철저히 연구하고 분석해야 가능하다. 어쨌든 공무원을 가르치려 하지 말고 상생의 방식을 익혀라. 먼저 공무원에게 배울 점을 찾는 것이 시골생활의 순리다.

귀농귀촌 교육 어디에서 받을까

공공에서 하는 귀농귀촌교육

도시에서 귀농귀촌교육을 받기 위해서는 우선 부지런해야 한다. 매년 1년 단위로 다양한 교육이 무료 혹은 실비를 받고 하는 교육과정이 산재해 있다. 매년 실시하는 교육은 민간과 공공 모두 합쳐 3천여 명 안쪽이다. 하지만 농산어촌으로 귀농, 귀촌수요는 한해 5만 명 이상이고 잠재적인 수요는 수만 명에 이르고 있다.

귀농귀촌교육의 수요는 2010년을 기준년으로 실시했다. 2010년에 귀농가구수가 4,067가구인데 농림부와 농진청의 2011년 교육인원은 1,500명이다. 즉, 민간교육을 8억 원 예산으로 1,200명을 교육했으며 16개 민간교육기관에서 18개 과정을 운영했다. 이것을 놓고 보면 전체 교육비율이 36.9%로 적정교육수준이다. 하지만 정부가 간과한 것은 예상교육 추정인원이 매년 적정하게 교육목표를 설정해야 하는데 여기서 잘못을 저질렀다.

농림부의 경우 11년에는 귀농귀촌세대가 1만503가구인데 12년 교육추정인원은 1천394명으로 13%로 줄어들고 12년은 2만 7천8세대가 귀농귀촌했는데 13년도의 교육추정인원은 2천명이다. 10%만이 교육을 받는 수치이다.

단적으로 정부가 한 번의 추계치를 잘못 만들어서 매년 10~20%씩 교육인원은 증가하지만 교육수요를 따라가지 못하고 있다. 가구당 1명만 교육받으라는 것은 언어도단이다. 누구나 국민이 원하면 귀농귀촌 의무교육을 받도록 해야 한다. 교육기관도 전문성이 있다면 다양한 과정을 개설할 수 있도록 정부가 도와주어야 하지만 현실은 시장을 전혀 반영하지 못하는 상황이다. 귀농귀촌시장이 확대되지 못하면 피해는 고스란히 국민에게 돌아간다.

2013년을 예를 들어보면 귀농 전 단계는 농림부, 귀농 후 단계는 농진청에서 교육을 실시하고 있다. 귀농 전 단계교육은 농정원에서 2천 명을 교육목표로 교육을 실시했다. 하지만 2013년 귀농귀촌인은 5만6천 명을 넘고 있다. 이들을 지원하기는 턱없이 부족하다. 단적으로 보면 전체 귀농귀촌가구 중에 약 6.2%, 총 귀농귀촌인 안에서는 3.6%만이 선교육의 혜택을 본다. 나머지는 교육받지 못하고 낭만 가득한 꿈만 가지고 시골로 내려가는 꼴이다. 생각해보라 93%가 농촌에 대해 피상적인 지식과 지역에 대해, 농업에 대해 아무것도 모르고 귀농귀촌을 하고 현실에서 직면하거나 닥쳐올 위험이나 어려움은 어떻게 보상할 것인가.

2013년 총 교육공급현황은 ①농림부 소관 농정원 외부 공모 29개기관, 농림부 도시민유치지원사업 35개 지자체, ②농진청 소관 시도 농업기술원, 시군 농업기술센터, ③기타 민간기업, 공공기업 등에서 다양한 교육을 실시했다. 2013년 기관별 100시간 이상 교육추정인원은 농림부 약 2천5백명, 농진청 4천560명으로 총 추정인원 7천60명이다.

농림부 교육에서 지자체 도시민유치지원사업 교육은 대부분 2박3일 또는 1박2일 교육으로 구성되어 있다. 도시민유치지원사업의 교육은 지자체에 귀농귀촌을 유치하기 위해 구체적인 자자체 소개와 홍보로 체계적이고 객관적인 교육보다는 유치지원에 중점을 둔 교육이다. 농진청 소관의 농업기술센터교육은 양질의 교육이지만 귀농귀촌 후 단계 교육이다. 이 과정은 농업 중심의 적응과 소득교육이 중심으로 편성되어 있다.

농진청에서 실시하는 귀농귀촌 후 단계에서 현장지원실습의 경우는 560명의 교육생에게 560명의 선도농가를 붙여 실습지도를 하는 프로그램이다. 이 프로그램은 현재 잘 굴러가고 있다. 하지만 이 역시 전체의 1%만이 혜택을 받고 99% 귀농귀촌인들이 혜택을 받지 못하고 있다. 양적 증대는 질적 향상을 초래한다고 했던가. 정부의 전향적인 정책대응이 일자리 창출과 노후복지를 연착륙시키는 방안이다.

해수부와 산림청 귀어, 귀산교육은 전문성은 있지만 시스템이 농림부나 농진청 교육처럼 체계화되어 있지 못하다. 중요한 것은 교육 수요를 찾아내고 이들에게 적정교육을 국가가 원하는 사람들에게 공급해주는 것이다. 현재와 같이 아무 준비 없이 시골로 간다면 살아도 사는 것이 아니다. 농촌의 기본속성도 파악하지 못하고 내려가 좌충우돌하고 무시당하고 어쩔 수 없이 비싼 땅 사서 팔지도 못하고 산다면 이것은 분명 부실이다. 다양한 정부섹터에서 다양한 귀농귀촌 교육을 하는 것이 좋다. 농림부는 역시 경제

귀농귀촌종합센터 홈페이지내 교육관련 정보
(http://www.returnfarm.com)

부처이니 귀농교육 중심으로 가고 귀촌교육은 행자부, 일자리나 고용창출은 고용노동부에서 전문직업 교육에 매진하는 것도 하나의 방안이다.

현재 공공기관에서 하는 귀농관련 정보는 어디서 얻을 수 있는가. 먼저 귀농귀촌 전 단계 교육정보는 농림부산하 농정원 인력육성팀에서 얻을 수 있다. 종합적인 안내는 귀농귀촌종합센터(http://www.returnfarm.com; 1899-9097)를 활용하면 좋다.

2015년도 오프라인 교육은 ① 귀농기초형, ② 귀농중급형, ③ 귀농심화,

과정명	주요강좌	기간
애그리에듀(http://www.agriedu.net) 귀농귀촌 준비단계의 온라인 교육		
농업비즈니스 창업 레포트	소비자의 트랜드와 농업비즈니스 변화 및 현장체크, 농업성공요인 및 단계별 전략 등	연중
농업, 경영을 만나다 Ⅰ	성공귀농을 위한 마인트 컨트롤, 창업농 도전! 현실속 희망 찾기, 자금운영계획 수립	
농업, 경영을 만나다 Ⅱ	벤처농업 이해와 따라잡기, 농산물 시장 예측하기, 농영경영리더십, 문제해결 역량 배양하기 등	
귀농 희망지역을 찾아라	귀농지를 선택하기 전에, 지역별 특산물을 찾아라, 지자체별 귀농귀촌 소식 등	
성공 농사에 힘이 되는 농기계, 농약 활용법	농용트랙터, 다목적 관리기 점검, 농약의이해, 살충제의 효과적 사용방법 등	
도전! 친환경농업	친환경농업의 의의, 인증방법 및 절차, 퇴비제조, 병해충 및 잡초방제 등	
농촌소득 높이는 농축산물유통 바로알기	농산물 유통구조 및 경로, 유통가격정보, 농산업마케팅 전략 등	
농산물의 재발견, 농산물 가공법 배우기	곡류의 가공, 과일의 가공, 채소의 가공, 발효식품 가공 등	
성공사례를 통해 배우는 창업 준비	창업환경변화, 창업전략, 애벌레에서 꿈을 나비아이의 가치만들기, 나는 벼농사가 아니라 쌀 경영을 한다. 마을주민과 함께 만들어가는 새로운 농촌만들기 등	
준비된 귀농인, 이것만 알면 된다	귀농귀촌의 이해, 준비요령, 귀농지 및 작목 선택, 귀농자금 확보 및 투자 전략 등	
귀농귀촌을 위한 집짓기	주거 임대, 매입, 신축 관련 절차 및 지원정책 정보 등	
귀농귀촌 토지구입	토지구입 및 임대 절차 및 지원정책 정보 등	

④ 귀촌생활형의 4가지 유형으로 구분된다. 총 37개기관 42개 과정으로 귀농기초(10개과정), 귀농중급(16개과정), 귀농심화(4개과정), 귀촌생활(12개과정)으로 구성됐다. 자세한 내용은 부록을 참고하길 바란다.

활동단계의 온라인교육은 두 가지로 분류된다. 여기서도 농림부가 귀농전단계, 귀농후단계는 농진청이라는 구분으로 접근하면 된다. 먼저 일반적인 귀농귀촌의 준비사항에 대해서는 농림부 산하 농림수산식품교육문화정보원의 애그리에듀(http://www.agriedu.net)에서 배우면 된다. 구체적인 영농기술은 농촌진흥청 농촌인적자원개발센터(http://hrd.rda.go.kr)의 온라인교육시스템에서 배워야 한다.

이 단계의 특징을 보면 농작업과 농작물에 대한 다양한 지식을 온라인으로 보여주고 있으며 아주 기초적인 품목사항에서 다양한 종류의 작목으로 펼쳐져 기본적인 귀농귀촌준비를 가능하게 하고 있다. 농진청은 온라인 정규과정과 일반과정으로 구분하고 있으며 전체 8시간까지 이수가 가

농진청(http://hrd.rda.go.kr) 온라인 귀농귀촌강의		
강좌운영	주요강좌	교육기간 및 인원
정규과정	고추(초급)약용작물, 산채, 친환경유기농업, 농산물가공, 원예프로그램지도자, 기초영농기술, 블루베리, 기초농업기계, 알기쉬운토양학, 전통음식이야기, 마음을 가꾸는 도시원예, 감자배기술, 버섯병재배기술, 농산물유통마케팅, 감자, 고구마, 복숭아, 곤충사육, 마늘, 귀농귀촌, 양봉, 쌈채소, 발효식품, 농작업재해의 특성과 관리	1기 : 2/10~2/28 2기 : 3/10~3/31 3기 : 4/10~4/30 4기 : 5/10~5/31 5기 : 6/10~6/30 6기 : 7/10~7/31 7기 : 8/10~8/31 8기 : 9/10~9/30 9기 : 10/10~10/31 10기 : 11/10~11/30 (교육인원 : 1,600명/기)
공개과정	사과(초급), 인삼, 마케팅, 차, 멜론, 가정원예, 감귤, 콩, 전통음식, 귀농, 고품질 쌀, 한우, 포도, 토마토, 오이, 수박, 사과(중급), 고추(중급), 배, 딸기, 느타리버섯, 난류, 국화	연중
농촌진흥청 농촌인적자원개발센터 주관		

능하다. 농정원의 과정은 총 50시간까지 이수가 가능하고 이수시간의 50%를 귀농귀촌교육시간에 합산해 준다. 예를 들어 온라인 100시간 이수, 오프라인 40시간 이수, 지자체 귀농교육 30시간 이수를 하면 온라인의 1/2인 50시간+오프라인40시간+지자체30시간=총 120시간 이수한 것이 된다.

정착단계교육은 농정원 주관으로 애그리에듀에서 배울 수 있지만 크게 주목할 만한 과정은 없다. 실제 필요한 농지구입이나, 지역사회 안전망 구축, 농기계안전, 갈등해소, 지역주민과 더불어 살아가는 방안, 협력형 소득모델, 주민과 함께 하는 6차산업 등 다양한 보강이 요구된다. 2014년에 보강한 농정원 온라인교육프로그램은 성공사례를 통해 배우는 창업 준비, 준비된 귀농인, 이것만 알면 된다, 귀농귀촌을 위한 집짓기, 귀농귀촌 토지구입, 특급비밀! 농촌생활에 꼭 필요한 16가지 생활기술 등 6과목이다.

시·군 농업기술센터의 귀농상담실이다. 귀농희망자의 지식과 기술수준 등 능력에 맞는 단계별 상담 및 정보습득이 가능하다. 십여년 이상 농업을 담당하는 전문적인 생활지도사들이 여러분의 귀농을 책임질 것이다. 주요 상담내용은 다음과 같다.

귀농귀촌 정착단계의 온라인 교육 /AgriEDU 농어업인력포털 접속		
과정명	주요강좌	기간
특급비밀! 농촌생활에 꼭 필요한 16가지 생활기술	정원 가꾸기, 꽃밭꾸미기, 효소만들기, 폐목 활용하기, 약용식물의 이해, 전기의 이해, 화덕만들기, 화목보일러, 아궁이와 구들이야기 등	연중
인생2막! 여성농업인으로 사는 법	농촌에서의 여성, 농촌여성의 사회생활, 자기계발, 우수사례 등	
귀농선배에게 듣는 귀농이야기	도시의 경영노하우를 농업에 접목하다, 고향에 길이 있다 등	
귀농생활! 성공노하우 전수받기	농촌은 도시의 희망, 선배 귀촌인의 다양한 생활 등	
자신의 능력을 활용한 귀촌	귀촌하여 전문능력 키우기, 자신의 전문능력을 살리는 귀촌 등	

① 농업통계(소득, 농업인력, 문화시설 등), 농정시책, 성공사례
② 농업인의 일반소양(건강, 농업관 등)과 식량작물, 원예, 축산 등 분야별 전문기술, 영농구비 조건(농지, 시설, 장비 등)
③ 소득분석자료, 전망, 성공사례, 문제점 등 귀농희망자가 스스로 의사결정할 때 필요한 자료
④ 품목별 전문기술 상담 및 현지지도
⑥ 각급 지도·교육기관의 교육과정 참여 및 선도농업인 농장 방문(경험사례 학습)

시군단위 교육은 매년 증가하고 있으며 지역특성에 적합한 작물교육을 실시하고 있다. 또 지자체에 따라 귀농귀촌인들을 위해서는 정착교육이나 소양교육도 시키고 있다. 자세한 사항은 시군 농업기술센터나 귀농귀촌센터에 문의하면 좋다.

귀농귀촌교육을 하는 민간기관

민간에서 하는 귀촌과 귀농 관련 교육기관은 전국농업기술자협회와 전국귀농운동본부가 대표적인 교육기관이다. 두 기관 모두 IMF이전부터 귀농과 도농교류에 관심을 갖고 있었다. 두 기관은 농촌을 활성화시키는 운동을 하지만 운동노선에는 차이가 있다.

먼저 전국농업기술자협회(www.kafarmer.or.kr)는 도농교류나 그린투어에 관심이 많다. 귀농, 귀촌운동을 하지만 원칙적인 운동이 아니라 운동의 과정과 실행력을 중시하고 있다. 먼저 농업기술자협회는 정주인구의 증대가 어렵다는 것을 알고 있다. 그들은 교류인구를 늘리는데 역점을 둔다. 그래서 최초방문자가 재방문자가 되고 이들이 교류를 통해 지역의 후원자 그룹이 되도록 만든다. 이후 이들이 그 마을이나 농촌에 정착할 수 있도록 돕

는다. 여러 가지 추진과정 속에서 서로에 대해 잘 알 수 있도록 한다. 그 만큼 귀농귀촌의 실패확률이 적어진다.

반면 전국귀농운동본부(www.refarm.org)는 귀촌보다는 귀농에 관심이 많고 생태적인 삶과 유기농업으로 성공하려는 의식을 가진 사람을 양성하려 한다. 시골에서 생태적인 방법으로 영위하려는 귀농희망자를 교육시키고 알선하고 그들이 지역에서 잘 정착하도록 돕는 역할을 하고 있다. 귀농운동본부가 생태유기농업에 초점을 둔다면 농업기술자협회는 농촌인구증대와 교류인구 확대에 중점을 두고 있다. 즉, 농민입장에서 도농교류를 하고 도시민이 농촌에서 재미와 감동을 받고 만족하고 사랑하게 하는 교류인구를 늘리는데 1차적인 사업역량을 둔다. 두 기관 모두 장단점이 있다. 각기 역할을 하고 있으며 이러한 기관들이 현재 늘어나고 있다.

좀 더 규모가 큰 전문대학도 있다. 연암대학이나 한국농수산대학, 여주대학 등에서도 각각 열심히 귀농을 위한 활동을 하고 있다. 천안 연암대학은 귀농계에 탁월한 채상헌 교수가 귀농귀촌센터장에서 물러나 조금 정체기에 있는 모양이다. 채 교수의 현장지배력과 철저한 귀농선배와의 연계체계가 특징인데 이러한 점들도 점차 약해져가고 있다.

전국농업기술자협회의 도시민관련 대표 교육이 '귀농창업종합교육'이다. 먹거리안전과 건강, 보람찬 농사, 제2의 인생을 도시민들이 설계할 수 있도록 하는 것이다. 퇴직 및 은퇴한 사람, 농지소유자, 도시민 누가나 참가가 가능하고 자신이 가꾸는 건강한 먹거리, 손수하는 발효과학에 의한 정갈한 농산물 가공, 실내에서 기르는 웰빙원예 등을 가르쳐 준다. 직장인이 참가를 할 수 있게 하기 위해 저녁에 기초교육을 하고 주말에는 농사에 관련된 실습교육을 병행하고 있다.

좀 더 구체적으로 이론교육은 서울 용산구 이촌동, 실습교육은 서울 강동구 강일동 '초록텃밭' 주말농장에서 실시한다. 견학코스는 매년 참가자의 수준과 환경 등을 고려해 권역을 구분해서 진행한다.

교육내용으로는 농사기초, 분야별재배, 화초원예키우기, 농촌적응하기, 실습, 견학 등으로 구성되어 있다. 농사기초는 건강과 환경을 지키는 전통농업, 흙살리기를 통한 친환경농업 시스템 만들기 등을 배울 수 있다. 분야별 재배는 채소류(잎,뿌리,열매) 가꾸기 실제, 손쉬운 유실수(매실, 자두, 살구, 감 등) 가꾸기, 밭작물(콩, 감자, 곡류, 유지류 등) 가꾸기, 나의 농장 만들기, 시기별, 작물별 재배설계 만들기 등의 방법도 익힌다.

귀농심화과정에는 한국지도자아카데미의 약초교육은 전통이 있는 강좌이다. 또 전문성을 인정받은 전문가들이 교육하는데 옥에 티라면 올인해서 교육을 받아야 한다는 점이다. 약초에 관련된 이론교육 말고도 실습과 견학을 전국에서 하는데 실습으로는 땅고르기, 모종심기, 파종, 제초작업, 북돋기, 새순자르기, 수확, 약초가꾸기, 마케팅, 판매 등을 직접 체험할 수 있도록 하고 있다. 견학은 전국의 약초농장과 약초연구소, 농업기술센터 등에서 현장견학을 실시한다.

(사)농촌으로 가는 길은 성여경이라는 탁월한 운동가가 진안에서 하는 귀촌교육이다. 현장교육의 진수를 맛볼 수 있는 교육이며 개인적으로 볼 때 가장 배울 거리가 많은 강좌를 이끌어 갈 것으로 보인다. 성대표는 전국귀농운동본부의 초기 사무처장으로 필자와도 20여년 지기이다. 이론과 실천 시골생활의 특징을 우리나라 누구보다도 명쾌하게 설명할 수 있는 강좌이니 참고하면 좋겠다.

이밖에 마을디자인에서 실시하는 귀농농장디자인도 재미있는 프로그램이다. 귀농초보자에게 농장 구성원리를 설명하고 스스로 농장을 어떻게 구성하는지를 구분하고 자신의 아이디어와 박영선 소장이 지도해서 공간

과정	구분	2015년도 귀농귀촌 전 단계 교육기관과 과정(자세한 내용 부록참조)	
		기관명	과정명
귀농귀초	1	(사)경남생태귀농학교	경남생태귀농학교
	2	농업회사법인 원주생명농업㈜	원주생명농업 귀농귀촌학교(통합)
	3	부산귀농학교	청년세대 귀농캠프(2030대상)
	4	(사)서울특별시 새마을회	인생2모작 '농촌부자들이야기' 교육과정
	5	(사)전국귀농운동본부	서울생태귀농학교
	6	㈜전략인재개발원	도시민의 성공적인 뉴라이프 귀농창업과정
	7	지역농업네트워크협동조합	도시농부 귀농귀촌학교
	8	한국농수산대학산학협력단	귀농희망자를 위한 기초상식 교육
	9	㈜한국식품정보원	농산물의 가공화를 통한 성공적인 귀농설계
	10	㈜MBC아카데미	도시민을 위한 현장체험형 귀농교육(기초)
귀농중급	1	농협경주환경농업교육원	도시민 귀농중급Eco-farm과정
	2	㈜마을디자인	귀농농장디자인(내농장마스터플랜수립)
	3	산촌협동조합	성공귀농 교육과정(임/농산물 및 산약초 분야)
	4	서정대학교산학협력단	귀농으로 농업법인CEO되는길
	5	수암영농조합법인	귀농틈새교육
	6	여주농업경영전문학교	실습중심 과수기초교육
	7	(사)전국농업기술자협회	귀농창업종합과정
	8	(사)전북귀농귀촌학교 영농조합법인	30평도제식 귀농교육과정
	9	천안연암대학	2015 도시민농업창업과정
	10	친환경농업 영암교육원 (친환경스터디영농조합법인)	귀농을 위한 친환경과원조성
	11	(사)한국농경문화원	발효식품 귀농비지니스모델과정
	12	한국농수산대학산학협력단	귀농지역 품목선택과 소득증대 방안 교육
	13	한국농식품직업전문학교/ (재)다산인재개발원	귀농귀촌나침반과정
	14	㈜한국식품정보원	지역별 특화작물의 가공사업화를 통한 성공적인 귀농정착
	15	화천현장귀농학교영농조합법인	화천현장귀농학교
	16	㈜MBC아카데미	도시민을 위한 현장체험형 귀농교육(중급)

귀농심화	1	농업회사법인㈜랜드팜	버섯재배기술교육과정
	2	서해영농조합법인	귀농인 친환경 복합영농 창업과정
	3	여주농업경영전문학교	도시민 과수창업교육
	4	(재)한국지도자아카데미	귀농창업 약용작물 교육
귀농생활	1	가자유성농장으로	체험농장 창업
	2	㈜고려아카데미컨설팅	도시민을 위한 귀촌아카데미
	3	(사)농촌으로가는길	귀촌교육
	4	대경직업능력개발원	도시민 힐링 귀촌아카데미
	5	(사)미래인재개발협회	내손으로 만드는 황토구들방
	6	사회적 기업 민들레코하우징	농촌주택 단열/에너지/계획 기술 및 창업교육
	7	(재)송석문화재단/도봉숲속마을	귀촌생활 교육프로그램 희망농부학교
	8	㈜자연에서 행복만들기 귀촌교육	자연에서행복만들기 귀촌교육
	9	(사)전국농업기술자협회	귀촌창업종합과정
	10	(사)청미래재단	귀촌종합교육
	11	한겨레교육㈜	도시민 귀촌생활 탐색과정
	12	흙처럼 아쉬람	귀농귀촌 흙집짓기

자료 : 농정원(2015.1) 보도자료

    감각과 효율적인 마스터플랜을 만들 수 있는 강좌이니 참고해보면 좋겠다. 박영선 소장은 본인이 직접 풍수지리부터 농장설계까지 좌충우돌 강의하는데 강의도 재미있고 전문성도 있는 인물이다.

    민들레 코하우징도 역량있는 전문기업이다. 원래 건축설계회사인데 말도 많고 탈도 많은 우리나라 1호 진안 학선지구 전원마을을 완공한 업체이다. 대표의 역량과 마인드가 뛰어나 보고 배울 점도 상당하다. 민들레코하우징은 빈집수리과정과 에너지절감주택, 농촌주택 단열, 에너지계획 중심으로 집짓기를 체계적으로 배울 사람들에게 도움이 되는 프로그램을 교육한다.

귀농귀촌을 키우는 한국귀농귀촌진흥원과 저자

한국귀농귀촌진흥원은 필자가 원장으로 있는 사단법인이다. 2013년 1월 농림부 인가를 받아 운영하고 있다. 현재 국가로부터 지원은 받지 않고 민간활동으로 운영하고 있다. 운영을 하려니 여러 가지 껄끄러운 부분이 하나 둘이 아니다. 매일 많은 분들이 전화를 사무실로 해 와 업무를 보기 힘든 경우도 한두 번이 아니다. 언론에서 인터뷰를 1주일에 1건 이상 요청이 들어온다. 대부분 전화인터뷰나 출연은 정중한 사양하지만 지인 이름을 거명하면서 직접 지방방송국까지 와달라는 요청도 많다.

현재 필자는 부동산티비(RTN) 귀농귀촌전성시대를 기획하고 있으며 매주 고정출연하고 있다. 이 프로그램만 벌써 1년 이상 방송을 진행했다. 프로그램은 전반부는 필자가 25분 강의하고 후반부는 귀농귀촌 성공한 사람들을 소개하거나, 지자체 귀농귀촌정책소개 혹은 전문가들의 귀농귀촌 트랜드를 좌담형식으로 진행한다. 부동산티비→방송→귀농귀촌전성시대를 클릭하면 무료로 영상을 볼 수 있다.

라디오도 고정출연하는데 국방FM의 '국군과 함께 국민과 함께'에서 이계진선생과 매주 토요일 4시 40분경부터 12분 동안 〈귀농귀촌 인생2막을 꿈꾸다〉라는 프로에 출연한다. 개인적으로 이계진선생은 배울 점이 많은 인물이다. 필자가 매주 2~3개 씩 방송에 고정 출연하다보니 준비가 미비할 때도 있다. 그럴 때면 녹음이 끝나고 가차 없이 꾸지람을 하신다. 아직 완성되지 못한 유상오에게 많은 귀감을 주시는 말씀이다. 그중에 에피소드를 소개하면 '청취자의 입장에서 방송하라'는 것이다. 듣는 입장에서 알아듣기 쉽고 편하게 하고 몇 번씩 곱씹어 생각해서 편안하게 방송하라고 주문하신다. KBS 공채 1기로 수십 년 방송경력으로 보면 애송이인 것이 분명하다. 하지만 고맙고 그렇게 하지 못하는 것이 죄송하기도 하다.

최근 1년 동안 필자가 역점을 두고 제작한 것은 앞에서도 잠시 언급했지만 〈귀농귀촌 100선〉이다. 2015년 1월에 유튜브에 게재했다. 시간적 여유와 정보력도 떨어지는 사람들이 언제 어디서나 쉽게 귀농귀촌교육을 접하고 짧은 시간에 조금씩 기초를 확립하기 위함이다.

사실 이런 일은 국가가 해야 하지만 누군가 먼저 본 사람이 해야 할 일이기도 하다. 다만 필자가 개인 사재를 털어 제작했기 때문에 영상효과는 그다지 높지 않다. 그것도 부동산티비의 한준철 PD의 도움이 없었다면 만들 수도 없었다. 35도를 넘나드는 더운 여름날 선배 잘 못 만나 개고생한 한 PD에게 영광을 보낸다.

유튜브가 재미있는 것은 매일 매일 조회 수와 지역, 조회시간을 검색할 수 있는데 매일 몇백명의 사람들이 각각 10여분 이상을 시청하고 있으며 그 수가 상상을 초월한다. 이들이 귀농귀촌 준비를 잘해서 시골에서 시행착오 없이 80세까지 귀농귀촌 생활을 성공하길 기원한다. 유상오 원장의 〈귀농귀촌100〉선은 다음 순서로 구성되어 있다.

한편 한국귀농귀촌진흥원은 정학수 이사장, 안기철 부원장, 박래안 부원장, 정갑진 국민운동본부장, 서윤정연구소장 등 훌륭한 인재들이 포진해 있다. 지자체 귀농귀촌강의나 세미나, 포럼개최 그리고 기업의 귀농귀촌강의와 기획도 가능하다. 현재 귀농귀촌법 통과 이후 지자체 기본계획 수립과 귀농귀촌인 지역 연착륙 등 정책현안 문제에 집중하고 있다.

유상오 원장의 귀농귀촌 100선 순서 (유튜브에 '귀농귀촌 100'치세요)

-1-	귀농귀촌ABC(개관)	-2-	한국중년의 초라한 자화상
-3-	중년 은퇴자의 실체	-4-	한국중년 얼마나 사나
-5-	은퇴후 국가는 아무것도 책임 못진다	-6-	은퇴준비의 종류
-7-	은퇴자금과 공포마케팅	-8-	농촌생활비용
-9-	농촌에서 뭐 먹고 사나	-10-	잘 사는 귀농귀촌을 하자
-11-	선교육 후귀촌	-12-	선 귀촌 후 귀농
-13-	선임대 후 매입	-14-	이소연과 퇴국개
-15-	8거리를 활용하자	-16-	귀촌은 먼저 지역을 선정하라
-17-	귀농은 먼저 작목을 선정하자	-18-	주민갈등방지는 먼저 도와주자
-19-	귀농귀촌자금 3천만 원으로 충분	-20-	내 집에 시장기능을 만들자
-21-	아가잘있나	-22-	작은비놀부
-23-	동물족과 식물족	-24-	귀농인과 원주민갈등의 관점
-25-	농촌생활비용	-26-	무작정 공부방에 가입하자
-27-	소갈머리가 부실	-28-	정착 어려운 6대 요인
-29-	귀농귀촌 준비 8요소	-30-	귀농 정보활용
-31-	농산어촌에서 잘살기	-32-	민박으로 성공하라
-33-	반농반도사	-34-	유기농과 연계하라!
-35-	공무원과 싸우지 말자	-36-	귀농귀촌종합센터
-37-	웰촌	-38-	네이버지도
-39-	온나라	-40-	농림사업지침서
-41-	토지이용규제	-42-	농업인력포털
-43-	농서남북	-44-	흙토람
-45-	농지은행	-46-	귀농귀촌 돈들이지 말자
-47-	농업보다 마케팅이다	-48-	농업보다는 비즈니스
-49-	농업보다 경영이다	-50-	농업보다 주민이 먼저다
-51-	귀농결심	-52-	자료수집
-53-	자료분석	-54-	자가계획
-55-	가족동의	-56-	귀농귀촌결심의 완성
-57-	자가계획	-58-	귀농귀촌교육

-59-	도시농업	-60-	도농교류
-61-	지역선정 어떻게 하나	-62-	이주준비 노하우
-63-	작목선정 요령	-64-	귀농귀촌사업계획서 작성
-65-	귀농귀촌 주거지 마련	-66-	이사하기
-67-	전입신고	-68-	마을친교와 자기소개
-69-	이웃과의 관계개선	-70-	마을&지역봉사
-71-	농사준비 이렇게	-72-	정주훈련
-73-	농업훈련	-74-	농업어메니티
-75-	농업소득배가	-76-	농가 유통
-77-	농지임대	-78-	영농자금융자
-79-	농업훈련	-80-	영농경영평가
-81-	주민과 관계설정	-82-	갈등조정
-83-	봉사와 이미지설정	-84-	취미개발
-85-	가족과 행복가꾸기	-86-	건강과 운동
-87-	주거안정방안	-88-	지역사회 참여
-89-	정주판단	-90-	농경지 주택구입
-91-	전문농업경영	-92-	사업브랜드 만들기
-93-	협력형소득사업	-94-	지역주민으로 안착하기
-95-	자조적 복지 실현	-96-	지도자 탄생
-97-	경제안착과 자립	-98-	귀농귀촌 멘토역할
-99-	도농융복합 실현	-100-	자립형 노후복지완성

CHAPTER 6
정부지원자금 100% 활용하기

농사지으면 나오는 각종 융보조금

 농업을 경영하기 위한 영농자금 조달 방법은 스스로 돈을 투자하는 자기자본과 외부에서 빌리는 차입자본, 두 가지로 나누어 볼 수 있다. 능력이 뛰어난 경우는 외부 투자를 받는 경우도 있지만 초보 귀농귀촌인에게는 거의 찾아보기 어려울 것이다. 유일한 방법이 정부에서 융자해주는 귀농귀촌창업자금 3억 원을 융자받는 방법이다. 일부 예비 귀농귀촌인들은 융자를 보조금으로 착각하는 경우도 많다. 융자는 자기의 담보 능력이 있어야 받을 수 있으며 담보기준도 시가가 아니라 공시지가의 70~80% 수준이다. 현재 최고 3억 원까지 융자를 얻을 수 있으나 평균 호당 융자액은 7천만 원 선이다.

 귀농귀촌 초기에는 가급적 외부자본을 빌리지 말고 스스로의 힘으로 농사를 짓는 것이 살아남는 방법이다. 처음에는 기본적인 농업, 농촌, 농민을 이해하고 친하게 될 때까지는 처음부터 하나하나 배워나가는 것이 지혜이다. 마을의 선도농가에서 장기 아르바이트를 하면서 농업과 지역의 정서에 대해 서서히 습득하는 것도 중요하다.

또 배운 다음에 어느 정도 익히고 훈련을 해야만 자신이 스스로 농업이나 6차산업을 경영해 나갈 수 있다. 이 정도가 되면 도시와 농촌을 융합하고 도시 업業과 농촌 업業을 결합하는 자신만의 모델을 만들 수 있다. 한 마디로 잘 사는 방법을 스스로 엮어낼 수 있다는데 약 2~3년 안에 자급자립의 근거를 만드는 것이 중요하다. 이때까지는 고통스럽지만 돈 쓰지 말고 마늘과 쑥만 먹고 견디는 웅녀가 되어야 한다. 만약 견디어내지 못한다면 농민이 되기란 쉽지 않다.

하지만 돈의 유혹과 자본의 편리와 향락을 잠재우기란 쉽지 않다. 자본주의와 도시의 논리에 익숙한 태도와 방식을 버리지 않는다면 농촌적응과 농민이 되기도 어렵다. 그런 당신에게 농민이나 농촌은 항상 본인이 생각하는 방향으로 움직여주지 않는다. 초창기 농업농촌농민을 이해하고 적응하지 않는다면 영원히 이방인으로 남는다. 때문에 농촌은 어렵고 이해하기 힘들다.

농사를 지으면 각종 보조금을 신청할 수 있는데 기본은 농지가 있어야 한다. 다음으로 지속적으로 농업을 영위한다는 두 가지 필요충분조건을 만족해야 하는데 자세한 사항은 농림사업지침서에 상세하게 소개되어 있다.

농업보조금은 WTO 농업협정상 합의에 의한 규정에 의해 국내보조금과 수출보조금 두 가지로 나눈다. 국내보조금은 일반적인 재정지출을 통한 지원보다 넓은 범위의 실질적인 지원support의 개념이다. 국내보조는 불특정 다수의 농민에게 혜택을 주는 방식과 정부가 직접적으로 행하는 하부구조 개선사업 등의 정부서비스정책, 식량안보와 관련 있는 공공재고사업 등을 포함하고 있다. 국내보조는 예를 들어 밭직불금, 논직불금, 경관농업직불금 등 허용하는 대상과 그 기준이 제시되어 있다. 또 요건을 충족하지 않는 다른 모든 보조는 감축대상 보조로 분류하도록 하고 있다.

구체적으로 허용대상 보조의 경우에도 정부가 직접 사업을 시행하는 '정부서비스정책'과 농민에 대하여 보조금을 주거나 또는 징수를 감면하여 혜택이 주어지는 '생산자에 대한 직접지불정책'으로 나눌 수 있다.

수출보조금은 감축을 해야 할 보조를 여섯 가지 형태로 말한다. 감축약속을 하지 아니한 품목에 대한 수출보조 또는 이러한 보조금 감축약속을 회피하는 수단으로의 수출보조를 금지하고 있다. 수출보조도 재정지출을 통한 직접적인 보조뿐만 아니라 공공재고를 싸게 판매하고 운송비를 깎아주는 등 실질적인 지원을 포함하도록 정하고 있다.

농업경영의 시작, 정부와 농협 활용하기

농업은 공업과 달리 변수가 많은 산업이다. 태풍, 한발, 가뭄, 병충해 등 생각하지 못한 변수로 인해 많은 고통을 당하기도 한다. 때문에 '하느님과 동업해야 하는 장사'이며 생산량과 가격변동 폭이 큰 산업이라고 할 수 있다.

외부에서 자본을 차입하는 경우 농협이나 농신보에서 정부정책자금을 빌리는 것이 유리하다. 농협에서 자본을 차입하기 위해서는 농업인이 되어야 조합가입이 가능하다. 농업인의 조건은 1,000㎡이상의 영농규모를 갖고 농지원부가 있으면 농협의 조합원이 될 수 있다.

농협조합원이 되면 단위 농협에서 상호금융을 지원받을 수 있고 농업인 멤버십 대출도 받을 수 있다. 또 농기업 운전자금이나 시설자금도 대출받을 수 있다. 또 농림수산업자 신용보증기금(www.nongshinbo.com)이 있어 홈페이지에 들어가면 무담보로 농림어업 경영 자금 및 대출, 보증 서비스, 대상자 자금, 현황 등을 안내받을 수 있다. 중요하기에 다시 설명하겠다.

농림부의 정책자금은 농가경영안정을 위해 경영자금도 지원된다. 앞서 설명한 표에서 설명했듯이 '2015년도 농림사업지침서'를 보면 81개 부문의 구체적인 융자조건이나 보조 조건이 나오고 지원대상과 자격이 규정되어 있다. 이것을 참고해 매년 지정기간에 신청하면 심사해서 지원을 해준다. 정책자금은 이율이 대단히 낮다는 것과 원리금 상환기간이 길다는 장점이 있다.

정책자금을 지원받기 위해서는 사업계획을 작성해야 하는데 농민보다는 귀농귀촌인 즉, 도시에서 다양한 사업이나 회사생활을 한 '디지털 노마드'가 작성에 유리한 것도 사실이다. 국가의 정책목적을 달성하고 자신도 농촌에 정착해 삶의 질 향상과 건강한 먹거리 생산을 매진한다는 취지로 작성하면 좋다. 농림사업은 매년 반복적으로 실시되는 사업이 대부분으로 미리미리 준비하는 것이 필요하다.

최근에는 지자체나 지방정부에서 지원해주는 정책사업도 점점 생겨나고 있다. 전남과 충북은 연리 1%로 정부의 2%보다 1%나 저렴하다. 하지만 기금액이 적어 모두에게 혜택이 가기가 무리이다. 지자체의 경우 고창과 같은 지역은 2%로 3년 거치 5년 분할상환으로 5천만 원을 융자해주고 있다. 지원 관련은 지자체의 홈페이지나 관련 공무원과 상의하는 것도 좋다. 지방자치체가 이러한 사업을 하는 것은 '창의적인 아이디어가 일자리창출이나 지역활성화에 도움이 되고 지자체의 발전역량과 새로운 창조력을 만드는 것에 유리하다'라는 판단에서 나온다.

정책자금을 융자받기로 결정되었다면 반드시 물적 담보를 요구한다. 만약 담보여력이 부족한 경우는 융자를 받기 힘들다. 농림수산업에 종사하는 사람들의 신용을 보증하기 위한 농림수산업자신용보증기금(www.nongshinbo.com)이라는 기금이 있으나 개인의 신용정도에 따라 지원액수가 변화한다. 농신보는 개인의 신용정도에 따라 융자도 해주니 적극적으로 활용하는 것도 방안이 될 수 있다. 단 먼저 사업을 확실하게 해놓고 성공이 보일 때 활용하는 것이 지혜가 된다.

또 정부정책자금이나 농업자금은 자신의 판단 아래 안전하게 진행해야 한다. 무리한 사업이나 필요이상의 차입은 도시에

농림수산업자신용보증기금(www.nongshinbo.com)홈페이지

서보다 더욱 위험할 수 있다. 그리고 한 가지 충고한다면 왜 금리가 도시보다 저렴할까. 그것은 그만큼 사업수익률이 떨어지기 때문이다. 이것은 진실이다. 사업수익율이 떨어지기 때문에 다양한 사업자금을 지원해주는 것이지 농민이 예뻐서 지원해주는 것만은 아니다. 또 농업이 망하면 국민들의 먹거리산업이 붕괴한다. 농업의 붕괴는 먹거리의 종속화와 식량주권을 상실해 자원민족주의에 예속될 가능성이 많다. 정부에서 저리 장기 지원은 이러한 속성이 있다는 것을 잊어서는 안 된다.

또 한 가지 중요한 것은 농협에서 지원하는 농업종합자금을 보자. 농업인이 자율적인 사업계획에 의거 수시로 농협에 대출 신청하면 경영능력과 사업타당성 등을 심사하여 시설자금·개보수·운영 및 농기계자금을 연계하는 자금이다. 정부의 정책자금을 수요자 중심의 편리하게 사용할 수 있도록 지원한다.

2015년 농업인을 위한 종합대출자금

(단위: 억원)

사업명	기존금리	2015.1 변경금리
농기계구입자금	3%	2%
귀농인창업지원자금	3%	2%
긴급경영안정자금	3%	1.8%
축산경영종합자금	3%	2%
6차산업창업지원자금	3%	2%
*농업경영회생자금	3%	1%
계		

* 다만, 농업경영회생자금은「농어업인 부채경감에 관한 특별조치법 개정안(제5조의 2)」 공포 시부터 적용
* 할부금 또는 이자는 대출일로부터 1년마다 납입

농림부의 구체적인 문의처			
농업금융정책	총괄	이동민 사무관/ 박순연 과장	044-201-1756
식량산업과	농기계구입자금	이범섭 서기관	044-201-1840
경영인력과	귀농인창업지원자금	안종락 사무관	044-201-1538
축산경영과	긴급경영, 축산경영종합자금	주동철 사무관	044-201-2332
농촌산업과	6차산업창업지원자금	방도혁 사무관	044-201-1584

자료 : 농림부보도자료 2015.1.13

구체적인 농림사업지원의 내용

귀농·귀촌자가 농지를 취득해 농업인이 되면 수많은 정부의 지원을 받을 수 있다. 다시 말하면 정책자금을 받을 수 있다는 말이다. 농업인들이 받을 수 있는 자금 중 대표적인 것을 살펴보자.

① **농업종합자금지원**

품목별 또는 기능별로 분산 지원되는 농업분야의 세부사업을 통합하여

농업경영체의 사업계획에 따라 종합지원 하고, 시설·개보수자금과 운영자금, 농기계자금을 통합지원 되며, 대출취급기관(농협)이 사업타당성 평가를 통해 자금을 지원

- **지원자금의 종류** : 원예, 특작, 축산, 농촌관광, 수출분야 등 시설 및 운영자금지원
- **지원조건** : 2015년부터 평균연리 1~2%이며, 시설자금은 3-5년 거치 10년 균분상환, 운영자금은 2년 이내 상환

② **신규후계농업인**

병역필 또는 면제자와 여성으로서 사업시행 연도 1.1일 현재 40세미만인 자 중 군의 농정심의회 심의를 거쳐 후계농업인 육성대상자로 선발·확정한 자.

⇒ **지원규모** : 본인들의 영농설계에 따라 20-50백 만 원까지 차등지원 하고, 연리 2% 5년 거치 10년 균분상환

③ **농어촌진흥기금지원사업**

지원대상 : 농업인후계자, 농촌지도자 등 농업에 성실히 종사하고 있는 농업인, 기타 농업인단체, 법인

지원금액 : 개별 농업인은 1억 원까지 지원되며, 군 및 도의 농정심의회를 거쳐 선정하며, 총사업비 중 자부담을 30%이상 부담하여야 함. 융자금의 경우 농어가는 300만원 이상 1억원 이하, 생산자단체는 3백만원 이상 3억원 이하로 제한

융자조건 : 융자기한은 운영자금은 2년이내 상환, 시설자금은 2년거치 3년 균분상환이며, 2015년의 경우 연이율은 1%, 연체이율 10%

④ 기타 농업인에게 지원되는 정책자금

농업인 고등학생 자녀학자금지원사업(입학금 및 수업료 전액 보조)

출산여성인에게 지원되는 농가도우미지원 사업(가구당 최대 180천원 보조지원)

※ 출산여성인에게 4~5만 원 보조(보건소에서 시행)

그 외 농산, 축산, 원예, 유통담당, 친환경농업, 기술보급 부서 등에서도 농업인에게 지원되는 각종 혜택이 다수 있다.

2014년에는 농협이 정부의 저금리화에 따라 농업인에 대해 대출해주는 금리를 추가인하했다. 2014년 10월 현재 정책금리가 2%를 감안한다면 일본과 같이 제로금리로 지원해 주는 경우도 발생할 수 있다는 것을 신중하게 예측해 본다. 무이자 지원의 경우 심리적인 안정감과 더불어 무책임한 차입경영도 발생할 수 있는 바 좀 더 신중한 접근이 요구된다.

• 농가도우미지원사업 •

지자체에 따라 지원되는 농가도우미 지원 사업은 여성농업인이 출산으로 영농을 일시 중단하게 될 경우 영농중단을 막고 모성보호를 통한 여성농업인 삶의 질 향상을 위한 것이다.

지원대상은 농촌지역에 거주하는 출산 또는 출산예정 여성농업인으로 출산 전 90일부터 출산 후 90일까지 180일 중 45일간 이용할 수 있다. 적용범위는 출산 또는 출산예정 여성농업인이 경영하거나 경작하는 영농관련 작업이다.

신청 서류는 농가도우미 이용 신청서와 출생(예정) 증빙서류를 첨부해 읍·면 사무소에 신청하면 된다. 농가 도우미 이용 완료 후 1일 기준단가 4~5만원의 80%를 지원받게 된다.

2014년 농업정책자금 금리인하추진

사업명	기존 금리	변경 금리	자금규모 (잔액)	2014년 지원규모	참고사항
농지규모화 사업	2%	1%	1조6122억원	894억원	농지매매와 농지교환·분합 사업에 적용
후계농업경영 인육성사업	3%	2%	2643억원	1012억원	–
우수후계농 추가지원사업	3%	1%	2920억원	800억원	–
농촌주택 개량사업	3%	2.7%	1조142억원	6000억원	융자한도 5000만→6000만원

※ 농촌주택개량사업 만 65세 이상 신규 지원시 금리 2% 적용

⑤ **농업인에게 금융비용 부담경감지원**

농업융자금이자 지원(농업종합자금과 농어촌진흥기금 대출자의 융자금 이자의 50%를 군비 보조)

농작물 재해보험료의 농가부담 분 일부 군비 보조

농림사업지침서를 보면 다양한 지원정보를 볼 수 있으므로 자세한 설명은 생략하겠다. 크게 보면 약 50여 가지 지원을 볼 수 있다. 생산기반구축 부분은 농지사고 임대하고 경작하는 부분에 대해 지원해준다. 물론 융자로 담보 능력이 있어야 해준다는 사실을 잊지 말자. 담보능력만 있다면 1%의 저리로 농지를 소유할 수도 있다. 또 일정 자격을 갖추면 다양한 지원을 받을 수도 있다. 위에 설명한 창업농, 후계농 등 다양한 사업이 있다.

농업구조개선지원은 하드웨어부문과 소프트웨어 부문으로 나누어 볼 수 있다. 귀촌인들이 좋아할 사업으로는 경주마육성사업은 눈여겨볼만하다.

| 62 | 말산업육성지원사업 |

▶ 이 사업시행지침에 대한 해석기관은 농림축산식품부 축산정책과 입니다.

담당기관	담당과	담당자	전화번호
농림축산식품부	축산정책과	과장 이상만 서기관 하웃원	044-201-2311 044-201-2324
한국마사회	승마레저담당	팀장 유성언 차장 이준기	02-509-2990 02-509-2991

Ⅰ. 사업개요

1. 목적

○ 말산업을 FTA시대 대표 6차 산업으로 육성하여 일자리 창출, 농촌경제 활성화 등에 기여하기 위해 인프라 구축에 필요한 사업 지원

2. 근거법령

○ 「말산업 육성법」제4조(국가 및 지방자치단체의 책무) 및 제17조(승마시설에 대한 지원) 등

3. 연도별 재정투입 계획

(단위 : 백만원)

구분	2012년까지	2013년	2014년	2015년	2016년이후
합계	268,267	15,811	30,164	57,450	미정
보조	31,451	6,163	12,550	32,950	
융자	107,559	2,245	4,352	4,100	
지방비	31,451	6,163	11,050	18,300	
자부담	97,806	1,240	2,212	2,100	

Ⅱ. 2015년 사업시행 주요내용

1. 사업대상자

○ 공공승마시설 : 지자체, 대학

○ 민간승마시설 : 농업인, 농업 법인, 농축협, 개인, 상법상 법인

○ 거점 승용마 조련시설 : 지자체, 농축협, 대규모(50두 이상) 민간 승마시설

○ 전문인력양성기관 : 「말산업 육성법」제10조에 따라 지정된 기관

○ 말산업 특구 : 「말산업 육성법」제20조에 따라 지정된 지자체

2. 지원자격 및 요건

○ 공공승마시설

  - 기승 가능한 승용마를 최소 20두 이상 운영하기 위한 구체적 계획이 수립된 자

  * 지자체는 농축협, 법인 등과 업무협약 체결 후 승마시설 운영을 위탁할 수 있음

○ 민간승마시설

  - 「말산업 육성법 시행규칙」제11조에 의한 시설 및 안전기준에 따라 신규로 승마시설을 설치·운영하고자 하는 자

  - 기존의 승마시설(「말산업 육성법」 또는 「체육시설의 설치·이용에 관한 법률」에 따라 신고된 시설에 한정함)을 개보수 또는 정비하고자 하는 자

○ 거점 승용마 조련시설

- 사업대상자(지자체, 농축협 등)는 말 사육농가 또는 승마시설 운영자와 승용마 조련 위탁계약을 체결하여야 함
  * 승용마 조련 위탁계약은 「말산업 육성법」제7조에 따라 등록된 말에 한정함
○ 전문인력양성기관
  - 「말산업 육성법」제10조 및 같은 법 시행규칙 제3조에 따라 전문인력양성계획을 수립한 기관
○ 말산업 특구
  - 해당 지자체는 「말산업 육성법」 제21조에 따른 말산업특구 진흥계획에 따라 세부실행계획을 수립하여 제출할 경우 이에 대한 타당성 등을 종합적으로 검토한 후 지원
○ 공통 요건
- 정부 지원을 받아 신규로 설치하는 승마시설은 완공 이후 「말산업 육성법」 또는 「체육시설의 설치·이용에 관한 법률」에 따라 지자체에 신고하여야 함
- 지원된 시설에서 사육하는 말은 「말산업 육성법」제7조에 따라 반드시 등록하여야 함

3. 지원대상 및 지원자금의 사용용도

○ 승마시설 : 신설·개보수 등에 필요한 자금
  - 공공승마시설 : 실내·외 마장, 원형마장, 워킹머신, 마사, 관리사, 편의시설(휴게실 포함), 교육장 및 관련시설, 재활승가 관련시설(장애인 승마에 필요한 시설·장비 등), 창고, 퇴비사 등 승마시설 운영·관리에 필요한 시

설, 외승주로 개설 및 설치, 승마길 조성, 말운송 차량(공공 승마시설, 조련시설에 한정) 등

　* 부지 구입비, 외승주로 및 승마길 조성을 위한 토지 구입비는 제외

　- 민간승마시설 : 공공승마시설과 같음 * 다만, 승마길 조성, 말운송차량은 제외

○ 거점 승용마 조련시설 : 승용마 조련에 필요한 시설 등

　* 승마시설, 조련시설 신청시 말 사육환경관리 및 RFID 기반 사양관리 지원 등 정보통신기술(ICT) 분야도 신청 가능(단, 지원세부 내용은 농림축산식품부 정보통계정책담당관실과 사전 협의 필요)

○ 전문인력양성기관 : 「말산업 육성법 시행규칙」 제3조제4항과 관련된 사항과 그 밖에 농림축산식품부장관이 인정하는 사항

4. 지원형태 및 사업 의무량

내역사업명		보조	지방비	융자	자부담	융자조건
승마시설	공공	40	40	20	-	•10년(3년 거치 7년 균분상환) •연리 4%(농업인 3%) 　* 융자가 불가능할 경우에는 자부담으로 추진
	민간	20	20	30	30	
거점 승용마 조련시설	지자체	50	50	-	-	
	농축협	50	-	-	50	
전문인력양성기관		50	50	-	-	

　* 농업인: 「농어업·농어촌 및 식품산업기본법」제3조에 따른 농업인, 농업경영체, 생산자단체를 말하며, 경영체 정보를 등록하지 않은 자는 지원 대상에서 제외됨

5. 지원한도액 기준 및 범위

(단위: 백만 원)

내역사업명		총사업비	재원별 지원 한도액			자부담	비고
			국고보조	지방비	융자		

승마시설	공공	2,000	800	800	400	–	• 총사업비 한도
							  – 공공시설 개보수 : 7억원 이내
							  – 민간시설 개보수 : 3억원 이내
							• 총사업비를 초과한 부분에 대해서는 자부담으로 추진

	민간	700	140	140	210	210	
거점 승용마 조련시설	지자체	3,000	1,500	1,500	–	–	
	농축협	3,000	1,500	–	–	1,500	
전문인력양성기관		600	300	300	–	–	

＊ 공공승마시설은 지자체가 농축협, 법인 등과 업무협약을 체결하여 추진할 수 있으며, 이 경우 지방비 및 융자 부문은 매칭할 수 있음

㈜예산 확정 과정에서 상기 지원 대상 및 한도액 등은 변동될 수 있으며, 지방비 미확보 시 사업자의 자부담 가능

Ⅲ. 표준프로세스(SP)에 따른 담당기관 역할

1. 사업신청단계

| 농림축산식품부 |

○ 농림축산식품부는 다음 연도 사업시행지침을 시·도에 시달

| 지방자치단체 |

○ (시·도) 다음 연도 사업희망자 수요조사를 위한 공문을 시·군·구에 시달

* 시·도는 지역 여건 및 아래 시·도별 신청 총량 등을 감안, 시·도별 자체 수요조사 계획을 수립하여 시·군·구에 시달

* 사업 신청 일정은 여건에 따라 변경 가능

○ (시·군·구) 홈페이지 등을 통해 다음 연도 사업시행 지침 및 수요조사 계획, 사업신청 기간 및 방법 등을 안내하고, 사업희망자 수요조사 실시

○ (시·군·구)

①사업신청자가 제출한 사업계획서 및 관련 증빙서류를 검토

②각종 인·허가 사항 및 관련 규정 등의 저촉 여부 등을 관계 부서 등과의 협의를 통해 판단

③[별지 제3호 서식]평가표를 참고하여 자체 평가를 실시

* 자체 평가시에는 현장 실사를 실시하고, 평가표는 여건에 따라 변경 가능

④사업계획서 및 관련 서류, 자체 평가 결과 및 추천서, 관할 구역의 지역적 특성을 고려한 말산업 육성 추진계획을 시·도에 제출

* 이 경우 반드시 기초 지자체장의 기본방침을 첨부할 것(건축·농지·환경·국토 등 인허가 부서의 사전 검토서 제출)

○ (시·도)

①시·군·구에서 제출한 사업계획서 및 관련 증빙서류, 시군구 평가 결과 및 추천서, 말산업 육성 추진계획 등을 검토

②각종 인·허가 사항 및 관련 규정 등의 저촉 여부 등을 관계 부서 등과의 협의를 통해 최종 판단

③[별지 제3호 서식]평가표를 참고하여 자체 평가를 실시

* 자체 평가시에는 현장 실사를 실시하고, 평가표는 여건에 따라 변경 가능

④ 사업계획서 및 관련 서류, 자체 평가 결과 및 추천서, 관할구역의 지역적 특성을 고려한 말산업 육성 추진계획을 농림축산식품부에 제출

* 사업대상자로 최종 선정된 이후 각종 인·허가 사항 및 관련 규정의 저촉 등으로 사업추진이 불가한 경우나, 사업추진이 부진하여 이월 및 불용이 발생되는 시·도는 '16년도 사업대상자 선정시 페널티 부과 예정

⑤ 시도지사는 다음 사업의 경우 신청 한도 사업량 범위에서 신청

(단위: 개소)

구분	신청 한도 사업량	
공공 승마시설	신규설치	개보수
민간 승마시설	1	1
승용마 조련시설	1	2
	1	−

* '11년 이후 정부 지원을 받은 곳은 개보수 신청대상에서 제외

* 미 신고된 승마장에서 법적 신고요건을 갖추고자 하는 경우 지원대상에 포함

○ 시·도는 신규설치와 기존시설 개보수로 구분하여 지원 신청서를 제출하되, 시·군으로부터 신청서를 제출받아 사전 자체평가를 실시한 후 가장 우수한 곳을 신청

○ 공통 사항

▷ 추천서에는 사업 목적, 지역 내 필요성, 입지 여건, 각종 인·허가 사항, 농어촌형 승마시설로의 신고 가능 여부(신규 설치 지원 시), 신청자의 자부담 능력, 최종 선정 시 지자체의 지원 계획 등을 구체적으로 명시하여 제출

▷ 말산업 육성 추진계획 제출 시, 「말산업 육성법」제4조에 따라 기 수립한 말산업 관련 정책이 있을 경우, 해당 자료와 추진 실적을 제출

▷ 거점 승용마 조련시설 설치 지원 신청 지자체는 별도의 거점 승용마 조련시설 운영 계획을 수립하여 제출

> 사업신청자

○ 사업희망자는 사업신청서(별지 제1호 서식)등 관련 서류를 구비하여 시·군·구에 제출
  * 사업신청 기간은 여건에 따라 변경될 가능성이 있으니, 해당 시·군·구 홈페이지 등 또는 담당부서 문의 등을 통해 확인 바람
○ 사업 희망자는 승마시설 설계·운영 방법 등에 대하여 사전 컨설팅 권장
  - 특히, 기존시설을 개보수 하고자 하는 자는 컨설팅 결과를 제출할 것(미제출할 경우 심사평가시 페널티 부과)

2. 사업자 선정단계

> 농림축산식품부

○ 사업자 선정을 위한 심사평가 업무는 말산업육성전담기관에 위탁하여 서면심사, 현장실사, 최종심사(PT)를 실시
  - (서면심사) 시·도에서 제출한 사업계획서 및 관련서류, 의견서 등을 검토하여 사업 목적, 지역 내 필요성, 입지 여건, 최종 선정 시 지자체의 지원 계획 등을 평가
  - (현장실사) 시·도에서 제출한 자체 평가 결과 등 검증
  - (최종심사) 사업신청자와 지자체의 사업계획 발표 및 대면 질의응답을 통해 사업 역량, 사업·운영계획 충실도, 승마활성화 기여도 등을 최종 평가
  - 서면심사, 현장실사 및 최종심사 결과를 종합하여 최종점수 및 순위 산출
  * 세부 심사 지침은 별도 수립·시행 예정

○ 농림축산식품부는 말산업육성전담기관의 심사평가 결과를 토대로 예산의 범위에서 종합적으로 검토한 후 사업대상자를 확정·통지
○ 말산업육성전담기관은 사업자 선정에 필요한 평가기준, 심사평가단 구성 등 세부선정계획을 수립, 농림축산식품부와 협의
○ 사업자 선정 우선순위
  - 말산업특구로 지정을 받기 위한 진흥계획이 수립된 지자체의 신청자
  - 「말산업 육성법」에 의해 관할구역의 지역적 특성을 고려한 말산업 육성 진흥계획을 수립하고, 추진 중인 지자체의 신청자
  - 지방비를 기 확보한 지자체의 신청자
  - 생태체험장, 관광농원, 농어촌체험마을 등과 업무 협약을 체결한 신청자
  - 지자체·교육청·관내 학교 등과 체험승마 계약이 체결된 신청자

3. 세부계획수립 및 시행 단계

※ 사업별 사업주관기관

구분	농어촌형 승마시설	거점 승용마 조련시설 전문인력양성기관	기타
주관기관	시·도지사	시·도지사	시장·군수·구청장

사업대상자

① 최종심사 시 제시된 의견과 말산업 육성 전담기관 등에서 운영하는 컨설팅을 받은 후 그 결과를 반영한 세부 사업계획서를 작성하여 사업주관기관에 승인 신청

② 사업 추진 중 사업계획을 변경하고자 하는 경우에는 사업주관기관(사업주관기관이 시·도지사인 경우 시장·군수·구청장을 경유)에 사업계획 변경 승인 신청

③ 부득이한 사정으로 인하여 사업을 포기하는 경우에는 즉시 사업주관기관에 통지

> 사업주관기관

① 사업대상자가 제출한 세부 사업계획서 내용의 타당성 등을 검토하여 승인

② 사업대상자의 사업계획을 변경 승인한 경우나 사업대상자가 사업을 포기한 경우에는 그 변경 사유와 내용을 시·군·구는 시·도에, 시·도는 농림축산식품부에 각각 보고

* 사업대상자가 연간 사업비 2천만원 이상인 시설을 발주하고자 하는 경우 자체시공을 제한하고, 관련 법령에 따른 유자격업체와 계약을 체결하여 사업을 추진토록 조치

* 사업주관기관이 사업의 투명성과 공정성 확보를 위하여 필요하다고 판단될 경우에는 사업대상자에게 공개경쟁 입찰을 실시토록 조치

4. 자금배정단계

○ 「보조금 관리에 관한 법률」 등 관련 법령과 「농림축산식품분야 재정사업관리 기본규정」 등에 따름

  * 시·도(시·군·구)는 사업 대상자에 대하여 매 월별로 사업 자금 수요를 파악하고, 시·도는 사업 진척도에 따라 근거서류를 첨부하여 분기별 사업비

를 농림축산식품부에 요청

5. 이행점검단계

《사후관리》

> 사업 대상자

○ 보조금(융자금)으로 취득한 중요 재산 관리

재산명	사후관리기간		처분제한기준
	부터	까지	
승마시설 등시설물	완공일	10년간	○「보조금 관리에 관한 법률」제35조 및 동법 시행령 제15조, 제16조에 의거 관리하여야 함 - 사업자는 보조금 교부 목적에 위배되는 용도변경, 매각, 양도, 교환, 대여, 담보제공을 할 수 없음.
장비 등 기타	구입일	5년간	

> 지방자치단체

○ 사업관리주체가 되는 주관기관

- 승마시설, 거점 승용마 조련시설, 말산업특구, 전문인력양성기관 : 시·도지사
- 그 밖의 사업 : 시장·군수·구청장

○ 사업주관기관은 사업 대상자가 제출한 사업계획대로 사업을 이행하고 있는지 여부를 분기별 1회 이상 정기 점검하고, 이를 이행하지 아니할 경우에는 지체 없이 자금 회수 등 필요한 조치를 강구

> 농림축산식품부

○ 농림축산식품부는 사업 대상자에 대한 정부지원 자금의 운용실태 등을 점검하여 부실화 및 부당집행 사전 방지

○ 사업 대상자 자금집행 등 사후관리 및 점검 일정
  - 점검대상 : 승마시설 등
  - 점검일정 : 연 1회 이상
  - 점검사항 : 사업자금 운용현황, 시설물 활용 여부 등

○ 말산업육성전담기관은 사업추진 상황 점검 및 운영실태 평가계획을 수립하여 농림축산식품부와 협의

《제재》

○ 사업 대상자의 부당한 행위로 인한 자금회수 및 기준, 대출중지, 자격취소 등은 「농림축산식품분야 재정사업관리 기본규정」 등에 따름

6. 사후관리단계

《사업 관리·평가》

○ 사업주관기관은 다음 사항을 농림축산식품부장관에 보고

보고사항	보고기관	보고기한	서식
○ 지원사업 추진실적 - 승마시설, 조련시설, 전문인력양성기관 등 모든 사업의 이행내역 - 사업추진 지연시 그 사유	시·도 시·군·구	매 분기 말까지 매 분기 말까지	〔별지 제4호 서식〕
○ 지원사업 연간(최종) 추진실적 및 평가결과 - 지원금액 이행내역 및 평가 - 완료, 완공, 신고, 영업 여부 - 사업추진 지연시 그 사유	시·도 시·군·구	익년도 1월말까지 익년도 1월말까지	

《제재 및 처벌내용》
○ 사업대상자로 최종 선정된 이후 각종 인·허가 사항 및 관련 규정의 저촉 등으로 사업추진이 불가한 경우나, 사업추진이 부진하여 이월 및 불용이 발생되는 시·도는 '16년도 사업대상자 선정시 페널티 부과

Ⅳ. 2016년도 사업신청 수요조사 및 기타사항

1. 2016년도 사업수요조사
○ 본 시행지침은 향후 예산 확정 내역 등에 따라 변경될 수 있음
○ '16년 시행지침은 '16년도 사업희망자 수요조사를 위한 공문 시달시 안내('15.8월이후)

2. 2016년도 사업신청 및 지원대상자 선정안내
○ '16년 사업시행지침 확정 후 별도 안내('15.12월)

정부의 귀농귀촌 정책방향

농림부의 귀농귀촌구상

정부가 귀농, 귀촌인을 바라보는 관점은 무엇일까. 정부는 귀농귀촌으로 농업인구가 증대하고 이를 기반으로 지역이 다시 살아나고 활력 있는 마을이 구성되기를 바라고 있다. 농림부가 정책을 하는 방향은 크게 3가지인데 ①농촌으로의 귀농, ②농업을 중심으로 하는 창업, ③농업으로 취농 등이다. 이 세 가지를 어떻게 지원해 농촌에 도시민을 정착시킬 것인가를 고민하고 있다.

하지만 인구이동을 총괄하는 행자부, 시군 내에서 중소기업활성화를 담당하는 중소기업청, 새로운 취농문제를 담당할 고용노동부 등의 적극적인 참여가 현재는 결여되어 있다. 단지 농림부, 농진청, 산림청, 해수부만이 목청을 올리고 있다. 그들만의 노래가 화음을 내고 예술혼이 국민들에게 감동을 줄 수 있을까.

농림부는 도시민과 농민이 도농교류를 확대하고 이것이 농산물직거래 형태로 발전해 안정적인 먹거리가 유기적으로 공급되길 원한다. 또 도시와 지역이 소통되어 민간사회 안정망이 복원되기를 내심 바라고 있다. 그래서 국토의 균형적인 발전과 농촌사회가 발전되고 주민 삶의 질이 향상되기를 고대한다.

농림부의 입장을 듣고 있다 보면 도농교류와 귀촌이 농촌을 살리는 마이더스의 손처럼 보인다. 농림부 관계자는 귀농인에 대해 "단기적으로 잠재적인 농업 인력일 뿐 아니라 중장기적으로는 전문 농업경영인으로 성장할 수 있는 소중한 자원"이라고 판단하고 있다. 정부정책도 생계형귀농에 대한 자금 지원에서 철학있는 귀농을 지원하기 위한 제대로 된 정보 제공과 교육지원 쪽에 주력하고 있는 상황이다.

구체적인 농림부 정책방향

농림부 귀농귀촌 사업을 정책을 마련하는 곳은 경영인력과 안종락 사무관이다. 언제나 정신없이 돌아간다. 농업이 살려면 후계농 육성이 중요한데 3명이 우리나라 전체를 좌지우지 한다고 하니 기가막힐 따름이다. 물론 산하기관이 있어 손발을 쓸 수는 있지만 조직확대가 원활해야 국민이 편할 것으로 보인다.

현장에서 정책지원 및 집행하는 곳은 농정원 소속의 인력육성팀과 귀농귀촌종합센터(http://www.returnfarm.com 1899-9097)이다. 농정원(https://www.epis.or.kr)을 통해 다양한 농림사업 관련 교육과 귀농귀촌교육을 온-오프라인으로 지원을 받을 수 있다. 특히 통합농업정보교육시스템((http://www.agriedu.net)에서는 최신 농업정보, 우수교육사례, 직업훈련과정생 대상 전문가 상담 지원 등 귀농지원센터를 운영하고 있다.

농림부는 박람회 개최, 도농교류 행사, 비정기적으로 귀농 희망자를 위한 영농정착 도우미 책자를 제작해 배포하기도 한다. 귀농 교육지원은 귀농을 희망하는 사람을 대상으로 3~6개월의 기간에 영농에 필요한 이론 및 실습 교육을 현장과 연계해 실시하고 있다. 귀농교육을 마친 귀농인에 대해서는 후계농업인육성사업을 통해 적격자에겐 영농정착자금을 지원하고 있다.

정부는 귀농귀촌인에게 기초교육과 지자체의 현장교육, 정책자금 융자 지원, 멘토링, 도농간 연계책 마련, 농촌에서 소득증대 등 다양한 사업이 교육과 병행되고 있다. 도시민유치지원사업에 의해 2015년 현재 50개 지자체가 농림부의 지원을 받고 있다. 이것은 국가가 21세기 중반을 어떻게 이끌어가고 도농간의 역할과 고령자정책을 어떻게 구축할 것인가도 연관이 있다. 도시에서의 빠르고 강한 변화측면과 농촌에서의 작고 소박한 구성이 조화와 균형을 이루도록 모색하자. 안전한 먹거리와 여유 있는 여가를 온 국민이 누릴 수 있도록 창의를 모아 국가정책이 조성되어야 하겠다.

농촌진흥청의 귀농귀촌 역할부재

농촌진흥청은 한국농업기술과 농민지도의 산실이다. 지난 2014년 50여 년 이상 머물던 수원시대를 마감하고 전주 혁신도시로 이전했다. 가만히 생각해 보자. 수원시대와 전주시대 무엇이 다를 것인가.

새로운 수출농업을 선도할 기능성 식품개발, 첨단기술과 접목해 농산업 수출, 후계인력 교육과 지도, 연구 등이 중점사항이다. 굳이 하나 더 꼽으라면 우리의 농업 선진 기술을 개발도상국에 정착시키면서 한국형 개발모형인 새마을운동을 소개하는 것이다.

가장 중요한 것을 선택하라고 한다면 귀농귀촌인을 중심으로 하는 후계농업인력 육성이다. 귀농전 단계교육은 농림부, 귀농후 단계교육은 농진청에서 하는 것으로 2012년 12월 양 기관협의가 있었다. 이후 귀농 후단계 교육은 변화발전이 느리다. 농림부는 매년 교육인력과 예산을 20% 이상 늘리고 있다. 이것도 귀농귀촌인들의 증가 속도를 따라잡지 못하는 것이 현실이다. 하지만 농진청의 경우 2012년부터 현재까지 제자리걸음을 하고 있다. 구체적으로 2013년에 농림부가 농정원에 배정한 귀농귀촌교육량이 1천9백 명이다. 2014년 2천480명이고 2015년에는 2천8백 명으로 추정된다.

하지만 농진청의 귀농귀촌 현장지원실습 교육인원은 2012년부터 현재까지 560명이다. 2013년 약 5만 6천424명이 귀농귀촌했다. 이중 귀농귀촌 전 단계 교육을 받은 사람은 전체의 3.4%가 기본 소양교육을 받고 시골로 내려갔다. 시골에서 이들을 받아들여 0.99%를 교육시켰다.

한번 개관해 보자. 귀농귀촌이 노후대안이고 자조적 복지와 일자리 자급자족을 만드는 최선의 방법이라고 정책판단을 하고 있다. 그러면서 전체의 96.7%가 농촌이 어떤 곳인지도 모르고 내려가 농민과 갈등을 겪으며 살아간다.

시골로 내려가 농업소득을 증대시키기 위해 필연적으로 멘토-멘티의 연계와 농업을 익히는 과정은 필요충분조건이다. 그럼에도 불구하고 전체의 99.1%가 귀농후 단계실습에서 소외됐다면 농촌진흥청의 역할과 책임은 무엇인가.

농촌진흥청이 전부 엉뚱한 일을 하는 기관은 아니다. 그중에서도 2012년 3월부터 2014년 6월까지 귀농귀촌종합센터 운영은 나름대로 역할이 의미있다. 먼저 철저한 귀농상담으로 하루 수백 명이 전화상담을 하고 이들이 건전한 정보습득에 도움을 주었다. 두 번째, 홈페이지를 획기적으로 개편해 웹상으로 귀농귀촌 전개과정을 알 수 있도록 조정했다. 셋째, 전화상담을 한 잠재귀농인을 데이터 베이스화해서 이들의 지속적인 귀농귀촌을 지원하고 소식지를 보냈다. 넷째, 매년 귀농귀촌 매뉴얼을 만들어 일선 지자체에서 활용하도록 했다.

　농진청이 전주로 이전하기 때문에 집객력이 있는 대도시에 귀농귀촌종합센터가 남아 있어야 한다. 때문에 귀농귀촌종합센터가 다시 농림부로 이관되고 양재동에 자리 잡았다. 농진청에서 짧은 기간에 이토록 커다란 성과를 낼 수 있었던 것은 업무에 헌신한 김부성 지도관이 있었기 때문이다. 김 지도관의 기획력에서 농진청의 귀농귀촌정책과 초기 혼란스러운 가운데 대민정보제공이 나왔다. 전주시대 농진청은 더 이상 귀농귀촌을 지원하지 않는다고 한다. 농림부와 해수부, 농진청 등 범부처가 머리를 맞대고 창의를 모아도 부족할 판에 농진청이 귀농귀촌을 포기한다고 한다. 한마디로 정신 못 차리고 있다.

도시민 유치전략의
현주소

정부의 도시민 유치전략은 크게 4가지로 나누어진다고 볼 수 있다. 도시민을 귀농시켜 농촌정주인구를 늘리고 이들이 창업을 하도록 도와 도시자본의 유치를 촉진시킨다. 또 취농을 시켜 농촌에 부족한 전문인력을 공급해 지역사회가 다시 살아날 수 있도록 돕는 것이다.

다른 한편 농촌관광을 활성화해 도시민과 농민의 교류와 유대를 강화시켜 도농복합커뮤니티를 만드는 것이다. 이것으로 민간사회안전망과 농업의 다원적 기능을 공유하고 농업농촌을 도시민과 연대시켜 나가겠다는 야심 찬 전략이다.

①귀농귀촌

구체적으로 현재 하고 있는 전략을 보자. 먼저 귀농귀어부분은 귀농귀촌종합센터(서울 양재동 소재 ; 1899-9097), 귀어귀촌종합센터(부산 기장 소재 ; 1899-9597), 한국농어촌공사를 활용해 귀농전략·정책·성공사례에 대해 적극적으로 홍보하고 있다. 농정원(www.epis.or.kr)에서는 농업과 관련된 귀농귀촌 교육을 적극적으로 실행하고 정보를 제공하고 있다.

한국농어촌공사는 도농교류와 농지은행 관련 다양한 정보를 제공하고 있다. 즉, 전술한 농지은행(www.fbo.or.kr), 웰촌 홈페이지(www.welchon.com)에서 정부당국의 기본적인 정책을 볼 수 있다. 전원생활, 주택농지구입 및 임대, 체험관광, 지역개발, 교육지원, 카페 등을 컨텐츠로 두고 있다. 또 지원기능으로 그린투어, 인재뱅크, 경영도우미 등을 통해 각종 지원상담을 하고 있다.

② 농촌창업

농촌으로 들어가 창업을 하는 것에 대해서는 전국 농과대학에 농업전문창업보육센터에서 컨설팅과 지원을 실시하고 있다. 하지만 이들 정책은 2000년대 후반까지 잘 유지되었으나 최근에는 입주업체가 적고 전문적인 창업상담에는 약하다는 평이다. 앞으로는 중소기업청과 연관해 농창업지원 관련 정책 소개와 성공사례, 고민상담 등을 다양하게 지원해 줄 수 있는 구조가 필요하다. 또 기존의 웰촌 홈페이지를 통한 통합활용 등이 모색되는 것이 바람직하다.

③ 농업취업

농업관련 취업은 귀촌을 준비하는 사람이 주의 깊게 보아야 할 대목이다. 농촌 인근을 잘 살펴보면 '농공단지'라는 것이 있다. 농어촌 지자체가 스스로 재정을 확보하고, 직주근접의 개념 속에서 농어촌 지역에서 취업할 수 있도록 하는 것이 목적이다.

1983년 말에 제정되어, 1984년부터 시행된 '농어촌소득원개발촉진법'에 의해 농공단지가 지정되었으며 1994년까지 단지당 15헥타르ha 넓이로 전국 269군데 농공단지의 개발이 끝났다. 2단계로 1995년부터 2004년까지는 단지당 26헥타르 넓이로 131군데의 개발 계획을 세워 모두 400군데(7,603ha)의 개발을 목표로 하고 있으나 계획이 늦어져 현재도 개발이 진행되고 있는 단지가 있다.

농공단지는 도시와 농촌의 경제적인 격차를 줄여 국토균형발전을 만들려 조성한 공업단지로 입주업체에 금융과 기술지원을 해주고 세제혜택 등을 주고 있다. 국토연구원 장철순 박사의 〈농공단지의 노후도 분석 및 활성화 방안〉연구에 따르면 2010년 기준 전국에 산재되어 있는 421개가 있으며 20년 이상으로 안정된 농공단지 153개 36%에 이르고 있다. 최근에는 농공단지가 단순한 생산기자가 아닌 녹지, 문화, 복지가 가미된 다양한 지역역량이 이곳에 집중되고 있다.

귀농귀촌인들이 농공단지에 취업하는 것도 좋은 방안이다. 대부분의 공장은 농가공을 중심으로 하고 있다. 또 주말을 이용해 농사도 지을 수 있고 본인이 조금만 부지런하다면 아침농사를 짓고 직장에 출근할 수 있다. 이것은 필자가 제시하는 '반농반도사半農半都事'의 성공모델이 될 수 있다.

농촌으로 돌아가 아무 경험이 없이 농사를 짓는 것은 무모하다. 돈을 벌려면 일정규모 이상 영농을 해야 하고 여기서 실패하면 가진 돈을 허비하고 다시 도시로 돌아올 수밖에 없다. 이것보다는 도시에서 할 수 있는 지식과 기술을 가지고 농촌에 들어가 욕심 없이 취업하면서 남는 시간으로 농사를 짓고 살아가는 것이 백번 현명하다.

④농촌관광

농촌관광 분야가 있다. 농촌관광은 매력적인 분야이자만 많은 준비를 해야 한다. 자신이 시골생활을 좋아하고 사람과 어울림에 싫증이 나지 않아야 한다. 사람이 싫어서 시골로 왔다면 절대로 농촌관광은 해서는 곤란하다.

정부는 농촌관광을 위해 다양한 교육을 시키고 있으며 농가민박을 지원해 주고 있다. 농가부업소득에 대한 비과세가 확대되어 2009년부터 발생하는 소득분은 비과세되는 농가부업소득의 범위가 확대된다. 즉, 민박 등 기타 농가부업소득의 비과세 금액이 확대된다. 과거 연 1천2백만 원 이하에서 연 1천8백만 원 이하까지 비과세가 늘어났으며 이를 2009년부터 2천만 원까지 비과세 범위를 늘려주고 있으며 조만간 또 상향될 전망이다. 농가민박을 중심으로 안전하고 안심할 수 있는 농산물을 생산해 직거래한다면 좋은 노후 생활을 영위할 수 있다. 자연과 더불어 소박하게 살아가는 지혜를 원한다면 농촌으로 들어가라. 적어도 정부는 이 부분에 대해 도와 줄 자세는 되어 있는 것 같다.

● 농가부업소득 2천만 원까지 비과세(농민신문 2013.10.25) ●

2010년부터 농업소득세가 폐지되면서 작물을 재배해 얻은 소득에 대해서는 일체의 세금이 부과되지 않는다. 다만 정부가 2013년 8월 발표한 세법 개정안이 그대로 확정되면 2016년부터는 쌀·보리 등 식량작물을 제외한 고부가가치 작물재배 농가 중 연간 수입금액이 10억원을 초과하는 경우에는 사업소득세를 내야 한다. 만약 농업인이 농업 이외에 가축사육이나 민박 등을 통해 소득을 얻게 되면 원칙적으로는 소득세를 납부해야 한다. 그러나 일정규모 이하의 소득에 대해서는 세금을 면제해 주고 있다.

● 부업 규모의 축산=농가가 부업으로 하는 축산에서 발생하는 소득은 금액에 제한 없이 소득세가 면제된다. 부업 축산 규모는 ▲소·젖소 50마리 ▲돼지

700마리 ▲산양·면양 300마리 ▲토끼 5000마리 ▲닭·오리 1만5000마리 ▲양봉 100군 이내가 해당된다. 마릿수는 성장을 다한 가축을 기준으로 매월 말 평균 마릿수로 계산한다. 소는 성장 중인 송아지 두마리를 한마리로 계산한다. 두종류 이상을 사육한다면 가축별 부업 축산 규모가 각각 적용된다. 부업 규모를 넘어서는 경우에는 초과 사육마릿수에서 발생한 소득과 기타 부업에서 발생한 소득을 합해 연 2000만원까지 비과세한다.

● 민속공예품 제조나 민박, 음식물 판매 등=죽공예·목공예·석공예·도자기 등의 민속공예품 제조나 민박, 음식물 판매, 특산물 제조, 전통차 제조, 어로 양어 및 이와 유사한 활동에서 발생하는 소득에 대해서는 연간 2000만원까지 비과세한다. 이때의 소득은 판매를 통해 벌어들인 금액(총수입금액)이 아니라, 총 수입금액에서 필요경비를 공제한 금액을 말한다. 민박은 군지역이나 시지역 중 주거·상업·공업지역을 제외한 읍·면지역에 설치된 객실이 7실 이하인 시설에 한한다. 이밖에 수도권을 제외한 읍·면지역에서 전통주 제조로 발생하는 소득에는 연간 소득금액 1200만원까지 소득세를 비과세한다.

● 3000만원 이하 예탁금=지역농협 등의 20세 이상 조합원과 준조합원의 3000만원 이하 예탁금은 이자소득세가 2015년까지 면제된다. 2016년에는 5%, 2017년 이후에는 9%를 적용한다. 이는 가입시기에 따라 적용하지 않고, 이자 발생 귀속연도에 따라 적용한다. 예컨대 준조합원이 2013년 6월에 5년 만기 정기예탁금에 가입해 만기 해지하는 경우 총 발생이자 중에서 2013년 6월부터 2015년 12월31일까지 발생한 이자는 비과세되고, 2016년 1월1일부터 12월 31일까지 발생한 이자에는 5%, 2017년 1월1일부터 만기일까지 발생한 이자에는 9%의 이자소득세가 부과된다.

지자체의 귀농유치 홍보

① 지자체의 귀농귀촌조례현황

지자체에서도 다양한 프로그램을 제시하거나 준비하고 있다. 특히 2007년 강진군에서는 귀농자 지원관련조례를 제정했다. 진안군은 귀농지원 행정종합시스템 구축사업이 행정자치부의 혁신브랜드사업으로 뽑혀 주목받고 있다.

강진군은 2007년 2월 ㈔전국귀농운동본부와 함께 귀농자 강진군 유치를 위한 협약을 체결했다. 이 협약이 갖는 의미는 전국최초라는 것이다. 이후 2008년 9월의 천안연암대와 봉화군이 협약을 체결했다. 약간 다른 의미이지만 충남 서천군은 ㈜이장과 귀농을 포함한 지역개발전반에 관해 협약을 체결하기도 했다. 이러한 귀농에 대한 지자체의 유치홍보전략은 매년 늘어나고 있는 추세이다. 2014년 7월 현재 귀농귀촌조례 현황은 117개로 행정자치부의 자치법규정보시스템(www.elis.go.kr)을 찾아보면 알 수 있다. 구체적으로 보면 경기도를 제외한 모든 도에서 귀농귀촌조례를 가지고 있으며 충남의 경우 귀농인교육조례도 있다. 시군조례 현황은 농촌관련

160개 지자체중 67.5%인 108개 지자체가 귀농귀촌조례를 가지고 있으며 경기도는 가평, 양평만이 조례가 있으며 제주도는 시군조례가 없고 도 조례만 존재한다.

그렇다면 왜 최근에 지자체가 귀농귀촌에 전력투구를 하는 것인가. 가장 큰 이유는 지역의 재생을 위해서는 도시민의 활력과 도시자본을 적극적으로 유치해야 한다는 점이다. 도시민이 들어온다면 지자체 입장에서는 세수와 더불어 유무형의 이익이 있으며 도시의 선진된 노하우와 도시민으로 인해 새로운 교류와 소통이 가능하기 때문이다.

도시민 유치는 복합적이다. 농업후계자가 끊기고 지역의 존립기반이 고령화로 흔들리는 상황에서 지자체 입장에서 농촌에 호감을 가지는 도시민은 매력적일 수밖에 없다. 지자체장 입장에서도 정주인구를 늘리고 그들에게 지원해 주는 것은 좋은 지지자와 친구를 만드는 일이다. 귀촌예정자 입장에서도 자신을 환대하는 지자체와 사람들을 마다할 일이 결코 아니다.

② 귀농귀촌활성화의 원조 지자체

구체적으로 귀농귀촌에 적극적인 지자체는 어디인가. 어떤 일을 지자체에서 해주고 있는지 보자. 현재는 100여 개의 지자체가 귀농귀촌을 적극적으로 유치한다고 말을 하고 있지만 실상은 50여 개의 지자체가 활력 있게 도시민 유치 지원사업을 하고 있다. 이중에 2015년 현재 50개의 지자체가 농림부의 지원을 할 예정이다. 농림부의 지원을 받고 있는 선도 지자체의 목록과 현황을 보자.

귀농만 놓고 보면 전북 고창과 경북 상주가 가장 뛰어난 지자체이다. 이들 지자체는 교육과 지자체장의 전폭적인 지원으로 귀농이 전국의 모범을 보이고 있다.

2014년도 도시민 유치지원사업 시행 시군 일람

도별	시군	담당부서	전화	시군	담당부서	전화
강원	화천군	농업기술센터 농업정책과	033-440-2971	양양군	농업기술센터 농업정책과	033-670-2479
충북	단양군	농업축산과 도시민유치	043-420-2742	옥천군	친환경농축산과 농정기획	043-730-3245
	보은군	농축산과 귀농귀촌계	043-540-3346	영동군	산림경영과 귀농귀촌담당	043-740-3347
충남	금산군	농업기술센터 기술지원과	041-750-3528	청양군	농업기술센터 농업지원과	041-940-4721
	홍성군	농업기술센터 기술개발과	041-630-9128			
전북	남원시	농정과	063-620-6362	완주군	농촌활력과	063-290-2473
	진안군	아토피 전략산업과	063-430-2842	무주군	농업기술센터 친환경과	063-320-2832
	장수군	농업기술센터 기술담당관	063-350-5309	임실군	지역농업 특화사업단	063-640-2422
	순창군	농정과	063-650-1757	고창군	농업기술센터 농촌개발과	063-560-8826
전남	순천시	농업기술센터 농촌지원과	061-749-3647	나주시	도시개발 사업소	061-339-4513
	곡성군	농업기술센터 기술과	061-363-1214	강진군	농업기술센터 농촌지원과	061-430-3644
	구례군	도시경제과 투자유치	061-430-2334	영암군	친환경농정과	061-470-2379
	영광군	농업기술센터 연구개발과	061-350-5576	장성군	농업기술센터 농촌지원과	061-390-7544
경북	영천시	농촌지도과	054-339-7286	상주시	귀농귀촌특별팀	054-537-6421
	예천군	농정과	054-650-6269	봉화군	농촌개발과	054-679-6858
	울진군	친환경농정과	054-789-6752			
경남	창녕군	농업정책과	055-530-6059	남해군	농정산림과	055-860-3908
	하동군	농업기술센터 농촌사회과	055-880-2743	거창군	농업기술센터 농촌활력과	055-940-8272
제주	서귀포	자치행정과 귀농정보	064-760-3952			

강진군은 '2007.05.21 조례 제1998호'를 근거로 '강진군 귀농자 지원 조례'제정으로 귀농자 상담 전담 창구를 설치하고 예산 범위 안에서 교육훈련비, 귀농정착 사업비, 주택수리비, 의료비, 학자금 등을 지원키로 했다. 또 전국귀농운동본부에서 실시하는 교육 및 홍보프로그램을 운영할 때 재정적인 지원을 하기로 했다.

전북 진안의 경우 2001년 으뜸마을이라는 독자적인 사업을 마련했다. 당시 임수진 군수는 유정규 박사를 초빙해 상향식 개발에 의한 지역발전 방향을 마련했다. 유 박사에 이어 일본에서 마을가꾸기를 전공한 구자인 박사를 마을 가꾸기 팀장으로 초빙해 진안을 전국에서 가장 내실있는 귀농귀촌의 지자체로 성장시켰다. 하지만 십 수 년 동안 지속해 온 귀농귀촌 분위기는 최근 주춤하고 있다는 이야기도 나온다.

비근한 예로 2013년도 통계청과 농림부의 귀농귀촌자의 추이를 보면 진안은 뚜렷하게 부각되지 못하고 있다. 진안은 귀농부분만 101명으로 전국 37위를 차지하고 있었다. 귀촌부분은 50위권에 진입하지 못했으며 귀농귀촌 통합추계에서도 50위에 들어가지 못하고 있는 실정이다.

경북 봉화군도 초창기부터 열심히 추진하는 지자체이다. 봉화의 특징은 교육과 현장적용을 강하게 해서 예비 귀농귀촌인에게 인기다. 2006년부터 '귀농인력 양성전문교육'을 매년 3개월간 실시하고 있다. 이는 지자체가 농촌인구 감소와 노령화로 어려움이 많은 지역농업의 현실을 타개하겠다는 의지의 표현이다. 2006년부터 2014년까지 매년 '귀농인력 양성전문교육'을 1월부터 12월까지 평균 5개월 이상 실시했다. 매년 약 40명의 귀농귀촌교육생이 되고, 사과, 고추, 토마토, 약초 등 농작물의 이론 및 실습교육, 전문지도사와 외부강사 등으로 영농기술을 한 단계 높여 실시했다.

2010년 이전에는 귀농인이 정착하기 가장 선호하는 지역으로 봉화군이 주목받고 있었다. 2007년도에만 128가구에 306명이 봉화군을 선택했다. 봉화군 관계자는 귀농자들에게 선택받을 수 있도록 적극적인 귀농인 유치 및 지원 확대를 위해 귀농교육, 귀농정착 이사비용지원 확대, 출산육아지원 조례제정 지원, 농업 융자금이자 지원 및 농작물 재해 보험료의 군비 보조 등 각종 농업관련 지원 및 혜택이 타 자치단체보다 앞서가게 하는 것이 책무라고 말한다.

③ 최근 귀농귀촌으로 주목받는 지자체

2010년 이후에는 귀농귀촌으로 주목받는 지자체로는 단연 전북 고창과 경북 상주를 꼽는데 이견이 없다. 고창의 경우는 50억 원의 지역개발기금을 조성해 이 기금을 융자해 주고 있다. 고창의 저렴한 지가와 고품질 농산물로 평당 1만 원의 소득을 내고 있어 고창농업기술센터의 귀농교육을 체계적으로 받고 융자를 얻어 토지를 구입해 5년간 열심히 농사를 지으면 자립할 수 있는 구조를 만들고 있다. 이것이 고창의 성공비결이다. 두 지자체의 귀농귀촌정책을 보자.

고창은 귀농인 영농정착금 지원으로 가족 1인당 100만 원, 최대 1천만 원 한도 지원하며, 귀농인 농지구입자금 융자하는데 전국 최대 규모이다. 가구당 5천만 원으로 이율 2% 3년 거치 5년 균분상환을 해야 한다. 고창군 이외의 지역에서 3년 이상 도시 생활을 하다가 영농을 목적으로 가족과 함께 고창군에 전입하여 영농에 종사하고 있는 55세 미만 귀농세대에 한정하고 있으며 재원은 고창군기금이 약 50억 원 정도 있는데 이를 활용하고 있다. 이밖에 소소한 지원책이 많으며 고창의 귀농귀촌정책성공은 기금지원과 저렴한 농지가, 안정적인 작목생산, 지자체의 지원 등을 성공요인으로 볼 수 있다.

상주는 우리나라에서 억대부농이 제일 많은 지자체이다. 상주는 귀농인들을 억대부농과 연계해 멘토-멘티제도를 활용해 적극적으로 고부가가치 부농을 만든다는 전략이다. 상주의 경우 곶감, 오이, 한우, 포도, 사과, 배, 인삼 등 다양한 고소득 작목이 분포해 있으며 이들 작목을 체계적으로 전수받게 하고 있다. 이정백 시장은 "한 사람의 귀농귀촌인은 한 개의 중소기업이라고 판단하고 적극 도와줘라"라고 일선 공무원들에게 주문하고 있다.

상주는 정착지원 정책으로 가구당 500만 원 한도 보조금을 주고 있으며 귀농귀촌인 주택 수리비를 가구당 500만 원 한도로 지원하고 있다. 이것은 500만 원을 준다는 것이 아니라 최대 500만 원까지 지원가능하다는 말이다. 또 귀농귀촌인 주민초청행사(가구당 정액 40만 원), 소규모전원마을 입주민초청행사(100만 원), 귀농귀촌인 농기계 대여료 50% 감면, 귀농귀촌인 설계비 50% 감면 등이 있다.

상주의 특징은 고창이나 타 지자체처럼 특별한 금전적인 지원은 없으나 귀농귀촌센터 조원희소장이나 상주에 정착한 선배 귀농인들의 역할, 다양한 농작물의 재배 가능, 입지대비 저렴한 지가 등이 장점으로 꼽히고 있다.

순천대 강대구 교수는 "경영자금 지원 장치 마련과 선도농가가 귀농인을 지원하는 후견인 지정이 제대로 정착하지 못하면 재 탈농으로 이어진다"고 말한다. 선도지자체는 인적 시스템과 멘토-멘티 제도의 활성화에 승패가 갈릴 것이다. 예비귀농인도 귀농에 대한 교육과 준비가 부족하면 문제가 발생한다. 도시와 농촌의 다른 점을 이해하지 못하면 초기투자를 많이 하게 되면 이것은 귀농 실패로 이어진다.

2014년 12월 그토록 바라던 귀농귀촌법 제정되었다. 이제부터 지자체들이 농업기술센터 혹은 농정과에 귀농지원센터를 설치 운영해 귀농에 대한 총괄적인 업무를 추진토록 해야 하겠다. 귀농인들이 쉽게 농지 임대를 통해 농사를 짓게 하고 경영자금을 마련할 수 있는 제도적 장치도 보완해야 한다. 지자체장도 귀농인을 보살펴 줄 수 있는 인근 지역의 선도적 농가를 후견인으로 지정, 지속적인 교육과 사후 관리가 이루어지기를 바란다.

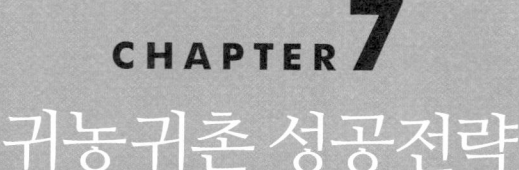

CHAPTER 7
귀농귀촌 성공전략

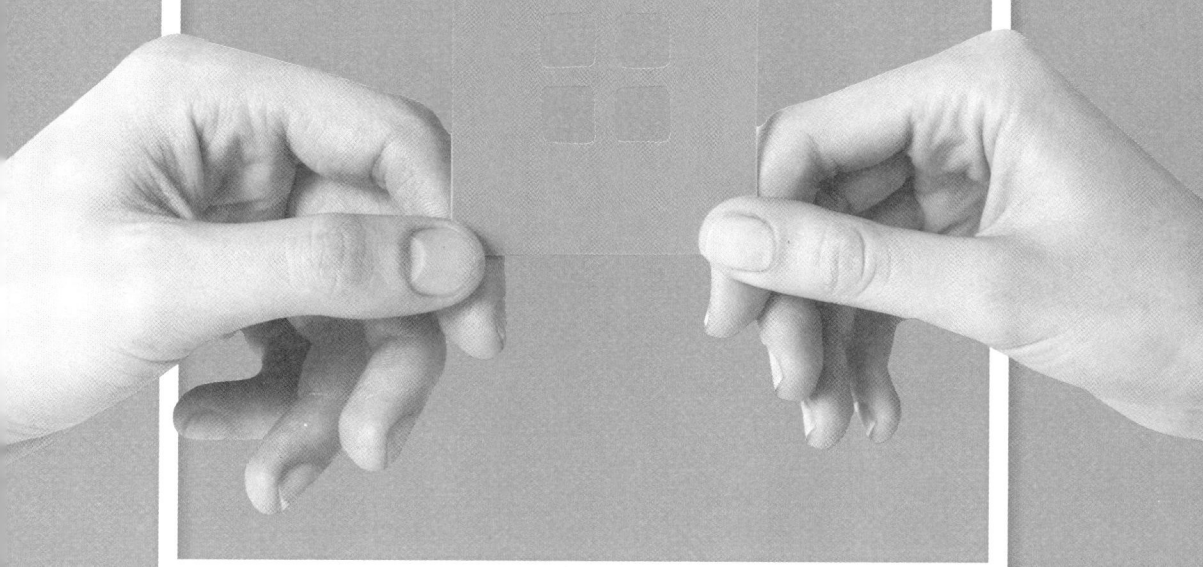

귀촌 후 2년 안에 인정받아라

① 시골에서 안 찍히고 살아남기

귀촌 후에 집도 정리되고 농작물도 키운다면 '앞으로 어떻게 살 것인가'를 본격적으로 고민해야 한다. 귀촌 후 1~2년이 참 중요하다. 처음 일 년이 잘못되면 40년 귀촌생활이 이상하게 꼬일 수가 있다. 흡사 와이셔츠 단추를 잘못 끼는 경우와 같다. 정말로 시골생활은 처음이 중요하다. 처음 일 년 동안에는 농사 짓느라 지역사회와 선을 연결하느라 정신이 없을 것이다. 아무리 농사나 집짓기에 정신 없더라도 주민과의 관계가 먼저이다. 지역주민으로서 더불어 살아가는 것에 실패한다면 모든 것이 끝장이다.

'선주민친교 후경제 개선'을 원칙으로 가진다면 큰 문제가 없다. 하지만 당장 소득이 있어야 산다고 농업에 전념한다면 농민과 경쟁관계로 흐를 수도 있다. 이 경우 농민과 관계가 소홀하거나 분쟁이라도 생긴다면 찍힐 것이다. 한번 찍히면 학창시절 왕따를 경험한 사람들과 똑같은 상황을 나이 먹고 느낄 것이다. 한번 찍히면 영원히 구제받지 못하는 곳이 농산어촌이다. 만약 개선하려면 공무원의 도움이 필요하다. 어떤 일이 있더라도 시골 생활이 행복하려면 갈등국면으로 가도록 내버려 두지 말라는 말이다. 주민과 관계가 틀어지면 자신이 전적으로 손해이다. 현재와 같은 외지인과 원주민 인구 비중에서 열세인 경우 모든 것이 불합리하게 변화할 수 있다.

초창기 농업의 비중을 줄이고 주민 속에서 조화롭게 사는 법을 먼저 배워야 한다. 즉, 농사는 취미농 수준에 머무르라는 것이다. 대량생산 하지 말라는 것이다. 만약 대량생산 한다면 반드시 농약을 쓰고 비료를 써야 생산량을 늘릴 수 있다. 이렇게 한다면 관행농업이 되고 대량생산한 농산물을 판매하려면 유통업자가 와야 한다. 시장 수요가 있는 특이한 작물이 아니라면 유통업자와 자신과의 관계는 유통업자가 99% 갑이 된다. 갑과 을의 관계는 세상 어디에서나 있다. 예를 들어 동물과 식물의 관계도 갑과 을의 관계이다. 갑과 을의 관계는 한번 규정되면 쉽게 바꾸기 어렵다. 결국 농촌을 떠나거나 내가 갑이 되는 관계를 만들어야 한다.

내가 갑이 되는 관계는 소량생산해도 팔 수 있는 관계를 만드는 것이다. 내가 시장市場 기능을 갖거나 허브, 네트워크의 중심에 있어야 한다. 소량생산을 한다면 농기계나 농약을 사용하지 않고 농작물을 키울 수 있다. 농작물을 텃밭에서 가급적 많은 품종을 혼작해야 한다. 지력을 높이기 위해 퇴비도 많이 주어야 한다. 농사는 무농약이거나 유기농으로 해야 한다. 화학비료도 사용하지 않는 유기농으로 할 때 비로소 자신의 가치를 인정받을 수 있다.

이러한 농사의 전제조건은 먼저 돈을 쓰지 않고 생활할 수 있는 시스템을 만들어야 된다. 철저히 준비하고 검증하라. 사실 시골에서 부농으로 성장할 성공률은 대단히 낮다. 실패 확률을 조금이라도 줄이려면 귀촌 전에 여러 부문에서 철저한 준비와 검증을 거쳐야 한다. 내가 농사지어서 어떤 농산물을 생산하고 어떤 시장에 뛰어들 것인지, 시장 상황은 어떠한지, 경쟁자는 누구며 이들과 차별화할 준비는 돼 있어야 한다.

● 귀농 후 지역에서 잘 적응하는 방법 ●

① 아는 사람들에게 팔라

도시의 지인들도 농산물을 사 먹을 것이다. 만약 당신이 농산물의 안전성이 자꾸 문제가 되는 지금 모르는 사람이 생산한 것을 사먹을 것인가. 믿을 수 있는 아는 사람이 책임지고 생산한 농산물을 사 먹을 것인가. 여기에 대한 대답은 100% 아는 사람이 생산한 안심할 수 있는 농산물이다. 앞으로 시장은 누가 생산한지도 모르는 상품에서 믿을 수 있는 진짜 농산물을 사먹을 것이다. 어차피 따라서 귀농귀촌 전에 판매처를 반듯이 마련해 내려가자. 이것이 사는 길이다.

② 지역을 듣고 배우고 나누자

지역은 지역 나름대로 얼굴이 있다. 이 얼굴에 자신도 투영되어야 한다. 마을의 농민들은 수 십 년 자기 나름대로의 기술기반을 가진다. 대부분 한 분야에서는 자기 나름대로 전문가의 경력을 쌓아왔다. 지역의 농업전문가로 인정하고 그로부터 많은 지식과 정보를 듣고 배우고 나누어야 성공한다. 단 농약과 화학비료만큼은 절대 사용하지 말라. 면적을 줄이면 된다. 대신 아는 사람들에게 시중가의 80%로 팔아라. 그러면 이익이 남아 먹고 살 수 있다. 시대의 앞 선 흐름을 따르는 것이 살아남는 길이다. 외부전문가나 농업기술센터 등 지원기관 등이 듣기 싫은 소리를 하거나 간섭하는 것에 과하게 반발하거나 귀를 닫으면 독단적 의사결정을 하게 되고 귀촌이 무너진다.

③ 지역자원을 개발하라

지역에 재래종 뽕나무나 개복숭아가 있다면 이것으로 맛있는 오디주나 개복숭아주 혹은 발효액을 만들어라. 그리고 잊어버려라. 한국 사람들이 가진 제일 큰 문제는 빨리 빨리와 조급증이다. 잊어버리고 한 5년이나 10년쯤 지나면 이것은 돈이 된다. 예를 들어 개복숭아주는 500㎖작은 생수병이 보통 3개월 숙성하면 5천~1만 원 정도 받을 수 있다. 하지만 10년 정도 경과되면 부르는 것이 값이다. 횡성에서는 한 병에 10만 원씩 팔았다는 이야기도 들었다. 오래두면 좋은 것은 술과 친구란 말이 맞는 모양이다. 최근에는 개자 들어가는 것이 진짜인 시대로 변했다. 예들 들어 개똥쑥, 개멘드라미, 개망초, 개쑥갓, 개두릅, 개머루, 개쑥부쟁이, 개비름, 개비자나무, 개속새, 개쇠비름, 개여뀌 등 개자전성시대로 천지개벽했다.

④ 자신의 분수를 아는 것이 귀농귀촌의 성공이다

비즈니스에 영원한 것이 없듯이 귀농을 100년 200년 할 수 없다. 귀농 귀촌도 생산력이 끝나면 한계이다. 몸이 아프고 망가지면 귀농을 포기하고 다시 도시로 돌아갈 수 있는 것이다. 어차피 한 세상 추억 많이 만들고 젊은 시절 국가경제를 위해 도시에서 열심히 살고, 아이들 훌륭하게 키우고 인생의 가을에 시골에 와서 행복을 찾으며 사는 것이다. 가족, 친구들에게 안전하고 안심할 수 있는 먹거리 공급해서 도시에서 열심히 먹거리 걱정 안하게 살게 했다면 누가 뭐라도 100점짜리 인생이다. 조국과 민족에게 헌신한 인생이다. 농업은 욕심을 낸다고 되는 것이 아니다. 모든 조건이 맞아야 성공한다. 도시보다 자연에 관한 변수가 너무 많다.

② 은퇴 후 40년 사는 귀농귀촌 비전과 방법

분명한 목표가 무엇인지 정하자. 40~60세에 귀농귀촌한다면 다음과 같이 전개될 수 있다. 귀농기(초기 5년)-성장기(다음 5~10년)-성숙기(다음 10~30년)-쇠퇴기(다음 10년)-종말기(마지막 5년)를 친다.

여기서 생각해야 할 점은 쇠퇴기와 종말기를 어디서 어떻게 보낼 것인가. 죽음을 준비하는 마지막 5년을 어떻게 살아갈 것인가. 자신이 가꾼 시골에서 조용히 살다 갈 것인가. 아니면 친구와 자식이 있는 도시에서 생을 마감할 것인가를 고민해야 한다. 농촌에서 산다면 의료시설이 열악해 도시에서의 삶의 1/2 내지 2/3밖에 못 산다고 추정하면 된다. 도시에서는 모든 돈이 의료비로 들어갈 것이다. 우리가 늙어 죽음을 기다리는 2040년에서 2060년대에는 국민연금이나 의료보험은 많은 부분이 자부담을 해야 할 것이다. 현재와 같은 시스템에서는 지속가능하지 않기 때문이다.

너무 욕심 부리지 말고 분수에 맞게 생활하자. 그것이 농촌에서 성공하는 방법이다. 미리 예측하고 내려놓을 때를 알아야 한다. 진시황도 결국은 죽지 않았는가. 죽음을 두려워하지 말자. 멈출 줄 아는 것은 실패를 방지하면서 귀농과 안정적인 생활의 기회를 찾게 해준다.

엄마의 정신으로 무장하자. 농사를 짓고 산다는 것은 길고도 외로운 여정. 가치 있는 삶은 본인이 가진 열정의 산물이다. 엄마가 가족을 위해 헌신하는 것이 이런 마음이 아닐까. 가족 사랑의 소명의식과 혼신의 노력, 자기희생이 결국 가족의 영광을 가져온다. 엄마가 매일매일 해주시던 안심할 수 있는 저녁. 그런 마음으로 농산물을 생산해 지인들에게 공급하자. 그것이 보통사람이 사는 나라의 성공일 것이다.

지인들의
먹거리 안전을 책임져라

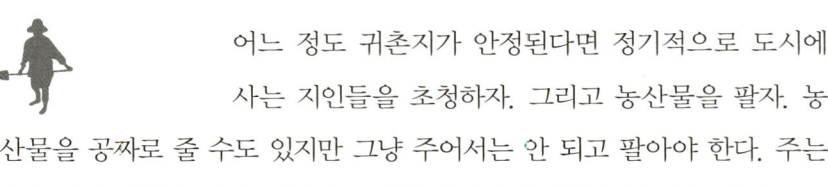 어느 정도 귀촌지가 안정된다면 정기적으로 도시에 사는 지인들을 초청하자. 그리고 농산물을 팔자. 농산물을 공짜로 줄 수도 있지만 그냥 주어서는 안 되고 팔아야 한다. 주는 것은 덤과 선물은 줄 수 있지만 가계를 책임질 생산품을 줄 수는 없다.

야박하게 보일 수 있지만 팔아라. 팔기 위해서는 주기적으로 내가 사는 시골로 올 수 있는 계기를 만들어야 한다. 두 달에 한 번씩 와서 시골체험을 하고 농산물을 사가지고 가게 하는 것도 방법이다. 현재 농진청에서는 팜 파티나 교육농장을 주기적으로 지원하고 있다. 또 여름에 피서를 시골로 내려오는 것도 방법이다. 이런 방법도 좋지만 1년에 100만 원을 받아 먹거리의 중요한 부분을 책임지는 것도 좋다. 예를 들어 고추장과 된장, 김장 김치, 여름 피서, 추석과 구정에 올라가는 대추와 감, 그리고 신선 야채를 공급하는 것을 100만 원으로 한다면 결코 비싸지 않다. 명확하게 공급할 품목과 공급할 사람 수를 미리 정해 놓고 날짜도 주말로 정해놓자.

예를 들어 여름휴가는 6월에서 9월까지로 정하고 미리 한 달 전에 날짜를 정하고 오며 2박 5식을 원칙으로 한다. 같이 농사체험도 하고 이런저런 이야기도 하고 농사일도 돕고, 같이 물고기도 잡고 만들어 놓은 과실주 맛도 보고 이야기도 밤새워하며 이런 휴가를 간다면 한 50만 원 주어도 아깝지 않을 것이다.

또 김장도 중국산 재료를 못 믿고 누가 만들었는지도 모른다. 같이 모임을 만든 그룹 전체가 11월 어느 날 시골로 내려와 하루에 전부 김장을 담그고 각자 나누어 가지고 간다. 물론 고추, 마늘, 배추, 무 등 주요 재료는 자신이 직접 농사지은 것이어야 한다. 하루 전에 몇 가족이 미리 내려와 준비를 해놓아도 좋다. 닭도 잡고 염소도 한 마리 잡아 파티를 해도 좋다. 직접 담근 술도 꺼내 먹고 제철 제대로 된 음식도 먹어 본다.

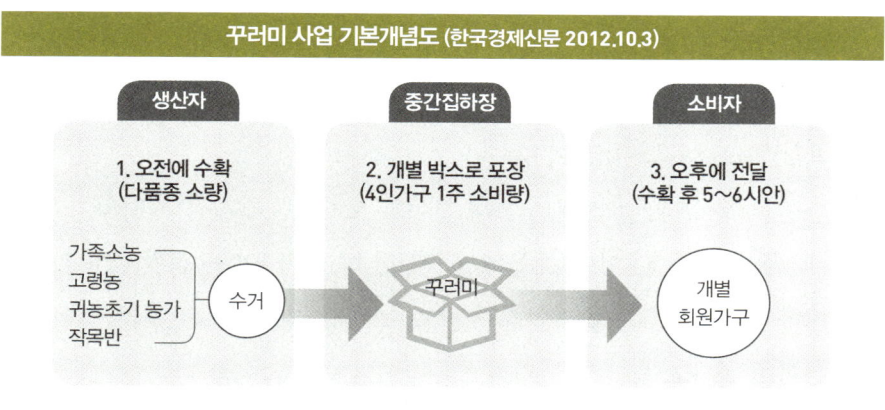

이런 게 정년 후에 살아가는 행복한 모습이 아닐까. 한 해 꼭 필요한 먹거리를 공급해 주고 농촌체험도 하고 민박도 하는데 100만 원이 아까울까. 전혀 아깝지 않을 것이다. 친구들끼리 친척끼리 만나서 정을 나누고 안전한 먹거리를 가지고 가고 서로 돕고 살아가는 모습, 이것이 우리 민족의 멋이 아닐까. 상부상조, 환난상휼, 상호부조 이런 생각으로 네트워크 한다면 노후가 두렵지 않다.

10가구 정도 지인의 그룹을 만들어 시도해보자. 아무리 많아도 20가구를 넘어서는 몸도 힘들고 어렵다. 10가구 전후가 콘트롤 가능한 최적이다. 여기서 10가구라는 단위는 서로 신뢰가 가능한 가족이며 익명화되어 있지 말아야 한다. 물건이 조금 시원찮아도 믿고 먹을 수 있는 가족같은 관계이어야 한다. 컨설팅을 위해 시골에 가보면 직거래 중 방울 토마토 박스에서 택배과정상 2~3개가 깨지거나 상할 수 있다. 이것을 반품해 달라고 때를 쓰는 소비자가 있다. 이런 고객은 생산자를 신뢰하거나 믿지 못하는 고객이다. 10가족 안에는 이런 부류의 사람이 포함되면 곤란하다는 말이다.

한 가지 팁을 더 주자면 시골에서 돈을 많이 번다는 생각은 안하는 것이 좋다. 적당히 건강하게 일하면서 살고 사회에 안전한 농업으로 봉사한다는 생각이면 족하다. 만약 능력 있고 돈을 많이 벌고 싶다면 농촌을 떠나 도시로 가라. 도시가 기회의 땅이다.

연초 적어도 2월 전에는 그해 참여할 도시지인 그룹을 정하라. 그래야 예산을 산출할 수 있다. 시골에서 살려면 한 달에 100만 원은 있어야 가능하다. 농사를 짓고, 술을 만들어 팔고, 고추장, 된장, 각종 산나물장아찌를 만들어 판다고 생각하라. 그리고 주말이면 민박도 하고 나머지 시간을 철저하게 자연과 호흡하며 즐겨라.

농사는 바쁠 때 바쁘고 한가할 때 한가하다. 때가 있다는 말이다. 또 겨울에는 시간이 많다. 때문에 시간을 잘 활용하면 투 잡(job)도 가능하다. 예를 들어 농공단지에 나가서 일을 하고 아침, 저녁과 주말에 농사를 지어도 좋다. 바쁠 때는 사람을 쓰면 된다.

정상적인 사회생활을 했다면 연금 수입이 30~100만 원 전후일 것이고 친구들과의 꾸러미 농촌 계(契)에서 1,000만 원, 농업수입이 1,000만 원정도 생길 것이다. 기본적으로 농촌 계에서 얻어지는 금액을 가지고 농사를 지으면 된다. 이 돈을 남길 생각하지 말고 모두 다 쓴다고 생각하자. 그러면 친구도 좋고 나도 좋고 마을 노인들 물건도 팔아줘서 좋다. 1석3조가 가능하다는 말이다. 시골도 나를 부자로 만들어 주는 사람에게는 호의적이다. 꾸러미 농촌 계에 서로 상부상조의 발판으로 활용해야 할 것이다. 아무리 많아도 20가구가 넘으면 통제가 어렵다. 부부동반으로 한 열 가족이 모이면 족하다.

도시에 있으면 새로운 수입은 생각도 못하고 매일매일 소일하면서 못 벌고 돈써야 하기 때문에 전혀 생산적이지 못하다. 하지만 농촌에서는 일도 하고 생색도 내고 돈도 벌 수 있어서 좋다. 지인들에게 공급하고 농산물이

	꾸러미 사업의 도농밥상공동체와 안전한 먹거리 확산의 효과
사회운동 측면	도농이 융복합해 새로운 대안적 구조만듬 • 먹거리 불안해소 • 도농이 서로 상생하고 공조하는 통합구조를 형성
귀농귀촌측면	도시에 생명을 농촌에 생활을 연계하는 귀농귀촌인 역할 부각 • 지역사회 유통체계에 관여 • 마을내 노인복지와 전통식품의 가치 고양 • 도시민은 안전한 먹거리와 휴양을 마을에서 즐김
환경 측면	마을환경 뿐만 아니라 국가와 지구를 보호 • 푸드마일 단축 통한 이산화탄소 배출량 저감,지구온난화 방지 기여 • 지역 농업 유지를 통한 각종 환경적 기능 유지 • 지역 농업 재편성을 통한 환경적 악영향(농약,비료 사용 등)감소
건강 측면	안전하고 깨끗하고 신선하며 영양이 풍부 • 짧은 운송거리로 인한 먹거리의 신선도와 영양분 유지 • 장거리 유통을 위한 방부처리 필요의 감소(안전, 안심 등)
지역 사회측면	읍면단위 활성화와 경제에 도움 • 지역 농업과 고령농민 유지를 통한 지역사회 공동화 방지 • 주민소득의 지역 내 순환을 통한 지역경제 활성화
교육문화 측면	안전한 먹거리에 대한 교육적 효과 • 먹거리 생산(농사)체험을 통한 체험학습과 생태교육 효과 • 지역먹거리와 전통식품, 신선식품에 대한 문화적 접근가능

반드시 남는다. 이것은 지인들에게 판매를 부탁한다. 아니면 덤으로 줘 버리는 것도 방법이다.

세상은 공짜가 없다. 주면 준만큼 돌아온다는 사실을 명심하라. 수십 년 살아오면 누구나 아는 이치다. 술잔에 술을 따르고 잔이 채워지면 넘친다. 넘치기 전에 마시는 것이 삶이 지혜다. 따르지도 않고 술이 없다고 절대 말하지 말라.

지인들을 감동시키기 위해서는 연출이 필요하다. 풀 한 포기, 벌레 한 마리까지 모든 생명을 귀하게 여겨라. 키우는 동물들에게 이름을 지어주고 가치를 부여하라. 그냥 흘러가는 것과 가치와 존재의 의미가 있는 것은 전혀 다르다.

집터를 아름답게 꾸며라. 그래야 사람들이 감동을 한다. 산에 굴참나무가 있다면 주인 허락을 받고 굴참나무 껍질을 벗겨 응달에서 잘 펴서 말려라. 신경통이 있는 사람이 이 껍질에서 잠을 자면 그렇게 편할 수가 없다. 실제 경북 영양에서 한번 누워 봤는데 코르크 감촉의 나무에서 정말 편하다는 느낌을 받았다. 이런 특별함이 있어야 한다.

개울과 공생해야 한다. 매번 고기만 잡아서 지인들에게 매운탕 끓여 주지 말라. 고기를 잡았다면 잡은 만큼 자연에 돌려줘라. 각 도에는 내수면사업소가 있다. 이곳에 미리 치어를 신청해서 몇천 마리라도 치어를 놓아주어라. 그리고 잡아먹어야 다음에 또 잡아먹을 수 있지 않은가. 모두 잡아먹으면 결국 씨가 말라 공멸하는 길로 간다는 것은 당연한 이치다.

시골에서 삶은 자연순환의 원리를 실천하는 길이다. 자긍심을 가지고 자연과 일체된 생활을 하는 길이기도 하다. 이런 생활을 통해 도시에서의 물질주의와 배금주의를 배격할 수 있다. 풍요만을 추구하지 않는 단순 소박한 삶을 통해 새로운 행복과 건강을 찾을 수 있다. 또 천천히 일하는 방법과 자신이 할 수 있는 육체의 한계를 느끼고 적당히 일하고 더불어 나누는 미학을 얻을 수 있다.

시골에서 농사를 짓는 사람은 철저하게 그 지역의 풍토를 이해하고 그것을 존중할 줄 알아야 한다. 농사를 포함한 모든 문화가 생명순환 원리에 맞는 지역환경으로 전환될 수 있도록 스스로 준비해야 한다. 지역과 내가 더불어 살아갈 수 있다는 말이다. 지역과 같이 짓는 농사가 지역사회와 내가 함께 갈 수 있는 길이자 양자 간에 의미 있는 일일 것이다.

농사보다 창조적인
농촌체험과 민박

도시에서 살던 사람은 아무래도 도시 사람들을 만나는 것이 편할 것이다. 반면에 시골 사람들과 잘 어울리는 사람도 있을 것이다. 시골이 좋아 왔지, 시골 사람이 좋아 오지 않았다고 항변하는 사람도 있을 것이다. 이런 사람들은 농사체험이나 농촌체험, 민박 이런 것보다는 가공이나 가내수공업을 추천하고 있다.

민박은 첫째 사람을 좋아해야 성공확률이 높다. 먼저 체험이나 민박을 잘 하기 위해서는 사람을 좋아해야 한다. 사람 만나길 싫어한다면 민박은 성공가능성이 적다. 붙임성 있고 도시사람, 어린이를 좋아하는 사람들이 성공가능성이 높다. 민박을 운영하고자 하는 사람의 첫 번째 조건은 '모든 부류의 사람들과 만나고 즐길 수 있어야 한다'는 점이다. 진심으로 '모든 부류의 사람'들과 사귈 수 있어야 한다. 무엇보다 다양한 사람을 만나는 것 자체가 민박을 하는 이유 중의 하나여야 한다.

활력이 부족한 농촌에 사람이 찾아오고 늘 새로운 사람을 만나 얘기하고 생각을 공유한다는 것은 얼마나 즐거운 일인가? 민박은 완전히 다른 세계의 사람을 받아들일 수 있을 때 가능하다. 만약 그렇지 못하다면 좋은 민박을 운영할 수 없다. 특정 부류의 사람에게 편견을 가진 사람은 민박주인으로서 자격이 없다. 왜냐하면 주인이 불편해 하면 고객들도 불편해 할 것이기 때문이다. "단 5분을 머물다 가더라도 그들은 내 고객이고 가족이다"라고 생각하는 것이 중요하다.

민박 경영자의 체크 포인트

	항목	긍정(5)	보통(3)	부정(1)
1	집이 늘 깨끗하게 정돈되어 있는가?			
2	모르는 사람을 만나길 좋아하는가?			
3	지역의 농업, 농촌, 농민을 설명할 수 있는가?			
4	음식 만들기를 즐기는가?			
5	우리 집의 특산품이 있는가?			
6	직접 과실주 등 술을 담가 놓았는가?			
7	유기농으로 농사를 경작하는가?			
8	민박할 남는 공간이 있는가?			
9	모임, 조직, 단체에 적극 참여하고 있는가?			
10	만약 민박을 한다면 잘할 자신이 있는가?			
11	누구에게나 친절하고 붙임성 있는 사람인가?			
12	스스로 활기찬 사람이라고 생각하는가?			
13	집이 명소 주변에 위치하고 있는가?			
14	홈페이지를 관리하고 예약을 받을 줄 아는가?			
15	손님과 하루 종일 보낼 수 있는가?			
16	집에서 방문객들과 함께 체험하는 것을 즐기는가?			
17	정원을 잘 관리하는가?			
18	여러 사람과 같이 있는 것이 불편하지 않은가?			
19	도시민과 같이 할 취미가 있는가?			
20	쉽게 집을 찾을 수 있는가?			

자료: Stankus, Jan(2000), How to open and operate a Bed & Breakfast, p.4 재구성

둘째, 사용하지 않는 여유 방이 있어야 한다. 평소 사용하지 않는 빈방이나 별채가 있는가? 빈방이 있다면 한번 해볼만하다. 민박으로 부수입을 올리며 외지에서 온 사람들을 만나는 기회도 갖는다면 일거양득이다. 집이나 시설은 사용하지 않으면 유지하기도 어렵다. 특히 전통한옥의 경우는 사람의 온기가 사라지면 그 순간부터 쇠락하기 시작하므로 민박 경영은 농가주택의 유지에도 도움이 된다.

셋째, 적합한 기술과 능력이 있는가? 민박 경영자에게 필요한 능력에는 여러 가지가 있다. 우선 사교성이 있어야 한다. 낯선 사람에 대해 좋은 감정을 가지고 있더라도 겉으로 표현하는 것은 일종의 기술이다. 여기에 참을성이나 유머가 있다면 고객을 대하는데 큰 도움이 될 것이다. 실제 경북 영덕에 너무나 멋진 마을이 있다. 그 마을은 수백 번 농촌마을을 취재하러 가는 곳 중에 가장 기억에 남는 곳이다.

국도에서 갑자기 타임머신을 타고 400년 전으로 한 순간에 간 것과 같은 상황이 연출되었다. 모든 것이 조선중기의 마을로 사람들의 자세도 그랬다. 그 집 어른께서 너무나 격식을 차리고 존중해 주셔서 한마디로 몸 둘 바를 몰랐다. 이런 것은 지체 높은 양반가에서 손님을 대접하기 위해 하시는 모양인데 지체 낮은 손님은 그것을 받아들일 준비가 안됐다. 손님은 불편하기만 하다. 이런 경우 철저하게 차별화해서 손님을 받거나 집주인께서 보통 사람의 양식으로 맞추어야 한다.

이밖에도 조경, 배관, 전기 등 수리기술이 있으면 좋다. 민박을 운영하다 보면 여러 가지 고장이 나곤 한다. 이것을 집주인이 모두 고쳐야 한다. 사람을 부르면 경비가 이만저만 깨지는 것이 아니다. 전기가 갑자기 들어오지 않거나 수도가 터지거나 변기가 막히거나, 하수도가 고장 나거나 이런 사소한 것을 모두 주인이 손질해야 한다.

민박경영의 실제는 이런 구질구질한 것도 재미있게 해 넘겨야 한다. 급한 사항이 터지면 손수 할 수 있어야 좋다. 공구함에 기본적인 공구와 부품은 준비해 두는 것이 좋다.

요리하기를 좋아해야 한다. 손님에게 손수 삼겹살도 구어주고 직접 담근 머루주도 내놓고 요리를 잘한다면 계절마다 집 주변에 있는 신선한 유기농산물로 독특한 메뉴를 개발할 수 있어야 한다. 이것이 손님을 끌어들이는 요소가 될 수 있다. 집안을 꾸미거나 장식하여 특별한 분위기를 연출하는 것도 기술이다.

지역의 농업, 농촌, 농민에 대해서도 잘 알아야 한다. 지역의 역사나 문화, 전설 등을 이야기해주면 사람들이 좋아한다. 관광 중에 제일 높은 관광 유형은 체험학습관광이다. 다른 하나는 생태관광이다. 이런 두 개의 유형을 민박을 하면서 도시민에게 가르쳐 준다면 금상첨화이다.

주변 관광지, 볼거리, 먹거리를 깊이 있게 소개하는 것도 기술이다. 입담 좋게 지역이나 문화 화제를 소개할 수 있다면 고객관리에 매우 유용하다. 여행 안내서에는 안 나오는 지역에 사는 사람들만이 알고 있는 정보가 있다. 맛있는 집이라든가 숨은 볼거리라든가 유명한 사람을 소개하는 것도 기술이다.

마지막으로 경영능력 즉, 사업을 하는 기술이다. 민박은 소규모지만 비즈니스이다. 각종 장부와 금전출납부, 통계, 세금, 영수증 보관, 고객성명과 주소, 방문날짜와 일정을 정리하고 기록하고 분석하는 것도 반드시 필요한 기술이다. 농진청 홈페이지에 있는 농장경영기장관리(http://www.rda.go.kr/etc/web/web_smartrdaQuery.jsp?prgId=web_smartrdaQuery#smart3)를 활용하면 좋다. 스마트폰 웹으로도 연계가능하며 수기장부의 특성상 모든 작업을 끝내고 집 혹은 사무실에서 작성을 하다가 중요한 내용을 빠트리거나,

작성을 못하는 일을 방지하기 위한 목적으로 제작되었다. 농가 경영주를 대상으로 특화된 앱이며, 스마트폰에서 작업일지와 가계부를 작성한다면 농가 경영주의 불편함을 해결해 줄 수 있다.

입지는 민박경영에 중요한 고려요소 가운데 하나이다. 이용객들이 민박을 선택할 때 위치와 주변의 경치나 볼거리가 결정적인 요소로 작용하므로 입지의 선정에 주의를 기울여야 한다. 집의 위치가 도시민들이 방문할만한 지역에 있는지 민박을 결정하기 전에 집의 입지를 평가할 필요가 있다. 그러나 민박의 입지나 자원이 다른 민박에 비해 비교우위가 있다면 그만큼 유리하다는 것이지 절대적인 제약조건은 될 수 없다.

농촌민박은 농촌지역이므로 사람들이 모이는 도시와는 차이가 있다. 농촌의 경우 나름대로 독특한 매력$_{attraction}$을 가지고 있는데, 주변에 활용되지 않고 남아있는 어메니티$_{amenity}$ 자원과 환경, 소재를 충분히 활용해야 한다. 지역주민들에게는 익숙하거나 그 가치를 몰랐기 때문에 방치되었던 자원도 도시민들에게는 진기하게 느껴질 수 있다. 하이킹, 산악자전거 타기, 물놀이, 농사체험 이외에도 아름다운 농촌 풍경 그 자체 또는 동물도 사람들을 불러들이는 매력요소가 될 수 있다. 주변에 특별한 관광자원 즉 절이나 문화재, 유명인들의 생가 등이 있어 답사가 이루어지는 곳이면 더욱 좋다.

체험과 민박의 주의점

체험과 민박은 운영자의 태도, 손님접대요령(규칙과 에티켓), 손님맞이 절차, 민박과 식사제공, 자료관리와 안전사항 등 5가지 분야에 신경을 써야 한다. 이 모든 분야가 하나의 유기체처럼 움직여야 하는데 연습하고 스스로 체크하면 잘 할 수 있다.

인사와 접대는 지역성이나 집안의 가풍이 느끼도록 구수하게 해야 한다.

귀농·귀촌자의 민박의 운영

■ 주의사항 1. 민박 운영자의 태도

몸가짐과 복장	• 청결한 몸가짐이 중요하며 짙은 화장, 강한 향수는 피한다. • 간편하되 우리 집과 마을 정서를 전달할 수 있는 복장이면 좋다.
인사	• 개성있는 인사말과 정감있는 인사법을 개발한다
자세	• 고객과 대화를 하는 경우 불필요한 행동이나 소리를 내지 않는다. • 팔짱을 끼거나 호주머니에 손을 넣지 않도록 한다.
접대	• 큰 소리로 손님과 관계없는 개인적인 잡담이나 전화통화를 삼가도록 하며 난폭한 언어는 삼가도록 한다
프라이버시	• 이용객의 프라이버시와 고객의 성명을 외부에 발설하는 일, 마을사람들끼리 고객을 화제에 올리는 일은 삼가도록 한다.
안전과 위생	• 항상 청결한 상태로 유지하는 것이 중요하다. • 가스나 화기 등 기구의 취급을 주의하며 위험요소는 사전에 예방 처리하도록 한다.
응급상황 대비	• 응급사태에 대비하여 소화기 사용법, 응급처치법 등 대처요령을 습득하고 인근 병원, 경찰서 연락처를 확인해둔다.

귀농·귀촌자의 민박의 운영

■ 주의사항 2. 민박을 운영하면서 지켜야 할 규칙과 에티켓

입실 및 퇴실	• 입실할 때는 반드시 노크를 하고 고객의 허락을 받아 입실, 고객이 이성인 경우 문을 반쯤 열어두고 입실한다.
전화응대	• 전화응대는 친절하고 정중하게 하며 용건은 '메모를 한다. 손님 부재시 의 핸드폰이나 전화는 가능하면 받지 않도록 한다.
객실열쇠의 취급	• 객실 열쇠는 타인에게 빌려주거나 방치하지 않도록 하며, 퇴실시 반납했는지 확인한다.
수화물 관리	• 손님의 친구나 지인이라고 할지라도 고객의 지시 없이는 짐을 옮기지 않도록 하며 귀중품은 직접 관리하도록 주의를 준다.
객실내 주의사항	• 손님이 사용하는 동안 객실내 화장실이나 TV시청, 흡연은 삼가며 손님의 물건에는 손대지 않도록 한다.
비품 관리	• 비품 보관창고는 종류별로 분류하여 정돈하며 침구류는 항상 청결을 유지, 객실 냉장고는 매일 점검한다.
기타 사항	• 손님이 불만을 말하였을 때 가능한 빨리 해결하고, 객실 비품에 고장이 발견될 때는 즉시 수리한다.

스피치의 첫 3분이 청중을 사로잡듯이 인사와 접대의 10분이 1박2일의 분위기를 좌지우지한다. 다음으로 규칙과 예의를 잘 준수해야 한다. 우리 집

귀농·귀촌자의 민박의 운영

■ 주의사항 3. 손님맞이 절차

1단계 : 환영 (welcome)	• 환한 미소, 따뜻한 악수로 환영하고 도착시간에 맞추도록 한다. 잘 도착 할 수 있도록 표지판, 꽃장식, 현판을 준비한다. 공항이나 기차역, 버스정류장까지 차를 가지고 마중을 나가며 이때 고객보다 먼저 도착하여 기다리는 것이 좋다.
2단계 : 민박시설안내/ 가족소개	• 고객이 사용할 방과 욕실, 기타시설을 안내하고 예상하던 조건과 같은지를 확인시킨다. 거실에서 간단한 음료를 마시면서 민박과 가족에 대하여 소개한다. 이때 숙박료의 지불을 자연스럽게 요청한다.
3단계 : 기타 안내	• 거실인 현관에 민박의 이용안내와 각종 주의사항, 지역의 관광정보, 이벤트 소식, 농특산물 구입안내, 인근 교회 예배시간표 등 다양한 정보를 제공한다. 관련 팜플렛, 지도, 안내서 등을 비치하거나 제공한다.
4단계 : 이용안내서 작성	• 민박 내에서 할 수 있는 것과 할 수 없는 것, 고객에게 안내할 사항을 정리한 이용안내서 (welcome letter)를 작성하여 비치한다. 아침식사메뉴와 시간, 전화 이용요령, 객실관리, 퇴실시간, 흡연가능 여부, 세탁, 응급상황시 행동 등에 대해 적어둔다.
5단계 : 체 재	• 머무는 동안 고객들은 색다른 체험을 기대하므로 함께 수확을 하거나 시골장에 나가는 것을 제안한다. 단, 고객과 과도하게 시간을 같이 보내자고 제의하는 것은 바람직하지 않다. 소감을 메모할 수 있도록 방명록을 객실이나 거실에 비치하는 것이 좋다.
6단계 : 배 웅	• 환영인사 만큼이나 따뜻한 배웅인사도 중요하다. 고객들이 떠날 때 집에서 만든 음식이나 지역특산물을 선물로 준다. 선물은 순간적인 것으로 그 이상도 이하도 아니므로 너무 비싸거나 준비하는데 시간이 걸리는 것은 피한다.
7단계 : 고객평가	• 고객에게 직접 물어보는 것이 확실한 방법이나 질문서, 우편엽서, 이메일을 활용하여 평가를 받도록 한다.
8단계 : 환기	• 재방문을 유도하기 위하여 기억을 환기(起)시키는 노력이 필요하다. 감사편지나 소식지(newsletter), 인터넷 홈페이지를 활용한다. 기타 고객이 머무를 당시 촬영한 사진을 보내거나 연말 연시, 이벤트시 고객들에게 카드나 엽서를 보낸다.

그림. 민박의 예시(경주 세심마을 영미네 민박 저녁식사 풍경

은 예의 바르고 손님을 배려한다는 사실을 잘 나타나게 한다.

세 번째로 손님맞이 절차는 숙지해 두어야 한다. 기계적으로 나올 수 있도록 반복훈련을 하는 것이 좋다. 8가지 어느 하나 중

귀농·귀촌자의 민박의 관리

■ 주의사항 4. 민박의 식사제공

- 민박에서 제공하는 식사는 지역의 향토음식을 제공한다. 방문객들이 '생선회를 맛보기 위해 테마마을을 찾는 것'이 아니라는 점을 명심하고 지역에서 생산되는 신선한 재료를 사용하여 토속적인 분위기가 배어나는 식단을 개발한다.

- 농가 또는 마을에서 생산되는 농산물을 사용하면 원가를 줄이는 동시에 농산물의 판매로 연결시킬 수 있다. 바쁜 시간인 아침식사는 짧은 시간내에 준비할 수 있는 간단한 메뉴를 선정하는 것이 요령이다.

- 식사를 대접할 때는 인원수를 미리 파악하여 테이블로 안내하고 복장은 깔끔하고 청결하게 갖춰 입도록 한다. 메뉴를 고르는 경우에는 연령, 동반자, 계층을 고려하여 추천하고, 조리시간이 많이 소요되는 경우 사전에 요리하는데 걸리는 시간을 알려 주도록 한다. 음식을 대접하는 동안 음식 재료에 대해 재배방법이나 특징, 요리방법 등에 대해 얘기를 나누도록 한다.

귀농·귀촌자의 민박의 운영

■ 주의사항 5. 자료관리 및 안전관리

- 민박운영시 기록의 유지, 관리는 운영비용 파악과 소득 분석, 향후 전망을 위해 중요하다. 간단하게는 달력이나 다이어리를 활용하기도 하며 기타 회계장부와 일기, 운영장부를 이용하여 지속적으로 기록한다.

- 고객카드를 정리해 두면 민박활성화에 유용한 자료로 활용할 수 있다. 고객카드에는 고객의 이름, 주소, 전화번호, 이메일, 도착과 출발정보, 숙박일수, 동반한 사람들, 지불금액, 지불방법, 취향 및 기호 등 최대한 상세히 기재한다. 적합한 컴퓨터 고객관리 프로그램을 활용하여 데이터베이스를 구축함으로써 주간별, 월별, 연간 이용객수 등 자료를 체계적으로 분석할 수 있고, 고객정보를 기반으로 한 마케팅이 가능하다.

- 화재예방을 위해 소화기를 비치하고 화재감지기, 비상구 표시등, 비상등을 설치한다. 창문과 문의 잠금장치를 설치하고 외부인의 출입을 막고 고객이 자리를 비운 객실에 함부로 드나들지 못하도록 한다.

고객 관리 카드		
성명	생일	주소 및 전화(이메일)
본인		
배우자		
자녀		
자녀		
좋아하는 음식		
체험내용		
비고		

요하지 않은 것이 없다. 숙달되면 신경 쓰지 않고 자신의 스타일이 나온다.

　민박의 식사제공은 정성을 들여 자신이 직접 마련한 유기농산물을 같이 먹는 것을 원칙으로 한다. 일본에서는 손님 식사 시중을 하는데 이것보다는 같이 한 가족처럼 먹는 것이 좋다. 관리카드를 작성해 놓으면 여러 가지로 도움이 된다. 재방문 시 특히 큰 감동을 줄 수 있다.

안전한 농산물을 직거래하라

2안2신이 중요하다

'2안2신'은 귀농·귀촌자가 꼭 명심해야 할 내용이다. 2안2신이란 안전, 안심, 신선, 신뢰를 줄여서 2안2신이라고 만든 개념이다. 안전이란 안전한 농산물의 생산을 말한다. 생산뿐만 아니라 유통까지도 포함하는 내용이다. 그럼 안전한 농산물이란 믿을 수 있는 것이다.

안전한 농산물을 생산하는 제일 좋은 방법은 농약과 화학비료를 사용하지 않고 농사를 짓는 방법이다. 하지만 이전에 사용하는 사람이 농약을 사용했다면 잔류농약이 토양에서 나온다. 농약잔류허용기준이라는 것이 있어 국립농산물품질관리원에 연락하면 식약청, 코덱스 및 일본 등의 기준을 적용 시점별로 검색할 수 있다. 또 농약 사용지침도 국립농산물품질관리원(http://naqs.go.kr)에 가면 검색해 볼 수 있다. 적용작물, 농약품목, 병충해명 등의 검색 조건별로 농약 사용지침 내용을 확인하실 수 있다. 또 식약청 기준 잔류농약 잠정기준을 조회할 수 있다.

결국 안전한 농산물이란 지역환경을 보전하고 소비자에게 보다 안전한 농산물을 공급하는 것을 말한다. 안전한 농산물은 농약과 화학비료 및 사료첨가제 등 화학자재를 전혀 사용하지 않은 농산물을 말한다. 일부의 경우 최소한을 사용하는 것도 포함한다.

친환경농산물은 합성농약, 화학비료 및 항생·항균제 등 화학자재를 사용하지 않거나 사용을 최소화한다. 또 농업·축산업·임업 부산물의 재활용 등을 통하여 농업생태계와 환경을 유지 보전하면서 생산된 농산물(축산물을 포함)을 말한다. 한마디로 친환경농산물은 화학비료나 농약 등을 사용하지 않거나 최소화한 것으로 안심할 수 있다. 안심하고 섭취할 수 있으며 맛과 향이 좋고 영양가 함량이 높다. 또한 인공첨가물을 넣지 않아 신선도가 오래 지속된다.

안심할 수 있게 하려면 두 가지 방법으로 확인해야 한다. 하나는 농산물 인증기관의 인증서가 필요하다. 소비자에게 보다 안전한 친환경농산물을 전문인증기관이 엄격한 기준으로 선별, 검사하여 정부가 그 안전성을 인증해 주는 제도가 친환경농산물인증제도이다. 일본의 경우 10개의 단계를 유기농업 하나로 만들어 운영하고 있다.

우리나라 친환경농산물의 종류는 생산방법과 사용자재 등에 따라 유기농산물(유기축산물), 무농약농산물(무항생제축산물), 저농약농산물로 분류한다. 저농약농산물은 2010년부터 신규인증은 중단되었으며, 기존에 인증을 받은 농가는 2015년까지만 유효기간 연장이 가능하다.

두 번째는 직접 소비자가 확인하는 방법이다. 농산물에 벌레 먹은 구멍이 있는지, 땅속에 지렁이나 다른 벌레가 살고 있는지, 논이나 밭과 주변에 곤충이 함께 살고 있는지가 중요하다. 이러한 환경이라면 어느 정도 안심할 수 있다. 엄밀히 말하자면 친환경농산물인증을 받고 실제 경작지에 가서 확인하는 것이 원칙이지만 실제 가서 본다면 경험이 없는 사람이라도

친환경농산물 종류 구분

구분	종류	설명
농림산물	유기농산물	유기합성농약과 화학비료를 사용하지 않고 재배한 농산물
농림산물	무농약농산물	유기합성농약은 사용하지 않고 화학비료는 권장시비량의 『1/3이하를 사용하여 재배한 농산물
농림산물	저농약농산물	유기합성농약의 살포횟수는 1/2이하, 최종살포일은 2배수를 적용하고 화학비료는 권장시비량의 1/2이하로 사용하여 재배한 농산물로 2015년 인증이 끝남
축산물	유기축산물	항생제·합성항균제·호르몬제가 포함되지 않은 유기사료를 급여하여 사육한 축산물
축산물	무항생제축산물	항생제·합성항균제·호르몬제가 포함되지 않은 무항생제 사료를 급여하여 사육한 축산물
가공식품	유기가공식품	유기농산물을 원료 또는 재료를 사용하여 제조·가공·유통되는 식품

농림산물			축산물		가공식품
유기농산물	무농약농산물	저농약농산물	유기축산물	무항생제축산물	유기가공식품
유기농 (ORGANIC) 농림축산식품부	무농약 (NON PESTICIDE) 농림축산식품부	친환경농산물 인증 저농약농산물	유기농 (ORGANIC) 농림축산식품부	무항생제 (NON ANTIBIOTIC) 농림축산식품부	유기농 (ORGANIC) 농림축산식품부

어느 정도는 알 수 있다.

좋은 농산물을 생산하기 위해서는 토양과 물, 생육과 수확 모두가 중요하다. 생산 및 출하단계에서 인증 기준을 준수했는지의 엄격한 품질검사와 시중 유통품에 대해서도 허위표시를 하거나 규정을 지키지 않는 인증품이 없도록 철저한 사후 관리를 하는 추세가 세계적인 동향이라는 점을 명심하자.

농업이 가지고 있는 홍수조절, 토양보전 등 공익적 기능을 최대한 살리고, 화학비료와 농약 사용을 최소화하여 생산한 안전한 농산물은 소비자에게는 건강과 생명을 보장해 주고 있다. 소비자는 안전한 농산물을 생산하는 농업인의 소득을 보장해 주면서 지역환경은 살리고 농업인과 소비자의 소득과 삶의 질을 높여 가는 농업이 전 세계적인 추세이다.

유기농산물 생산이 경쟁력

최근 들어 웰빙붐을 타고 '유기농업'으로 대표되는 친환경농업이 각광을 받고 있다. 이러한 현상은 한국을 포함하여 아래 표에서 보듯이 세계적으로 나타나고 있다. 그 방식은 다소 다르지만 한 가지 공통점은 기존의 화학비료에 의존한 대량생산방식에 대한 반성에서 출발했다는 것이다. 곧 화학비료를 줄여 땅의 힘을 되찾고 보다 친환경적인 농산물을 생산하겠다는 뜻이다. OECD 주요국의 2010년 유기농 경작면적률을 살펴보면 이탈리아(7.8%), 독일(5.9%), 영국(4.1%), 등의 순서였고, 한국(0.9%)은 상대적으로 낮았다.

한국에서도 이런 움직임에 힘입어 2010년부터 농촌경제연구원에서 본격적으로 친환경농산물 인증 통계를 작성하고 있다. 향후 유기농업은 더욱 확대될 것으로 보이며, 총경작지에서 차지하는 비중 또한 늘어날 것이다. 따라서 총경작지 대비 유기농 경작면적이 차지하는 비중은 친환경농업을 대표하는 지표로 중요한 의미가 있다.

• 유기농 경작면적률
=(총 경작면적 ÷ 유기농 경작면적) × 100.

OECD 주요국의 유기농 경작면적률

	2007	2008	2009	2010	2011
일본	0.14	0.20	0.20	0.20	0.21
미국	0.42	0.42	0.47	0.47	0.47
한국	0.53	0.66	0.74	0.87	1.10
프랑스	1.89	1.99	2.31	2.90	3.35
호주	2.82	2.87	2.93	2.92	2.73
영국	3.74	4.07	4.16	4.05	3.71
독일	5.11	5.36	5.61	5.93	6.07
이탈리아	8.12	6.94	7.94	7.78	7.87

출처 : FAO「http://faostat3.fao.org」, 2014.8.
주석1) 유기농 경작면적률은 총 경작면적 중 유기농 경작면적이 차지하는 비율임.

유기농업이 활성화되기 위해서는 유기농 경작면적 자체의 증가도 중요하지만 그에 못지않게 전체 경작지 가운데 유기농 경작지가 차지하는 비중, 즉 유기농 경작면적률을 살펴보는 것이 중요하다. 유기농 경작면적률은 점차 증가하고 있다. 2005년 0.32%였던 비중이 2011년에는 1.10%까지 증가했다.

유기농 경작면적률과 더불어 중요한 지표는 단위면적당 농약사용량이다. 유기농은 화학비료를 쓰지 않는 농법을 지향하고 있기 때문에 단위면적당 농약사용량의 증가 여부도 중요한 지표가 된다. 단위면적당 농약사용량은 2002년 이후 꾸준히 증가하다가 2009년을 기점으로 서서히 감소하고 있다.

안전하고 안심할 수 있는 농산물이 생산되더라도 이것을 빨리 소비자들이 섭취해야 한다. 이것이 신선의 개념이다. 생산된 농산물을 48시간 이내에 먹는 것이 제일 좋다. 하지만 보관되지 않으면 신선도가 떨어진다. 신선도가 떨어지면 아무리 좋은 농산물도 그 가치를 잃어버린다.

때문에 신선도가 중요하다. 신선한 농산물을 농장에서 직접 따서 집으로 가져와 냉장고에 보관해서 먹으면 100점짜리이다. 농촌체험이나 농업체험이 중요한 것은 우수농산물을 고르기 위한 사전 작업이다. 신선한 농산물을 사가지고 와서 24시간 안에 식사한다면 건강한 도시생활에도 도움이 된다.

신선한 농산물을 먹고 그것이 좋다고 한다면 직거래를 신청하면 된다. 결국 신선한 농산물을 믿고 먹는 과정에서 생산자와 소비자간에 신뢰가 형성된다. 이러한 신뢰는 직거래와 네트워크가 생기기 때문에 바람직하다고 할 수 있다.

도시소비자들은 모든 농산물을 놓고 고민한다. 이것이 진짜인가 가짜농산물인가. 이것을 먹고 안전한지, 누가 생산했는지, 농약을 얼마나 썼는지, 우리 애들에게 아토피나 나쁜 영향을 미치지는 않는지 이런 고민을 농촌에 가서 직접 보고 확인하고 사가지고 와서 바로 먹는다면 이것은 굉장히 훌륭한 프로그램이다. 이 프로그램의 실천은 농촌도 살고 도시도 건강해지는 것이다.

이것을 위해서는 2안2신(안전×안심×신선×신뢰)이 실천되어야 한다. 민박을 하고 직접 농사체험도 하고 2안2신을 확인하고 지속적인 교류를 하게 하는 것이 3천만 원으로 은퇴 후 평생 살아가는 지혜이다.

직거래를 생활화하자

농산물 직거래는 생산자(단체)와 소비자(단체)간 직결되는 거래만을 의미한다. 최근에는 직거래에 대해 로컬 푸드, 지산지소, 슬로푸드, 푸드 마일리지, 신토불이, 퍼머스 마켓, CSA 등 다양한 용어가 혼용되어 사용되고 있다. 직거래는 광의의 개념으로 도매시장을 거치지 않고 행해지는 모든 거래, 즉, 시장외 유통을 말한다. 생산자와 소비자와의 직거래는 시골에 와서

	우리나라 직거래의 다양한 형태	
	직판장, 관광농원	
	소비자 단체	
	농협, 생협	
	통신판매업자	
생산자 ⇒	농민장터	⇒ 소비자
	꾸러미사업단(CSA)	
	가공·유통·판매 관련 사회적 기업	
	귀농귀촌인	
	대형소매점(PB상품)	

민박하거나 농촌체험을 하면서 안전한 농산물을 보고 느끼고 같이 식사하면서 안심을 한다. 그리고 도시로 귀경할 때 사가지고 가서 바로 먹으면 신선하고 맛있다.

안전과 안심은 직접 확인된 결과다. 다시 주문해서 꾸러미 사업으로 먹거나 직매장에서 로컬 푸드 형태로 먹는 것이 지산지소의 형태이다. 그 과정에서 서로 신뢰가 쌓이고 직거래를 통해 신뢰는 점점 깊어간다. 다음해 다시 재방문을 하면서 신뢰를 넘어 친한 친구처럼 변한다. 이러한 구조를 만들어 간다면 미리 선불로 돈을 주고 생산품을 나중에 받는 형태의 농산물직거래가 생기게 된다. 현재 유명 명품과일이나 매실고추장, 고로쇠 된장 등은 이런 형태로 이미 진행되고 있다.

일반적으로 농산물 직거래는 유통단계를 축소하면 유통비용을 줄일 수 있다는 논리에 기초하여 생겼다. 이후 지방자치단체의 지원 아래 생산자가 적극 참여함으로써 직거래가 크게 증가했다. 일본의 미찌노에키(국도변 휴게소)나 청공시장靑空市場(새벽시장·직거래장터 등과 같이 지방자치단체가 지원해 개설, 운영하는 직거래 알선시장)은 좋은 사례라고 평가되고 있다.

직거래에 있어서 제일 큰 불만은 소비자 입장에서 다양하지 못한 상품구색, 안정적인 물량구입이 곤란하다는 것이다. 품목별로 보면 채소류는 생협이나 한 살림과 같은 유기농유통회사와의 직거래가, 과실류는 통신판매의 비중이 높다. 채소류는 신선도가 중요시되기 때문에 도농교류를 통한 현장에서 직접 사가지고 가는 비중이 점점 높아지고 있다. 우리나라도 통계에는 없지만 2005년을 기준으로 농촌체험비용보다 농산물판매액이 높아지고 있다. 조록환 농진청 농촌관광실장에 의하면 "농외소득 증가 추세는 점점 늘어나고 있는 추세"라고 언급한다. 또 일선에서 교육농장협의회장을 하고 있는 익산의 손진동 회장도 농산물 판매의 중요성을 강조하고 있다.

과실류는 채소류와는 달리 중량에 비해 가격이 높아 통신판매 비중이 높다. 과실류도 인지도가 높으면 별도의 유통구조를 통하지 않고 전부 직거래로 판매하는 농가도 많이 생기고 있다. 이들 농가들은 연간 소득도 1억 원 이상인 농가도 많다.

일반 농가가 직거래에 참여하는 이유로는 '계약거래로 가격 및 수량의 안정'된다는 이유가 크다. 이것은 안정적인 소득과 직결되기 때문이다. 다음으로 '유통비 절감으로 판매가격이 유리'하기 때문이다. 또 포장이나 규격이 간소하기 때문에 유리하다.

주요 선진국의 친환경 먹거리발전 전략과 구성

구분	한국	일본	영국	미국
배경	UR이후 농산물개방에 따른 먹거리 불안과 신토불이	환경오염으로 인한 공해병 계기, 지산지소, 직거래	1985년 광우병, 1996인간광우병, 2001구제역발생 이후 대안 모색	1970년 후반부터 장거리유통식품 대신 퍼머스마켓 활성화(직거래)
목표	국민건강	자급자족	안전한 먹거리확보	건강한 행복추구
비전	6차산업으로 지역클러스터 형성	일본산만이 믿을 수 있는 농산물인식	지역내 신뢰확보	지역사회 일체형 커뮤니티 조성
지역범주	믿을 수 있는 진짜농산물(누가 생산한지를 알 수 있는 농산물)	지역산(국내산) 국산소비촉진이 식량자급률 향상에 기여	반경 30마일(약48km) 대도시 100마일 (160km)	차로 24시간내의 거리
홍보	로컬푸드 6차산업	지산지소(地産地消) 식량자급률 제고	로컬푸드/슬로푸드	먹거리 안전보장 푸드마일리지
프로그램	도농융합형 6차산업 로컬푸드 꾸러미사업	산지직판장 학교급식/식육활동 도농교류 장학습	공공급식 시민텃밭 민박 B&B	퍼머스마켓 지역사회지원형농업 Farm to School 프로그램
운동여부	운동성 강함 행정주도	행정주도 NPO참가	시민중심	시민, NGO주도
법제도	친환경농업법(2009) 6차산업법(2014)	식료농업농촌기본계획(2005) 식육교육법(2006)	SAFD(지속가능한 농업과 식품발전) 전략보고서(2002)	농업법(Farm Bill), 1996

직거래는 점점 발달하고 있는데 예약거래, 소포장 기능 등을 도입하여 기존 도매시장이나 대형마트와 차별화하고 있다. 사전계약에 의한 가격결정 방식(예약거래)을 통해 거래가격의 안정을 도모하기도 한다. 앞에서 설명했듯이 직거래는 2안2신에 의해 상품의 우수성을 입증하여 소비자의 명성을 얻는다. 이 책을 읽고 있는 독자들은 앞에서 설명한 도농교류와 민박을 통해 유기농산물을 생산하고 친환경인증을 받고 현장에서 안심할 수 있다는 모습을 보여주고 상품의 우수성 입증해야 한다. 그것만이 농촌에서 40년간을 3천만 원으로 안심하고 살아갈 수 있는 도농밥상공동체 방법이다.

우리나라 직거래 발전과정

단계	시기	운동형태	이념	주체	비고
1	1980년대 - 사회운동적 　성격 직거래	안전식품확보	유해 첨가물· 농약 규제	소비자단체	- 유해식품의 범람 - 1987년 국립보건안전원 설립
2	1990년대 - 직거래에 대한 　사회적 인식	식량자급운동, 지산지소	지역주의, 협동조합 교류 *도농교류	농협, 생협, NGO	- 협동조합간 직거래 - 班 單位(5-10호)공동구입 - 운동적 성격과 경제적 효율성 추구 - 중국산 유해농산물 범람 - 1998년 식약청 개청
3	2000년대 - 직거래 도약기	물류시스템 구축 중간물류비감축 소비자 안전운동 마을단위 직거래 확대	도매시장유통의 보완 수단 농촌관광을 통한 직거래 *1사1촌	마을단위 생협, 농협, 꾸러미탄생	- 다품종 소량소비 - 차별화상품(신선·안전·안심 소포장 농산물)의 개발 - 전국 1일 택배가능 - 집배센터 거래와 협동 - 조합간 거래가 중심 - 통신판매도 성장 - 지산지소, 도농교류
4	2010년대 - 로컬푸드 　확대기	지자체와 정부가 주도(로컬푸드) 직매점 확대 꾸러미보편화 슬로푸드	지역거점의 직매장과 농경영 중심의 이해관계가 결합 *도농융합	정부/ 지자체	- 로컬푸드중심 - 6차산업 중심 - 꾸러미사업성장 - 먹거리불안 가중 - 직거래 비중이 향상됨 - 2013년 식약처로 승격

CHAPTER 8
귀농귀촌 성공기 7

원추리 재배로 부자산촌을 만들다

● 충남 부여 **김은환 대표**
임업후계자/산채전문가, 산림청 귀산전문강사

성공비결
- 주변 환경에서 특이하고 소득가능성이 높은 분야를 찾는다.
- 한 가지 작목에 특화를 하면서 선택과 집중으로 혁신한다.
- 체험농장으로 임업을 활용한다.

김은환씨는 충남 부여군 거전리 원추리마을의 핵심 인사다. 주민들은 김씨의 말이라면 뭐든 토를 달지 않는다. 마을에 부를 안겨준 원추리와 산마늘을 보급한 주인공이기 때문이다. 김씨 자신도 원추리와 밤, 산마늘 등으로 연평균 2억 원 이상의 매출을 올린다. 대표적인 귀산 성공사례이기도 하다. 김씨는 "논밭 농사만 지어서는 승부할 수 없다. 소비자들의 심리를 파악한 뒤 작목을 선택해 최고의 품질로 가꾸는 게 농촌 성공의 비결"이라고 말했다. 그리고 6차산업에도 신경 써서 가공을 한 마른 나물 세트를 만들어 파는 데 인기에 재미가 쏠쏠하다. 건나물은 마을 노인회에서 만드는데 힘도 안들이고 소득도 고소득이며 마을 홍보도 되고 있다.

김씨는 요즘 도시에서 귀농귀촌을 준비하는 사람들을 위한 강의를 진행한다. 필자가 찾아갔을 때도 농림부와 농정원에서 지원하는 교육생 40여 명이 마을을 찾았다. 예비 귀농귀촌인들은 산약초 특징과 재배방법, 밤나무단지, 원추리, 맥문동 수확장 등을 살펴보았다. 일부는 맥문동 수확현장에서 수확체험도 열심히 하고 있었다. 점심은 올갱이와 원추리를 넣어 만든 된장국과 취나물, 검정콩으로 직접 재배한 콩나물무침, 산채, 겉절이 등과 부여특산품인 굿뜨래쌀과 수박으로 맛있게 점심을 먹었다. 교육생 중 일부는 건 취나물과 각종 건나물 등을 사가지고 서울로 돌아갔다.

김씨는 1998년 성공한 원추리에 이어 또 다른 시도를 했다. 산림청에서 융자받은 임야매입자금으로 2001년 임야 10ha를 구입한 데 이어 밤나무 1만 주가량을 심은 것이다. 밤나무 밭에 더덕과 잔대를 함께 심었다. 장뇌삼 씨앗도 파종했다. 나머지 임야의 참나무 숲은 표고목으로 사용할 참이다. 2008~9년에 첫 수확을 하고 2010년엔 2천만 원의 소득도 보았다. 밤나무에서 5백만 원, 더덕과 잔대 등 산나물에서 1천4백만 원의 소득을 얻었다. 귀농 당시인 1994년과 비교해 20여 년이 지난 지금 소득은 당시 예상보다 4배 이상 늘어났다. 대부분이 농산물로 파는 것이 아니라 가공해 부가가치를 높이고 직거래를 통해 판매하기 때문이다.

김은환씨가 사는 충남 부여군 은산면 거전리 원추리 마을은 62가구 177명이 400ha 농경지를 경작한다. 주요 소득 작물은 원추리와 밤, 산마늘이 있는 부자산촌으로 변화했다. 서울 가락동 농산물 유통업자들 사이에서는 '부여 거전 원추리'로 통한다.

원추리Hemerocallis fulva는 백합과의 외떡잎식물로 넘나물이나 망우초로 불린다. 식용과 관상용으로 다양하게 쓰이는 원추리꽃은 중국요리에서도 빼놓을 수 없는 소재다. 사포닌과 알칼로이드 성분이 있어 한방에서는 우울증 치료제로 쓰이고, 나물로도 인기 있다. 단맛이 나 어린이들도 좋아한다.

거전리에서 원추리를 처음 밭에 재배하기 시작한 것은 1994년이다. 임업 후계자이자 정부로부터 '신지식인'으로 지정된 김은환씨가 보급하기 시작했다. 이 마을 출신인 김씨는 대학 졸업 후 한국가스안전공사에서 13년간 근무한 뒤 1994년 귀농했다. 직장동료나 가족이 반대했지만 "농대를 나온 사람은 농·산촌으로 돌아가야 한다"는 그의 신념을 바꾸지 못했다.

김씨는 아내에게 퇴직금 5천만 원을 주면서 2년 동안 이 돈으로 생활할 것을 요구했다. 김씨는 1천5백만 원을 가지고 고향 마을로 귀농한 뒤 '10년 후의 농업트렌드'를 알기 위해 다양한 서적과 일본사례를 연구했다. 후일담이지만 부여군청 공무원들은 놀란다. 어떻게 농사꾼도 아닌 사람이 농사만 지으면 성공하는지 놀랍다는 것이 공무원들의 이야기다. 마을 주민들에게는 거의 농사의 달인과 같은 수준이다.

비결은 무엇인가. 다른 농산촌에서 재배하지 않는 거전리만의 작물을 찾는 것! 무엇보다 재배가 쉬우면서도 고소득이 가능한 작물을 찾아야 했다. 몇 년을 고민했지만 원추리로 결론을 낸 것은 순전히 우연이었다. 친척 집에 갔다가 그 집 할머니가 원추리 나물과 원추리 된장국을 끓여 내온 것이 단초였다. 김씨는 "'약초할머니'란 별명을 갖고 있던 그 할머니는 식사하는 동안 내게 원추리의 효능을 설명해 줬다. 순간 '이거다' 하는 생각이 들었다"고 회고했다.

김씨는 당장 그 해 원추리를 200평 밭에 심었다. 1995년 초 수확한 원추리를 차에 싣고 가락동 농수산물도매시장을 찾아갔다. 평소 알고 지내던 고향 선배에게 원추리 10kg을 판매할 수 있냐고 문의했다. 반응은 폭발적이었다. 고향 선배는 그 자리에서 김씨가 가져간 원추리를 모두 샀다. 또한 따로 선금을 주며 더 구해달라고 부탁까지 했다. 거전리가 원추리 마을로 불리는 순간이었다.

1995년 마을에는 원추리 작목반이 설립됐고 주민들은 원추리를 심었다. 지금은 재배농가가 늘어 주변마을까지 합하면 재배농가는 86가구로 늘었다. 이 마을은 2008년 1~3월간 원추리 출하로 3억 원의 소득을 올렸다. 재배 토지 평당 1만 원 이상의 고소득이다. 전문가들은 겨울 등 농한기에도 소득을 올릴 수 있다는 점과 꽃의 이미지를 마을 테마에 접목한 면이 독창적이라고 평가했다.

원추리 생산이 본격화된 99년부터는 마을 스스로 '1최고 2최대 운동'을 전개하기 시작했다. 가장 맛있는 밤과 전국 최대 규모의 원추리·맥문동을 생산한다는 운동이다. 이에 따라 거전리 임야 3,300ha 가운데 60% 이상이 밤나무단지가 되었다. 이밖에 약재로 쓰이는 맥문동도 재배토지 평당 1만 5천 원의 고소득을 보장하는 거전리의 알짜배기 작물이다. 한국농촌공사 이상용 전 부사장은 거전리에 대해 "어메니티와 소득을 동시에 올리는 마을유형으로 높이 평가할 만하다"고 말했다.

김은환 대표는 이제 부여에서는 유명인사가 되었다. 20여 년 귀산 후 인고의 세월을 거쳤다. 주민들의 반발과 왕따를 물리치고 전국최고의 부자마을로 만들었다. 그동안 산림청장상도 받고 각종 선발대회에서 상도 여러 개 받았다. 무엇보다도 도농교류의 전면에 나서 마을이나 부여의 농산물을 서울의 각 구청과 정부기관에 내다 팔았다.

부여 거전리는 일본의 큐슈의 오이타현의 오야마大山 마을과 비교해도 좋다. 오야마 마을은 1960년대 소위 NPC운동이라는 것을 했다. 매실과 밤을 재배해 하와이에 가자는 운동이었다. 이 운동의 성공은 결국 그 유명한 오이타현의 하라마쯔지사에게 1촌1품 운동을 하도록 하는 계기가 되었다. 어떤 면에서는 더 훌륭하다고 할 수 있다. 오야마는 최근 완주의 로컬푸드를 소개한 원조마을로 지칭되고 있다. 이런 마을과 비교할 수 있는 곳도 국내에 존재한다고 필자는 판단한다.

원추리는 6월에 꽃을 피우고 맥문동은 10월에 꽃이 핀다. 둘 다 경관식물이다. 또 원추리와 맥문동은 3월 달에 조경용 소재로 팔 수 있다. 또한 한약재로서 팔 수 있으며 축제를 개최하고 도시민을 마을에 오게 할 수 있다. 도시민이 마을에 오면 체험과 민박, 농산물 판매가 가능하다. 결국 소득의 균형과 다양한 파생소득이 가능하게 할 수 있다는 점이 놀랍다. 이점을 독자들은 중시해야 한다.

저자는 이것을 알기 쉽게 외울 수 있도록 조어를 만들었다. '조경축제 음식약주' 결국, 6차산업화한다는 것은 소득을 다양화하고 지속가능한 소득을 창출한다는 의미다. '조경용+경관용 + 축제용+제품용+음료용+식품용+약용+주류용'으로 생산하는 다양한 생산물이 농촌에서 나온다면 농촌은 지금보다 잘 살 수 있다는 필자의 지론이다. 이런 측면에서 원추리와 맥문동은 좋은 소재이다. 왜냐하면 8가지 특징 중 대부분이 가능하기 때문이다.

이런 맥락에서 가구당 연평균소득은 6천만 원으로 보통 농가 평균소득의 두 배 이상이다. 이런 것이 배경이 되었을까. 2004년엔 농림부 녹색농촌체험마을로 선정됐다. 산촌마을종합개발사업지로 선정돼 2007년에 산림청으로부터 14억 원을 지원받았다. 2010년에는 농촌마을종합개발사업이 진행되었다. 2013년에는 색깔 있는 마을에 선정되기도 했다. 평범했던 농촌이 산채와 약용식물을 활용한 그린어메니티 마을로 거듭난 것이다.

김은환씨는 '땅에서 나고 산에서 나는 것들을 잊지 말고 살아라'는 선친의 당부를 잊지 않는다. 그의 선친은 일본 큐슈의 징용에서 돌아올 때 일본 밤알을 가져와 그것을 심었다. 그것이 해방 후 은산면 일대에 퍼져 지금의 밤이 유명하게 된 계기가 되었다고 주장했다.

김은환씨는 귀촌과 귀산을 함께 한 사례이다. 그는 먼저 정부정책을 트랜드화하고 전문서적을 읽고 한 분야를 정하고 시대의 흐름을 잡기 시작했다. 앞에서 공무원들이나 마을주민들이 놀라게 하는 "김 사장이 농사를 짓는 품종은 뭐든지 성공한다"는 마술은 어떤 이유에서 나올까. 김은환 대표에게 질문했다. 김 대표는 껄껄 웃으면서 아무것도 아니라는 듯 대답을 했다. 단지 "농진청에서 나오는 농업기술서적을 즐겨 보고 자신이 농사짓고 싶은 품종을 정해서 재배했다"고 전했다.

하지만 그 뒷면을 조사해 보면 그렇지만은 않았다. 예를 들어 누구나 농진청 표준영농교본을 보고 참고는 할 수 있다. 김 대표는 거기에 3가지를 더했다. 농진청에서 집필한 전문연구관에게 전화해 대표적인 생산지를 물었다. 거전리는 앞으로 산마늘의 산지가 될 것인데 산마늘도 표준영농교육에 의해 해 보면 좋을 것 같아 선정했다고 한다. 그는 산마늘의 대표산지인 울릉도 나리분지에 가서 산마늘을 사오고 오대산 주변 산마늘도 현지에 가서 사가지고 왔다. 그리고 시험재배를 해 보니 거전리는 오대산 산마늘이 적합하다고 결론을 내려 2009년부터 상품을 생산하기 시작했다.

이 정도까지 귀산인이 하기는 쉽지 않다. 생산과정은 가급적 책에 나오는 환경대로 만들려고 노력했다. 지형과 풍토에 다르겠지만 습기를 좋아한다던지 하는 작물특성은 가급적 서식환경과 유사하도록 했다. 생산환경이 전혀 다르거나 마을의 특성에 위배된다면 과감히 포기도 했다. 그것은 원산지와 다르지만 작물이 성장하게 키울 수 있는 환경조성과 지역배제요인도 되었다.

마지막으로 소비자의 선호도를 예측했다. 산마늘은 2006년부터 집중적으로 식재해 2009년부터 생산했다. 산마늘은 잎이 옥잠화처럼 길고 넓다. 충청도 지방에서는 거의 생산하지 않으며 전국적으로 생산지가 한정되어 늘 가격 변동 폭이 좁은 품목이다. 또 특유의 마늘향이 좋아 삼겹살에 어울리는 고급 쌈채이다. 웰빙과 힐링이 건강과 어울려 산마늘의 수요는 늘어날 것을 염두에 두었고 거전리는 대전권을 집중적으로 공략했다. 예상은 보기 좋게 성공했다. 대전, 세종, 통합청주시에서 주문이 쇄도해 2014년 현재 즐거운 비명을 지르고 있다.
　김은환씨가 귀농해서 성공한 이유는 열심히 트랜드를 읽고 가장 하고 싶은 작목을 선정했다는 것이다. 그리고 남들이 하지 않는 특이한 품종을 선택해서 이것을 다양한 차원에서 활용한다는 것이다. 마지막으로 자매결연을 활용해 도시민속에서 직거래를 적절히 활용해 직접 판매하는 것이다. 특이한 꽃과 나물을 활용해 마을의 어메니티를 높여 고객만족을 시킨다는 점이 귀산 성공 포인트라고 할 수 있다.

잘 나가는 임원에서
고추농사의 달인이 되다

● 충남 청양 **한만희 대표**
청양고추연구회장/단위면적당 최고 고추소득

성공비결
- 단위 면적당 최고 소득을 지속적으로 낼 수 있도록 노하우를 적립했다.
- 청양 고추연구회장을 통해 지역사회에 봉사한다.
- 끊임없이 소득개선을 위해 연구한다.

    충남 청양군 대치면 수석리 한만희 씨. 그는 지금은 고추농사를 천직으로 알고 지내는 농부이지만 처음부터 농사를 짓지는 않았다. 그는 1995년 부산에서 고향인 청양 대치면 수석리로 귀농을 했다. 그는 부산에서 잘 나가던 중소기업의 임원으로 탄탄대로를 걷다가 매연으로 가득 찬 도시생활을 청산하고 자녀들을 건강한 자연이 숨 쉬는 농촌에서 교육시켜야 한다는 신념으로 청양으로 돌아왔다.

처음 농촌으로 돌아온 그를 보는 사람들의 시선은 의아해하는 눈길이었다. 왜 잘난 직장 놔두고 "힘든 농사일을 시작하느냐"는 눈치였다. 사실 청양은 떠나면 그만인 땅이었다. 인구 3만에 이해찬 이완구 2명의 총리와 수많은 인재를 배출한 곳이다. 때문에 뭔가를 속이고 고향으로 온 것이 아니느냐는 비아냥거림도 섞여있었다. 한씨는 농사일도 중소기업을 경영할 때와 비슷할 것이라고 쉽게 생각했다. 그의 예상과 달리 농사는 점점 구렁텅이로 빠져들었다. 농사일이라는 것이 도시에서 잘 나가는 기업임원이 추정했던 것처럼 호락호락하지는 않다는 사실을 여실하게 보여주었다.

귀농 첫 해인 지난 1996년 700여 평의 밭에 고추를 심은 한씨는 기대에 부풀었다. 한 해 농사를 지어 부산에서 받은 월급보다 많이 벌길 기대했다. 부산에 있는 동료들에게 자랑도 하고 귀농이 허황된 것이 아니라는 모습을 떵떵거리며 보여주고 싶었다. 1년 동안 뼈빠지게 일해 손에 쥔 돈은 고작 중소기업체 임원으로 재직 당시 벌어들인 한 달치 월급에 불과했다. 낙담했고 농사가 우스운 것이 아니라는 것을 뼈저리게 느꼈다.

회사시절 회계업무를 주로 담당하며 터득한 '일정한 액수의 자본과 기술, 노동력이 투입되면 이에 상응하는 이익이 발생한다'는 지극히 상식적인 논리가 고추농사에서는 그대로 적용되지 않았다. 자연환경이라는 요인은 인간이 통제하기 힘든 요인이라는 것을 깨달았다.

1996년 실패를 거울삼아 1997년과 1998년은 연구에 연구를 몰두했다. 한 씨는 "이래서는 안 되겠다 싶어 밤잠을 줄여가며 수익성을 확대할 수 있는 방안이 무엇인지 연구를 거듭했다"고 기억을 더듬었다. 그리고 그가 내린 결론은 "같은 면적에서 한꺼번에 많은 작물을 거둬들이는 다수확만이 살길이라는 결론에 이르게 됐다"고 회고했다.

한편 그는 청양고추를 살리기 위해서는 청양이 가진 지리적 조건을 최대한 활용해야 한다고 생각했다. 그는 기회 있을 때마다 "청양은 큰 일교차와 사질토양으로 고추재배에 있어 최고의 적지"라고 역설한다. 한만희씨는 "칠갑산이 있기 때문에 큰 일교차로 고추의 매운 맛과 빛깔이 곱고 지형이 대체로 완만한 경사지로 물 빠짐이 좋아 작물재배에 적합한 부식(腐植) 유기질이 많은 사질양토로 이루어져 있는 청양특성 때문에 청양고추가 유명할 수밖에 없다"라고 강변했다.

1999년 한씨는 이러한 기후 특성과 더불어 인문환경을 더해 청양만이 가진 독특한 고추환경을 만들 것이라고 마음속에 다짐을 계속했다. 그는 기후변화 등 외부환경에 취약한 노지보다는 관리가 용이한 비닐하우스에서 고추를 키우는 것이 여러모로 유리하다는 판단을 내렸다. 그는 충남지역 고추재배 농가 중에서는 처음으로 3동의 비닐하우스 시설을 설치했다. 이는 초창기 노지재배가 자신의 뜻대로 할 수 없고 자연환경에 기대는 수동적인 농업에서 탈피하기 위함이다.

또 단기간에 생산량을 대폭 늘려주는 비료를 적극 활용하기도 했다. 이렇게 해서 2000년부터는 연간 수확량이 1996년보다 3배 이상 늘어 만족할 만한 수익이 되어 돌아왔다.

하지만 과도한 비료 사용으로 인해 토양이 부실해지고 생산량이 급감하는 등 부작용이 나타나기 시작했다. 소탐대실小貪大失이라고 했던가. 이를 계기로 한씨는 농약과 비료 사용을 최소화하는 친환경 농법으로 전환하게 됐다.

2001년을 맞이한 한 씨는 "수입농산물은 이미 대세로 막을 수 없는 흐름이 됐다"라고 말하면서 "소비자들의 취향도 점차 안전하고 품질이 좋은 농산물을 선호해 친환경 농법을 하지 않고서는 앞으로 버티기 힘들겠다"는 절박한 심정으로 각종 강좌를 찾아다니며 친환경 농법을 본격적으로 공부하기 시작했다.

  이를 통해 한 씨는 직접 만든 퇴비와 각종 미생물 제재 등을 통해 지력을 높이는 방안이 최선이라고 결론짓고 대대적인 토양 재정비에 착수했다. 지력이 높아진 한 씨의 고추밭에서는 즉각적인 반응이 나타났다. 토양이 건강을 되찾으면서 비료 없이도 양호한 생육조건이 조성돼 품질 좋은 고추가 주렁주렁 매달리게 된 것이다.

  2001년 하반기부터 농약사용을 줄여나가기 시작했다. 농약 사용까지 점점 줄여나가 결국에는 2003년부터는 일체의 농약을 살포하지 않는 무농약 인증까지 받는 단계에 이르렀다.

  하지만 바로 실패를 맛봤다. 인증 1년 후인 2004년에 하우스 내에 '담배거세미나방'이 생긴 것. 농약을 칠 수 없어 일일이 손으로 구제했다. 점심도 거르면서 한 달 넘게 구제하다 결국 포기하고 저농약으로 전환했다.

  '토양 관리 미흡'을 실패의 주원인으로 판단한 그는 2005년부터 건강한 토양 만들기에 온 힘을 기울였다. 로터리를 깊게 쳐 표토를 밑으로 보내고 심토深土를 위쪽으로 끄집어냈다. 또 우분에 톱밥·미생물을 첨가해 유기질 비료를 만들어 이를 기비로 사용했다. 물론 토양검정을 통해 적정량만을 사용한다. 천연자재를 이용해 직접 만든 액비는 관수 시에 필요량을 주고 있다.

  한 씨는 "어느 한 가지만 잘해서는 결코 무농약 재배에 성공할 수 없다"며 "작물이 잘 자랄 수 있는 환경을 조성하고 작물을 튼튼하게 키우는 재배법도 반드시 필요하다"고 강조한다.

  이를 위해 그는 비닐하우스 내 천장 개폐를 통한 환기장치를 만들었고, 건조 시에 스프링쿨러를 이용해 물을 주기도 한다. 또 병에 강한 접목묘를 자가 생산해 작물의 내병성도 키웠다. 하우스 입구에는 해충을 원천적으로 차단하기 위한 방충망도 설치했다.

하지만 "방충망을 해도 해충을 완벽하게 차단하지는 못한다"며 "수시로 포장을 예찰하는 정성이 꼭 필요하다"고 말했다. 실제로 그의 하루 첫 일과는 하우스 내 해충 예찰이다. 해충이 발견되면 무농약 재배에서 허용하는 기피제를 살포해 해충의 확산을 막는다.

이런 노력 덕분에 그는 다시 2006년 무농약 인증을 받는 데 성공했고, 연구회 회원들에게 무농약 재배기술을 전파해 회원 8명이 저농약 인증을 받는 성과도 올렸다.

한 씨는 그런 가운데서도 2005년부터 3월 25일 정식으로 무가온으로 재배하여 첫 수확을 6월 15일경 하고 있으며 다음해 2월초까지 고추수확을 하고 있다. 한 씨는 "고추재배에 있어 노지재배에 비해 '하우스재배'가 병해충 방제 및 수확량 증대에 효과적인데 특히 3중 이상의 하우스에서 수막을 이용한 '무가온재배'를 가장 경쟁력 있는 재배법으로 생각한다"고 말했다.

하우스 시설에는 스프링클러, 안개분무, 점적관수 등의 관수시설이 구비되어 있고 천정자동개폐 장치가 설치되어있다. 수정시기에는 공중습도 조절이 중요하므로 스프링클러로 80% 이상 공중습도 조절해주고 안개분무로는 엽면살포에 이용하고 있다. 점적관수는 양분보충으로 생장 조절을 해준다. 또한 여름철 고온기에 천정자동개폐 장치로 하우스 내 온도를 낮춰 고온장애 및 흰가루병을 예방하고 있다.

한 씨의 성공사례가 알려지면서 2m가 넘는 고추나무를 보기 위해 각지에서 농업인들의 방문이 끊이지 않고 있다. 한씨의 동화농장장은 친환경농법에 대한 교육장소로도 각광을 받고 있다. 또 일본에서도 한 씨가 생산하는 고추에 대한 품질을 인정받아 수출과 관련된 논의까지 진행되고 있을 정도다.

한 씨는 이러한 개인적인 성공을 자신만을 위해서 사용하지 않았다. 그는 2006년 2월 청양고추의 명품화사업을 주도할 '청양고추연구회'를 공식 발족시켰다. 관내의 고추농가는 모두 그를 회장으로 추대해서 고추농사의 노하우를 보급해 달라고 아우성을 쳤다. 청양군내 고추재배농가 70여 명이 참여한 청양고추연구회는 한만희 회장을 중심으로 전진해가고 있다. 2014년 현재 청양고추연구회는 한민희 회장을 중심으로 계속 변화와 발전, 창조를 해오고 있다.

한 씨와 고추연구회는 2006년부터 본격적으로 고추 전염병인 역병을 극복하기 위해서는 접목된 고추대목이 효과적이라는 주장했다. 한 회장은 "2005년 전국적으로 발생해 큰 피해를 입혔던 고추역병에는 고추의 대목이 가장 효과적이라며 이를 위해 각 농가에서는 접목기술을 새롭게 터득해야 한다"고 밝혔다.

이어 한 회장은 "청양지역에서도 고추재배농가의 14%를 웃도는 면적에서 역병이 발생해 많은 농가가 피해를 입었으나 접목된 대목고추에서는 역병이 거의 발생하지 않았다"며 "청양고추의 명품화를 위해서는 모든 고추농가에 접목된 대목을 권장해야 한다"고 말했다.

한 회장은 "접목된 대목은 활착까지 7~10일이 걸리므로 활착까지의 관리가 중요하다"며 "활착에 가장 좋은 조건은 햇빛이 차단된 장소에서 온도는 20~25도, 습도는 80%를 유지하는 것이 좋다"고 강조했다.

청양군은 2007년부터 청양고추 명품화를 위해 고추재배 100여 농가에 대목 및 클립, 부직포 등 2천만 원을 지원했다.

고추역병문제와 고추연구의 조직체계가 만들어진 후 한회장은 고추품종 보존과 개발에도 열심이다. 청양고추 특유의 매운맛과 우수한 품질이 인정돼 2008년 6월에는 국립농산물 품질관리원으로부터 청양고추(청양고추 영농조합법인 한만희) 및 고춧가루(청양농업협동조합)가 지리적표시제 제40호 및 제41호로 각각 등록됐다. 지리적표시제 등록 완료로 수입 또는 타 지역산 고추가 청양산으로 둔갑 판매되는 것을 법적으로 방지할 수 있게 돼 생산자 보호에 큰 힘을 얻게 됐다.

청양군도 이들 상품이 지역특산업으로 성장할 발판이 마련됨에 따라 생산자 보호, 농산물 및 가공품의 경쟁력 강화방안 모색, 다양한 제품구매정보 제공 등을 통해 고추재배 농가들의 안정적인 소득증대에 전력키로 했다.

2012년 8월에는 그동안 필자가 청양 신활력사업 자문위원으로 있으면서 주장한 고추 매운맛 등급화가 되었다. 이석화 군수는 "매운맛 정도에 따라 청양 1, 2, 3호 세가지 등급으로 품종별 수매를 할 계획"을 주문했다.

한 회장과 고추연구회, 청양군이 합심해 7대 생산조건을 만들었다. 그것은 ① 친환경 부직포로 무제초제 생산 ② 반드시 세척 ③ 태양저온 건조 ④ 매운 등급 표시 ⑤ 꼭지부분 청결 ⑥ 균일하고 투명한 고추 ⑦ 기타 선별기준에 적합한 고추로 이처럼 7개 기준을 청양고추에 엄격하게 적용시킨다.

2014년 현재 한만희 회장은 '고추박사'로 농업인을 상대로 하는 각종 강의에 매년 20여 차례 이상 초청되고 있다. 한 씨가 전국 어디를 가도 결론적으로 하는 말이 있다. 1970년대 일본에서 비료와 농약으로 오염된 토양을 보전하자는 취지에서 시작된 '흙 살리기 운동'을 연상시키는 말이다. 한 회장은 "우리가 흙을 지키면 흙이 우리를 지켜준다"는 것이 그의 결론이다. 고추도 마찬가지이고 그가 귀농해 살아온 청양도 마찬가지이다.

남보다 한 발 앞선 연구와 기술개발을 통해 고품질 농산물을 생산하고 소비자들의 기호와 시장상황에 탄력적으로 대응하는 경영마인드까지 갖춘 벤처농업인들이 농산물 시장개방에 맞설 수 있는 최선의 대안으로 주목받고 있는 것이다.

한 회장은 고추 단일작목 하나만으로도 평당소득이 전국 최고를 만들어 남부럽지 않은 고소득을 올리고 있는 대표적인 사례다. 500여 평 3동의 비닐하우스에서 고추를 재배하고 있는데 청양군 농업기술센터 강상규 소장은 "한 회장은 오늘도 '무농약 인증'을 받은 고품질 고추라는 명성에 전국 각지에서 밀려드는 주문을 미처 소화하지 못할 정도로 높은 인기를 얻고 있다"고 칭찬한다.

단고사리로
억대 소득을 올리다

● 전북 장수 **홍재완 대표**
단고사리 개발자, 전 고교 교사

성공비결
- 연구와 개발로 "단고사리"라는 독특한 품종을 만들었다.
- 자신을 이해해 주는 주민들과 공동 협업형 단고사리 소득사업을 한다.
- 산림청 공무원의 지원을 이끌어 냈다.

　1998년 홍재완 씨는 50살이 되던 해에 전북 장수 계북면 임평리로 귀농했다. 이후 10여 년 동안 이 마을은 그를 칭찬하며 지지하는 사람들과 그를 질시하며 폄하하는 사람들로 두 부류로 나뉘었다. 그만큼 그의 단고사리는 파괴력이 뛰어났다.

　전북 장수군 계북면 임평리 백암 고사리마을은 44가구 103명이 사는 작은 농촌마을이다. 하지만 전국 최고의 맛과 향, 가격을 받는 단고사리 하나로 강한 농촌마을 대열의 앞줄에 우뚝 섰다. 이 마을 주민들은 노는 농지나 산비탈을 활용해 10억 원 이상의 고사리 매출을 올리고 있다. 고사리 재배농가 소득은 평균 5천만 원으로 전국 평균 농가소득 3천만 원 보다 훨씬 높다. 최근 고사리체험을 하는 도시민들도 찾기 시작해 또 다른 소득원을 창출하고 있다.

백암 고사리 마을의 단고사리는 일반 고사리와는 큰 차이가 있다. 홍씨가 귀농한 뒤 버섯을 재배하다 우연히 고사리에 관심을 기울이기 시작했다. 사실 홍씨는 고향인 무주에 먼저 귀촌했지만 버섯농사로 재미를 못 보았다. 그러던 중 고사리와 고비를 품종개량 한다면 정말 달고 맛있는 고사리를 만들 수 있지 않을까 하는 호기심이 들었다.

홍씨는 어떤 곳에서 고사리가 잘 되는가를 연구하면서 빠른 시간 안에 여러 번 교배를 하기 위해 비닐하우스에서 재배하면서 고사리 품종개량에 손을 놓지 않았다. 품종을 개량하면서 노지 재배와 하우스 재배를 동시에 하면서 마을사람들에게 재배를 권유했다. 홍씨는 "고사리는 일시에 올라오지 않기 때문에 시기를 놓치지 말고 제때 여러 번에 걸쳐 수확해야 한다"고 생각했다. 그는 하우스 재배를 통해 4~5월 집중적으로 수확하면서 일손이 급하지 않은 시기에 집중적으로 출하해 소득을 높였다.

그의 예상대로 값싼 외국산 건고사리를 피해 비닐하우스에서 재배해 생것을 삶아 일찍 출하하면 좀 더 높은 가격을 받을 수 있었다. 고사리는 토질을 가리지 않기 때문에 늦서리 피해만 주의하면 안정적으로 재배할 수 있다. 참고사리와 고비를 교배시켜 만들었으며, 당도가 높아 상표등록과 특허를 냈을 정도다.

특히 건강에 좋은 아스파라긴(Asparagine) 등 성분과 비타민 B1, C를 다량 함유하고 있다. 고사리의 주요 영양분은 당질, 단백질, 섬유, 지질, 회분, 칼슘, 인, 철과 비타민 B1, B2, C 등이다. 당질을 많이 함유하고 있는 만큼 식량이 부족하던 시절에는 훌륭한 구황작물로 꼽혔다. 게다가 아미노산류인 아스파라긴산과 글루타민산, 플라보노이드의 일종인 아스트라갈린 등 특수 성분을 함유하고 있다.

옛부터 고사리는 궐채 또는 궐기근이라 하여 약재로 이용했는데 해열, 이뇨, 설사, 황달, 대하증 치료 효과가 있다. 생것을 삶은 것은 부드럽게 씹히는 맛이 일품이고 물에 우려낼 필요가 없어 요리하기가 간편해 인기이다. 산림청이나 경주농업기술센터 등 전국 지자체 공무원들의 발길이 끊이지 않는 배경이다.

고사리 마을은 1990년대 중반까지만 해도 찢어지게 가난했다. 계단 논 몇 마지기와 소 한두 마리 있으면 부농으로 불릴 정도였다. 해발 400~600m의 고산지대에 위치, 일교차가 커 매년 서리 피해나 한발을 걱정해야 했다. 무엇보다도 겨울 5개월 동안 농한기 소득이 전혀 없어 가난을 면치 못했다.

변화가 온 것은 1998년. 전 배구국가대표 출신이자 서울 중앙여고 교사를 지낸 홍재완씨가 마을에 귀농한 해다. 무주 출신인 홍씨는 귀농 첫해부터 고사리 농사를 짓기 시작했다. 그가 고사리 농사를 선택한 이유는 다음과 같다. 첫째, 제사에 빠지면 안 되는 대표적인 산나물이라는 점이요, 둘째, 해열, 이뇨, 설사, 대하증 등에 효능과 수요가 있는 음식이라는 점, 셋째, 재배과정에 비료를 주지 않아도 되는 작물이라는 점 때문이었다. 마지막으로 평당 3만 원 정도의 고소득을 창출할 수 있다는 점도 고려했다.

예상은 적중했다. 야생고사리를 지속적으로 품종 개량해 2001년에는 '단고사리'라는 상표등록도 마치고 전국적으로 알리기 시작했다. 단고사리는 고사리 줄기 지름이 5~7㎜로 국산 고사리 가운데 가장 두껍다. 또 맛이 달고 부드러우며 향도 은은해 건고사리 기준 1kg 5~6만 원으로 국내에서 최고 가격을 받는다.

현재 백암마을은 단고사리로 마을을 특화시키는 과정에 있다. 마을 주민 육유순 씨는 "처음 홍선생님이 밭에 고사리를 심자 마을 사람들이 미친 사람으로 취급했다"고 전했다. 산에 가면 흔한 고사리를 밭에 심고 있는 것을 보고 이상한 사람으로 생각했다는 말이다. 하지만 지금은 다르다. 너나 할 것 없이 홍씨와 고사리 작목반을 같이 하면서 그가 선택한 품종을 다퉈 재배한다. 2004년부터 마을은 급격히 변화하기 시작했다. 현재는 44농가 중 32농가가 고사리를 주소득 작목으로 농사를 짓고 있다.

홍 씨는 "소비자의 기호와 전통식품에 대한 이해가 있다면 우리 농촌은 얼마든지 경쟁력이 있다"고 말했다. 산림청 진헌무 계장은 "산촌마을 사업을 통해 고사리로 특화한 백암마을에 어메니티 시설을 지원해 도시민들이 체험과 교류를 할 수 있도록 적극 돕겠다"고 밝혔다.

홍씨는 오랫동안 배구계에 몸담고 있다가 1993년 전에 전북 무주로 귀향했다. 버섯을 재배하던 중 우연히 고사리에 관심을 갖게 된 것은 국내산 건고사리의 시세 때문이었다. 국내산 건고사리 가격은 중국산에 비해 두세 배 높게 형성되어 있다. 고사리를 대량으로 재배하면 돈이 되겠다는 생각에 틈나는 대로 야생 고사리를 캐다가 밭에다 옮겨심기 시작했다.

홍씨는 "유난히 단맛이 나는 고사리가 눈에 띄었습니다. 문득 이를 교배시켜 품종을 개량하면 되겠다는 생각이 들었습니다"라고 그때를 회상했다.

홍씨는 단고사리 재배를 위해 귀향 5년 만에 전북 무주에서 장수로 이사를 했다. 단고사리는 해발 500~700m 지역에서 잘 자라기 때문에 사방이 산으로 둘러싸인 임계리에 새 둥지를 틀었다. 봄에 서리 피해를 심하게 입기도 했지만 고사리의 품질이 눈에 띄게 향상되었다. 단고사리는 평평한 평야지보다 약간 비탈지고 물 빠짐이 좋은 곳에서 잘 자랐다. 물을 좋아하기도 하지만 배수가 불량하면 뿌리째 썩어버린다는 것도 나중에 알았다.

농작물이 대개 그렇지만 재배지의 토양 산도 관리가 중요하다. 고사리 재배지의 토양 산도는 6.8~7도 범위를 벗어나지 않도록 관리하는 것이 중요하다. 이렇다 보니 화학비료는 일절 사용할 수가 없다. 화학비료는 토양을 산성화시키고 가스를 발생시키기 때문이다. 화학비료를 사용하면 3년 뒤부터 뿌리가 썩어버린다. 지력 향상과 다수확을 위해서는 유기질 비료만 사용해야 한다.

또한 관수가 중요하다. 스프링클러를 이용하여 겉흙이 살짝 젖을 정도로 물을 뿌려주면 매일 수확이 가능하다. 4월부터 6월까지 수확이 가능하지만 이듬해 안정적인 수확을 위해서는 5월 하순부터 내버려두는 것이 좋다. 생고사리로 판매할 경우 15~20cm 정도 자랐을 때 수확하는 것이 알맞다. 늦가을에는 말라죽은 것을 베어내고 그 위에 볏짚을 덮어주면 좋다. 낙엽이나 산야초를 깔아주면 고사리 품질이 더욱 향상된다. 홍씨는 2004년부터 봄 생 단고사리를 1kg당 5,500원에 출하했다. 건고사리는 이제 없어서 못 판다. 한 번 맛본 사람들이 계속 찾고 있어 주문 판매량도 만만찮다.

현재 1만 4,000여 평의 고사리 농장을 경영하는 홍씨는 "단고사리는 기름지거나 평평한 밭이 아니더라도 재배가 가능하기 때문에 유휴지를 활용하면 경영비는 얼마든지 낮출 수 있다"며 "고소득 작물은 아니지만 벼농사나 고추농사 못지 않게 소득을 올릴 수 있다"고 말했다.

홍 씨가 중심이 되어서 단고사리 작목반은 2001년 4월에 구성됐다. 초창기에는 홍재완 씨 주도로 농가 6곳이 참여했으나 지금은 32곳으로 늘었다. 고사리 농사 면적은 4만여 평.

단고사리 작목반은 매년 4월10일 무렵 첫 고사리를 채취한다. 7월 하순까지도 채취 가능하다. 노지에서 재배할 경우엔 4월부터 6월 초순까지 연

15회 정도를 채취한다. 하우스의 경우는 7월 하순까지 32회 정도를 채취한다. 특히 4월과 5월에 채취하는 고사리는 시장에 나가자마자 비싼 값인데도 날개돋친 듯 팔린다. 단고사리 작목반은 건고사리(말린 고사리)만 출하하고 있다. 생고사리 6~10kg으로 건고사리 1kg을 생산한다.

단고사리는 2년생부터 수확한다. 건고사리 제조과정에도 나름의 방법을 사용한다. 끓는 물에 데친 다음 햇볕에 하루이틀 말리는 것이다. 다음은 고사리를 손으로 비벼주는 작업을 2~3회 정도 해 부드럽고 향긋한 건고사리를 생산한다.

중국산 건고사리 출하시기를 피해 하우스 재배로 조기 출하하면 높은 가격을 받을 수 있다. 비닐하우스를 설치해 서리 피해를 예방하고 스프링클러를 이용하여 겉흙이 살짝 젖을 정도로 물을 뿌려주면 매일 수확이 가능하다.

요즘 우리나라의 고사리 출하시기가 점점 빨라지고 있다. 건고사리보다는 생고사리를 삶아 출하하는 것이 유리하기 때문이다. 국내산 고사리는 청정지역에서 자란다는 것과 값싼 외국산보다 안전하다는 것을 내세워 소비자를 공략하면 가능성이 있다. 요즘 재배하는 농가가 많지만 생산량은 그다지 많지 않다.

홍씨는 귀농하더라도 아무거나 해서는 힘들다면서 자신의 특징을 잘 살려 한가지 품목에 집중적인 연구를 한다면 좋은 결과를 만들 수 있다고 전했다.

자신도 일반 야생 고사리와는 달리 생것을 그냥 먹어도 될 만큼 달착지근하고 특유의 쓴맛이 없는 게 특징이 있는 단고사리의 성질을 잘 살려 성공했다면서 최고의 품질을 만들면 그리고 농약을 사용하지 않는다면 반드시 성공한다고 강조했다.

홍 씨의 고사리는 2006년 경주시 농업기술센터에서 종근 40톤을 사가지고 가면서 새로운 역사를 쓰기 시작했다. 이후 여러 지자체에서 고사리 뿌리를 사서 재배하기 시작했다. 최근에는 2012년에 홍성, 13년에는 나주시 농업기술센터 등 공공영역이나 작목반에서 매입후 재배하고 있다.

홍 씨는 고사리 밭 거름주기 및 관리, 친환경, 고품질 고사리 수확 및 판매처 등 상세한 설명을 하는 한편, 농가들의 질문에 자세하게 응답해줘 호응을 얻었다. 이렇듯 경제적인 소득안정 이후 그는 고사리 전도사로서의 역할을 톡톡히 하고 있다. 전국 여러 지자체에서 강의를 해달라는 요청이 오고 있다.

고사리는 도시에서 귀촌한 사람들에게 저노동력으로 재배하기 때문에 반응이 좋다. 일반 야생 고사리에 비해 우선 뇌두가 많기 때문에 같은 뿌리에서 4월부터 6월까지 계속 수확이 가능해 수확량이 많다. 물만 적당히 주면 1평당 건고사리 600g을 수확할 수 있다고 한다. 재배적지를 골라서 심어놓기만 하면 별 탈이 없고 일손이 들지 않기 때문에 경영비 부담이 적다. 단지 고사리를 손으로 꺽지 않고 도구를 사용해서 꺽는 고사리가 위를 개발한다면 더욱 고령층도 쉽게 재배할 수 있을 것이라고 말했다. 홍재완 씨도 어느덧 이제 은퇴할 나이가 되었지만 아직도 단고사리에 대한 열정과 애정은 여전하다. 현재는 고사리 재배면적을 줄이고 구지뽕과 마농사를 짓는다. 나이가 70세 가까우니 무거운 종근이나 수확물을 운반하는 것도 힘들고 전국적으로 퍼져 수확 후 판매도 포화상태에 가까워서 그렇다.

그는 농약을 안 하고 자연 속에서 천적이나 미생물 식물을 활용해 문제를 해소하려고 한다. 예를 들면 강황이나 울금을 심으면 벌레가 오지 않는다. 야콘을 밭에 심으면 돼지가 오지 않는다. 뭐 이런 식으로 농사를 경작한다. 소득은 연수입 1억 원 이상 되고 있다. 이제는 지질히 궁상떨고 있다고 혀를 차던 잘나가던 친구들이 부러워한다. 다들 연금 수익밖에 없는데 억대 소득이 나니 부러울 따름이다.

황무지에 감동을 주는
펜션을 세우다

● 강원도 평창 **정철화 대표**
700빌리지 대표, 펜션전문가

성공비결
- 지형지세와 환경을 최대한 활용한다.
- 마을에 먼저 봉사와 희생한다.
- 자신이 잘 할 수 있는 동물을 테마로 삼았다.

강원도 평창에 가면 700빌리지(http://700village.co.kr)라는 유명한 펜션이 있다. 이곳 주인 정철화 씨. 그는 인천에서 평창의 산이 좋아 귀촌한 케이스. 정철화 씨는 인천에서 한약업에 종사하고 그 후에는 태권도 체육관을 운영하다가 IMF 이후 경기가 안 좋아 버틸 대로 버티다가 무일푼으로 평창의 오지 남병산 중턱에 귀촌했다. 처음 그는 농가주택자금을 2천 500만 원을 융자받아 집을 구입했다.

다른 사람의 눈으로 보면 그가 할 수 있는 것은 아무것도 없어 보였지만 그는 2000년부터 조금씩 변화시켜갔다. 먼저 염소와 약초를 키우고 건강원을 개원했다. 개원초기에는 장사가 잘되었지만 점차 손님이 줄어들었다. 아는 지인의 소개로 소위 인맥장사를 했다. 특별한 마케팅이 없었던 관계로 손님은 직접 와서 신선한 약초와 자연환경 속에서 염소가 자라는 것을 본 손님들은 다시 주문이 이어졌다. 하지만 소개만 받아서 약을 택배로 받아 드신 분들은 대부분이 다시 주문을 안 한다.

사실 정씨는 2000년에 혼자 귀촌했다. 아이가 대학수험생이어서 부인과 아이는 인천에서 있는 소위 두 집 살림을 했다. 아이가 2003년도 대학에 들어가고 자연스럽게 부인이 인천 집을 정리하고 남병산에 오게 되었다.

그는 천혜의 자연환경으로 둘러싸인 강원도 평창의 해발 700m 고지에 아늑하게 자리잡은 500여 평 규모의 땅에 그의 모든 것을 투자했다. 펜션 투자도 거의 공짜로 하다시피했다. 형님이 가지고 있는 땅에 농박시설자금 5천만 원과 운영자금 3천만 원, 소상공인창업자금 3천만 원으로 직영해서 펜션을 지었다. 하지만 지금 와서 보면 현명한 선택이고 장사도 잘되어 사장님 소리를 듣고 있었지만 그때는 정말 대단한 판단력이라고 할 수 있었다.

객관적으로 보면 남평창은 매력이 없는 황무지와 같은 지역이었다. 보통 사람들 같았다면 엄두도 못 낼 것인데 정 사장은 도전을 해서 이제는 평창에서 유명펜션으로 소문이 나 있다.

보통 평창펜션의 경우 사람들은 스키장이 있는 봉평이나 대관령으로 가고 이곳 평창과 영월의 사이에 있는 남병산은 여름에 잠깐 반짝하고 나머지 3개월은 사람 그림자도 볼 수 없었다. 그만큼 펜션은 접근성과 주변 환경, 스키장과 고속도로 이런 것들이 중요시되는 시점이었다.

2002년부터 정 씨는 웰빙 트렌드가 오면 사람들이 몰려 올 것이라고 마인드 콘트롤을 했다. 하지만 쾌적한 휴양지로서 짜릿한 산악레포츠를 즐길 수 있고 맑은 공기와 건강에 좋은 솔향기가 물씬 풍기는 숲속에서 산림욕과 함께 마음의 여유를 가질 수 있는 700빌리지는 그의 꿈속에서만 계속되고 있었다. 한마디로 장사는 개판이었다.

그는 사람들에게 감동을 주는 프로그램을 만들기로 했다. 정 사장의 펜션 경영전략은 "손님 의도대로 만들지 않고 내 의도대로 머물고 감동을 받고 가게 하자는 것이다"라고 밝혔다. 대부분의 손님은 와서 고기 많이 먹고 노래방에서 노래 부르고 고스톱치고 술 마시고 아침 늦게까지 자다가 돌아간다. 그런 손님들은 별로 감동이 없다는 것을 누구보다도 정 사장은 잘 알고 있었다. 700빌리지에 온 손님들이 감동을 받고 가려면 내가 피곤해야 한다고 스스로 매번 손님이 오면 다짐을 한다.

저녁 10시가 되고 분위기가 무르익으면 손님들은 노래 부르고 그들만의 천국을 만든다. 정 사장은 이때 가서 판을 깬다. 밖에 나가면 제가 없는 돈에 오픈카를 구입했는데 여러분을 모시고 드라이브를 하고 싶다고 반강제로 자신의 트럭에 사람들을 싣는다. 손님들은 불만스러운 표정으로 입이 나왔지만 주인의 물리력에 따라간다. 소위 700빌리지의 최고의 인기프로그램인 '별보고 달보고'가 시작된다.

10여 km를 달려 남병산의 고원에 가면 별 총총 흐르고 은하수가 손짓하고 별똥별과 반딧불이가 춤을 추는 전혀 보지 못한 풍경을 사람들은 접한다. 마치 남태평양의 어느 해변가 밤풍경과 흡사한 별 총총 박혀있는 아름다움은 사람들에게 감동을 준다. 분위기가 무르익으면 새벽 3시까지도 프로그램이 진행되기도 한다.

돌아오면서 정사장은 펜션에 돌아가면 제가 하모니카 연주를 들려주겠다고 호언을 한다. 사람들은 밤하늘의 멜로디를 연상하고 오지만 손님들에게 오는 것은 옥수수 한 꾸러미, 하모니카는 각자 연주하는 것이다. 배가 고픈 참에 모두 환호를 아끼지 않는다.

정 사장은 "펜션은 돈 없고 외로운 사람이 해야 한다"고 웅변한다. 왜냐하면 돈이 많으면 손님에게 최선을 다하는 마음이 줄어들고 손님들에게 감동을 줘 보내지 못한다고 말한다.

대부분 700빌리지에 오는 사람들은 처음 와서 보고는 아예 차에서 내리지도 않는다. 영동고속도로 주변이나 대관령 주변의 그림같은 펜션이 아니라 덜컹거리는 산중턱에 펜션이 있기 때문이다. 하지만 일단 내리면 최선을 다하는 주인의 노력에 감동을 받는다. 어린이나 유치원생이 있으면 말을 태워준다거나 염소나 송아지 먹이주기, 우유 먹이기 등을 같이 진행한다. 아침에 운해가 끼면 곤히 잠자는 손님을 깨워 운해보러 가고 사진을 찍어준다. 사진을 찍어 손님이 서울 집에 도착하기 전에 추억을 먼저 보내준다. 메일을 여는 순간 자신들의 사진이 먼저 보고 웃는다.

이런 눈에 보이지 않는 친절이 사람들을 감동시킨다. 처음에는 내리지도 않던 사람이 돌아갈 때는 명함 10장 달라곤 한다. 700빌리지는 재방문율이 높은 펜션으로도 유명하다. 한 번 감동 받은 사람들은 반드시 다른 손님을 모시고 다시 온다. 이런 것이 펜션 운영의 재미라고 한다.

700빌리지는 15평짜리 방이 2개 40평짜리 방이 2개이다. 손님들은 자주 정 사장에게 질문한다. 왜 이렇게 잘 되는데 펜션을 더 만들지 않느냐는 질문이 많다. 하지만 정 사장의 생각은 다르다. 그는 "방을 더 만들면 손님들에게 신경을 덜 쓰게 되는데 제가 돈을 버는 것은 손님들에게 만족을 주기 때문"이라고 한다. 지금 이 상태에서 최고의 만족을 줄 수 있다면서 "손님을 많이 받는 것보다 만족시키는 것이 중요하다"고 강조했다.

700빌리지의 자랑인 특별한 개썰매 이벤트는 겨울철 지루하기만 한 생활에 활력을 주기에 매우 좋은 겨울 레포츠다. 2004년 겨울 처음 시작해서 2005년 겨울부터 본격적으로 가동한 프로그램이다.

2010년부터는 개썰매 프로그램이 무르익어 인기 만점이다. 총 6마리의 알래스카 맬러뮤트Alaskan Malamute 종이 끄는 날씬한 6기통 스키썰매를 발로 브레이크를 조정하며 지치는 기분은 산타할아버지를 능가한다. 맬라뮤트종은 추위에 강하고 힘이 좋아 거침없이 눈길을 나달린다. 평창 조동리 남병산 700빌리지 펜션에서 운영하는 개썰매 코스는 겨울철 체험형 레포츠의 메카. 어쩌면 그가 인간을 위해 죽은 수많은 동물들의 영혼을 위로하는 듯이 소리친다. 가자! 가자!

해발 1000m에 이르는 남병산 정상 임도를 타고 달리는 개썰매는 길이 평탄한데다 안전 브레이크 장치가 이중으로 설치되어 초보자도 얼마든지 탈 수 있다. 한쪽 발을 밀며 "가자!"라고 외치면 썰매가 출발. 이때 개에 연결된 끈을 팽팽하게 잡아야 한다. 끈이 느슨하면 개보다 썰매가 먼저 나가 자칫 개나 사람이 다칠 염려가 있기 때문이다. 정사장은 반드시 주의사항과 예행연습을 시키고 안전이 확인되면 주행을 시작한다.

썰매를 끌고 산 위로 올라가 약간의 내리막길에서 타고 내려오는 것이 개썰매 맛보기 코스(숙박고객 1인당 8000원). 30분밖에 안 되는 짧은 시간이지만 눈 덮인 산길을 개와 함께 산책하듯 올라 신나게 내려오는 재미가 그만이다. 개 썰매의 진수를 맛보고 싶다면 눈 덮인 산속을 달리며 목장까지 둘러보는 개썰매 피크닉(3시간 소요, 숙박고객 8만원)을 권한다. 산 정상을 누비며 발 아래 가득 고인 운무 등 주변 경치를 감상하는 맛에 더 취한다. 눈이 없으면 썰매 대신 수레를 매달아 달린다.

친환경적 탈 것. 아니면 에스키모 체험? 실제 개썰매의 짜릿한 쾌감을 맛보려면 직접 타봐야 한다. 아이들도 쉽게 배울 수 있는 개썰매의 속도는

30~40㎞에 불과하지만 온통 하얀 산길에서 30분 동안 개썰매를 타고 설경이 펼쳐지는 왕복 2㎞ 자연트랙을 달리는 기분은 그야말로 '상쾌도하다'다. 개썰매 견부(?) 정철화 씨는 "깎아지른 산길트랙이 다소 위험해 보이지만 끄떡없다"며 "좁은 낭떠러지에서도 안전한 것이 개가 끄는 썰매"라고 말했다.

2006년부터는 겨울프로그램이 안정되고 손님들이 12~2월까지 매일 붐빈다. 개썰매를 타기에는 최적의 임도코스에 북극지방의 개가 끄는 개썰매는 감동이 크다.

하지만 여름 이동거리를 경관 어메니티로 표현하는 방법을 연구하기로 했다. 평창군청과 조동리 사람들이 참여하기로 했다. 2008년에는 700빌리지는 8km의 산등성이 산책코스에 메밀꽃을 1만9800㎡에 심어 봉평의 메밀밭 외에 이색적이고 독특한 경관을 연출하고 있다. 결국 어메니티와 평창이 가진 자연을 자원화해서 사람들을 끌어들이자는 전략이다.

평창군 평창읍 조동리 산 중턱에 있는 이곳에서는 험한 산길을 따라 산악오토바이와 산악자전거, 산악오픈카에다 심지어 산악승마를 즐길 수 있다. 특히 겨울이면 큰 개인 알래스카 말라뮤트가 끄는 '눈썰매'를 탈 수 있다. 1.2km의 눈길을 헤치고 나아가는 기분은 스키나 스노보드에서는 느낄 수 없는 짜릿함이 있다.

또 주민들은 도시 관광객들에게 많은 추억을 가져갈 수 있도록 13마리의 썰매견은 물론 숲길탐험, 초원에서 한우가 풀을 뜯는 모습과 함께 차량투어, 인절미 떡메치기 등 무료체험 행사도 마련했다.

이밖에 산악오토바이, 활쏘기, 외승, 패러글라이딩, 래프팅을 체험할 수 있는 행사를 마련해 주말이면 방문객들의 발길이 줄을 잇고 있다.

정철화 사장은 가장 어렵게 귀촌해서 가장 성공한 케이스 중에 하나다. 그의 말처럼 내가 고달퍼야 손님이 즐겁고 감동받는다는 자세로 귀촌한다면 성공은 쉬울 것이다. 정 사장은 소득공개를 꺼리지만 억대 수입을 벌고 있다는 주변의 이야기에 긍정도 부정도 하지 않고 있다.

    2014년 현재 정사장 부부는 행복한 귀촌생활을 하고 있다. 자신들이 좋아하는 동물을 기르고 그들과 함께 돈도 벌고 좋은 자연환경에서 생활하고 있다. 정 사장은 "만약 인천에서 계속 살 생각을 하면 지금도 앞이 캄캄하다"고 전한다. 도시는 자본이 없으면 돈 쓰고 뭇버는 구조를 가진다. 그곳에서 탈출할 수 있는 용기와 대안이 결국 새로운 창조를 만든다. 많은 사람들은 변화하는 환경에 적응해야 한다고 말한다. 하지만 변화하는 환경에 적응하기 위해서는 스스로 버려야 한다.

나이 70세, 연봉 1억의 체리농사꾼

● 충북 음성 **이보섭 대표**
체리전문가, 전 스키협회 사무총장

성공비결
- 우리나라 최북단의 성공한 체리농장이다.
- 마을에 선진 체리농업을 보급 및 마을과 함께 사업화를 시도한다.
- 체리 이외의 각종 농작물은 고객에 감사하는 의미로 선물로 준다.

    충북 음성군 소이면 갑산리. 매년 6월이면 봉저수지 앞 이보섭 체리농원 8200여m^2 과수원 130여 그루 체리나무에서 맛있는 체리 수확을 한다. 달콤하고 상큼한 맛, 입안이 상쾌하고 씹을수록 단맛이 목 넘길 때의 아린 꿀맛으로 변한다. 이런 체리 맛을 우리나라에서 맛 볼 수 있는 곳은 이곳 음성체리마을 뿐이다.

    음성체리는 우리나라 최북단에서 생산된 체리로 품종은 좌등금이다.

    햇볕을 흠뻑 받고 자란 체리는 안토시아닌$_{Anthocyanin}$과 퀘리트린 같은 항산화 물질이 풍부하다. 안토시아닌은 암, 심장병 예방에 도움을 주는 것으로 알려졌다. 임산부 입덧에 좋고 관절염, 통풍, 두통 등의 증상 완화에도 효과가 있는 것으로 알려진다.

갑산리 마을을 체리마을로 특화시킨 장본인은 다름 아닌 필자이다. 갑산리 마을은 2008년 농촌전통테마마을로 지정되면서 당시 박옥련 계장이 마을로 필자를 불러 마을계획을 설명해 달라고 했다. 그리고 타 업체와의 경쟁에서 이겨 마을계획을 수립했다. 마을계획 수립에서 제일 중요한 것이 자원인데 이 마을에 특이한 자원이 몇 개가 있다. 그 중에 하나가 체리였다. 당시에는 이보섭 대표 역시 체리가 대단하다는 느낌을 가지지 못했으나 필자의 설득으로 마을 이름을 음성 갑산 체리마을로 정했다. 2010년에 거리에 체리나무를 식재하고 2013년부터 체리축제를 개최하는 등 체리를 통한 주민 화합과 마을 발전을 꾀하고 있다.

이보섭 체리동산 대표는 "갑산리에서 생산된 체리는 일교차가 큰 우리나라 최북단 생산품으로 소비자들로부터 큰 인기를 얻고 있다"며 "농가소득 확대를 위해 정부가 조기에 신품종을 개발해 줬으면 좋겠다"고 말했다.

이보섭 농장의 체리 품종 중 70%는 좌등급으로 저장성이 좋고, 당도는 완숙 시 13~18도 정도로 높고 맛이 매우 뛰어난 것이 특징이다. 이밖에 일출, 고사, 나폴레옹, 석홍금, 자브레, 고사, 남양 등 7종의 체리가 재배되고 있다.

체리는 안토시아닌과 함께 항암제의 성분 가운데 가장 뛰어난 플라보노이드 화합물에 속하는 퀘리트린Queritrin이 많이 함유되어 있어 건강 기능성 과일로 도시 고소득층의 수요가 증가하고 있다.

체리는 다른 과일보다 재배기간이 짧아 개화 후 50~70일 정도면 수확하기 때문에 대부분 개화 이후 농약을 살포하지 않고 수확할 수 있다. 이 때문에 무농약재배 과일로 잘 알려져 소비자의 인기가 높다.

체리는 보통 5월 말에서 6월 말까지 1개월 정도의 짧은 수확기간으로, 이 기간 농장을 방문하는 구매자들이 일시에 몰려 체리를 구매하지 못하는 경우가 많아 사전 예약을 해야 한다.

이보섭 대표는 마을이나 음성에서 잘 모르지만 사실은 우리나라 스키계의 대부이자 산 역사다. 문화관광부 규제개혁위원을 수 차례 역임했으며 대한 스키협회 사무총장을 역임한 엘리트이다. 그런 그가 왜 갑산리에 귀농했는가. 역사는 언제나 필연 위에 우연이라고 했던가. 1989년 그가 우연히 음성 읍내의 다방에서 차를 마시고 있는데 옆 테이블에서 실랑이가 붙었다. 토지흥정을 하다가 흥정이 틀어져 주인이 낙담을 하다 눈물까지 보였다. 옆에서 듣고 있던 이 대표가 하도 딱해 그 땅을 그냥 인수해 버렸다. 지금 생각하면 어처구니없는 일이지만 그렇게 역사가 이루어졌다. 낭만파인가. 막가파인가. 갑산 체리마을의 역사는 이렇게 우연히 외지인의 귀촌으로 시작되었다. 이 대표가 특이해 언론 인터뷰도 안하고 해서 독자들이나 음성주민들이나 공무원들도 최초로 듣는 이야기일 것이다. 이 대표에게 책에 내용을 싣는다고 하면 벼락이 날것 같이 비밀로 해서 싣는다. 인터뷰는 안하고 그동안 알고 있는 사실만을 열거했다.

1992년부터 체리를 심고 분당에서 음성까지 차로 이동해 와서 며칠씩 보냈다. 처음에는 그냥 좋아서 왔다. 그가 말하는 체리는 터키나 일본 체리가 맛있고 외국에 가면 체리가 익는 6월에 가서 먹어본 기억이 많았다.

사실 많은 학자들이나 전문가들은 체리를 소백산맥 이북에 심는 것을 금기시했었다. 우리나라 체리 역사는 일제 강점기까지 거슬러 올라간다. 일본 사람들이 경산과 경주 건천에 체리를 식재해서 생산해 오고 있었다. 그들이 왜 소백산맥 북쪽에는 체리를 식재하지 않았겠는가. 가장 큰 이유는 냉해 때문이다.

그것도 모르고 그냥 체리를 심었다고 말하면 이 대표께 실례가 되는 걸까. 이 대표를 만나고 나서 체리가 중국 다롄에서 주말농장 형태로 재배되고 있다는 말을 듣고 놀랐다. 중요한 것은 품종이다. 예를 들어 큐슈 오이타 원산인 매실 품종인 남고를 중부지방이나 강원도 산간지방에 재배하면 100% 다 죽는다. 하지만 재래종 매화인 야매, 설중매, 월사매 등은 중부지방에서도 잘 된다.

같은 이치로 좌등금도 냉해에 강한 품종과 냉해를 이겨내는 재배기술이 요구되는 것이지 문제가 있는 것은 아니다. 이러한 사항을 검토하고 남쪽 품종이 아닌 중부에서 자랄 수 있는 천안 묘목상의 믿을 수 있는 체리나무를 구입해 심었다. 이 대표는 1990년대 밤잠을 설쳐가면서 체리의 속성을 파악하고 1999년부터 판매를 시작해 전정과 수확하기 편리하게 수형잡기에 몰입했다. 2005년 본격적인 출하를 하면서 그가 내린 결론은 "지긋지긋한 체리 생긴 대로 키운다"였다. 그동안 수확하기 좋은 나무 수형을 만들기 위해 여러 그루 망치고 찢어 죽이고 내린 결론이었다.

본격적인 소득은 2010년대에 들어서이다. 2008년 필자가 계획을 수립한 전통테마마을로 마을의 인식도 달라지고 충북도나 청주의 단골도 많이 생겨서 생산량이 부족한 지경이다. 한 해는 개화시기 냉해로 수확량이 너무 적었다. 임신한 여인이 와서 아기가 체리가 먹고 싶다고 말하는데 이 대표가 웃으며 이야기했다. 먹고 갈 수는 있어도 판매할 체리는 없다고 매정하게 이야기해야 할 정도였다. 이보섭 농장의 체리는 지금도 마찬가지이고 앞으로도 그럴 것이다.

2014년 드디어 마을에서도 200박스 정도 수확을 하기 시작했다. 주민들은 체리 작은 한 박스에 4만원 씩 받아보니 눈이 나오고 입이 찢어질 정도로 기분이 좋았다. 주민들은 자신들에게 이익을 주어야 좋아한다. 이전까지는 우리사회에서 존경받아야 할 원로가 촌 동네에서는 그냥 '이씨'였다. 2014년 비로소 '이씨'에서 '이회장'으로 명칭이 바뀠다. 주민들에게 이익을 준 결과였다.

이보섭 대표는 귀농해서 몇 가지 원칙을 가지고 있다. 하나는 가급적 잠은 분당 집에서 잔다. 그래서 농장에 간이 숙소가 있지만 전정기와 퇴비시비기간, 수확기를 제외하고는 가급적 분당 집에서 잔다. 21세기 디지털 노마드가 추구한다는 멀티 헤비테이션(다 공간 거주)을 실천하고 있다. 둘째, 마을 일에는 가급적 간여하지 않는다. 그는 "끝까지 도와주지도 못하고 몇 년 지나면 농사도 못 지을 건데 콩 나와라 팥 만들어라 하면 젊은 사람들만 힘들어진다"고 판단하고 있다.

셋째, 체리만 팔면 나쁜 놈이라고 생각한다. 체리를 팔아준 고객들에게 포도나 호도, 자주, 복숭아, 매실 등 여러 가지 과일을 그냥 선물한다. 체리 팔아 주셔서 고맙고 내년에도 잘 부탁드린다는 의미일 것이다. 국내 최북단에서 생산되는 갑산체리는 갑이고 소비자는 을이다. 하지만 이 대표는 상도는 그런 것이 아니라는 철학을 가졌다.

이 대표는 70세가 넘는 나이에 연봉 1억을 만들어 내는 슈퍼농사꾼이다. 재벌도 부럽지 않다. 필자가 실토하지만 '일소대부건'의 모델은 이보섭 대표이다.

긍정적 일소대부건	부정적 일소대부건
일 : 일하면 소득이 생기고 소 : 소득이 있으면 대안이 만들어지고 대 : 대안이 생기면 긍정적으로 변하고 부 : 긍정적으로 변하면 건강해지고 건 : 건강을 얻으면 무병장수한다.	일 : 일하지 않으면 소득이 없고 소 : 소득이 없으면 대안이 없고 대 : 대안이 없으면 부정적으로 변하고 부 : 부정적으로 변하면 건강을 해치고 건 : 건강을 잃으면 모든 것을 다 잃는다.

이보섭 대표는 70대 중반을 바라보는데도 건강하다. 지금도 팔팔하게 분당 '신중년 모임'에 나간다고 한다. 일한다는 자신감과 봉사하는다는 긍지를 가지고 살아가고 있는 선배이다. 그는 오늘도 인생을 즐겁게 노동을 신성하게 여긴다. 많은 고대 동문과 선후배가 그를 칭송한다. 우리시대의 로망을 실현하고 멋지게 살고 있는 그가 자랑스럽다.

귀농귀촌 모범교육생이 된 대기업 사장

● 양평 그린토피아 **정경섭 박사**
그린토피아 대표, 전 대기업 사장

성공비결
- 농촌관광을 위해 각종 교육을 받았다.
- 건강을 위해 적절한 시점에 은퇴했다.
- 독특한 농장체험프로그램을 개발해 입지특성을 살렸다.

    정경섭 박사는 대기업 임원으로 남부럽지 않게 살다가 남들보다 먼저 시대의 흐름을 알고 귀농한 케이스이다. 연세대 화공과 졸업 후 미 유타대 공학박사로서 국내외 대기업(GS-Caltex정유, 현대건설, Gulf Oil) 임원직을 20년간 역임했다. 현대건설 시절에는 상무로 당시 현대건설 사장이었던 이명박 전 대통령을 지근에서 모시기도 했다. 직장생활 마지막에는 부문 책임자로서 재벌가와 인사문제로 마음고생이 꽤 심했다고 전한다. 그리고 평생 내 마음대로 할 수 있는 일을 찾자라고 해서 사표를 던졌다. 지금보면 용기인지 만용인지 모르지만 그는 성공했고 대기업 임원 때보다 많은 돈을 벌고 있다.

1996년 사표를 제출하고 그는 그냥 도시 교외에서 편하게 살 공간을 찾기 시작해 북한강과 남한강 주변을 많이 돌아다녔다. 그러던 중에 양수리에 자신이 마음에 점을 찍어 둔 공간이 매물로 나왔다는 소식을 듣고 그날로 계약해버렸다. 남한강과 북한강이 만나는 두물머리가 있는 곳, 양수1리 용진마을이 귀농지이다.

그는 귀농하여 제일 먼저 펜션을 지었다. 2014년 현재 우리가 귀농귀촌 교육할 때 원칙으로 주장하는 3가지를 철저하게 몰랐다. 그냥 마음 끌리는 데로 했다. ①선교육 후귀촌, ②선귀촌 후귀농, ③선임대 후매입 기본 중에 기본 3가지를 전부 거꾸로 했다. 처음에는 사실 농사지으려 하지 않았다. 그냥 전원생활하려고 했었다. 돈도 조금 여유 있게 있으니 그냥 대충 살자. 뭐 이런 식이었다.

하지만 세상은 그를 그렇게 쉽게 살도록 내버려 두지 않았다. 직접 살 집을 당시에는 멋있게 건설했다. IMF가 터지고 여러 가지 어려움이 대한민국에 번지기 시작했다. 그러나 조용히 살고 있는 정 박사에게는 큰 문제는 아니었다. 그러던 어느 날 일군의 사람들이 카메라를 메고 와 집이 예뻐 사진을 찍으면 안되겠냐고 통사정을 한다. 그들과 이런저런 이야기를 하던 중 자신의 지인도 알고 있었다. 그런 연유로 사진을 찍으라고 했다.

그런데 1998년도 양수리 집 사진이 유명 건축잡지에 나오고 집이 일약 유명한 집이 되었다. 정 박사가 보기엔 그냥 집인데 작가들이 찍어놓으니 전혀 다른 명품집이 되었다. 속칭 '렌즈 빨'을 받은 것이다. 이후 TV 드라마의 세트장, 영화 세트장이 되고 사람들이 와서 하룻밤만 자게 해달라고 사정해 펜션을 하게 되었다.

펜션을 하게 되니 무료한 사람들이 안스러워 체험농장, 과수원(배, 포도, 복숭아, 사과, 매실)을 했고 뭘 모르니 1998년부터 농촌관광교육을 받기 시작했다. 그렇게 한 10여 년 해오고 이제는 2010년부터는 귀농실습장을 운영하고 강의를 정부와 전국농업기술자협회에 가서 하고 있다. 또한 20여 년이 지난 2014년 현재 농협으로부터 최우수 팜스테이 마을로 지정받은 양수리 과수마을의 마을대표 및 팜스테이 경기도협의회장을 맡고 있다.

지금부터는 정 박사가 어떻게 귀농귀촌에 성공했는지 그 과정을 살펴보자. 첫째, 모르면 무조건 교육받아라. 정 박사가 뛰어난 점은 생각이 있으면 교육받고 실천한다는 점이다. 먼저 그는 자신이 가진 환경을 활용하기 위한 교육을 자연스럽게 받기 시작했다. 농촌관광에 대해 알기 위해 공부하고 교육받아야 한다는 생각이었다. 우리나라 그 어떤 농업인보다 초창기 교육을 받고 자기 것으로 만들어 나갔다. 지금까지 그린토피아가 작은 농장에서 커다란 지역리더로 성장하게 된 배경은 교육받는 것

정경섭 대표가 받은 교육	
전국농업기술자협회 귀농창업대학 및 하기 농민대학 수료,	(1998)
서울대 최고농업경영자과정 8기 수료, 과수반 최우수상 수여	(2000)
도농녹색교류 심포지엄 사례발표,	(2001)
전국농업기술자협회 그린투어 최고지도자과정 수료,	(2002)
농림부 농업연수원 주관 벤처농업경영인반 1기 수료,	(2003)
아시아 그린투어리즘 네트워크 토론회 발표,	(2003)
농림부장관상,	(2003)
농촌마을가꾸기 경진대회 장려상,	(2004)
테마식물원 최고경영자과정 수료,	(2005)
농촌사랑 마을지도자과정 3기 수료	(2006)
독림가(산림경영가),	(2007)
교사양성과정(기초, 심화, 연수)이수	(2009)
벤처농업대학 11기 수료,	(2010)
농협 산지농가양성과정	(2014)
정경섭 그린토피아 대표의 정부 인증	
농림식품부지정 우수농업경영체	(2006)
서울시교육청 현장체험학습 지정기관	(2008)
농협지정 최우수 팜스테이	(2009)
농진청장상 : 농업인 우수경영자상	(2009)
경기도 교육청 녹색체험학습장 지정기관	(2009)
농진청 교육농장 선정	(2009)
농진청 강소농 인증	(2010)
농림식품부지정 '식생활 우수체험공간'	(2011)
국립농산물품질관리원 선정 대한민국 '스타 팜'	(2012)
6차산업 예비인증	(2014)

이다.

필자가 직접 2002년도 전국농업기술자협회 그린투어최고위자과정을 강의했는데 열심히 수강하는 태도가 인상적이었다. 필자만의 생각이 아니다. 서울대 김완배 교수도 정경섭 박사를 우수한 학생으로 기억하고 있으며 실제 양평에 들러 어려움을 해결해 주곤했다.

두 번째, 4계절 먹거리가 있는 농장을 만들자. 정 박사는 먹거리가 있는 농장을 꿈꾸며 가꾸었다. 필자가 2009년 교육농장컨설팅과 기본계획을 수립했는데 정 박사의 요구사항은 한 가지이다. 4계절 먹거리가 있는 농장을 만들고 싶다는 것이다. 필자는 기존에 5월부터 10월까지는 과수 프로그램이 연계되어 가는데 겨울 먹거리를 무얼 만들 것인가를 고민했다. 그리고 보고서에 겨울 하우스 딸기 체험을 하라고 권했다. 당시는 초창기이기는 했지만 두물머리에 딸기 작목반이 있었고 체험비는 무척 비쌌다. 하지만 체험비를 지불하더라도 4개월 공가로 남는 펜션을 돌릴 수 있어 이익이 컸다. 결국 4계절 지속가능한 농촌관광을 실현하는 개인 농가단위의 최초가 되었고 소득도 수억 원의 매출을 이루는 대한민국 농촌관광에 성공신화를 쓰고 있다.

셋째, 마을과 함께 성장하라. 즉, 마을과 함께 성공신화를 쓰는 것이다. 사촌이 땅을 사면 배가 아픈 것이 우리민족이다. 배고픈 것 참아도 배 아픈 건 못 참는다는 것이 사람심리이다. 용진마을은 남한강과 북한강이 만나는 지점에 위치하고 지난 72년초 팔당댐이 들어서기 전 7개의 골짜기 사이로 작은 분지를 이루던 마을이었다. 용진이라는 나루터가 있었는데 용진은 용이 나가는 형국이라서 붙여진 이름이다. 80여 가구가 옹기종기 모인 이 마을은 23농가가 농촌체험에 참여하고 있다. 소득이 나고 있다는 말이다. 이렇게 마을이 변화하기 까지는 시련과 우여곡절이 만리장성을 이룬다. 먼저 정박사가 가장 힘들었던 것은 주민의 피해의식과 폐쇄성이다. 팔당댐 건설 이후 이곳 양서면과 남양주 조안면은 무엇이든지 하지말라가 기준이었다. 주민들이 무엇을 해도 정부가 막았다. 서울시민의 상수원을 보호한다는 명분으로 막고 규제했다. 주민들도 자포자기하고 세상을 원망했는데 이를 2002년 녹색농촌체험마을, 정보화마을 등 8억 원 가까운 정부 지원을 마을에 이끌어냈다. 마을과 함께 협력형 소득모델을 만들어 내니 그린토피아는 일평균 방문객 300명에, 연매출 10억 원 규모로 성장했다. 최근에는 제2 그린토리아를 만들어야 하는 기분 좋은 스트레스를 받고 있다.

넷째, 그린토피아는 소비자가 원하는 체험으로 승부를 건다. 예를 들어 홈페이지에 들어가면 시즌별 프로그램이 다르다. 천편일률적인 프로그램이 아니라 봄, 여름, 가을, 겨울의 특성이 담긴 프로그램을 구성한다. 예를 들어 여름에는 계곡물놀이, 고기잡이, 토마토, 자두, 옥수수, 감자수확체험을 하도록 조성한다. 이렇게 프로그램이 돌아가는 것은 그동안 교육받고 마을과 협력하고 공신력을 쌓아놓았기 때문이다. 실제, 그린토피아는 전국 최초 녹색농촌체험마을 대표농가, 서울시·경기도 교육청인증 체험학습장, 농협지정 최우수 팜스테이, 농진청 선정 교육농장, 농림부 최우수홈페이지 농가 및 우수농업경영체이기 때문에 믿고 와서 쉬고 가는 곳이다.

프로그램도 시간단위로 구성되어 있고 가격대비 만족도도 높은 편이다. 당일 체험비는 성인 3만 원, 아동 2만8천 원, 36개월 미만 1만 원으로 30인 이상 단체는 프로그램 조정이 가능하다. 1박2일 캠프비용은 7만 원(성인, 아동동일). 3만 원(36개월 미만), 텐트를 가져와 잘 경우는 숙박비 면제해 주고 있으며 밤엔 캠프 화이어에 불꽃놀이와 재미있는 레크리에이션을 통한 가족 간의 오붓한 시간도 보낼 수 있다. 정 대표는 2000년대 자신의 친구들이 가끔 와서 구질구질하게 뭐하냐고 핀잔을 주었다고 한다. 하지만 교수들도 정년하고 이제는 돈을 버는 사람은 나 혼자 뿐이라고 자랑하고 있다. 그들도 정 박사의 선견지명에 감탄하고 있다. 80세까지 가능한 귀농 귀촌 생활과 수억대 매출이 부러운가. 그렇다면 정경섭 박사를 멘토로 열심히 노력하고 배우자.

야생화에 대한 사랑과
고집이 만든 성공

● 경주 다봉마을 **김말순 여사**
산골동네 풀꽃 민박운영, 야생화전문가

성공비결
- 자신이 가장 잘 하는 야생화를 테마로 선정했다.
- 야생화를 즐길 수 있는 민박을 만들어 정원과 잔디밭에서 즐기게 공간을 구성했다.
- 남편과 아내가 사업 역할을 분리했다.

경주 다봉마을 김말순 여사는 대구에서 평생 살았다. 남편 김인영 부이사관이 공직에서 정년퇴직하자 이곳 경주시 산내면 다봉마을로 내려와 살고 있다. 두 아들은 장성해 서울에서 살고 있고 부부가 마을발전과 개인행복, 노후복지, 야생화보급, 자력갱신을 하는 모범적인 가정이다. 참고로 부부는 2007년 귀촌했다.

필자와 김말순 씨와의 인연은 아주 우연했다. 필자가 운영하는 그린코리아컨설팅에서 농촌진흥청에서 지원하는 경주시 농촌관광네트워크사업을 할 때 당시 최진호 계장의 부탁으로 마을발전계획을 수립했다. 이후 다봉마을이 도시민들이 즐겨 찾는 야생화 명소로 인기를 얻고 있다. 마을을 찾는 방문객만 연간 1만 1000여 명을 헤아린다고 주민들은 입을 모은다. 농외소득을 끌어올리기 위한 방편으로 야생화를 테마로 다양한 볼거리 개발에 성공한 케이스로 평가받고 있다.

필자가 제작한 마을 중에 뛰어난 마을자산이나 자원을 가진 마을들이 있다. 계획가는 이것을 잘 요리해서 매력 있는 마을로 가꾸고 주민과 결합해서 마을이 잘 살게 하는 것이 의무와 책임이다. 다봉마을의 경우는 자연환경자원과 인문자원에 특이한 부분이 있었다. 그중에 하나가 김말순여사였다. 야생화를 평생 가꾸고 분재, 소반에 심기 등을 하고 있는 야생화 전문가가 마을에 있다는 것은 자랑이다.

하지만 마을 사람들은 무엇이 자랑인지 잘 모른다. 심지어 공무원 중에도 전문가가 이야기하면 잘 모르면서 하지 말라고 이야기하는 사람도 있다. 나이나 학식이 적당히 있으면 말도 안한다. 공무원 연차 몇 년 되지도 않은 젊은 공무원이 위, 아래도 모르고 천방지축 날뛰는 것은 정말 가관이다.

아무튼 해발 450m 고지대에 위치한 경주의 하늘이 아래 첫 동네인 감산리를 "어떻게 이름을 붙일까" 고민하다가 다봉마을로 명명했다. 마을에서 23개의 봉우리가 사방팔방으로 보여 봉우리가 많다하여 '다봉'이라고 했고 따봉의 이미지도 있어 분위기가 좋았다. 경향신문에 있을 때 선배는 늘 '제목이 반'이라고 말했다. 다봉마을은 이렇게 산뜻하게 출발했다. 다봉마을에는 몇 가지 자원이 있는데 고원이고, 23개의 봉우리가 보이고 돌담이 많고, 봄에는 산벚꽃이 온 산을 수채화처럼 물들이고 가을에는 산자락 곳곳엔 단풍이 곱게 물들기 시작한다. 단풍이 뚝뚝 떨어지는 다봉마을은 소녀가 아니더라도 눈물이 난다. 또 다른 의미에서 웃고 있어도 눈물이 나는 경관이 다봉에는 있다. 10월에는 결실의 계절답게 민가(民家) 곳곳의 과실수엔 탐스럽게 익은 열매가 주렁주렁 매달려 있다. 민박이 될 수 있는 조건이다.

김말순 여사는 야생화 전문가로 30년 이상 야생화를 키워왔다. 2007년 이사 온 이후 집을 가꾸기 시작했다. 잔디도 심고 꽃도 키우고 야생화도 길렀다.

동네에서 난리가 났다. 동네 할머니들은 미친 여자가 마을에 들어와 마을 다 망친다고 원성이 자자했다. 이유인즉, 고추밭에 잔디를 심고, 콩밭에 꽃 키우는 정신 나간 여자가 어디 있냐는 것이다. 할머니들 왈 잔디가 농산물이냐, 야생화가 돈이 나오느냐, 먹는 것을 심어라, 지천에 깔려 있는 야생화를 왜 심어서 동네 망신시키고 있는지 모르겠다고 수군거렸다.

그럼에도 꿋꿋하게 김말순 여사는 꽃을 가꾸고 나무를 심었다. 지금은 으름덩굴로 단장된 대문을 지나 992㎡(300평) 규모의 마당과 정원에 다다르자 이름 모를 들꽃 향기가 가득 풍겨난다. 소반, 항아리, 화분 등에 분경(盆景)된 야생화 모양도 각양각색이었다. 구절초, 배롱나무, 단풍나무, 화살나무, 산앵두 등 전시된 야생화만 4000여 점에 달한다.

이곳에는 대구, 경주, 부산, 울산, 등지에서 야생화 애호가들의 발길도 북적이고 만들고 배우고 익히는데 시간가는 줄 모른다. 이들은 민박손님이 되어 먹고 자고 머물다 간다.

동네 사람들도 이제는 이해를 하기 시작한다. 부부가 농산물을 팔아주고 마을주민소득도 덕분에 2~3백만 원 이상 올랐다. 이제는 자식들이 와서 뭐라고 해도 돈 버는 맛에 김말순 씨 부부를 칭찬하고 한통속이 되어간다. 이제 부부가 마을운영위원장이 되고 마을축제도 기획하고 마을 일도 부부에게 물어보고 결론이 나는 지경에 이르렀다.

한 마디로 귀촌에 성공했다는 말이다. 그렇다면 이들 부부는 무얼 먹고 사나. 연간 방문객이 1만 5천여 명 규모로 이들 중 5천여 명이 1박을 하고 간다. 마을에 민박이 5호 정도 있고 대부분 단체로 와서 20~50여 명씩 와서 자고 간다. 저녁과 아침을 먹고 저녁에는 삼겹살 파티와 소주 한 잔하면 매출이 쭉 올라간다. 배우는 것은 고상한 야생화, 보는 것은 우리나라 어디에서도 볼 수 없는 다봉多峰 경관이 일품이다.

사람들은 돈을 아끼는 것이 아니라 돈 쓸 여지를 만들어주지 않기 때문에 절약하는 것이다. 적어도 다봉마을에서는 그렇다. 이런 경관과 학습, 먹거리를 먹고 나면 마음이 편안해진다. 뭔가 마을에 빚진 것 같아 도시로 돌아갈 때 농산물을 찾는다. 이때 비장의 무기가 마을 노인 분들의 농산물이다. 대부분 산에 따온 친환경 무공해 농산물이라 소비자들도 대만족을 하고 있다.

● 쌍떡잎식물로 진달래과의 낙엽활엽 관목으로 이끼 속이나 습기 많은 고산지대에서 자란다.

김말순 위원장이 만드는 야생화는 331㎡(100평) 규모의 비닐하우스 기반의 야생화 체험장도 함께 갖추고 있단다. 지역에선 드물게 백두산 자생종인 넌출월귤●은 물론 한라산 자생의 시로미 등 국내 희귀 야생화도 이곳에 가면 어렵지 않게 감상할 수 있다. 김 운영위원은 귀촌 후 해발 450m 이상에서 자생하는 야생화를 구입하기 위해 자비를 들여 일일이 수집했고, 그 결과 현재 4천여 점을 보유하고 있다고 했다. 김 위원장은 "야생화를 판매해 연간 1천여만 원의 소득을 올리고 있다"면서 "도라지, 현미찹쌀 등 마을 주민들이 직접 수확한 농·특산물에 대한 구매열기도 뜨겁다"고 밝혔다. 다봉마을 측은 매년 5월 5일 어린이날을 전후해 일주일간 야생화 전시회를, 아울러 10월엔 꽃마당 축제를 각각 열고 있다. 이를 기반으로 연간 방문객은 계속 증가하고 있다고 마을 주민들은 전했다.

감말순 위원장은 민박으로 소득이 연간 5천만 원, 야생화판매로 1천만 원 정도이나 아직은 준비단계로 3년 정도 지나고 마을이 경주시에서 본격적인 브랜딩이 들어가면 소득은 이것에 약 2배 정도에서 3배 정도까지 갈 것 같다. 주민들 소득도 늘어날 전망이고 주민들도 남해 다랭이 마을과 같이 농산물판매와 민박에 기대를 하는 눈치이다. 원주민의 가족들도 처음에는 불만에 가득 차 있었으나 부모들이 만족하고 행복하게 살고 있고, 마을에 와서 야생화 축제를 참가하면서 참가자들이 만족하고 마을에 대한 경의를 표하자 대부분이 긍정적인 흐름으로 변화하고 있다.

김말순 위원장의 성공원칙은 하나이다. 선택과 집중을 하고 혁신과 상업화를 하라. 모든 것을 하나로 연결시켜라. 사람들과 이야기를 하고 설득하면 진리는 하나이고 반드시 함께 하고 같이 가는 곳에 기운이 올 것이다. 귀농한지 10여 년이 되어간다. 이제 농촌을 알 것 같고 마을과 더불어 살 것 같다. 60이 넘어 새로운 삶을 만들고 가꾸기는 쉽지는 않다. 하지만 김 위원장 부부를 보면 마냥 어려운 것도 아닌 것 같다.

참고 및 인용 문헌

1. 한국농어민신문, 사람이 경쟁력이다 ②돌아온 그들, 귀농인(상) 2007년4월16일자(제1945호)
2. 영농정착가이드(2006) 안현덕, 한국농업대학교
3. 농촌진흥청 자원연구소 녹색민박경영매뉴얼(2004)
4. 일본의 농산물직거래 현황(농협 CEO FOCUS 제 20호)
5. 충청투데이 2006년 09월 01일 10면
6. 명품청양고추 재배농가' 특별교육 실시2008.08.12 뉴시스
7. "접목된 고추대목, 역병 효과" 대전일보 2007.03.04
8. 청양 고추연구회 발족 2006년 02월 20일 (월) 충청투데이
9. '명품청양고추 재배농가' 특별교육 실시 뉴시스 2008.08.12
10. 新 그린어메니티13. 장수군 백암 고사리 마을 경향신문 2006.5.10
11. 비닐하우스 재배로 생고사리 조기 출하 산림지. 2005.3.
12. 평창, 700빌리지 체험장 메밀꽃 인기 2008-08-22/뉴시스
13. 한겨울 눈 내린 평창 조선일보 2006.12.20
14. 경북 봉화군, 제3기 귀농인력 양성교육으로 안정적인 귀농 정착(김수종이 만난 영주시, 봉화군 사람들)
15. 2004년 으뜸마을 가꾸기 추진계획 진안군
16. 으뜸마을가꾸기 주민교육사업, 진안군 농정연구센터
17. 도시농업 텃밭가꾸기, 전국귀농운동본부, 2004
18. 서울신문 2008-09-10 14면 무안 남기창기자
19. 경향신문 2005.6.1
20. 자료: Stankus, Jan(2000), How to open and operate a Bed & Breakfast, p.4 재구성
21. 3천만 원으로 은퇴 후 40년 사는 법(2009), 유상오, 나무와 숲
22. 로컬푸드를 이용한 지역농업 활성화방안 연구(2011), 나영삼, 전북대 대학원
23. 새콤달콤 체리 첫 수확 소이면 이보섭씨 과수원, 음성투데이, 2013.6.08
24. 은퇴하면 뭐 먹고 살래(2011), 유상오, 나무와 숲
25. 귀촌창업부자들(2012), 유상오, 중앙일보 조인스랜드
26. 국가재테크(2013), 유상오, 다할미디어
27. 귀농귀촌 6차산업으로 성공하기(2014), 유상오, 한스미디어

부록

부록 1. 귀농귀촌 공공기관 정보

- 농림수산식품부 경영인력과 안종락 사무관: 귀농귀촌 정책 및 제도수립, 총괄 관리
  www.mafra.go.kr / 044-201-1539

- 귀농귀촌종합센터 1899-9097: 귀농구촌 종합홍보
  www.returnfarm.com 양재역 4번출구

- 농림수산식품교육문화정보원: *농업농촌관련 교육포털사이트
  www.agriedu.net(농업인력포털) / 031-460-8933, 8930, 8928

- 해양수산부 소득복지과 김윤이 사무관: 귀어귀촌 정책 및 제도수립, 총괄 관리
  www.mof.go.kr / 044-200-5463

- 귀어귀촌종합센터 1899-9597
  www.sealife.go.kr 부산 기장 국립수산과학원내 설치

- 농촌진흥청: * 품목별 농업기술정보 및 지역별 농업정보
  www.rda.go.kr / 1544-8572

- 농협: 귀농귀촌정책자금 지원 및 상담
  www.nonghhyup.com / 02-2080-7583

- 농지은행: 농지 농촌시설 매물 소개, 농지시세 정보제공,농지임대 등

  www.fbo.or.kr / 1577-7770

- 웰촌

  www.welchon.com / 1577-1417

  농촌체험여행, 전원생활 농산어촌체험마을 및 체험행사소개 체험관광 지역정보제공

- 자치법규정보시스템: 자치단체 조례 정보 등

  www.elis.go.kr / 02-2076-5922

- 한국임업진흥원: 귀산, 귀촌소개 및 교육, 산지정보 컨설팅

  www.kofpi.or.kr / 1600-3248

부록 2. 지자체별 귀농귀촌상담전화

광역자치단체

구분		설치장소	전화	주요업무
서울	서울시	농업기술센터	02-459-6753	귀농교육, 실습관리
부산	부산시	농업기술센터	051-970-3713	귀농교육
	기장군		051-709-5301	교육
대구	대구시	농업기술센터	053-980-3852	귀농교육지원
	달성군		053-668-3242	귀농귀촌 상담
인천	인천시	농업기술센터	032-440-6908	귀농귀촌 상담, 교육
	강화군	군청	032-930-3373	지원사업
		농업기술센터	032-930-4112	교육지원
	옹진군	농업기술센터	032-899-3242	상담, 사업지원
광주	광주시	농업기술센터	062-613-5292	상담, 교육, 사업지원
대전	대전시	농업기술센터	042-270-6922	귀농교육 지원
울산	울산시	농업기술센터	052-229-5291	귀농교육지원
세종	세종시	농업기술센터	044-301-2712	귀농귀촌 상담, 교육

경기도

구분		설치장소	전화	주요업무
경기	경기도	도청	031-8008-4464	귀농교육, 실습관리
		농업기술원	031-229-5853	귀농귀촌교육, 농업인교육
	수원시	농업기술센터	031-228-2562	귀농교육
	성남시	농업기술센터	031-729-4021	교육
	고양시	농업기술센터	031-8075-4272	귀농교육지원
	용인시	농업기술센터	031-324-4079	귀농귀촌 상담
	안산시	농업기술센터	031-481-2567	귀농귀촌 상담, 교육
	남양주시	농업기술센터	031-590-2573	지원사업
	평택시	농업기술센터	031-8024-4610	교육지원
	시흥시	농업기술센터	031-310-6183	상담, 사업지원
	화성시	농업기술센터	031-369-3614	상담, 교육, 사업지원

	파주시	농업기술센터	031-940-1811	귀농교육 지원
경기	광주시	농업기술센터	031-760-2235	상담,교육가공,체험지원
	김포시	농업기술센터	031-980-5074	귀농귀촌 상담, 교육
	이천시	농업기술센터	031-644-4124	상담교육
	양주시	농업기술센터	031-8082-7212	상담(교육관련)
	안성시	농업기술센터	031-678-3052	교육상담
	포천시	농업기술센터	031-538-3777	귀농귀촌종합상담
	여주시	농업기술센터	031-887-3712	상담, 교육, 멘토링
	양평군	농업기술센터	031-770-3603	상담, 교육, 현장안내
	가평군	농업기술센터	031-580-2893	상담, 교육
	연천군	농업기술센터	031-839-4215	상담, 교육
	군포시	군포시청	031-390-0351	귀농귀촌업무상담
	의왕시	의왕시청	031-345-2393	귀농귀촌업무상담

강원도

구분		설치장소	전화	주요업무
강원	강원도	도청	033-249-2704	상담 빈집정보
		농업기술원	033-229-5853	상담, 교육, 기타
	춘천시	농업기술센터	033-228-2562	상담, 교육, 멘토링, 기타
	원주시	시청	033-737-4107	사업지원, 상담
		농업기술센터	033-737-4157	교육
	강릉시	시청	033-640-5397	상담, 교육, 멘토링, 기타
		농업기술센터	033-660-3147	귀농교육지원
	동해시	농업기술센터	033-530-2431	사업지원, 상담
		농업기술센터	033-324-4079	귀농귀촌 상담
	태백시	시청	033-550-2459	사업지원, 상담
		농업기술센터	033-481-2567	귀농귀촌 상담, 교육
	속초시	농업기술센터	033-639-2909	사업지원, 상담
		농업기술센터	033-639-2507	지원사업
	삼척시	시청	033-570-3373	사업지원, 상담
		농업기술센터	033-570-4585	교육지원

강원	홍천군	군청	033-430-2673	사업지원, 상담
		농업기술센터	033-430-4160	상담, 사업지원
	횡성군	군청	033-340-2384	사업지원, 상담
		농업기술센터	033-340-5582	상담, 교육, 사업지원
	영월군	군청	033-370-2215	사업지원, 상담
		농업기술센터	033-370-2469	귀농교육 지원
	평창군	농업기술센터	033-330-1317	상담, 교육, 창업지원, 기타
	정선군	군청	033-560-2443	사업지원, 상담
		농업기술센터	033-560-2716	귀농귀촌 상담, 교육
	철원군	군청	033-450-4246	사업지원, 상담
		농업기술센터	033-450-4507	상담교육
	화천군	농업기술센터	033-440-2971	상담(교육관련)
	양구군	농업기술센터	033-480-2528	교육상담
	인제군	농업기술센터	033-460-2252	귀농귀촌종합상담
	고성군	농업기술센터	033-680-3526	상담, 교육, 멘토링
	양양군	농업기술센터	033-670-2479	상담, 교육, 현장안내

충청북도				
구분		설치장소	전화	주요업무
충북	충청북도	도청	043-220-3552	사업지원
		농업기술원	043-229-5853	귀농교육
	청주시	농업기술센터	043-228-2562	상담, 교육, 멘토링, 기타
		(구)청원군	043-251-3312	농업인단체관리
		청원 기술센터	043-251-4306	교육
	충주시	시청	043-850-3219	귀농상담, 민간인 지원
		농업기술센터	043-850-3214	교육, 지원사업
	제천시	시청	043-641-6805	빈집정보, 귀농사업
		농업기술센터	043-641-3424	귀농교육 및 상담
	보은군	군청	043-540-3346	업무총괄
		농업기술센터	043-540-5754	사업심사

충북	옥천군	군청	043-730-3245	사업지원, 상담
		농업기술센터	043-730-4923	귀농귀촌 교육
	영동군	군청	043-740-3346	상담홍보/업무총괄
		농업기술센터	043-740-5521	교육 및 상담
	증평군	군청	043-835-3713	빈집정보, 사업지원, 상담
		농업기술센터	043-835-3681	교육지원
	진천군	군청	043-539-3502	빈집정보, 사업지원, 상담
		농업기술센터	043-539-7517	상담, 교육
	괴산군	군청	043-830-3162	융자사업지원, 상담
		농업기술센터	043-830-2731	상담, 교육
	음성군	군청	043-871-3371	농림사업지원, 상담
		농업기술센터	043-871-2313	귀농교육 지원
	단양군	군청	043-420-2742	도시민유치지원
		농업기술센터	043-420-3411	상담, 교육,

충청남도				
구분		설치장소	전화	주요업무
충남	충청남도	도청	041-635-4079	상담 빈집정보
		농업기술원	041-635-6137	상담, 교육, 기타
	천안시	시청	041-521-5482	사업지원, 상담
		농업기술센터	041-521-2963	상담, 교육, 멘토링, 기타
	공주시	농업기술센터	041-737-4157	교육
	보령시	시청	041-930-3362	상담, 교육, 멘토링, 기타
		농업기술센터	041-930-4919	귀농교육지원
	아산시	농업기술센터	041-540-2638	귀농귀촌 상담
	서산시	시청	041-660-2381	사업지원, 상담
		농업기술센터	041-660-3691	귀농귀촌 상담, 교육
	논산시	농업기술센터	041-746-6052	사업지원, 상담
		농업기술센터	041-746-8324	지원사업
	계룡시	시청	042-840-2505	사업지원, 상담
		농업기술센터	042-840-8431	교육지원

충남	당진시	군청	041-350-4123	사업지원, 상담
		농업기술센터	041-360-6311	상담, 사업지원
	금산군	군청	041-750-2565	사업지원, 상담
		농업기술센터	041-750-3528	상담, 교육, 사업지원
	부여군	군청	041-830-2325	사업지원, 상담
		농업기술센터	041-830-2474	귀농교육 지원
	서천군	농업기술센터	041-950-6632	상담, 교육, 창업지원, 기타
	청양군	농업기술센터	041-940-4721	귀농귀촌 상담, 교육
	홍성군	농업기술센터	041-630-9134	상담교육
	예산군	군청	041-339-7552	사업지원, 상담
		농업기술센터	041-339-8122	상담(교육관련)
	태안군	군청	041-670-2812	사업지원, 상담
		농업기술센터	041-670-2556	교육상담

전라북도				
	구분	설치장소	전화	주요업무
전북	전라북도	도청	063-280-4631	귀농귀촌활성화
		농업기술원	063-290-6172	귀농인교육
		민간위탁	1577-3742	귀농업무전반
	군산시	시청	063-454-2833	정책자금
		농업기술센터	063-454-5232	교육, 상담, 멘토링, 기타
	익산시	농업기술센터	063-859-4310	수도권귀농학교
			063-859-4952	귀농귀촌교육
			063-859-4953	귀농상담 등 사업전반
	정읍시	시청	063-539-6192	귀농귀촌지원사업
		농업기술센터	063-539-6263	귀농교육지원
		민간위탁	063-533-5011	귀농귀촌희망자사전교육
	남원시	시청	063-620-6361~3	사업지원, 상담
		농업기술센터	063-620-8013~5	상담, 교육, 현장지원실습
		민간위탁	063-636-4029	도시민유치지원홍보

	구분	설치장소	전화	주요업무
전 북	김제시	농업기술센터	063-540-4508	시책개발, 도시민유치지원, 귀농센터 운영
			063-540-4509	현장실습지원, 귀농학교운영
			063-540-4522	지원사업, 창업지원, 주택
	완주군	군청	063-290-2473	지원사업총괄
		농업기술센터	063-290-3254	귀농귀촌교육, 현장실습
		민간위탁	063-261-3730	상담, 사업지원
	진안군	군청	063-430-2842	사업지원, 상담
		농업기술센터	063-430-8623	상담, 교육, 멘토링
		민간위탁	063-433-0245	상담, 홈페잊, 빈집정보
	무주군	농업기술센터	063-320-2832	상담, 교육, 사업지원
			063-320-2858	농업인교육
	장수군	농업기술센터	063-350-5309	귀농교육상담, 지원
	임실군	군청	063-640-2422	사업지원, 상담
		농업기술센터	063-642-2753	귀농귀촌 상담, 교육
	순창군	농업기술센터	063-650-5115	사업지원, 상담
			063-650-5172	교육
			063-650-5173	사업지원
		민간위탁	063-653-5421	상담, 교육, 멘토링
	고창군	농업기술센터	063-560-8817	귀농귀촌시책
			063-560-8826	상담(교육관련) 사업
	부안군	군청	063-580-4403	사업지원
		농업기술센터	063-580-3835	교육상담

	전라남도			
	구분	설치장소	전화	주요업무
전 남	전라남도	도청	061-286-6242	귀농인 유치
		농업기술원	061-330-2757	귀농상담업무 전반
			061-330-2723	귀농인교육
	목포시	시청	061-270-3372	귀농정착지원
	여수시	농업기술센터	061-659-4403	귀농사업전반
			061-659-4436	귀농귀촌교육 상담 등

전남	순천시	농업기술센터	061-749-8789	귀농귀촌지원사업, 교육
	나주시	농업기술센터	061-339-7425	상담, 교육, 사업지원
		민간위탁	061-336-0472	도시민유치지원홍보
	광양시	시청	061-797-2876	빈집정보
		농업기술센터	061-797-3540	귀농귀촌사업
			061-797-3324	교육 분야, 귀농인상담
	담양군	군청	061-380-3118	빈집정보, 상담
			061-380-2713	사업지원, 상담
		농업기술센터	061-290-3254	귀농귀촌교육, 현장실습
	곡성군	농업기술센터	061-360-8787	사업지원
		민간위탁	061-362-2371	상담, 현장안내
	구례군	농업기술센터	061-780-2334	귀농귀촌지원사업, 교육
	고흥군	군청	061-830-5371	사업지원, 상담
		농업기술센터	061-830-6806	상담, 교육, 멘토링
	보성군	군청	061-850-5383	상담, 교육, 사업지원
		농업기술센터	061-850-5710	농업인교육
	화순군	군청	061-379-3661	
		농업기술센터	061-379-5404	귀농교육상담, 지원
	장흥군	군청	061-860-0736	사업지원, 상담
		농업기술센터	061-860-0555	귀농귀촌 상담, 교육
	강진군	농업기술센터	061-430-3644	사업지원, 상담
			061-430-3645	교육
	해남군	군청	061-530-5373	귀농귀촌시책
		농업기술센터	061-531-3822	상담(교육관련) 사업
	영암군	군청	061-470-2372	사업지원
		농업기술센터	061-470-6595	교육상담
	무안군	농업기술센터	061-450-4014	사업지원, 상담
			061-450-4043	교육
	함평군	농업기술센터	061-320-2471	귀농귀촌지원사업, 교육
	영광군	농업기술센터	061-350-5576	귀농귀촌지원사업, 교육

	구분	설치장소	전화	주요업무
	장성군	농업기술센터	061-390-7539	상담, 교육, 사업지원
	완도군	군청	061-550-5713	사업지원
		농업기술센터	061-550-5971	교육상담
	진도군	농업기술센터	061-540-6123	귀농귀촌지원사업, 교육
	신안군	농업기술센터	061-240-4121	귀농귀촌지원상담, 교육

	경상북도			
	구분	설치장소	전화	주요업무
경북	경상북도	도청	053-950-2613	귀농인 유치
		농업기술원	053-320-0395	귀농상담, 교육업무 전반
	포항시	시청	054-270-3952	귀농교육, 멘토링
	경주시	농업기술센터	054-779-6274	귀농사업전반
			054-779-8689	귀농귀촌교육 상담 등
	김천시	농업기술센터	054-420-5004	사업자금지원
			054-420-5044	상담
			054-420-5048	교육
	안동시	시청	054-840-6263	상담 사업지원
		농업기술센터	054-840-5620	교육 분야, 귀농인상담
	구미시	시청	054-480-5762	정책지원,
		농업기술센터	054-480-4231	귀농귀촌교육, 상담
	영주시	농업기술센터	054-639-7990	사업지원
			054-362-2371	상담, 컨설팅, 현장안내
	영천시	농업기술센터	054-339-7646	상담, 교육
	상주시	시청	054-537-7030	귀농귀촌업무
			054-537-7031	귀농귀촌기획
		농업기술센터	054-537-7877	귀농인 교육상담
		민간위탁	054-534-3102	귀농귀촌 교육 및 상담
	문경시	군청	054-550-8237	귀농귀촌시책
		농업기술센터	054-550-6898	상담(교육관련) 사업
	경산시	군청	053-810-6696	사업지원
		농업기술센터	054-810-6795	교육상담

	구분	설치장소	전화	주요업무
경북	군위군	농업기술센터	054-380-7023	귀농귀촌지원사업, 교육
	의성군	군청	054-830-6576	업무전반, 단체육성
			054-830-6261	귀농귀촌지원사업
			054-830-6575	
		농업기술센터	054-830-6725	사업지원, 상담
	청송군	농업기술센터	054-870-6824	귀농귀촌지원사업, 교육
	영양군	군청	054-680-6362	농지, 지원사업
		농업기술센터	054-680-5282	귀농귀촌지원사업, 교육
	영덕군	군청	054-730-6265	사업지원
		농업기술센터	054-730-6863	교육상담
	청도군	군청	054-370-6522	귀농귀촌지원사업,
		농업기술센터	054-370-6516	교육, 상담, 실습지원
	고령군	농업기술센터	054-950-6481	귀농귀촌지원사업, 교육
	성주군	농업기술센터	054-930-8043	귀농귀촌지원사업, 교육
	칠곡군	군청	054-979-6261	사업지원
		농업기술센터	054-979-8293	교육상담
	예천군	군청	054-650-6291	귀농귀촌업무전반
			054-650-6292	
		농업기술센터	054-650-8131	귀농귀촌지원사업, 교육
	봉화군	농업기술센터	054-679-6856	사업지원, 교육, 상담
			054-679-6858	
	울진군	군청	054-789-6752	사업지원, 상담, 빈집지원
		농업기술센터	054-789-5223	교육, 실습지원
	울릉군	농업기술센터	054-790-6262	귀농귀촌지원상담, 교육

경상남도			
구분	설치장소	전화	주요업무

	구분	설치장소	전화	주요업무
경남	경상남도	도청	055-211-3623	귀농인 유치
		농업기술원	055-254-1915	귀농상담업무 전반
	창원시	농업기술센터	055-225-5492	귀농정착지원
	진주시	농업기술센터	055-749-2396	귀농귀촌교육 상담 등
	통영시	농업기술센터	055-650-6284	귀농귀촌지원사업, 교육

경남	사천시	농업기술센터	055-831-3814	상담, 교육, 사업지원
	김해시	농업기술센터	055-330-4375	귀농귀촌사업
	밀양시	농업기술센터	055-359-7154	귀농귀촌교육, 현장실습
	거제시	농업기술센터	055-639-6384	사업지원
			055-639-6385	상담, 현장안내
	양산시	농업기술센터	055-392-5363	귀농귀촌지원사업, 교육
			055-392-5351	
	의령군	농업기술센터	055-570-4113	상담, 교육, 멘토링
	함안군	농업기술센터	055-580-3404	농업인교육
	창녕군	농업기술센터	055-530-6056	
			055-530-6058	귀농교육상담, 지원
	고성군	농업기술센터	055-670-4134	귀농귀촌 상담, 교육
	남해군	농업기술센터	055-860-3928	사업지원, 상담
			055-430-3645	교육
	하동군	농업기술센터	055-880-2712	상담(교육관련) 사업
	산청군	농업기술센터	055-970-7804	교육상담
	함양군	농업기술센터	055-960-4403	사업지원, 상담
	거창군	농업기술센터	055-940-8272	귀농귀촌지원사업, 교육
	합천군	농업기술센터	055-930-3946	귀농귀촌지원사업, 교육

	제주도			
	구분	설치장소	전화	주요업무
제주	제주도	도청	064-710-3154	귀농정책 등
		농업기술원	064-760-7522	귀농인교육 전반
	제주시	시청	064-728-3821	귀농귀촌지원 사업전반
		농업기술센터	064-760-7721	단체육성 및 교육 상담 등
	서귀포시	시청	064-760-3951	귀농정보지원담당
		농업기술센터	064-760-7821	단체육성 및 교육 상담 등
	동부	농업기술센터	064-760-7621	단체육성 및 교육 상담 등
	서부	농업기술센터	064-760-7921	단체육성 및 교육 상담 등

부록 3. 농림부 지원정책

1. 도시민유치지원사업

- 사업개요: 인구 감소로 지역발전에 어려움을 겪고 있는 시 군의 도시민 유치 활동을 활성화하기 위해 다양한 도시민 농촌유치 프로그램 운영
- 운영시군: 50개 시·군('15년 현재)

　　강원: 화천·양양·홍천,　**충북:** 단양·옥천·영동·충주.

　　충남: 금산·홍성·서천,　**전북:** 남원·완주·진안·장수·순창·고창·무주·임실·김제

　　전남: 순천·나주·곡성·구례·강진·영암·영광·장성·화순

　　경북: 영천·예천·울진·상주·봉화·의성·문경

　　경남: 창녕·남해·거창·하동　**제주:** 서귀포

단계별 주요 프로그램

① 농촌정주 의향단계	② 농촌이주준비단계
귀농귀촌 지원센터 운영 　- 출향인사 등 DB 구축 　- 상담 등 정보제공 도시민 유치 홍보물 제공	농촌문화 체험 프로그램 　- 예비귀촌인 농사체험 빈집 등 주거정보제공 　- 전원택지, 빈집 정보
③ 농촌이주 실행단계	④ 농촌이주 후 정착단계
이주 실행 유도 프로그램 운영 및 자문 　- 농촌형 일자리 모니터링 　- 융자금알선 등 　- 이사비 지원 빈집수리비 등 제공	연착륙 적응 프로그램 　- 멘토링제 운영 　- 귀농인 적응 프로그램 　- 집들이 비용 등

자료: 농림부

2. 신규 전원마을 조성

- 사업개요: 일정 가구 이상이 신규(전원)마을 조성시 기반시설 등 지원
- 대상지역: 수도권(서울·경기), 광역시, 세종시를 제외한 면지역

- 지원내용: 20호 이상 입주규모에 따라 도로, 상·하수 등 기반시설비 차등보조(국고 70, 지방비30%)
- 마을규모에 따라 차등지원: 규제완화로 2015년부터 5호 이상부터 지원 가능하지만 구체적인 지침은 미확정

  20~29호: 12억원 이내, **30~49호**: 18억원 이내, **50~74호**: 24억원 이내,
  75~99호: 30억원 이내, **100호 이상**: 36억 이내

  ※ 단, 농식품부의 지원대상지구로 선정된 지구에 한함
  ※ 기반시설 한도액 초과분은 입주자 부담 또는 지방비 투입가능. 사업부지(2ha이상)는 입주자 부담으로 확보

3. 귀농귀촌현장지원실습사업(선도농가 실습)

구분	농촌진흥청	고용노동부(천안연암대학 산학협력단)
사업대상자	귀농인 현장실습지원사업	농산업분야 창직·창업 희망자
지원자격 및 요건	**연수지원 대상자** 최근 5년이내 주민등록상으로 해당지역에 이주한 귀농인 **선도농가(선도실습장) 자격요건** 원장·소장이 추천한 관내 신지식 농업인·전업농 및 창업농업경영인·성공귀농인 등	**연수시행자** 신지식인 농업인, 전업농, 창업농업경영인 및 농업법인 등 5년 이상의 영농경력과 전문적 기술을 갖춘 경영주 **인턴희망자** 15세 이상 44세 이하의 농산업 분야 창직·창업 희망자로서 미취업자 또는 농업계 고등학교(3학년) 및 농업계 대학에 휴학하거나 마지막 학기 재학 중인 자, 방송·통신·사이버·야간 학교 재학생
지원형태	국비 50%, 지방비 50%	국비 100%
지원내용	연수생: 월80만원, 5개월 (단, 20일 이상 근무시 지급) 선도농장: 월 40만원	**연수시행자** 인턴 훈련 6개월간 약정임금의 50% (월 최대 80만원 한도) 지원/농가당 2인까지 채용가능 **인턴희망자**: 연수기간동안 약정임금 지급
연수기간	5개월 원칙	6개월간(전일제)
실습인원	560명	원예작물 및 축산물 250명
	구비서류 귀농인 선도농가 실습장 연수신청서 귀농인 대상 선도농가 실습장 지정 신청서 귀농인 대상 선도농가 실습장 운영계획서	인턴신청서 창직·창업 계획서 개인정보이용동의서 신분증 사본

자료: 귀농귀촌종합센터

4. 귀농인의 집

- 사업개요: 귀농귀촌희망자가 거주희망지나 영농기반등이 있는 지역에서 일정기간 정주하면서 농업, 농촌, 농민을 이해하고 적응하기 위한 장소로서 영농기술을 배우고 농촌체험 후 귀농할 수 있게 머물 수 있도록 하는 임시거처
- 입주자비용: 월 10~20만원, 일 1~2만원
- 신청방법: 해당시군에 문의
    - 귀농인의 집 설치 및 운영의 시군은 39개 시군, 132개소임

    충북 3개소: 괴산, 단양 **충남 12개소**: 금산, 부여, 청양, 홍성

    전북 56개소: 정읍, 남원, 완주, 진안, 장수, 순창, 고창

    전남 22개소: 여수, 순천, 나주, 구례, 곡성, 고흥, 화순, 해남, 영암, 함평, 영광, 장성, 신안

    경북 12개소: 상주, 봉화, 영양, 고령

    경남 27개소: 진주, 창녕, 하동, 산청, 함양, 거창, 합천

    - 시군당 3년간 6억원 지원(국고 50%, 지자체 50%)
    - '15년에 신규로 70개소 건립(예산 11억원)
    * '15~'17 기간 중 300개소 건립예정('15 70, '16 130, '17 100)

5. 귀농귀촌창업 및 주택 구입 자금지원

귀농귀촌창업 및 주택자금 지원 절차

- 지침시달 및 홍보(농식품부·도·시/군) → 사업추진(사업대상자)
- 농업창업사업신청(사업대상자) → 사업실적확인(시/군)
- 서류심사 및 금융상담(시/군, 농협) → 자금대출(농협)
- 지원대상자 선정/통보(시/군) → 사업관리(귀농인)

* 자료: 통계청, 경찰 고령층 부가조사(2014년)

구분	농업창업	주택구입
사업 대상자	- 농촌 이외의 지역에서 다른 산업분야에 종사하였거나 종사하고 있는 자로서 농업을 전업으로 하거나 농업에 직접 종사하면서 농업과 동시에 이와 관련된 농식품 가공·제조·유통업 및 농촌비즈니스를 겸업하기 위해 '농촌지역' 으로 이주하여 농업에 종사하고 있거나 하고자 하는 자 - 이들 중 아래 지원자격 및 요건을 갖춘 자 중에서 시장·군수, 농업기술센터소장 및 읍·면장이 심사를 거쳐 지원대상자로 선발한 자	
지원자격 및 요건	- 2010년 1월 1일부터 사업신청일 전에 세대주가 가족과 함께 농촌으로 이주하여 실제 거주하면서 농업에 종사하고 있거나 하고자 하는 자 - 농어촌지역으로 이주 예정인 자 또는 2년 이내 퇴직증빙을 할 수 있는 퇴직예정자, 자영업자 등 개인사업자, 근로자도 지원대상에 포함 (다만, 사업 대상자로 선정된 후에, 주소지 이전 확인 후 대출 가능) ※ 주택구입지원은 농어촌 지역으로 이주 예정인 자도 지원대상에 포함 농촌지역 전입 일을 기준으로 1년 이상 농촌 이외의 지역에서 거주한 자 귀농교육을 100시간 이상 이수한 자 농과계 학교 출신자 영농 종사일수 3월 이상, 농업인턴 3월 이상 이수자는 "D등급"부여	
지원대상	영농기반, 농식품 제조·가공시설 신축(수리), 구입에 사용 경종·축산·농촌 비즈니스분야 창업자금 ※ 낙농분야는 자부담으로 쿼터와 납입처를 확보한 경우 ※ 농업용 화물자동차 구입 가능(단, 면세유류 공급대상자에 한함)	농가 주택 구입 및 신축 시 융자지원 세대당 주거전용면적 150㎡ 이하인 주택
지원한도	세대당 3억원 한도 이내	세대당 5천만원 한도*
지원형태	금융자금 100%, 대출기간 5년 거치 10년 분할상환 농업창업 2%, 주택구입 2.7% (단 65세 이상 고령층 2%)	
신청시기	사업기간 중 연중 신청 가능	
접수처	귀농지역 주소지 관할 읍·면 사무소 또는 농업기술센터	
구비서류	귀농인 농업창업사업신청서 1부 귀농인 농업창업계획서 1부	

* 주택자금은 정부규제완화로 실 설계금액의 80%를 지원하는 것으로 합의되었지만 구체적인 시행지침은 아직 내리지 않고 있으나 국토부 협의를 마치면 별도 고지 될 것임

6. 귀농귀촌 온라인교육과정

구분	소관기관 및 과목
준비 단계	**농림수산식품교육문화정보원** ① 농업 비즈니스: 창업 레포트 소비자의 트랜드와 농업비즈니스, 농업비즈니스 변화 및 현장체크, 농업비즈니스 성공요인 및 단계별 전략 등 ② 농업, 경영을 만나다 l: 성공귀농을 위한 마인트 컨트롤, 창업농 도전! 현실속 희망 찾기, 농업경영의 이해, 자금운영계획 수립 등 ③ 농업, 경영을 만나다 II: 벤처농업 이해와 따라잡기, 농산물 시장 예측하기, 농영경영리 더십, 문제해결 역량 배양하기 등 ④ 귀농 희망지역을 찾아라.: 귀농지를 선택하기 전에, 지역별 특산물을 찾아라, 지자체별 귀농귀촌 소식 등 ⑤ 성공 농사에 힘이 되는 농기계, 농약 활용법: 농용트랙터, 다목적 관리기 점검, 농약의 이해, 살충제의 효과적 사용방법 등 ⑥ 도전! 친환경농업: 친환경농업의 의의, 인증방법 및 절차, 퇴비제조, 병해충 및 잡초방제 등 ⑦ 농촌소득 높이는 농축산물유통바로알기: 농산물 유통구조 및 경로, 유통가격정보, 농산업마케팅 전략 등 ⑨ 농산물의 재발견, 농산물 가공법 배우기: 곡류의 가공, 과일의 가공, 채소의 가공, 발효식품 가공 등 ⑩ 성공사례를 통해 배우는 창업 준비: 창업환경변화, 창업전략, 애벌레에서 꿈을 나비로 만들기, 나는 벼농사가 아니라 쌀 경영을 한다. 마을주민과 함께 만들어가는 새로운 농촌만들기 등 ⑪ 준비된 귀농인, 이것만 알면 된다: 귀농귀촌의 이해, 준비요령, 귀농지 및 작목 선택, 귀농자금 확보 및 투자 전략 등 ⑭ 귀농귀촌을 위한 집짓기: 주거임대, 매입, 신축 관련 절차 및 지원정책 ⑮ 귀농귀촌 토지구입: 토지구입 및 임대 절차 및 지원정책 정보 등
활동 단계	**(영농기술): 농촌진흥청 농촌인적자원개발센터** 정규과정: 고추(초급), 약용작물, 산채, 친환경유기농업, 농산물가공, 원예프로그램지도자, 기초영농기술, 블루베리, 기초농업기계, 알기쉬운토양학, 전통음식이야기, 마음을가꾸는도시원예, 감재배기술, 버섯병재배기술, 농산물유통마케팅, 감자, 고구마, 복숭아, 곤충사육, 마늘, 귀농귀촌, 양봉, 쌈채소, 발효식품, 농작업재해의특성과관리 공개과정: 사과(초급), 인삼, 마케팅, 차, 멜론, 가정원예, 감귤, 콩, 전통음식, 귀농, 고품질 쌀, 한우, 포도, 토마토, 오이, 수박, 사과(중급), 고추(중급), 배, 딸기, 느타리버섯, 난류, 국화 **농림수산식품교육문화정보원** 품목기초과정→ ① 품목별 창업노트: 식물, 과수, 채소, 특용, 임산물, 축산작물의 시장 환경변화 및 경영전략, 전략수립을 위한 준비사항 및 필요정보 등 ② 과수품목기초: 사과, 배, 복숭아, 매실, 블루베리, 포도 　채소품목기초: 고추, 토마토, 멜론, 참외, 수박, 딸기, 오이, 배추, 무, 양배추, 상추, 쑥갓, 부추, 양상추, 마늘, 버섯, 애호박, 단호박, 고사리, 곰취, 결구상추 ③ 식량작물기초: 벼, 보리, 옥수수, 콩, 고구마, 감자 ④ 약용작물기초: 마, 도라지, 오가피, 구기자, 오미자, 강황, 복분자 ⑤ 축산품목기초: 돼지, 한우, 젖소, 육계, 산란계, 사슴, 흑염소, 양봉, 오리

활동 단계	품목기술심화과정→ ① 달인에게 배우는 시설원예: 온실형태 및 구조, 토양수분관리, 양액공급관리 등 ② 연중 효과적인 퇴비제조: 노하우 퇴비의 이해, 농업용미생물의 활용, 천연재료를 활용한 퇴비만들기, 액비의 제조와 활용 등 ③ 과수원 조성과 관리: 재배과수 선택하기, 재배지 선정과 재식, 결실과 수형관리, 시비와 토양 그리고 수분관리, 과수원의 병해충 관리 등 ④ 천적을 이용한 해충방제 기술의 이해: 생물적 방제의 개념, 진딧물류 해충과 천적의 종류 및 활용법, 나방류, 작은 뿌리 파리 해충과 천적의 종류 및 활용법 등 ⑤ 환경친화적 잡초관리: 잡초의 이해, 잡초관리 방법의 이해, 논 잡초관리, 밭 잡초관리, 과원 잡초관리, 친환경 잡초관리의 이해 등
정착 단계	농림수산식품교육문화정보원 ① 특급비밀! 농촌생활에 꼭 필요한16가지 생활기술: 정원 가꾸기, 꽃밭꾸미기, 효소만들기, 폐목 활용하기, 약용식물의 이해, 전기의 이해, 화덕만들기, 화목보일러, 아궁이와 구들이야기 등 ② 인생2막! 여성농업인으로 사는 법: 농촌에서의 여성, 농촌여성의 사회생활, 자기계발, 우수사례 등 ③ 귀농선배에게 듣는 귀농이야기: 도시의 경영노하우를 농업에 접목하다, 고향에 길이 있다 등 ④ 귀농생활! 성공노하우 전수받기: 농촌은 도시의 희망, 선배 귀촌인의 다양한 생활 등 ⑤ 자신의 능력을 활용한 귀촌: 귀촌하여 전문능력 키우기, 자신의 전문능력을 살리는 귀촌 등

농림수산식품교육문화정보원 주관의 온라인교육은 교육운영기관이 달라 별도의 회원가입이 필요
농업인력포털(www.agriedu.net)홈페이지 첫 화면에서 회원가입, 또는 로그인 하신 후 원하시는 교육내용을 수강이 가능
수강시간은 귀농귀촌교육시수에 포함되며 총 이수시간의 50%를 인정하고 주요 교과목은 표참조

7. 체류형 농업창업지원센터

- 사업개요: 귀농귀촌을 희망하는 예비농업인을 대상으로 1년간 가족과 함께 체류하면서 농촌이해, 농촌적응, 농업창업과정 실습 및 교육, 체험을 할 수 있는 one-stop 지원센터
- 지원내용: 주거공간 30세대, 세대별 텃밭, 공동실습농장, 시설하우스, 공동퇴비장, 공동자재보관소, 교육시설(세미나, 상담실, 교육장), 쉼터 등
- 입주자모집: **14년 하반기 2개소**: 충남 금산, 충북 제천
  15년 상반기 3개소: 경북 영주, 강원 홍천, 전남 구례
- 신청방법: 해당시군에 문의
  - 입주계획: ('15) 금산, ('16) 제천·영주·홍천·구례 순

부록 4. 지자체별 지원정책

지자체 귀농귀촌지원정책

구분	시군	정주/이사					교육			영농지원						생활/환경								지역적응친교						총계
도		1	2	3	4	5	6	7	8	9	10	11	12	13	14	15	16	17	18	19	20	21	22	23	24	25	26	27	28	29	30	계
경기	연천	*	*	*	*	*			*			*	*		*					*		*		*		*						11
	포천		*	*					*			*										*					*					7
	여주	*							*						*																	4
	가평								*		*																*					4
	홍천				*				*	*		*									*						*					6
강원	횡성			*					*			*						*														5
	영월					*				*						*					*							*				4
	화천					*						*								*		*						*				6
	양양						*		*								*	*						*		*	*		*			9
	평창					*				*		*								*							*		*			8
	정선											*		*							*											3
	철원								*									*														2
	양구								*						*							*					*			*		5
	인제																													*	*	2
	고성										*																			*	*	3

정주/이사: 1 이사비용지원 2 집들이 비용 3 정착지원금(주택신축/구입) 4 주택설계비 5 주택수리비 6 소규모전원마을지원 7 신재생에너지 보급지원

교육: 8 귀농귀촌교육 9 교육훈련비 지원 10 현장실습지원

영농지원: 11 영농창업장려금 12 귀농인 경작비 13 경운비지원 14 농기계 임대 및 구입 지원 15 비닐하우스지원 16 농지전용지원 17 농업보조사업 지원 18 농지구입 세제지원

생활/현장: 19 생활(반죽판, 쓰레기 등) 처리지원 20 학자금지원 21 농가도우미지원 22 출산장려금 23 전기, 수도, 인터넷 등 인프라시설 지원 24 농업정보 지원

지역적응친교: 25 멘토멘티제운영 26 귀농상담금운영 27 도시민재능기부 28 도시민유치지원사업 29 귀농귀촌인 화합/모임지원 30 귀농인의 집 운영

*30개 항목이 대표 유형으로 분류되었으며 소그룹 지원사업은 대표품목에 포함
**(예) 귀농교육이 지자체에 따라 다양하며 기초, 전문, 작목교육 또는 귀농귀촌교육으로 단일화 / ***자세한 내용은 부록참조

지자체 귀농귀촌지원정책

구분		시군	정주/이사							교육			영농지원					생활/환경									지역적응지원						총
도			1	2	3	4	5	6	7	8	9	10	11	12	13	14	15	16	17	18	19	20	21	22	23	24	25	26	27	28	29	30	계
충북		충주	*																														3
		제천					*			*			*																				5
		청원			*																												1
		보은					*			*						*																	3
		옥천			*					*						*				*											*		5
		증평					*									*																	1
		괴산					*			*										*								*				*	4
		음성					*																										1
		단양			*												*								*								3
		영동					*									*													*				3
충남		천안								*						*													*				1
		공주			*					*																			*				3
		보령								*																			*				3
		아산								*																			*				3
		서산					*																						*				1
		논산								*																			*				4

부록 367

총남	계룡	당진	금산	부여	서천	청양	홍성	예산	태안
총합	1	1	6	6	3	8	10	6	1

정주/이사: 1 0)사비용지원 2 집들이 비용 3 정착지원금 (주택신축/구입) 4 주택지원금 (주택신축/구입) 5 주택수리비 6 소규모전원마을지원 7 신재생에너지 보급지원

교육: 8 귀농귀촌교육 9 교육훈련비 지원 10 현장실습지원

영농지원: 11 영농창업장려금 12 귀농인 경작비 13 경운비지원 14 농기계 임대 및 구입 지원 15 비닐하우스지원 16 농지전용지원 17 농정보조사업 지원 18 농지구입 세제지원

생활/환경: 19 생활(변호판, 쓰레기 등) 처리지원 20 학자금지원 21 농가도우미지원 22 출산장려금 23 전기, 수도, 인터넷 등 인프라시설 지원 24 농업정보 지원

지역적응지교: 25 멘토멘티제운영 26 귀농상담실운영 27 귀농인재능기부 28 도시민유치지원사업 29 귀농귀촌인 화합/모임지원 30 귀농인의 집 운영

*30개 항목이 대부 유형으로 분류하였으며 소그룹 지원사업은 대표품목에 포함
**(예) 귀농교육이 지자체에 따라 다양하며 기초, 전문, 작목교육은 귀농귀촌교육으로 단일화 / ***자세한 내용은 부록참조

지자체 귀농귀촌지원정책

구분		정주/이사							교육			영농지원								생활/환경							지역적응촉교					총
도	시군	1	2	3	4	5	6	7	8	9	10	11	12	13	14	15	16	17	18	19	20	21	22	23	24	25	26	27	28	29	30	계
전북	군산				*	*			*																				*			4
	익산			*		*																								*		3
	정읍	*					*		*				*													*			*	*	*	9
	남원									*		*									*								*	*		4
	김제	*		*								*				*							*						*	*		4
	완주						*	*															*			*		*	*	*	*	12
	진안		*												*													*	*		*	5
	무주											*														*			*	*		6
	장수			*								*	*		*				*						*				*		*	8
	임실	*				*	*					*																	*			5
	순창						*																						*	*	*	8
	고창					*			*			*																	*		*	7
	부안					*						*			*														*			7

정주/이사: 1 이사비용지원 2 자들이 비용 3 정착지원금(주택신축/구입) 4 주택설계비 5 주택수리비 6 소규모전원마을지원 7 신재생에너지 보급지원

교육: 8 귀농귀촌교육 9 교육훈련비 지원 10 현장실습지원

영농지원: 11 영농창업장려금 12 귀농인 경작비 13 경운비지원 14 농기계 임대 및 구입 지원 15 비닐하우스지원 16 농지전용지원 17 농업보조사업 지원 18 농지구입 세제지원

생활/환경: 19 생활(변호판, 쓰레기 등) 처리지원 20 하자금지원 21 농기도우미지원 22 출산장려금 23 전기, 수도, 인터넷 등 인프라시설 지원 24 농업정보 지원

지자체 귀농귀촌지원정책

구분		시군	정주/이사							교육					영농지원						생활/환경						지역적응친교						총
			1	2	3	4	5	6	7	8	9	10	11	12	13	14	15	16	17	18	19	20	21	22	23	24	25	26	27	28	29	30	계
도	전남	목포																															0
		여수		*	*								*									*	*										4
		순천		*			*	*		*			*									*	*									*	*	12
		나주			*					*			*									*	*								*		4
		광양																															0
		담양					*			*												*	*								*		6
		곡성								*				*													*	*	*	*		*	6
		구례					*			*																					*	*	9...
		고흥			*						*		*																				2
		보성			*		*			*	*																				*		4
		화순					*			*																							2
		장흥					*			*																							3
		강진			*		*			*			*													*	*	*	*		*		9
		해남			*		*			*												*	*								*		4
		영암					*			*																							4
		무안		*	*		*																										3

함평	*	*								7
영광		*		*					*	10
장성	*	*		*	*				*	8
완도	*	*		*			*			3
진도	*	*			*					5
신안	*	*							*	4

정주/이사: 1 이사비용지원 2 집들이 비용 3 정착지원금 (주택신축/구입) 4 주택설계비 5 주택신축/구입 6 소규모전원마을지원 7 신재생에너지 보급지원

교육: 8 귀농귀촌교육 9 교육훈련비 지원 10 현장실습지원

영농지원: 11 영농창업정착금 12 귀농인 경작비 13 경영비지원 14 농기계 임대 및 구입 지원 15 비닐하우스지원 16 농지전용지원 17 농업보조사업 18 농지구입지원

생활/환경: 19 생활(반품, 쓰레기 등) 처리지원 20 학자금지원 21 농가도우미지원 22 출산장려금 23 전기, 수도, 인터넷 등 인프라시설 지원 24 농업 관련 정보 제공

지역적응친교: 25 멘토멘티제운영 26 귀농상담콜운영 27 도시민재능기부 28 도시민유치지원사업 29 귀농귀촌인 화합/모임지원 30 귀농인의 집 운영

*30개 항목의 대표 유형으로 분류하였으며 소그룹 지원사업은 대표품목에 포함
**유사사업은 동일사업으로 표시 (예) 귀농교육이 지자체의 지자체에 따라 다양하며 기초, 전문, 직독교육은 귀농귀촌교육으로 단일화 / ***자세한 내용은 부록참조

지자체 귀농귀촌지원정책

구분		시군	정주/이사							교육				영농지원							생활/환경							지역적응학교					총계
도			1	2	3	4	5	6	7	8	9	10	11	12	13	14	15	16	17	18	19	20	21	22	23	24	25	26	27	28	29	30	계
경북		포항	*																														1
		경주					*																										1
		김천					*						*													*							3
		안동			*																												1
		구미			*																												1
		영주			*		*				*																				*			4
		영천	*					*					*						*			*											5
		상주				*	*			*			*						*												*	*	7
		문경				*	*						*																		*	*	5
		경산																															0
		군위			*		*			*									*														4
		의성			*		*			*			*						*							*				*			7
		청송			*		*			*			*						*												*		6
		영양			*		*			*			*																				4
		영덕			*																												1
		청도			*					*																					*		3

372

3천만 원으로 은퇴후 40년 사는 법

고령		*	*							4
성주		*	*							2
칠곡		*					*			2
예천	*	*	*				*			4
봉화	*	*	*	*			*			7
울진	*		*	*			*	*		9
울릉					*					1

정주/이사: 1 이사비용지원 2 집들이 비용 3 정착지원금 (주택신축/구입) 4 주택지원금 (주택신축/구입) 5 주택설계비 6 소규모전원마을지원 7 신재생에너지 보급지원

교육: 8 귀농귀촌교육 9 교육훈련비 지원 10 현장실습지원

영농지원: 11 영농창업정착금 12 귀농인 경작비 13 경운지원 14 농기계 임대 및 구입 지원 15 비닐하우스지원 16 농지전용지원 17 농정보조지원 18 농지구입 세제지원

생활/환경: 19 생활(변돌판, 쓰레기 등) 처리지원 20 학자금지원 21 농가도우미지원 22 출산장려금 23 전기, 수도, 인터넷 등 인프라시설 지원 24 농업정보 지원

지역적응진료: 25 멘토멘티제운영 26 귀농응답실운영 27 도시민재능기부 28 도시민유치지원사업 29 귀농귀촌인 화합/모임지원 30 귀농인의 집 운영

*30개 항목의 대부분 유형으로 분류하였으며 소그룹 지원사업은 대표품목에 포함
**(예) 귀농교육이 지자체에 따라 다양하며 귀농하며 기초, 전문, 작목교육은 귀농귀촌교육으로 단일화 / ***자세한 내용은 부록참조

지자체 귀농귀촌지원정책

구분		정주/이사							교육				영농지원						생활/환경								지역적응지원				총
도	시군	1	2	3	4	5	6	7	8	9	10	11	12	13	14	15	16	17	18	19	20	21	22	23	24	25	26	27	28	29	30	계
경남	창원								*																							1
	진주																															0
	통영																															0
	사천																															0
	김해																															0
	밀양			*								*														*		*				4
	거제																															0
	양산																	*														1
	의령					*						*								*						*	*			*		6
	함안												*																			1
	창녕			*		*			*			*							*							*		*		*		8
	고성			*		*						*																				3
	남해			*		*						*							*													4
	하동		*	*		*						*									*				*	*		*		*		10
	산청			*		*																										2

함양	*		*	*							8
거창	*		*	*					*		7
합천	*	*	*								5
제주	*		*	*	*					*	10
서귀포	*		*	*	*						11

정주/이사: 1 0|사비용지원 2 집들이 비용 3 정착지원금 (주택신축/구입) 4 주택설계비 5 주택수리비 6 소규모전원마을지원 7 신재생에너지 보급지원

교육: 8 귀농귀촌교육 9 교육훈련비 지원 10 현장실습지원

영농지원: 11 영농창업장려금 12 귀농비 지원 13 경운비 경작비 14 농기계 임대 및 구입 지원 15 비닐하우스지원 16 농지전용지원 17 농정보조사업 18 농지구입 세제지원

생활/환경: 19 생활(변호관, 쓰레기 등) 처리지원 20 학자금지원 21 농기도우미지원 22 출산장려금 23 전기, 수도, 인터넷 등 인프라시설 지원 24 농업정보 지원

지역적응친교: 25 멘토멘티제운영 26 귀농상담실운영 소그룹 지원사업 27 도시민재능기부 28 도시민유치지원사업 29 귀농귀촌인 화합/모임지원 30 귀농인의 집 운영

*30개 항목이 대표 유형으로 분류하였으며 소그룹 지원사업은 대표 품목에 포함
**(예) 귀농교육이 지자체에 따라 다양하며 기초, 전문, 직무교육은 귀농귀촌교육으로 단일화 / ***자세한 내용은 부록참조

경기도	
시군	지원정책
연천군	1. 이사비용지원: 가구당 100만원 2. 집들이 비용·세대당 30만원 3. 쓰레기 처리지원: 쓰레기 봉투 600리터 제공 등 4. 정착지원금: 가구당 1,000만원(주택신축) 5. 정착장려금: 가구당 500만원(주택구입) 6. 주택설계비: 가구당 50만원(주택신축) 7. 단독주택수리비: 가구당 100만원(주택구입) 8. 신재생에너지 보급지원(주택지원사업): 설치비용의 최대 50% 9. 귀농인 경작비: 가구당 300만원 이내(연 100만원,3년간) 10. 농업대학(귀농귀촌과): 14년 3.18~11.28 프로그램 운영 지원 11. 무상경운: 3,300㎡ 이하 농지 무상경운 (3년간)
포천시	1. 정착지원금: 가구당 1,000만원 2. 보행관리기 지원: 가구당 150만원 3. 집들이 비용: 가구당 50만원 4. 귀농귀촌 멘티멘토 네트워크 지원(사랑방): 200만원/년 5. 포천愛人 귀농학교 운영: 14.3.28"–' 14.10.24.(26회) 6. 귀농품목 교육: 14.3. "–' 10. (23회) 7. 전원생활반 운영: 14.4.2"–'14.8.13.(9회)

강원도	
시군	지원정책
원주시	1. 신규농업인 교육: '14.4~10.(22회. 100시간) 2. 원주농업대학: 작목별 영농심화교육,14.2~12.(교육비 전액지원) 3. 귀농상담실운영: 상담 및 현장지도 4. 이사비용 지원: 가구당 200만원
강릉	1. 귀농귀촌 교육지원 14년3.~12.(영농정착 교육 등) 2. 농어업인 고교생자녀 학자금 지원: 수업료 및 입학금 전액지원 3. 농가도우미 지원(출산 또는 출산예정 여성농업인) 28천원/일 4. 출산장려금 지원: 첫째 10만원, 둘째 30만원, 셋째 50만원, 넷째100만원
홍천군	1. 주택수리비 지원: 가구당 500만원 2. 비닐하우스 지원: 단동 330㎡/325만원. 165㎡/162.5만원 　(한도 내 설치비 50%) 3. 귀농인 신규영농정착지원: 가구당 50만원 4. 교육훈련비 지원: 25만원/인 5. 영농정착 신규농업인 교육(지역특화작목 재배기술, 현장학습 등): 14.1.~11.(28회) 6. 귀농귀촌 희망교실 운영: 5월, 9월(총 80명)
횡성군	1. 농지전용허가 등 민원업무 지원: 단독주택 신축에 따른 농지전용허가 민원업무 대행 2. 전입가구 상수도 요금 6개월 감면(50%) 3. 건물번호판 설치지원: 건물번호판 제작 비용 지원 4. 경운비 지원: ㎡당 30원(10,000㎡한도) 5. 귀농인 농가도우미 지원: 24천원/일

강원	영월군	1. 귀농인 정착지원: 가구당 600만원 2. 현장실습 지원: 80만원(최대 5개월) 3. 농기계 임대 지원: 가정 또는 영농현장에서 전화신청 4. 주택정비 비용 지원: 가구당 50만원
	화천군	1. 화천현장귀농학교 운영: 14.3.~11.(9개월 합숙, 자부담 200만원) 2. 귀농귀촌인 자녀 학자금 지원: 학교 수업료와 입학금 전액 지원 3. 귀농인 농가도우미 지원: 32천원/일 4. 귀농인 비가림 하우스 (330㎡)지원: 750만원(보조50%, 자부담50%) 5. 주택매입, 수리비 지원: 가구당 150만원 6. 귀농귀촌 화합프로그램 지원:행사비용 600만원
	양양군	1. 주택수리비 지원: 가구당 500만원 2. 귀농귀촌인 소규모 마을기반 조성 지원 3. 귀농귀촌 화합프로그램 운영:마을당 60만원 지원(행사비) 4. 귀농귀촌 아카데미 운영: 귀농귀촌 단계별 교육프로그램운영 5. 도시민 재능기부 행사 운영 6. 경영기술교육: 작목 및 분야별 영농 및 정착안정화 교육 7. 귀농귀촌인 멘토링 클럽 운영: 300만원깨소 8. 체류형 현장체험 프로그램 운영 9. 도시민유치지원센터 운영: 귀농귀촌 지원정책 등 정보 제공
	평창군	1. 농가주택 수리비 지원: 500만원 지원 2. 각종 농정보조사업 및 지역특화사업 우선지원: 보조60%, 자부담40% 3. 교육훈련비 지원: 귀농 및 영농관련 정부 교육지 관련: 훈련비(전액지원) 4. 농산물 유통정보지 보급지원: "농어민 신문" 무료보급 5. 귀농귀촌 상담실 운영: 귀농귀촌 상담, 각종 지원사업 안내 등 6. 농기계 임대센터 운영(2개소): 71여종 328대 7. 농업인 자녀 학자금 지원: 수업료와 입학금 전액지원 8. 여성농업인 농가도우미 지원: 32천원/일
	정선군	1. 농업기반시설(소형농기계) 지원 500만원 보조 2. 빈집수리비 지원 500만원 보조 3. 귀농귀촌 상담센터 운영
	철원군	1. 귀농귀촌교육 14.3.5.~6.11.(15회) 2. 비가림하우스 지원사업: 650만원/330㎡ (엽채류용 하우스 470만원/330㎡)
	양구군	1. 귀농인 자녀 학자금 지원 학교 수업료와 입학금 전액 지원 2. 농가 도우미 지원 28천원/일 3. 교육훈련비 지원 . 관내로 전입한 귀농귀촌인 4. 귀농귀촌상담실 운영 5. 비닐하우스 현대화 사업 설치시 50%보조금 지원
	인제군	1. 영농정착기술교육: 14년 3.~10. (농사에 필요한 기술 등 실습교육) 2. 귀농귀촌인 화합프로그램 지원: 마을당 600만원 (귀농귀촌 10가구 이상인 마을)
	고성군	1. 귀농귀촌 한마당 행사추진: 2회/년,80만원 지원 2. 귀농귀촌정착반 교육 3회/년 3. 귀농귀촌인 모임체 육성:2회/년,100만원

충청북도		
	시군	지원정책
충북	충주시	1. 귀농인 농가주택 수리비 지원: 가구당 200만원 2. 귀농인 이사비용 지원: 가구당 100만원 3. 귀농귀촌 정착교육: 14년3~11.(30회), 교육비 전액 지원
	제천시	1. 영농정착기반 조성: 가구당 35만원(영농자재 구입비) 2. 소형농기계 지원: 가구당 210만원 3. 농가주택수리비 지원: 가구당 500만원 4. 귀농귀촌인 산약초 대학운영: 1박 2일, 전액지원 5. 귀농귀촌인 영농정착교육: 14년3~10, 교육비 전액지원
	청원군	귀농인 소형농기계 구입비 지원, 가구당 250만원 [1]
	보은군	1. 정착자금 지원:가구당 300만원 2. 농기계구입자금 지원: 가구당 500만원 3. 귀농인 농지구입세제 지원: 200만원
	옥천군	1. 농지·주택구입 세제지원: 가구당 300만원 2. 농가주택 수리비 지원: 가구당 500만원 3. 농기계 구입 지원: 관리기(100만원/대 경운기(150만원/대) 지원 4. 귀농귀촌인 연합회 활동 지원: 2,000만원 5. 귀농귀촌 학교 운영: 14회,72시간
	증평군	1. 정착장려금 지원: 가구당 300만원
	괴산군	1. 귀농귀촌인 농가주택 수리비 지원: 기구당 200만원 2. 교육훈련 지원: 농업경영에 필요한 각종 교육훈련프로그램 지원 3. 귀농지원센터 운영 4. 귀농인의 집 운영: 귀농귀촌 영농체험과 임시거주 공간 제공
	음성군	1. 귀농인 빈집수리비 지원·가구당 500만원
	단양군	1. 농가주택 수리비 지원: 가구당 200만원 2. 비닐하우스 지원사업: 가구당 120만원 3. 전기, 수도, 인터넷 시설지원: 가구당 200만원
	영동군	1. 농가주택 수리비 지원 ' 가구당 200만원 2. 귀농인 정착지원: 농가당 500만원 3. 초보 귀농인 소규모 농장 조성 사업 지원: 「농가당500만원

[1] 청원군은 2014년 7월 1일부로 통합 청주시에 소속

충청남도

시군	지원정책
천안시	1. 귀농귀촌지원센터 운영
공주시	1. 귀농귀촌 역량강화 교육 14년5.~10.(1회) 전액지원 2. 귀농인 현장견학 교육: 14년5.~10.(2회) 전액지원 3. 귀농귀촌지원센터 운영
보령시	신규농업인정착지원: 700만원 만세보령농업대학(도시농업과)운영: 14년 3.~11. 귀농귀촌지원센터운영
아산시	1. 귀농귀촌지원센터운영 2. 소형농기계지원: 가구당 80만원 3. 귀농귀촌아카데미 운영(맞춤형 교육 및 선진지견학): 3회/년
서산시	1. 귀농귀촌지원센터운영
논산시	1. 농가주택수리비 지원: 가구당 500만원 2. 귀농귀촌지원센터 운영 3. 기초영농기술교육: 2개 과정(농업기초, 딸기기초), 전액지원 4. 논산농업대학 기초영농학과 운영: 14년3.~12.(30회 내외), 전액무료
계룡시	1. 귀농귀촌지원센터 운영
당진시	1. 귀농귀촌지원센터 운영
금산군	1. 도시민농촌유치 초청·농촌체험행사 및 홍보행사 지원:1단체(1천만원) 2. 귀농귀촌인이 함께하는 아름다운 마을만들기 지원 2마을(2천5백만원/2게소) 3. 귀농귀촌대학운영: 100시간, 20회, 40명 4. 소규모 실습농원조성 지원사업: 8개소(750만원 지원) 5. 귀농귀촌인 설계비(토목 및 건축)감면 지원 / 기준 설계비의 50감면 6. 귀농지원센터운영
부여군	1. 귀농인 주택시설개선: 가구당 300만원 2. 농업시설물 설치 지원: 가구당 1천만원 3. 소형농기계(관리기) 우선지원 4. 귀농지원센터운영 5. 귀농인 교육: 부여군농업기술센터 6. 귀농인 농지구입 지원 매도(임대)위탁된 농지 알선 등
서천군	1. 농가주택수리비 지원: 가구당 500만원 2. 귀농귀촌 농업인 역량강화 교육: 초급 5일, 중급 5일 3 귀농귀촌 설명회 개최: 2~3회/년, 귀농투어 실시(2~3일)
청양군	1. 농가주택수리비 지원: 가구당 500만원 2. 이웃주민초청(집들이행사 지원: 가구당 fJJ만원 3. 농업생산기반시설 지원: 가구당 5,000천원까지 50% 지원 　※ 소형농기계 위주 지원 4. 귀농귀촌 정보(농지, 빈집) 제공 5. 귀농귀촌 유치 우수 읍·면 포상금 지급: 300만원 6. 수도권 귀농귀촌 맞춤형 교육 청양반 운영 7. 읍 면 귀농귀촌인 모임 활성화 8. 귀농귀촌자 주택 설계비 50%감면(일부 지역) 및 부동산중개 수수료 50%감면(전지역) 9. 청양군 귀농학교 운영: 3박 4일('14.7.)

	홍성군	1. 귀농인 집들이 지원: 가구당 20만원 2. 빈집수리비 지원: 가구당 500만원 3. 귀농귀촌 종합지원센터 운영 4. 귀농인 장기체류공간 조성 및 운영: 2개소 조성, 추가 2개소 조성계획 5. 귀농귀촌 가족 수련회 및 사랑방 운영 지원 6. 귀농귀촌인 지역사회 기여 및 재능기부 활동지원 7. 새내기 귀농인 멘토링지원: 맨토 20만원 지원, 맨티 10만원 지원 8. 청년 농촌 마을학교 및 마실이 학교 운영 9. 신규농업인 영농정착교육 '14년3.~11. 10. 텃밭학교 운영: 2회/월(작목별 영농기초 교육)
	예산군	1. 빈집수리비 지원: 가구당 500만원 2. 소규모농기계지원: 가구당 100만원 3. 귀농체험 체류 및 현장실습 지원: 현장실습비 10만원지원(1인 2일 기준) 4. 귀농인 모임 지원(예산 영농정착 경영연구회) 5. 귀농현장 애로지원단 운영: 500만원(10회) 6. 귀농귀촌 교육: 14년 2.~7.(채소, 과수, 현장학습)
	태안군	1. 귀농귀촌지원센터 운영

전라북도

	구분	지원정책
전 북	전라북도	
	군산시	1. 농지임차료지원: 가구당 250만원 한도 50%지원 2. 농가주택 수리비 지원: 가구당 500만원 3. 수도권 귀농학교 운영: 14년.7.9.~7.11.(2박3일) 4. 귀농귀촌교육: "14년 6.10~7.15 / 인당 20만원 지원
	익산시	1. 주택수리비 지원: 개당 500만원 2. 생산기반 지원: 가구당 500만원 3. 수도권 귀농학교 운영: 14년9.1.~3.(이론교육 및 현장실습)

	정읍시	1. 이사비 지원: 가구당 50만원
		2. 농가주택수리비 지원 . 가구당 500만원
		3. 영농정착 지원: 가구당 200만원 이내(시비 50%, 자부담 50%)
		4. 귀농귀촌주민공동체 한마당 행사 지원
		   (귀농인과 지역주민과 화합: 1,500만원)
		5. 귀농귀촌인 한마음대회 지원
		   (귀농인들간 소통과 정보교환의 장 마련):1,000만원
		6. 귀농인 멘토링 지원사업: 멘토지급 30만원/월(3개월)
		7. 귀농귀촌활성화 워크숍 선진지 견학 및 전문가 강의 등) 지원: 250만원
		8. 예비귀농인 체험 삶의 집 운영:
		   예비귀농인 대상 주택임대(운영비 5만원/월)
		9. 수도권 귀농학교 운영: '14.5.16.~5.18.

	남원시	1. 농가주택 수리비 지원: 가구당 500만원 2. 이사비 지원: 가구당 100만원 3. 귀농귀촌인 소규모 삶터 기반조성사업: 예산범위 내, 단지규모에 따라 차등 지원 4. 수도권 귀농학교 운영: 14년4.9.~4.11.(이론교육과 현장실습)

전북	김제시	1. 농가주택수리비지원: 가구당 500만원 2. 조기 영농정착지원사업: 가구당 500만원(보조50%, 자부담50%) 3. 수도권 귀농학교 운영: 14년5.~10.(2회) 4. 귀농귀촌인 김제사랑 장학금 지원: 200만원/년
	완주군	1. 주택신축 수리비 지원: 가구당 500만원 2. 농지매입(임차)비 지원: 가구당 250만원 3. 이사비 지원: 가구당 50만원 4. 출신 장려금 지원: 120만원(둘째이상) 5. 자녀학자금 지원: 50만원~200만원 6. 소규모 비닐하우스 지원: 1,600만원/동(보조60%, 자부담40%) 7. 교육훈련비 지원: 30만원/인(1만원/일) 8. 귀농귀촌 학교운영: 3주 합숙, 총4기 운영 9. 귀농귀촌인 Two-job지원: (귀농전 직업 등 관련 파트타임 근무시): 60만원/월 10. 재능기부 활동지원: 400만원 이내(5만원/일) 11. 동아리 활동 지원(행사운영비, 강사비 등): 200만원/개소 12. 귀농귀촌인 멘토링 지원사업: 100만원/월(최대 1년간)
	진안군	1. 체재형 가족농원: 예비 귀농인 거주지 임대(1~2년) 2. 귀농인 농가주택 수리비 지원: 농가당 500만원 3. 소규모 마을조성 기반시설 지원: 지구별 100백만원 4. 마을간사제도 운영 지원(도시민 인재유치): 120만원/인 5. 수도권 귀농학교 운영(예비귀농귀촌자 대상): '14.6.27 ~ 6.29.
	무주군	1. 농가주택 수리비 지원: 개당 500만원 2. 집들이지원: 가구당 50만원 3. 인턴농업인 실습포 지원: 600만원/개소(12개소) 4. 귀농귀촌 교육: 14년3~11월, 413천원/인 5. 수도권귀농학교 운영(현장위주 실습교육): 14년10.17~10.19. 6. 귀농인 교육훈련비 지원(교통비 등): 20만원/인
	장수군	1. 농촌주택수리비지원: 가구당 500만원 2. 갈등해소 및 지역적응을 위한 소모임 육성 ; 모임당 150만원 3. 귀농귀촌정보(농지, 빈집) 제공 4. 장수군 귀농학교 운영(빈집 둘러보기, 영농기술습득 등):3기 운영/년, 기당 3회 실시 5. 수도권 귀농학교 운영(체험교육 등): 9월중 3일간 6. 귀농귀촌인 멘토링 지원사업: 예비귀농귀촌인과 지역민(우수농업인)과 결연관계 맺음 7. 농업인 대학 운영 14년 3~12.(20회) 8. 농기계 임대사업: 65종 280대(관리기, 퇴비살포기 등)
	임실군	1. 소득사업 및 생산기반시설 지원: 가구당 2,000만원(총사업비의 50%) 2. 귀농귀촌인 주택 구입, 신축 및 수리 지원: 가구당 500만원 3. 귀농귀촌 교육비 지원: 가구당 50만원 4. 정착금 보조지원:가구당 200만원 5. 정보지 제공: 귀농귀촌 정보지(분기별) 제공

전북	순창군	1. 주택수리비 및 신축 지원: 가구당 500만원 2. 이사비 지원: 가구당 100만원 3. 소득사업비 지원: 1,000만원 4. 귀농귀촌인 간담회 지원: 600만원/12회 5. 소규모 전원마을 조성 지원사업: 사업비 30,000만원 6. 귀농귀촌 희망도시민 대상 "농업농촌 체험지원사업": 귀농귀촌 선도농가 방문 등 7. 귀농귀촌지원센터 운영 8. 귀농귀촌인 임시거주지 조성사업: 사업비 30,000만원 (예비귀농귀촌인들의 주거문제해결)
	고창군	1. 귀농인영농정착금 지원:가구당 1인당 100만원 2. 귀농인 농지구입자금 융자지원: 가구당 5,000만원 ※ 이율 2%, 3년 거치 5년 균분상환 3. 귀농인 농가주택수리비: 500만원 4. 소규모 귀농귀촌마을 기반조성사업 및 귀농귀촌 유치우수마을 지원사업 5. 수도권 귀농학교 운영 '14년6~7.(3일간) 6. 고창군 농기계 임대사업: 54종 176대 7. Family 5563 정착프로그램 운영: 집들이, 멘토링 클럽 등 다양한 프로그램운영
	부안군	1. 빈집수리비: 가구당 500만원 2. 중소형농기계구입비: 가구당 250만원 3. 수도권 귀농학교 운영: 14년6.20~6.22.(3일간) 4. 중소형농기계 구입지원: 500만원 이하 농기계 구입시 50% 지원 5. 귀농인 현장실습비 지원: 5개월 최대 50%만원 지원 6. 농업인 영농안정기금 지원: 농가당 30백만원 (금융자금 100%, 연리 2% 1년 거치 1년 상환) 7. 농기계 임대사업: 54종 200대

전라남도	
구분	지원정책
전남	전라남도	
	목포시	
	여수시	1. 귀농인 정착금 1년간 지원: 가구당 360만원(월 30만원) 2. 영농정착지원(귀농코칭 품목별기초 영농교육 등): 13회(56시간) 3. 귀농귀촌인 자녀 학자금 지원: 수업료와 입학금 전액지원 4. 귀농인 농가도우미 지원: 32천원/일
	순천시	1. 농가주택 수리비: 가구당 500만원 2. 집들이비: 가구당 50만원 3. 귀농인 우수창업농육성: 공모에 당선된 귀농인 2,000만원의 70%보조 4. 자녀학자금 지원: 당해 학교의 수업료와 입학금 5. 귀농귀촌 체험둥지 임차료 지원: 임차료의 90% 최대10개월 지원 6. 귀농인 정착터전: 농촌빈집 구입 및 장기 임대 지원 7. 행복마을 내 한옥신축지원: 5,000만원(지원), 3,000만원(융자이율2%) 8. 귀농인 모임체 활동 지원: 400만원/개소 9. 귀농귀촌인 사랑방 활동 지원: 400만원(4개모임 20회) 10. 귀농귀촌 역량강화교육: 5박6일(2014년 7.) 11. 여성귀농인 창업지원 자격취득 교육: 2014년 7.~9.(12회) 12. 귀농인 농가도우미 지원: 32,000원/일

	나주시	1. 농가주택 수리비 지원: 가구당 500만원 2. 귀농인 정착지원: 가구당 1,000만원 3. 귀농귀촌 아카데미 운영 4. 귀농인 소모임 육성지원
	광양시	
	담양군	1. 농가주택 수리비 지원: 가구당 500만원 2. 귀농귀촌정보 제공: 담양군 홈페이지 정보 게시 3. 귀농인 모임체 활동 지원: 1개소 4. 귀농귀촌 역량강화 교육(농촌생활적응 등): 10회 5. 귀농인 자녀 학자금 지원: 수업료 입학금 전액 지원 6. 귀농인 농가도우미 지원: 32,000원/일
	곡성군	1. 영농지원사업비: 가구당 1000만원 2. 도시민 체험센터 운영: 체험과 일시거주를 위한 주택제공 3. 귀촌희망자 전원생활 체험(1박2일 또는 2박3일) 및 가족캠프운영 4. 예비 곡성인 자연학교 개설 및 아카데미 운영 5. 귀농인 재능기부 프로그램 운영 6. 도시민유치 우수 선진지 견학: 2회/년
전남	구례군	1. 농가주택 수리비 지원: 가구당 500만원 2. 농업시설 지원: 가구당 300만원 3. 이웃주민 초청행사: 가구당 50만원 4. 귀농귀촌 체험둥지 운영: 2개소 (지속적 확대 계획) 5. 귀농인 모임체 활동지원: 단체당 500만원 6. 귀농귀촌 지원센터 운영 7 귀농귀촌인 재능기부 활동 지원: 500만원 한도 내 8. 멘토링 지원사업: 귀농귀촌 멘토-멘티 연결 9. 귀농귀촌 교육: '14년3.~11.(월 1~2회,40시간)
	고흥군	1. 농가주택 수리비 지원: 가구당 500만원 2. 선도농가 견학: 우수농가견학 체험 활동 행사비 지원
	보성군	1. 농가주택수리비 지원: 가구당 500만원 2. 귀농 정착장려금 1년간(월20~50만원) 지원 3. 귀농인 교육훈련비 지원: 30만원(1회 지원) 4. 귀농인 모임체 활동 지원: 400만원(1개소)
	화순군	1. 농가주택 수리비 지원: 가구당 500만원 2. 귀농귀촌 교육지원(귀농귀촌, 예비귀농자 교육): 14년3. ~11.
	장흥군	1. 귀농인 창업자금: 500만원 한도 지원 2. 농가주택 수리비 지원: 가구당 500만원 3. 귀농학교 수강료 지원: 30만원 한도 지원
	강진군	1. 빈집수리비 지원: 가구당 500만원 2. 정착금 지원: 가구당 2,000만원 3. 도농 의형제 맺기 운영: 4만원/일(9일 지원) 4. 강진딸기 사관학교: 14년4.3.~12.4.(9회) 5. 강진 귀농귀촌 아카데미: 14년4.~12.(40시간 9차) 6. 농촌주택 및 농지 데이터베이스 사업: 초기정착정보 제공 및 이주지역 기초자료 확보 7. 주작목 배움 교실 운영: 안전정착을 위한 초기 농작물 재배기술교육 8 귀농귀촌 멘토링 지원사업: 안정적 소득증대를 위한 농가경영컨설팅 등 9. 귀농귀촌인 강진전통문화 육성: 귀농인 문화교육 프로그램 운영, 귀농상담창구운영 등

전남	해남군	1. 농가주택 수리비 지원: 가구당 500만원 2. 귀농인 정착지원: 농지구입, 하우스, 축사 등 농업생산기반시설 사업비지원 3. 귀농인 모임체 활성화 지원: 400만원/개소 4. 농업인대학 귀농귀촌반운영(농촌생활적응, 농업이해 등): 20회
	영암군	1. 귀농인 주택수리비: 가구당 500만원 2. 귀농정착금 3년간(월 20만~40만원) 지원 3. 귀농귀촌 학교운영: 14년 2.17.~11.24.(농업이해, 농촌생활적응 등) 4. 농가도우미 지원: 32천원/일
	무안군	1. 정착지원사업 지원: 가구당 1,000만원 2. 농가주택 수리비 지원: 가구당 500만원 3. 집들이비 지원: 가구당 30만원
	함평군	1. 귀농정착 지원: 가구당 1,400만원(지원70%,자부담 30%) 2. 농가주택 수리비 지원: 가구당 500만원 3. 귀농인 모임체 교육(정보교환 및 영농교육 등): 800만원/개소 4. 농업대학운영(2과정 105명): 14년3.~11. 5. 영농정착기술교육(18회): 14년 3.~9. 6. 정보화교육(귀농인 농산물 마케팅 관련 교육): 12회/년 7. 농가도우미 지원: 32천원/일
	영광군	1. 농가주택수리비: 가구당 500만원 2. 귀농인 창업지원: 가구당 2,000만원의 50% 3. 귀농인 소규모 창업농 지원사업: 가구당 500만원 4. 농기계임대료 감면: 농기계임대료 50% 5. 도시민 귀농체험프로그램 운영 6. 귀농귀촌인 소식지 발행 사업: 800만원(2회/년) 7. 귀농귀촌 역량강화 교육 8. 귀농귀촌인 사랑방모임 운영 지원사업: 1,000만원 9. 귀농귀촌인 농촌공동체 활성화 지원사업: 1,000만원 10. 지역민과 한마음 대회 지원사업: 700만원
	장성군	1. 귀농인 정착자금 지원: 개당 1,000만원 2. 농가주택수리비 지원: 개당500만원 3. 귀농인 집들이비용: 가구당 30만원 4. 귀농귀촌 체험둥지 운영: 임시거주공간(2개소)에서 3개월 동안 체험기회 제공 5. 귀농인 모임체 육성 지원 6. 수도권 귀농교육생 현장교육 운영 (선도농가 및 전원마을 방문): 3회 7. 자녀 학자금 지원: 수업료와 입학금 전액지원 8. 농가도우미 지원: 32천원/일
	완도군	1. 농가주택수리비 지원: 가구당 500만원 2. 정착장려금: 가구당 300만원 3. 농가도우미 지원: 32천원/일
	진도군	1. 영농자재 지원사업: 가구당 200백원 2. 정착자금 지원사업: 가구당 450만원 3. 농가주택수리비 지원사업: 가구당 500만원 4. 이사비용 지원사업: 가구당 100만원 5. 농기계 임대사업: 90종 293대
	신안군	1. 농가주택 수리비 지원: 가구당 500만원 2. 도시민유치 장려금 지원: 100만원 3. 정착 장려금: 가구당 600만원 한도(100만원/인) 4. 귀농귀촌인 현지융화 지원: 50만원 지원

경상북도	
구분	지원정책
경북	경상북도	
	포항시	1. 귀농인 정착금 지원: 가구당 500만원
	경주시	1. 귀농인 영농정착지원: 가구당 400만원
	김천시	1. 농가주택수리비: 가구당 500만원 2. 귀농인 영농지원사업: 가구당 1,000만원 3. 인터넷 홈페이지 '김천시 귀농귀촌 정보' 운영
	안동시	1. 귀농인 정착지원: 가구당 400만원
	구미시	1. 귀농인 정착지원: 가구당 400만원
	영주시	1. 자녀 학자금 지원: 가구당 100만원 2. 귀농인 주택수리비: 가구당 300만원 3. 예비귀농인 초청 투어행사: 500만원, 10월중 4. 귀농인 아카데미 운영(귀농사례 발표 체험행사 등): 1,000만원 11월
	영천시	1. 귀농정착지원사업: 가구당 500만원(보조금 80%, 자부담 20%) 2. 세제지원: 가구당 200만원 3. 이사비용 지원: 가구당 100만원 4. 귀농정착장려금 지원: 가구당 480만원 5. 교육훈련비 지원: 가구당 30만원
	상주시	1. 영농지원: 가구당 400만원 2. 귀농인 주택수리비: 가구당 400만원 3. 귀농귀촌인 주민초청행사: 가구당 40만원 4. 소규모 전원마을 조성 지원사업: 진입도로 포장 등 기반조성 지원 5. 귀농귀촌인 설계비(토목 및 건축) 50% 감면 6. 귀농귀촌인 사랑방 운영 7. 인터넷 홈페이지: 상주시 귀농귀촌 도우미 운영
	문경시	1. 귀농인 주택수리비 및 귀농인 소득지원 사업:가구당 각 400만원 2. 귀농인 마을주민 초청행사: 가구당 50만원 3. 귀농인 자녀 대학교 학자금: 100만원 4. 귀농인의 집 수리비 및 임대료 지원: 10농가/년 5. 귀농귀촌아카데미 운영(특화작물 재배교육 등) 14년 7.~8.

경북	경산시	
	군위군	1. 귀농인 귀농정착지원: 가구당 400만원 2. 농가주택 수리비: 가구당 300만원 3. 농지구입 세금지원: 가구당 200만원 4. 귀농귀촌인 설계비(토목 및 건축)감면지원: 가구당 30만원
	의성군	1. 농가주택수리비 지원: 개당 500맨 2. 귀농정착지원: 가구당 400만원 3. 이사비용지원: 가구당 50만원 4. 귀농귀촌인 주민초청행사 지원: 가구당 30만원 지원 5. 귀농인 후견인제: 귀농인과 지정 후견인과의 1:1 상호교류 지원 6. 주말 체류형 체험행사 지원사업: 150천원/회 7. 인터넷 홈페이지 '의성이 좋다' 운영
	청송군	1. 귀농인 영농정착금지원: 가구당 최대 500백만원 2. 농지구입 세제지원(취득세, 등록세, 농특세, 교육세): 200만원 범위 내 지원 3. 농지구입 이자 지원: 가구당 150만원 4. 주택수리비 지원: 가구당 300백만원 5. 귀농학교 수강료 지원: 30만원 이내 6. 청송귀농카페운영 청송군홈페이지 내 (청송귀농카페)
	영양군	1. 귀농정착 지원: 가구당 400만원 2. 귀농농가 지원: 가구당 400만원 3. 주택수리비 지원: 가구당 400만원 4. 귀농학교 운영지원: 귀농귀촌기초교육,1회/년,9박-10일 합숙
	영덕군	1. 귀농정착금지원: 가구당 400만원
	청도군	1. 정착장려금 지원: 가구당200만원 한도 (부부귀농 100만원, 자녀포함 3인 이상 귀농 200만원) 2. 귀농인 한마당 체육대회 행사 개최 3. 선진농업기술 도입을 위한 선진지 견학
	고령군	1. 귀농인 영농정착 지원 가구당 400만원 2. 귀농인 주택 수리비 지원: 가구당 300만원 3. 농지구입세금지원: 가구당 100만원 4. 교육훈련비 지원: 가구당 30만원
	성주군	1. 귀농정착자금 지원: 가구당 700만원 ※ 농기자재, 영농시설 개보소, 확충 2. 농가주택 수리비 지원: 가구당 350만원
	칠곡군	1. 귀농정착지원 사업: 가구당 500만원 2. 귀농인 농어촌진흥 기금 지원: 3,000만원 한도
	예천군	1. 이사비용 지원: 가구당 100만원 2. 농가주택 수리비 지원: 가구당 400만원 3. 귀농인 정착지원: 가구당 400만원 4. 귀농인 영농기반 지원: 가구당 400만원

경북	봉화군	1. 귀농인 이사비용 지원: 가구당 100만원 2. 귀농인 빈집수리비지원: 가구당 300만원 3. 귀농인 정착장려금 지급: 가구당 480만원 4. 귀농정착지원사업 지원: 가구당 400만원 5. 교육훈련비 지원: 가구당 30만원 6. 귀농인력 양성 전문교육 (작목별 영농교육): 14년 4~10(주2회/50시간) 7. 농민사관학교(작목별 영농심화교육): 교육비 전액지원
	울진군	1. 귀농인 영농 지원 사업: 가구당 400만원 한도 2. 귀농인 주택수리비 지원: 가구당 400만원 한도 3. 귀농인 아이디어 공모: 가구당 1,600만원 한도 4. 귀농인 일자리 창출 지원: 6만원/일(30일이내) 5. 귀농인 주택설계비 지원: 가구당 100만원 한도 6. 귀농인 이주비용 지원: 가구당 100만원 한도 7. 도시민 농촌거주 체험 지원: 가구당 100만원 한도 8. 귀농 귀촌인 주민화합 지원: 읍면당 100만원 　※ 선진지 견학, 마을 잔치, 집들이 등 9. 귀농인 멘토링지원: 멘토 1인 (10만원/월)
	울릉군	농어업인자녀 학자금 지원사업 * 당해 고등학교 수업료, 입학금 전액

경상남도		
구분		지원정책
경남	경상남도	
	창원시	귀농협의회 현장학습실시: 150만원
	진주시	
	통영시	
	사천시	
	김해시	
	밀양시	귀농 농자재, *농자재 30만원 전입정착금, 전입정착금 50만원 주택수리비, 주택수리비 240만원 선진농장체험교육: 연 1회, 귀농인40명 귀농인 교육지원: 연 2회 전문강사
	거제시	
	양산시	농어촌진흥기금 및 주민소득 기금 귀농자 우선지원
	의령군	1. 농업 및 지역농업 연관산업 창업 지원: 500만원 2. 귀농귀촌 재능활용 창작 지원: 300만원 3. 귀농인 영농자재비: 100만원 지원 4. 귀농귀촌인 농가주택 수리비: 150만원 지원, 건축설비비: 50만원지원 5. 귀농귀촌인 연구모임 지원: 200만원/개소 6. 귀농귀촌 두드림 창업학교 운영(사전정보, 우수사례전파 등)

	함안군	귀농귀촌(빈집)정보제공: 빈집D/B구축, 정보제공
경 남	창녕군	1. 영농 정착금 지원: 500만원 2. 귀농인 종자 및 영농자재 지원: 30만원 3. 귀농인 집들이비용 지원: 가구당 8만원 4. 빈집 수리비 지원: 매입시 최고 700만원, 임차시 최고 350만원 5. 귀농 귀촌자 건축 설계비: 가구당 건축설계비 범위에서 최고 100만원 6. 자동차 번호판 변경비용 전액 지원 7. 주민세 지원(교육세 포함 2년간 전액) 8. 쓰레기 종량제 봉투(가구당 쓰레기 종량제 봉투 30l 30매) 9. 전입정착금 지원: 가구당 30만원
	고성군	1. 귀농세대 영농정착금 지원: 가구당 500만원 2. 귀농세대 빈집수리비 지원: 가구당 500만원 3. 고성군 귀농협의회지원: 1회 1,500만원
	남해군	영농자재 무상지원: 세대당 20만원 귀농귀촌세대지원: 30~70만원 귀농세대 주민세지원 주택수리비지원: 가구당 120만원
	하동군	1. 귀농인 영농정착 보조금 지원: 가구당 100만원 2. 귀농인 빈집수리비 지원: 가구당 500만원 초과시 1,000만원까지는 50% 지원 3. 귀농인 소득기반 조성사업 지원: 500만원 한도 4. 귀농귀촌 문화예술인 창작 지원: 가구당 200만원 5. 귀농귀촌 멘토 겸 리포터 운영지원: 월 5만원 6. 전입세대 이사비 지원: 30만원/2~3인 70만원/4인이상 7. 고등학생 학비 지원: 입학금, 수업료 전액 8. 자동차 번호판 교체비 전액 지원 9. 귀농인 모임체 활동 지원: 400만원/개소 10. 하사연(하동사랑귀농연구회) 활동 지원: 1,200만원/년
	산청군	1. 귀농인 정착지원 사업: 가구당 400만원 한도 2. 귀농인 농가주택 수리비 지원사업: 가구당 300만원 한도
	함양군	1. 귀농정착지원사업: 가구당 375만원 한도 2. 귀농영농정착 지원사업: 가구당 500만원 한도 3. 농촌빈집수선 지원: 가구당 300만원 한도 5. 집들이비 지원: 가구당 50만원 6. 전입가구 정착금 지원: 2인이상: 10만원, 3인이상 20만원, 4인이상 30만원 7. 귀농인 자동차 번호판 교체비 전액 지원: 가구당 4만원 8. 귀농귀촌인 교육 실비보상: 교육참여 교통비, 식비 실비지원
	거창군	1. 영농정착금 지원: 가구당 500만원 2. 귀농인 빈집수리비 지원: 가구당 300만원 3. 농촌체험농장운영: 3,000만원(3개소) 4. 귀농귀촌상담센터 운영 5. 귀농인 모임체 활동비용지원: 단체당 130만원 6. 귀농귀촌인 포장재 지원: (귀농인이 생산한 농산물): 1000만원 7. 귀농투어지원: 투어참가 경비중 숙식비, 버스임차료
	합천군	1. 영농정착 지원: 가구당 700만원 2. 주택수리비 지원: 가구당 500만원 3. 자녀 학자금 지원: —중·고등학생: 분기 10만원, 대학생: 분기 50만원 4. 귀농귀촌인 멘토링지원: 전직 지도직 공무원 (8회/월 3개월) 5. 귀농귀촌인 설계비(토목, 건축) 감면 지원: 기준설계비의 50%

제주도		
구분		지원정책
제주	제주도	
	제주시	1. 농가주택수리비 지원: 가구당 400만원 2. 농업인자녀학자금 지원: 수업료 및 입학금 120만원/년 3. 농어가도우미 지원: 41,600/일 4. 경작지 암반제거지원: 가구당 300만원(200㎡)이하 5. 밭작물 소형농기계 지원: 가구당 300만원(1기종 1대) 6. 소규모 육묘장시설 지원: 가구당 1동 165㎡이하 지원단가 53천원/㎡ 7. 저온저장고 지원: 농가당 16.5㎡이하,12,500천원(보조60%) 8. 소규모 채소 화훼 비닐하우스시설 시설비 지원: 농가당 1동 1,650㎡'(36천원/㎡) 9. 귀농인 창업실습비 지원: 현장실습 귀농인 80만원/월(5개월) 10. 귀농인 사랑방지정 운영 지원: 관리운영비 일부 지원
	서귀포시	1. 농가주택수리비 지원: 가구당 400만원 2. 농업인자녀학자금 지원: 수업료 및 입학금 120만원/년 3. 농어가도우미 지원: 41,600/일 4. 경작지 암반제거지원: 가구당 300만원(200㎡)이하 5. 밭작물 소형농기계 지원: 가구당 300만원(1기종 1대) 6. 소규모 육묘장 시설 지원: 가구당 1동 165㎡이하 지원단가 53천원/㎡ 7. 저온저장고 지원: 농가당 16.5㎡이하,12,500천원(보조60%) 8. 소규모 채소 화훼 비닐하우스시설 시설비 지원: 농가당 1동 1,650㎡'(36천원/㎡) 9. 귀농귀촌 정착지원 맨토링단 운영, 선진지 벤치마킹, 맨토현지방문 등 10. 귀농귀촌인 Two-job 지원: 인건비 50% 보조(시급 7천원 이내) 11. 귀농귀촌인 지역사회재능기부 활동지원: 시급2만원 (1일 6만원 한도)

부록 5. 지자체별 유망품종

	① 경기도/인천
시·군	유망품종(특산물)
연천	율무, 병배/병포도, 오이, 팩오이, 밤호박, 쌀
포천	한과, 고려인삼, 막걸리, 버섯, 포도, 사과, 잣
동두천	시클라멘, 돈육, 느타리버섯, 버섯액기스, 상추, 호접란(팔레놉시스)
양주	배, 쌀, 부추, 버섯, 콩, 마늘, 화훼류, 딸기, 시설채소, 한우
파주	버섯, 장단콩, 벌꿀, 인삼, 쌀
의정부	배, 떡갈비, 알로에, 포도, 시설채소
가평	국수호박, 잣제품, 두릅, 고로쇠 수액, 쌀, 사과
고양	쌀, 토마토, 장미, 선인장, 느타리버섯, 화훼류
시흥	시설토마토, 국화, 장미, 시클라멘, 쉘프렐라, 연근, 미나리, 포도, 심비디움
의왕	쌀, 부추, 청정채소, 벌꿀, 버섯
성남	양란, 화훼류, 토마토, 오이, 호박, 배, 양봉
광주	토마토, 한우, 맛타리버섯, 쌀, 장미, 꽈리고추, 배
양평	막걸리, 산더덕, 잣, 쌀, 한우, 상추, 배
오산	애호박, 배, 쌀, 오이
화성	참다래, 쌀, 동충하초, 알타리무, 느타리버섯, 포도,
용인	쌀, 옥로주(술), 순대, 전통장류, 오이, 표고버섯, 양돈, 흑마늘
이천	산수유, 황기, 팽이버섯, 복숭아, 장류, 게걸무, 쌀, 딸기
여주	표고버섯, 배, 고구마, 참외, 땅콩, 쌀,
안성	쌀, 포도, 인삼, 배, 한우, 유기
남양주	계명주(술), 영지버섯, 먹골배, 장뇌삼
김포	문배술, 인삼, 배, 포도, 쌀,
안산	포도, 포도주(술), 쌀, 시설채소, 화훼(심비디움, 국화)
평택	배, 쌀, 오이, 애호박, 당근
과천	화훼류(난, 야자수류, 장미, 국화, 분재류 등)
인천	순무(강화), 포도(옹진), 더덕(옹진), 버섯(옹진), 고추(옹진)

② 강원도

시·군	유망품종(특산물)
고성	치커리, 느타리버섯, 피망, 흑돼지, 표고버섯, 배, 한우, 흑염소, 자연산송이
강릉	토종꿀, 초당두부, 곶감, 야콘, 쌈채, 산나물, 찰토마토, 찰옥수수
동해	버섯, 포도, 홍화씨, 벌꿀, 한우, 시설채소
삼척	장뇌, 벌꿀, 왕마늘, 삼베, 자주감자, 쌀, 포도, 가시오가피, 산양유
양구	쌀, 콩, 팥, 제분, 가공식품, 오이, 토마토, 더덕, 곰취, 딸기, 백합
양양	한우, 배, 국화, 백합, 송이버섯, 영지버섯, 장뇌, 표고버섯, 벼, 한과
인제	송이, 인진쑥, 치커리, 풋고추, 백합, 파프리카, 찰옥수수
영월	쑥, 고추가루, 고추장, 참기름, 더덕, 쌀, 사과, 그린채소, 잡곡, 꿀, 버섯, 묵, 한우, 메주, 칡술, 칡논말, 참나무백탄, 전통장류
원주	누에가루, 쌀, 버섯, 고추장, 밤고구마, 배, 복숭아, 오곡밥, 큰송이버섯, 엿
정선	황기, 쥐눈이콩장류, 전통토종메주, 생열귀, 냉동찰옥수수, 석공예품, 토종꿀, 장뇌, 감자
철원	쌀, 현무암 공예품, 동동주(술), 축산, 오이, 고추, 토마토, 포도
춘천	잣, 상황버섯, 아가리쿠스버섯, 동충하초, 복숭아
태백	감자식초, 인진쑥, 느타리버섯, 김치, 산나물, 약초, 고랭지배추, 쌈채
평창	감자술, 고랭지김치, 느타리버섯, 감자, 잡곡, 맥향, 루티나, 메주, 장, 부침가루, 국수, 산더덕, 산머루, 화훼, 옥수수엿, 찰옥수수, 찰토마토, 고랭지양파, 고추, 한우, 고랭지약초, 허브, 가시오가피, 송이, 된장, 고추장, 차콜과립
화천	잣, 밤, 버섯, 약초, 상추, 쌀, 고랭지파프리카, 애호박, 축산, 화훼류
홍천	백삼, 인삼, 장뇌삼, 옥선주(술), 산양유, 장류, 찰옥수수, 오미자, 산나물
횡성	한우, 더덕, 쌀, 포도, 복수박, 참기름, 들기름, 건고추, 감자, 죽, 선식, 전통장류, 생식, 토마토, 양송이, 하향주(술), 꿀, 더덕란, 오이

③ 충청북도

시·군	유망품종(특산물)
괴산	고추, 인삼, 고냉지배추, 꺽정이, 송이버섯, 찰옥수수, 사과, 곶감, 씨감자
단양	마늘, 고추, 사과, 수박, 약대추, 약초, 느타리버섯, 영지버섯, 산채취나물, 토종꿀, 오곡밥, 감자, 신선주(술), 도자기, 자석벼루, 공예, 약초롱
보은	쌀, 밤고구마, 곶감, 방울토마토, 느타리버섯, 고추, 벌꿀, 한우, 영지버섯, 더덕
옥천	포도, 묘목, 복숭아, 느타리버섯, 영지버섯, 부추, 마, 인삼, 포도원액
영동	감, 곶감, 표고버섯, 호두, 밤, 마늘 포도, 배, 사과, 멜론, 수박, 벌꿀, 복숭아, 인삼, 감식초, 포도주, 채소, 고로쇠수액
음성	고추, 사과, 된장, 배, 복숭아, 수박, 쌀, 참외, 포도
증평	쌀, 인삼, 한과, 한차, 홍삼, 청국장분말
제천	황기, 당귀, 약초, 상황버섯, 사과, 복숭아, 얼음딸기, 곡류, 건고추, 생강
청주	고구마, 감자, 쌀, 대파, 쪽파, 부추, 엽채류, 상황버섯, 방울토마토, 딸기, 청정오이, 화훼, 포드, 배, 복숭아, 사과, 느타리버섯, 표고버섯
청원	배, 딸기, 방울토마토, 치커리, 땅콩, 영지버섯, 옻나무
충주	사과, 밤, 복숭아, 채소, 축산, 송이버섯, 쌀, 맥반석
진천	쌀, 장미, 관상어, 거봉포도, 사과, 배, 꿀수박, 고추, 오이, 호박, 사슴, 느타리버섯, 작두콩, 천마, 두릅, 황토우렁이

시·군	④ 충청남도 유망품종(특산물)
공주	쌀, 배, 사과, 딸기, 포도, 오이, 수박, 방울토마토, 풋고추, 청경채류, 밤, 표고버섯, 느타리버섯, 화훼, 메주, 백일주(술), 누에가루
금산	인삼, 깻잎, 약초, 배, 포도, 땅두릅, 장뇌삼, 계란, 느타리버섯, 오이
계룡	물엿, 팽이버섯, 쌈채, 피망, 된장, 청국장
논산	딸기, 특미(쌀), 찹쌀보리, 대추, 고구마, 사과
당진	꽈리풋고추, 느타리버섯, 쪽파, 오이, 방울토마토, 화훼, 사과, 배, 포도, 딸기, 달래, 감자, 표고버섯
보령	쌀, 포도, 토마토, 양송이버섯, 표고버섯, 땅두릅, 딸기, 김치, 사과, 배, 산채류, 서양란, 전통장류, 버섯, 한우, 은행, 토종닭, 동충하초.
부여	팽이버섯, 콩나물, 미니장미, 무, 배추, 양송이, 아가리쿠스버섯, 가지, 딸기, 한우, 흑염소, 돼지, 닭, 알, 수박, 가공식품, 표고버섯, 밤, 땅두릅, 취나물
서산	친환경사과, 배, 쌀, 고구마호박죽, 장류, 토마토, 육쪽마늘, 잡곡, 한우
서천	모시, 소곡주(술), 도토리묵, 쌀, 죽염장류, 단감, 아가리쿠스버섯.
아산	쌀, 수박, 토마토, 배추, 고추, 파, 오이, 한(육)우, 젖소, 사슴
연기	복숭아, 배, 포도, 오이, 버섯, 감자, 수박
예산	사과, 쌀, 사과잼, 한과, 꽈리고추, 팽이버섯, 쪽파, 토마토, 오이, 수박, 더덕, 느타리버섯, 애호박
천안	거봉포도, 들깨, 선인장, 멜론, 율무, 개구리참외, 쌀, 신고배, 오이, 참깨, 느타리버섯, 한우, 달걀, 돼지, 표고버섯, 두릅, 영지버섯, 표고버섯, 밤, 호두
청양	구기자, 고추, 방울토마토, 멜론, 표고버섯, 느타리버섯, 밤, 취나물, 사과, 난, 오이, 배
태안	육쪽마늘, 고추, 느타리버섯, 생강, 쌀, 검정콩, 화훼(백합, 장미, 국화)
홍성	방울토마토, 사슴, 토속된장, 간장, 한우, 돼지고기, 버섯, 더덕, 청정계란, 사과, 배, 오이, 꽈리고추, 쪽파, 딸기, 난, 쌀, 복수박,

⑤ 전라북도

시·군	유망품종(특산물)
군산	고추장, 된장, 장아찌, 찹쌀, 보리쌀, 단감, 배, 밤호박, 가지
김제	백합, 감식초, 팽이버섯, 화훼, 파프리카, 배, 포도, 감자, 딸기
고창	복분자주, 수박, 작설차, 무, 땅콩, 배, 황토쌀, 고추, 참기름,
남원	쌀, 배, 딸기, 사과, 포도, 복숭아, 버섯, 감자, 방울토마토, 파프리카, 화훼, 상추, 잣, 한약재, 오미자즙, 솔잎즙, 한과, 된장, 간장, 감식초, 약술, 꿀, 고로쇠약수, 한우, 돼지, 계란.
무주	포도, 사과, 고추, 느타리버섯, 마늘, 배, 복숭아, 토마토, 복수박, 무, 배추, 한약재, 호두, 오미자, 찰옥수수, 표고버섯, 한과, 쌀, 벌꿀, 미숫가루,
부안	쌀, 된장, 누에, 버섯, 감자, 녹용, 수박, 새송이버섯, 복분자술
순창	고추장, 한과, 오이, 매실, 느타리버섯, 감식초, 배, 동외정과, 꿀, 단호박, 고추, 상추, 딸기, 밤, 우렁눈쌀, 복분자술, 포도,
익산	쌀, 배, 토마토, 고구마, 사과, 참외, 멜론, 마, 양파
완주	감, 대추, 포도, 배, 딸기, 수박, 생강, 표고버섯,
임실	쌀, 우리밀, 고추, 포도, 배, 복숭아, 오이, 토마토, 한지류, 땅두릅, 느타리버섯, 장미, 생약, 양란, 표고버섯, 삼베, 동충하초, 밤, 한우, 돼지,
장수	사과, 배, 태양초고추, 인삼, 오미자, 가시오가피, 고사리, 표고버섯, 느타리버섯, 취나물, 참나물, 화훼, 고로쇠약수, 한우, 돼지, 꿀, 고추장,
정읍	쌀, 사과, 배, 수박, 감참외, 포도, 백합, 느타리버섯, 곶감, 잡곡, 파프리카, 방울토마토, 아가리쿠스, 한우.
진안	마늘, 고추, 더덕, 토종흑염소, 돼지, 팽이버섯, 새송이버섯, 씨없는 곶감, 배, 표고버섯,

⑥ 전라남도

시·군	유망품종(특산물)
강진	쌀, 찰옥수수, 딸기, 오이, 방울토마토, 파프리카, 배, 단감, 유자, 느타리버섯, 표고버섯, 영지버섯, 아가리쿠스, 팽이버섯, 장미, 국화, 맥우,
구례	고로쇠약수, 작설차, 토종꿀, 오이, 단감, 우리밀, 나물, 장류, 배, 방울토마토, 송이버섯, 산수유, 밤, 죽염, 현미쌀눈, 한과, 칡즙
곡성	사과, 배, 대추, 파시(감), 한과, 딸기, 멜론, 카네이션, 느타리버섯, 표고버섯
고흥	토마토, 방울토마토, 느타리버섯, 오이, 마늘, 배, 단감, 참다래, 쌀, 유자
광양	고로쇠, 밤, 매실, 작설차, 된장, 오이 고추, 토마토, 쌈채, 가지
나주	쌀, 배, 멜론, 방울토마토, 단감, 포도, 고추, 피망, 오이, 애호박, 참외, 딸기, 밤고구마, 황토무, 돌미나리, 취나물, 느타리버섯, 팽이버섯, 잡곡, 서양란
담양	쌀, 죽엽청주(술), 동충하초, 죽제품, 염장죽순, 딸기, 방울토마토, 멜론, 단감, 비가림포도, 한과, 쌀엿, 추성주(술), 대잎술, 전통장류, 수세미,
무안	황토양파, 황토마늘, 밤고구마, 단감, 포도, 무, 화훼류, 배
보성	녹차, 고막, 쪽파, 어성초, 방울토마토, 배, 딸기, 참다래, 오이, 느타리버섯, 표고버섯, 수정미(쌀), 녹우, 녹돈, 풋고추, 녹차막걸리, 녹차, 삼베
순천	쌀, 단감, 배, 복숭아, 매실, 오이, 고추, 고들빼기, 미나리, 가지, 딸기, 느타리버섯, 한봉,
신안	쌀, 시금치, 배, 유자, 포도, 참다래, 백합, 돼지, 한우, 화훼
여수	갓김치, 쌀식초, 초란, 단감, 유자, 오이, 화훼, 방울토마토, 쑥,
영암	쌀, 고구마, 무, 수박, 무화과, 풋고추, 오이, 애호박, 토마토, 파프리카, 배, 단감, 대봉, 한우, 돼지, 흑염소
영광	쌀, 고추, 보리, 홍화씨, 백합, 화훼, 포도, 딸기, 파프리카, 토마토,
완도	삼지구엽주, 유자, 배, 방울토마토, 사슴, 흑염소,
진도	구기자, 홍주, 검정약쌀, 약찹쌀, 멸치, 대파, 월동배추, 유자, 고추,
장흥	배, 단감, 유자, 참다래, 매실, 딸기, 오이, 파프리카, 방울토마토, 쌀, 국화,
장성	단감, 사과, 포도, 배, 메론, 복숭아, 방울토마토, 딸기, 오이, 수박, 참외, 국화, 화훼, 버섯
화순	복숭아, 방울토마토, 배, 느타리버섯, 단감, 꿀참외, 누에, 포도, 더덕, 파프리카, 표고버섯, 꿀, 고로쇠약수, 인진쑥즙, 불미나리즙, 동충하초, 가시오가피,
함평	쌀, 잡곡, 메주, 한우, 돼지, 오리, 사슴, 버섯닭, 배추, 고추, 마늘, 양파, 방울토마토, 오이, 느타리버섯, 신선초, 알로에, 새송이버섯, 팽이버섯, 배, 단감, 사과, 딸기, 멜론, 포도,
해남	참다래, 배추, 벌꿀, 버섯, 장미, 단감, 백합, 파프리카, 녹차,

⑦ 경상북도

시·군	유망품종(특산물)
고령	옥미(쌀), 수박, 딸기, 감자, 상황버섯, 참외, 멜론, 장미, 향부자(특용)
구미	약주(술), 죽향, 포도, 인삼, 표고버섯, 양송이, 사과, 고구마
군위	사과, 흑진주포도, 황금배, 청정오이, 장미, 마늘.
경산	대추, 포도, 복숭아, 참외, 자두, 깻잎, 묘목, 축산, 배, 국화
경주	명주(술), 찰토마토, 더덕, 한우, 파프리카, 양송이, 고사리, 체리, 부추, 쌀
김천	자두, 양파, 감자, 참외, 방울토마토, 배, 팽이버섯, 돼지, 과하주(술).
문경	오미자, 환, 호산춘, 포도, 칡즙, 청려장, 청국장, 짚공예품, 전통한지, 오이지, 돼지, 배, 고추, 분재, 버섯류, 한우, 한과, 사과, 곶감, 된장, 꿀, 곡류, 감식초
봉화	사과, 대추, 고추, 복수박, 딸기, 쌀, 한약, 화훼, 한과, 선주(술), 엿술, 산머루주(술), 디딜방아고추가루, 벌꿀, 장류
상주	곶감, 쌀, 꿀배, 포도, 사과, 오이, 청정채소, 팽이버섯, 오이인삼, 약용버섯, 더덕, 홍화씨, 벌꿀, 한우, 누에가루, 환, 동충하초, 오이한울과일즙, 우리밀가루, 밀국수, 단무지, 감식초, 정통명주(술), 오미자
성주	참외, 수박, 사과, 배, 참외초롱, 벌꿀, 고추장, 식초, 홍화환, 호박즙, 흑염소.
안동	한우, 사과, 참외, 쌀, 소주, 고추, 한지, 딸기, 포도, 단호박, 영지버섯, 산약, 장뇌삼 전통장류, 상황버섯, 느타리버섯.
영주	인삼, 사과, 한우, 마. 하수오, 오정주(술), 포도, 한과, 전통메주
영천	사과, 복숭아, 배, 토마토, 오이, 화훼, 한우, 토종돼지, 포도식초, 뽕잎차, 누에, 마늘식초, 포도즙, 전통찹쌀유과
영양	고추, 더덕, 사과, 참배, 복숭아, 포도, 무, 배추, 버섯, 일천궁, 잡곡, 담배, 한우, 산나물, 산머루, 천마, 송이, 고로쇠수액, 자연산 상황버섯, 분재, 야생화 분경, 메주, 된장, 간장, 민속주(술).
청도	복숭아, 반시(감), 미나리, 토종고추, 버섯, 딸기, 대추
예천	건조누에분말, 고구마, 고추, 꿀, 참외, 누에동충하초, 느타리버섯, 땅콩, 마늘, 쌀, 배, 사과, 상황버섯, 양난, 영지버섯, 잡곡, 쪽파, 참기름, 참우, 토마토, 표고버섯, 메주, 호도, 백반쌀.
울릉	호박엿, 산나물, 약소, 호박, 산채류(참고비, 산마늘, 섬더덕, 부지갱이)
울진	송이, 게르마늄쌀, 취나물, 복수박, 잡곡, 삼베.
청송	꿀사과, 세척고추, 청결고추가루, 약대추, 꿀배, 포도, 수경채소, 오이, 곰취나물, 한우, 벌꿀, 토종꿀, 상황버섯, 느타리버섯, 표고버섯, 허브, 야생화
포항	부추, 약전참기름, 영지차, 케일과립, 표고버섯.
영덕	복숭아, 송이버섯, 벌꿀, 동충하초, 토마토, 포도즙

⑧ 경상남도

시·군	유망품종(특산물)
거제	쌀, 오이, 피망, 토마토, 방울토마토, 멜론, 오렌지, 단감, 배, 포도, 파인애플, 복분자, 느타리버섯, 표고버섯, 팽이버섯, 상황버섯, 새송이버섯, 두릅, 양파, 마늘, 고로쇠수액, 맹종죽순, 대나무수액, 알로에, 오가피,
거창	포도, 수박, 버섯, 생밤, 호박, 딸기, 양파, 사과, 쌀, 화훼, 돼지, 한우,
김해	단감, 장미, 국화, 카네이션, 거베라, 서양란, 금어초, 가지, 참외, 토마토, 포도
고성	콩나물, 팽이버섯, 산머루주(술), 산우리흑돼지, 팽이버섯, 오대미(쌀),
남해	마늘, 알로에, 유자, 치자, 비자, 고사리 청정쌀 박나물 .땅두릅 참다래 남해재래 시금치
마산	쌀, 국화주, 국화, 파프리카, 호접란, 버섯, 참다래, 토마토, 단감, 장미,
밀양	쌀, 들깻잎, 풋고추, 홍고추, 딸기, 사과, 대추, 단감, 포도, 미나리, 돼지, 새송이버섯, 표고버섯, 밤, 국화, 난,
사천	단감, 배, 토마토, 포도, 참다래, 황차, 딸기, 느타리버섯, 파프리카, 매실
산청	상황버섯, 꿀, 녹차, 홍차, 고구마, 사과, 배, 단감, 곶감, 밤, 양파, 취나물
양산	박, 죽차, 돼지, 버섯, 청정콩나물, 청정채소, 매실,
의령	참외, 미나리, 취나물, 팽이버섯, 새송이버섯, 느타리버섯, 양파, 단옥수수, 게르마늄쌀, 수박, 오이, 방울토마토, 호박, 가지, 딸기, 파프리카, 밤호박, 양상추, 단감, 밤, 흑염소, 토종꿀, 아카시아꿀, 칡한우, 재래닭, 슈퍼활력란,
진주	오이, 딸기, 피망, 호박, 파프리카, 꽈리고추, 가지, 멜론, 수박, 토마토, 진주고추, 단감, 배, 밤, 매실, 귤, 상황버섯, 새송이버섯, 마, 우엉, 호접란, 숯, 도라지,
창녕	송이버섯, 양파, 마늘, 미나리, 단감, 복숭아, 배, 오이, 축산, 송이버섯
창원	단감, 참다래, 포도, 수박, 풋고추, 참외, 멜론, 화훼(국화, 안개꽃)
통영	땅두릅, 풍란, 유자, 감, 마늘, 토마토, 고구마, 참다래, 장미
하동	녹차, 배, 단감, 양상추, 수박, 토마토, 참다래, 파프리카, 느타리버섯, 매실
함안	곶감, 수박, 파프리카, 연근, 포도, 쌀, 한우, 멜론, 감식초, 돼지
함양	쌀, 양파, 사과, 배, 밤, 단감, 곶감, 파프리카, 딸기, 꿀, 표고버섯, 축산
합천	배, 사과, 단감, 수박, 참외, 딸기, 방울토마토, 고추, 호박, 오이, 가지, 밤호박, 마늘, 양파, 감자, 고구마, 버섯류, 한우, 토종돼지, 쌀, 화훼,

시·군	⑨ 제주특별자치도
	유망품종(특산물)
서귀포시	감귤, 한라봉, 청견, 망고, 차, 버섯, 더덕.
제주시	감귤, 돼지, 표고버섯, 꿀, 파인애플, 토마토, 참다래, 유자차, 금귤차 오미자차.
동부	한라봉, 감귤, 포도, 참다래, 파인애플
서부	꿩엿, 벌꿀, 꿀차, 두부, 선인장차, 돼지, 오미자차, 술.

부록 6. 2015년 귀농귀촌교육 개요(농림부/농정원)

- 온라인교육: 농업인력포털(www.agriedu.net/)에 회원가입 후 로그인 하여 화면 상단에 온라인교육[귀농·귀촌교육]을 클릭하면 교육을 시청할 수 있다. 귀농·귀촌에 필요한 품목기술부터 기초 마인드 교육까지 다양한 교육과정을 수강 할 수 있다.
- 오프라인 교육: 공모를 통해 선정된 전문화된 귀농귀촌 교육과정이 운영 중이다. 교육분야는 교육방법 및 형태에 따라 귀농(기초, 중급, 심화)와 귀촌생활로 구분된다.

① **귀농기초:** 귀농 초보단계의 도시민을 대상으로 단기 교육과정 운영을 통해 농업·농촌 현장을 체험·탐색해 볼 수 있는 기회를 제공하고 있습니다. 1박2일, 2박3일 등 다양한 과정을 선택하실 수 있으며, 과정별로 자부담을 납부하여야 한다.

② **귀농중급:** 귀농을 결심하고 품목 및 지역정보를 수집중인 귀농희망자를 대상으로 품목별 정보제공 및 지자체별 지원정책 안내, 농지/주거정보를 제공하고 있으며, 과정별로 자부담을 납부하여야 한다.

③ **귀농심화:** 품목 및 지역을 결정하고 귀농실행 전 단계의 귀농희망자를 대상으로 선택품목에 대한 심화교육, 창업계획 수립(실습) 등 2개월 장기합숙 형태이며, 품목별 농업기술, 경영, 마케팅 등 실전에 필요한 체계적인 교육을 진행하고 있다.(과정별로 직접교육비의 20%의 자부담)

④ **귀촌생활:** 농업생산 이외에 농촌일자리 및 귀촌생활에 관심있는 귀촌희망자를 대상으로 농촌 정착에 필요한 생활 기술, 마인드 교육 등 농촌체험 및 경험(습득), 생활문화 및 기술 관련 교육이다. 단기 교육으로 다양한 체험을 통해 농촌을 탐색해 볼 수 있는 과정이며 과정별로 자부담을 납부하여야 한다.

※ 교육내용 및 신청 방법, 교육일정 등은 해당 교육운영기관에 직접 문의/신청
※ 기타 문의사항: 농림수산식품교육문화정보원 창업인력양성팀(031-460-8975/8976)

- 오프라인 교육운영기관/과정정보는 농업인력포털(http://agriedu.net/)에서 종합안내
- 귀농귀촌종합센터(http://www.returnfarm.com)에서도 교육 관련 정보를 얻을 수 있음

2015년 귀농귀촌 온·오프라인 교육과정 안내

■ 총 37개기관 42개과정 (귀농기초 10개과정 / 귀농중급 16개 / 귀농심화 4개/ 귀촌생활 12개 과정)

— 교육과정별 자부담 및 교육세부일정은 해당 교육기관에 문의

분야	기관명	과정명	주요 교육내용	기수	인원 (기수별)	시간 (H)	교육장소	교육형태	연락처
귀농 기초	경남생태 귀농학교	경남생태 귀농학교	*농촌의 이해/귀농생활, 귀농계획, 귀농마인드, 자녀교육, 현장체험 및 견학, 주거관리/에너지관리, 지역민과의 융화, 여성귀농, 태평농법, 땅심살리기, 농사기술, 특작, 유기농법, 귀농문화, 귀농정책 안내 등	2	25	70	경남 창원 (성산사회종합복지관), 경남남해군, 의령군등	평일주간 (8차), 주말합숙 (1차)	055-275-0044
귀농 기초	농업회사법인 원주생명농업	원주생명농업 귀농귀촌학교 (통합)	*귀농철학, 농업농촌, 기후변화, 지역민융화, 귀농지원정책, 친환경고랭지농사사례, 귀농로드맵만들기, 지역순환농업, 친환경벼농사, 무항생제유정란생산사례, 친환경옥수수농사, 친환경감자농사 등	1	30	33	강원 원주 (샘바래기 체험관) 등	평일야간(3차), 주말합숙 (2차)	033-731-1896
귀농 기초	부산 귀농학교	실전귀농 탐색 (2030 대상)	*생태귀농철학, 실전귀농입문, 지역농가탐방, 지역별귀농정보, 생태순환농사개요, 귀농계획수립, 채소농사탐색, 유실수개요, 유실수농사탐색, 6차산업탐색, 귀농창업탐색, 곤충농사탐색, 논농사개요 및 실습, 블루베리농사탐색, 약용작물탐색, 유실수농사탐색, 귀농농가탐색 등	1	20	65	부산 (부산귀농학교), 선도농가 등	평일야간(6차), 주말당일 (5차), 주말합숙 (1차)	051-462-7333
귀농 기초	서울 특별시 새마을회	인생 2모작 '농촌 부자들 이야기' 교육과정	*귀농귀촌마인드(새로운출발),귀농귀촌계획,귀농실행계획과실천공유,더불어사는농촌공동체생활, 귀농귀촌정부정책소개,귀농귀촌성공사례분석,지역설정과품목의 이해,고성리농촌실습과작목이해, 효소/발효만들기,6차산업과귀농마케팅, 귀농기초설계,귀농인과꾸러미유통,귀농인주택풀이,농업과축산업전망과비전,주민화합을위한레크레이션 등	2	30	50	서울 동대문구 (새마을회 교육장), 충남공주시 (풀꽃이랑 교육장), 충남부여 (도농문화 교류교육관)	평일야간 (6차), 주말합숙 (2차)	02-2216-1881 (내선1)
귀농 기초	전국귀농운동본부	서울생태 귀농학교	*귀농철학, 귀농길라잡이, GMO, 에너지위기, 정부지원정책소개, 지역주민과 융화, 귀농자와의 만남, 농가살림, 귀농사례, 생태건축, 시골집고치기, 귀농과 건강, 마을기업 및 공동체 등	2	35	68	서울 동대문구 (한살림 교육장), 각 지역농가동	평일야간 (15차), 주말합숙 (2차)	031-408-4080

귀농 기초	전략인재 개발원	도시민의 성공적인 뉴라이프 귀농 창업과정	*귀농귀촌이해, 귀농마인드확립, 귀농뉴라이프설계, 6차산업이해, 지역민과의소통, 창업계획서작성, 귀농선배와의만남, 정부 및 지자체 귀농지원정책, 농업자금정책, 귀농주택마련전략, 농업소득과 작목선택요령, 선진농가견학, 농산물 가공상품화, 농산물유통전략 등	3	30	55	대구 남구 (전략인재 개발원), 경북 영천 (용수농원), 경북 청송 (오마케팅) 등	평일야간 (14차)	053-653-0100
귀농 기초	지역농업 네트워크 협동조합	도시농부 귀농귀촌 학교	*귀농귀촌에 대한 기본이해(귀농귀촌현황과 지원체계, 주요이슈, 귀농귀촌인이 알아야 할 농업/농촌의가치 농촌공동체)등, 농업경영이해(농업경영요소 이해, 농업경영 시뮬레이션 실습 등), 농가경영의 새로운 모색(농사업의 개념 변화와 6차산업화, 소비와 연계한 영농전략, 체험사업 기획실습 등), 영농실습 및 현장탐방(텃밭일구기, 팜파티 실습, 귀농귀촌 현장탐방) 등	1	30	111	서울 (서울대공원), 경기 여주, 전북 진안 등	주말당일 (12차) 주말합숙 (1차)	02-3474-9734
귀농 기초	한국 농수산 대학 산학 협력단	귀농희망자를 위한 기초상식 교육	*농촌의이해및귀농개념마인드교육,도시민농촌유치지원사업우수지자체초청귀농정책청취,지역민과융화및갈등 관리교육,선도귀농인들의성공및실패사례분석,예비귀농계획서작성 등	3	30	90	경기 화성 (한국농수산 대학) 경기지역선도 농가실습장	평일 당일 (6차)	031-229-5047
귀농 기초	한국식품 정보원	농산물의 가공화를 통한 성공적인 귀농 설계	*귀농마인드집기,농업/농기계기초이론,정부지원정책이해,농촌주택마련정책,살고싶은집가꾸기,귀농성공/실패사례,지역민융화,귀농성공전략,현장견학 등	3	20	57	서울 영등포(한 국식품 정보원) 대전(한국 식품 정보원)	평일주간 (7차) 주말합숙 (1차)	02-2671-2690 (내선 201)
귀농 기초	MBC 아카데미	도시민을 위한 현장 체험형 귀농교육 (기초)	*농촌(귀농)알기, 귀농마인드 확립(농업농촌 현실과 귀농귀촌이해), 지역민과의 융화/갈등 관리, 귀농귀촌 선배 우수/실패사례(베이비채소의 새로운 시장 개척, 농촌에서 이유식을 만드는 사회적 경제, 인생 터닝포인트, 지자체 지원정책 소개 등	3	30	65	서울 송파 (MBC 아카데미), 경남 하동 등	평일야간 (12차) 주말당일 (1차) 주말합숙 (1차)	02-2240-3855
귀농 중급	농협 경주환경 농업 교육원	도시민 귀농중급 Eco-arm 과정	*지역민융화갈등관리,농업/농촌이해,친환경농업이해,농촌관광이해,상호학습,실습노트,영농계획서작성,귀농귀촌정책,과채류의파종및육묘,과채류파종및육묘과정견학,귀농사례,토양관리,정지및정식,정지와유인,자연자재를이용한병충해관리,착과의조절,과채류의병충해방제,천적방제,작물생리,성공귀농인농장견학,농기계조작및정비,농촌관광체험,과채류의수확후생리와저장,토양미생물,리모델링및농가수리,전원생활체험교육,경북농업정책 등	1	30	119	경북 경주 (농협경주농업 교육원), 인근지역 선도농가 등	1박2일 합숙 (7차)	054-751-4100

구분	기관	과정명	주요 교육내용	기수	인원	시간	장소	일정	연락처
귀농중급	마을디자인	귀농농장디자인(내농장마스터플랜수립)	*농업농촌에대한이해,지역주민과 융화및갈등관리,농장디자인기초이론,농장디자인실무이론,농장디자인방법론,농장디자인실제및실습,장소디자인과장소마케팅이해,마을과농장자원조사,차별화된농장컨셉만들기,농장디자인발표및컨설팅,농촌체험프로그램,부동산법률세무,숲해설및숲자원이용하기,행복텃밭견학,대자연농장견학 등	4	24	38	서울(한국꽃차개발원),인천(호미아카데미),경기가평(북안권역센터),경기 양평(꿈꾸는 숲),선도농가 등	평일주간(2차),1박2일합숙(2차)	1544-5164 010-3342-0842
귀농중급	산촌협동조합	성공귀농교육과정(임/농산물 및 산약초 분야)	*귀농기초설계, 농촌이해, 정부지원정책소개, 지역주민과의 융화, 선도농가우수사례, 귀농분야 탐색, 표고버섯체험, 양송이버섯체험, 조경수 전망 및 실습, 지피식물실습, 농림인의 건강관리 등	1	30	42	경기 고양(샤론농원),경기양평(이든팜),경기파주(산머루농원) 등	주말당일(10차)	02-3427-5034
귀농중급	서정대학교 산학협력단	귀농으로 농업법인 CEO되는길	*농업이란 무엇인가?, 어떤귀농을 꿈꾸는가?, 농지의 정의와 농지정책, 친환경농업의 정의와 유기농업정책, 귀농성공을 위한 제언, 친환경 비료, 토양관리이론, 친환경시설 채소재배이론, 유기축산이란 무엇인가?, 산채재배기술의 노하우, 과실류 생산실습, 농업에 경영의 옷을 입히다. 채소류생산실습, 회계이론 및 세무지식, 유기농산물 유통전략 등	2	30	119	경기 양주(서정대학교/청솔유기농조합)	평일야간(10차),주말당일(10차)	031-860-5028
귀농중급	수암영농조합법인	귀농틈새교육	*농업농촌과틈새품목,전남귀농귀촌지원정책,틈새농장실습(흑염소,황금닭,토하,자라,미꾸라지,사슴,당나귀,지렁이,우렁,다슬기),귀농선배와의만남,귀농귀촌성공실패원인분석,흑염소산업의현재와미래예측,흑염소귀농성공과대안제시,민물고기귀농(내수어업의현재와미래예측),정부/지자체보조/융자지원사업등	1	20	55	광주(전남대학교 평생교육원),전남 강진(수암영농조합법인) 등	평일야간(8차),주말합숙(2차)	061-432-6240
귀농중급	여주농업경영전문학교	실습중심 과수기초교육	*농촌이해및기초소양,지구온난화와친환경농업,귀농정책,과수식물생리,농기계운전,노지채소재배,복숭아재배,화훼재배,포도재배,관상식물,배재배,과원시설,블루베리,시설채소,사과재배,조경수 관리,접붙이기및병해충방제,포도/배수확등	1	20	86	경기 여주(여주농업경영전문학교)	4박5일합숙(1차),평일주간(1차)	031-883-8272

구분	기관명	과정명	교육내용	차수	정원	인원	교육장소	교육기간	연락처
귀농 중급	전국농업 기술자 협회	귀농창업 종합과정	*도농교류활성화방안, 농업농촌의 이해, 인간관계형성을 통한 귀농마인드 정립, 귀농정부정책, 지역주민과의 융화, 농지관련 법령 및 제도, 귀농창업성공 및 실패사례, 귀농준비와 토지 및 주택마련, 좋은땅만들기, 특용수종재배기술 및 전망, 과수재배, 조경수 재배, 전통발효식품의 제조법, 채소류 가꾸기, 친환경병충해재배법, 유기농채소재배 체험 및 견학, 딸기재배, 과수재배, 친환경 벼재배 등	1	25	105	서울 강일동, 경북 안동, 경기 화성(향촌조경), 충남 공주(황금약초농장) 등	평일주간(11차) 1박2일 합숙(1차), 3박4일 합숙(1차)	02-794-7270
귀농 중급	전북귀농 귀촌학교 영농조합 법인	30평도제식 귀농교육과정	*농업농촌의 이해, 귀농마인드 확립, 갈등관리, 귀농사례, 지역정보탐색, 정읍시 귀농귀촌정책, 농업경영, 농지/주거정보(귀농기초컨설팅), 유기농인증, SNS활용방법, 농촌사업, 발효식품의 이해, 적정기술, 귀농정보탐색, 조경수, 약용식물, 축산창업 등	2	30	100	전북 정읍(전북귀농귀촌학교), 선도농가등	주말합숙(8차)	063-535-9261
귀농 중급	천안연암 대학	2015도 시민농업 창업과정	*귀농어떻게볼것인가?,귀농선배에게듣는다,과채류가공실습2,작물보호제및주요해충살충제사용,현장방문결과토론,도제식실습,역지사지Role-play,환경친화적잡초방제,성공적인농산업분야창업을위한map작성,친환경적인농업에대한이해,국내외6차산업사례소개,잡초의구분과방제실습,실습농장실습,과채류저장및가공이론/실습,나의농경지토양바로알기,농업창업자금,농업인의세무상식,농지은행의활용,참외재배기술,고창군지원정책및농지/주거안내,시설작목의종류,재배시기및시공계획,농경지에발생하는잡초방제법,농산물전자상거래등	2	30	334	충남 천안(천안연암대학), 인근 선도농가 실습장 등	4박5일 합숙(7차), 도제식합숙(2차)	041-580-5517
귀농 중급	친환경농업 영암교육원 (친환경스터디 영농조합 법인)	귀농을 위한 친환경 과원조성	*농업농촌의이해,과수산업의현황과발전방안,창업농의성공비결,과수품목종류와재배지선정,과수공통필수조건,과수원조성과관리,과수의유년성과개화생리,과수영양주기이론,과수수확후관리법,과원종합컨설팅,친환경농업기술의주요관점,친환경과원토양/물/비료관리,친환경농산물인증제도,친환경자재제조및활용,실습교육,현장견학등	3	20	60	전남 영암 (친환경농업영암교육관)	주말합숙(5차)	061-472-3115

구분	기관명	과정명	주요내용	차수	인원	시간	장소	일정	연락처
귀농 중급	한국농경문화원	발효식품 귀농 비지니스 모델과정	*귀농이해와성공,귀농성공사례,농식품6차산업화,귀농지원정보,강소농지원정보,농업인창업지원,소비자이해와마케팅,경영및원가계산,농업회계,유통분야성공모델,체험분야성공모델,SNS판매및블로그만들기,마을운영과갈등관리,창업컨설팅,귀농선배와의대화,식품안전및위생,전통장류,장아찌등가공공장설계,농작및박물관견학,창업계획서작성등	1	20	176	전북 진안(온생명평생교육원),대전(엑스포컨벤션센터) 등	2박3일 합숙(4차), 평일주간(12차)	02-771-1936
귀농 중급	한국농수산대학 산학협력단	귀농지역 품목선택과 소득증대 방안 교육	*과수, 축산, 원예, 약용작물 등 품목정보제공, 도시민농촌유치지원사업 우수지자체 초청 귀농정책 청취, 귀농현지에서 필요한 노무 및 부동산 법률 실무지식 습득, 선도 귀농인들의 성공 및 실패사례 분석을 위한 현장벤치마킹, 예비귀농계획서 작성 및 경영관리 계획실습 등	2	30	106	경기 화성(한국농수산대학)경기지역선도 농가실습장	평일당일(20차)	031-229-5045
귀농 중급	한국농식품업전문학교/다산인재개발원	귀농귀촌 나침반 과정	*귀농마인드,갈등관리,농업경영,재배이론,농업의6차산업화,농산물품질관리,농식품정책,채소및과수,축산,특용작물,시설재배및친환경농법,정부및지자체귀농지원제도,농지정보,농가정보등	4	30	100	서울 양재(한농전강의장),경기평택(햇살들농장)등	평일야간(16차),주말당일(9차)	02-597-5156
귀농 중급	화천현장귀농학교영농조합법인	화천현장귀농학교	*귀농귀촌정책소개,귀농철학,귀농귀촌의현실,생태텃간설계,농작물재배기초,농기계실습,지역의이해,농사실시,화천의역사와문화,농가살림살이,귀농과건강,토양의이해,전통농업의이해,귀농과토지,산림농업의이해,뽕나무,누에의활용,지역의이해,과수재배,농촌생활기술,농산물가공등	2	15	75	강원 화천(화천현장 귀농학교)	8박9일 합숙(1차)	033-442-6233
귀농 중급	MBC아카데미	도시민을 위한 현장 체험형 귀농교육(중급)	*귀농의 성공 롤 모델 성공한 귀농인의 모습, 영광군 귀농귀촌정책설명회,채소의 종류와 채소재배핵심기술,새싹채소 재배로 성공하기,유망과수 총론,미래지향적 유망과수 종류와 특징,식량작물의 종류와 재배, 우리콩 지키기,약용작물의 종류와 재배기술, 유기농 친환경 농자재 조제 및 사용 고추재배를 중심으로, 새로운 생태계 K파머스, 농촌 지역개발정책의 흐름과 귀농인의 역할, 농업의 미래와 귀농인이 나아갈길 등	2	30	82	서울 송파(MBC 아카데미), 전북 고창, 경북 영천 등	평일야간(14차),주말합숙(2차)	02-2240-3855

구분	기관	과정	내용	차수	정원	시간	장소	교육방식	연락처
귀농 심화	농업회사 법인 랜드팜	버섯재배 기술교육 과정	*귀농인을 위한 농지 및 주거정보 제공, 지자체별 지원정책 및 지역 안내, 버섯재배 환경관리, 한국의 버섯산업, 마케팅 사례발표, 버섯 재배입문, 버섯과 미생물1,2, 종균 관리, 배지제조 이론 및 실습, 버섯배양, 생육이론 및 실습, 버섯의 종류(목이, 흰목이버섯), 버섯배지 재료학, 버섯재배사 시설 및 기계 관리, 동충하초의 재배법, 약용버섯재배법 등	1	30	105	경기 화성 (랜드팜), 버섯선도 농가 등	주말합숙 (7차)	010-5304-6631
귀농 심화	서해영농 조합법인	귀농인 친 환경 복합 영농 창업 과정	*귀농마인드,귀농전략, 업경영,브 랜드,귀농정보,사료/녹비,마케팅, 귀농사례,특용작물,곤충,박물관견 학,정부정책(농지원부),농지법,체류 형현장실습,정부정책, 농업경영체, 유기농기초및텃밭가꾸기실습 등	2	25	383	경기 평택 (햇살들 교육 원) 등	4박5일 합숙 (6차), 도제식합 숙(2차)	031-683-7433
귀농 심화	여주농업 경영 전문학교	도시민 과수창업 교육	*귀농귀촌이해,사과,배,포도,복숭 아재배,특용과수재배(매실,자두, 블루베리),과수원개원및설비,과수 창업설계,조경수관리기술,시설(노 지)채소,원예번식,화훼재배,전자상 거래,농기계운전및정비,농업관련 분야별전문가특강및견학등	1	20	467	경기 여주 (여주농업경영 전문학교)	4박5일 합숙 (11차), 3박4일합 숙(1차), 1박2일 (3차)	031-883-8272
귀농 심화	한국 지도자 아카데미	귀농촌·업 약용주·물 교육	*농업인의철학, 귀농귀촌종합지원 정책, 6차산업,농촌사회이해와주 민갈등관리,농업인의사명,농지및 농업관련법규,농업경영계획실습, 농촌보물찾기와숨은가치마을공 동체사업,마케팅과브랜드/고객관 리,선진농업현장실습,농업도전문 경영인시대, 기능성한방소재개발 한방발효약주, 전통식품과발효, 우 수약재생산을위한GMP,산지활용 을통한산약초배기기술,특용작물 재배기술,황기/당귀/천궁/작약/강 활등재배실습,양봉산업,농촌체험 마을,하수오/백수오재배기술,채소 작물재배기술,오미자/구기자재배 기술등	2	25	340	경기 시흥 (한국지도자 아카데미), 전국 도제식 농가 등	4박5일 합숙 (8차)	031-405-6001
귀촌 생활	가자유성 농장으로	체험농장 창업	*내가꿈꾸는귀농은?,귀농귀촌바 로알기,농촌에서살아가기,귀농선 배이야기,농촌프로그램현황,지역 주민과의융화/갈등관리,부여군귀 농정보,서천군귀농정보등	1	20	50	대전 유성 (가자유성농장 으로)	평일주 간(6차)	042-863-8822

귀촌생활	고려아카데미컨설팅	도시민을 위한 귀촌아카데미	*농업농촌의이해,귀농 귀촌성공및 실패사례,농촌내직업의종류와특성(농업관련, 마을관련, 일반직업등), 농촌주민의특성및교류협력방안(커뮤니케이션,셀프리더십),귀농귀촌종합지원센터, 단계별준비및 실천사항,부동산(토지/주택)구입/임대법률 및절차,농업회계의특성 및재무설계기법,경영/마케팅선진화기법,6개유형별농촌직업탐방및 현장실습,사업계획서및정착계획서작성실습등	1	30	100	서울 금천(고려아카데미컨설팅), 충남 홍성(문당마을), 강원 강릉(한울타리마을) 등	주말당일(12차)	02-2106-8800(내선305)
귀촌생활	농촌으로 가는길	귀촌교육	*귀촌철학, 더불어 사는 마을, 귀촌선배와의 정보교류, 귀촌선배와 간담회, 지역주민과 융화, 땅사는 법, 소품만들기, 약초배우기, 체험마을 탐방, 농촌지역 건축 인허가, 오미자 재배견학 및 효소 담그기, 블루베리 재배 견학 및 가공, 야생화와 정원 가꾸기, 농촌에서 건강생활 내손으로 하는 농촌 살림, 귀촌계획 수립	3	30	40	전북 진안(진안만들기지원센터)	4박5일 합숙(1차)	063-432-0604
귀촌생활	대경직업능력개발원	도시민 힐링 귀촌아카데미	*귀촌을위해나의마음가짐,농촌직업탐색,귀농 귀촌지원정책,귀농이야기,은퇴와귀촌설계,농지구입및활용,농가주택리모델링,밭농사와유기농텃밭,현장체험1박2일,밭농사와유기농텃밭, 농업농촌의현재와미래,지역민갈등해소,토양관리,귀촌아카데미한마당,아름다운정원만들기등	2	30	54	대구 동구(대경직업능력개발원), 대구동구(대경실습장), 경북 영천(보현자연수련원) 등	평일야간(9차), 주말합숙(1차)	053-961-1133
귀촌생활	미래인재개발협회	내손으로 만드는 황토구들방	*귀농 귀촌이란?,농촌에서살아가기,생태건축의기초,집짓기실습,생태건축의기초,실전유로폼을활용한기초실습,지역민과의융화갈등관리,귀농 귀촌선배의성공노하우,집짓기공구실습,하방만들기및치목실습,통나무를이용한벽체조립,창과문설치실습,지붕견적과이론,서까래치목,지붕골조와지붕덮기,인테리어마감,귀농인의설비,전통구들의역사와이론,시근담과고래,구들장과황토마감등	5	15	77	강원 평창(통나무흙구들학교)	7박8일 합숙(1차)	033-334-6866

분류	기관	과정명	교육내용	기간	정원	수료	교육장소	일정	연락처
귀촌생활	사회적기업 민들레코하우징	농촌주택 단열/에너지/계획 기술 및 창업교육	*귀농귀촌인과 지역민의 융화합을 위한 갈등관리, 귀농성공실패사례 공유 및 농촌지역 다양한 일자리 소개, 귀농귀촌 알아가기, 나와 우리가족 주택 계획하기(대지선택, 주택설계, 모형제작 등), 농촌필수 생활기술(난방, 창호, 지하수관정, 전기인입 등), 공동체경제활동 계획하기, 농가주택 마련전략등	4	20	44	충북 영동 (백화마을) 등	2박3일 합숙(1차) 주말합숙 (1차)	02-525-0195
귀촌생활	송석문화재단/도봉숲속마을	귀촌생활교육프로그램 희망농부학교	*귀농귀촌지원정책, 전원생활의 준비, 친환경전원주택이해, 절기력으로 보는 일년농사, 친환경농업의 이해와 활용, 텃밭 채소 가꾸기, 농사의 기본 토양과 비료, 밭작물 재배기술, 실내원예 및 정원 가꾸기, 정원수로도 좋은 가정가꾸기, 벼농사의 기초 및 재배기술, 자원식물의 이해와 활용, 가을작물 기초 및 재배기술, 현장탐방, 지역주민과의 융화/갈등관리	1	40	50	서울 도봉 (도봉숲속마을 연수원), 경기 화성,김포 (선도농가 실습장)	주말합숙 (1차), 평일주간 (12차)	02-954-0203
귀촌생활	자연에서 행복 만들기 귀촌교육	자연에서 행복 만들기 귀촌교육	*귀농마인드확립,귀농귀촌부동산,귀농갈등관리,귀농사례,귀농귀촌정책,6차산업과농업경영,충남귀농귀촌정책,농업창업,마을사무장,친환경농업,흙건축,농촌생활목공,협동조합,사회적경제,적정기술등	2	30	104	충남 서천 (서천군귀농지원센터, 영농농가 등)	3박4일 합숙 (2차), 2박3일 합숙(1차)	041-951-2117
귀촌생활	전국농업기술자협회	귀촌창업종합과정	*농업농촌의이해,귀촌마인드세우기,귀농귀촌정부정책,좋은땅만들기,밭농사기초및채소류가꾸기,주민과융화,귀촌준비와이해,농촌관광사업사례발표,실내외정원가꾸기,친환경병해충방제실습,건강기능성막걸리제고,농촌관광마을벤치마킹,산야초재배체험및가공시설견학등	3	25	52	서울 강일동, 경북 안동, 경기화성 (향촌조경), 충남 공주 (황금약초 농장) 등	1기: 평일주간 (5차), 1박2일합숙(1차), 2기: 평일야간 (11차), 1박2일합숙(1차), 3기: 평일오후 (8차), 1박2일 (1차)	02-794-7270
귀촌생활	청미래재단	귀촌종합교육	*귀농에대한인문학적고찰,귀농교육입문&현장,SNS기초활용교육,귀농선배로부터배운다,현장체험교육,농촌생활과건강,귀농인텃밭가꾸기,농촌다문화가정의의미,귀촌과은퇴재무설계,귀농과농가소득,농촌자원마케팅,귀농총괄토론 등	2	30	102	서울 관악 (관악구청), 충북 괴산 (흙살림 WPL 실습장), 경기 고양(우보농장), 충남 농업기술원 등	주말당일 (10차), 주말합숙 (4차)	070-7670-3477

분야	기관	과정명	주요 교육내용	차수	인원	시간	장소	일정	연락처
귀촌생활	한겨레교육	도시민 귀촌생활 탐색과정	*농촌이해,귀농귀촌개념및마인드세우기,귀촌계획수립방법,퇴비만들기,과수,채소재배,분경,토피어리,압화만들기,농기계운전,치즈소시지만들기,지역주민과의융화,성공하는귀촌전략세우기,귀농/실패사례공유,나에게맞는지역찾기,귀촌창업계획발표 등	3	30	80	경기 분당(한겨레교육센터), 경기 여주(여주농업전문대학) 등	평일야간(1.5차), 주말합숙(2차), 주말당일(1차)	031-8018-0905
귀촌생활	흙처럼아쉬람	귀농귀촌흙집짓기	*농촌바로알기,귀농귀촌선배우수/실패사례,지역주민과의융화,흙집짓기공정(기초공사,구들공사,골조공사,천장공사,지붕공사,벽체공사 등)이론및실습 등	1	20	70	강원 원주(흙처럼아쉬람) 등	8박9일합숙(1차)	033-766-7755

※ 교육과정별 자부담 및 교육세부일정(기관사정에 따라 변동가능)은 교육기관에 직접 문의해야 함

농업인력포털(Agriedu) 귀농귀촌 온라인 교육과정 정보 (일반과정)

구분		과정명	세부구성내용(요약)	총교육시간(hr)
일반과정(17)	귀농과정	성공사례를 통해 배우는 창업 준비	창업환경변화, 창업전략, 애벌레에서 꿈을 나비아이의 가치 만들기, 나는 벼농사가 아니라 쌀 경영을 한다. 마을주민과 함께 만들어 가는 새로운 농촌만들기 등	'14년 신규 개발
		준비된 귀농인, 이것만 알면 된다	귀농귀촌의 이해, 준비요령, 귀농지 및 작목 선택, 귀농자금 확보 및 투자 전략 등	'14년 신규 개발
		귀농귀촌을 위한 집짓기	주거 임대, 매입, 신축 관련 절차 및 지원정책 정보 등	'14년 신규 개발
		귀농귀촌 토지구입	토지구입 및 임대 절차 및 지원정책 정보 등	'14년 신규 개발
		특급비밀! 농촌생활에 꼭 필요한 16가지 생활기술	정원 가꾸기, 꽃밭꾸미기, 효소만들기, 폐목 활용하기, 약용식물의 이해, 전기의 이해, 화덕만들기, 화목보일러, 아궁이와 구들이야기 등	'14년 신규 개발
		농업 비즈니스 창업 레포트	소비자의 트랜드와 농업비즈니스, 농업비즈니스 변화 및 현장체크, 농업비즈니스 성공요인 및 단계별 전략 등	10
		농업, 경영을 만나다 I	성공귀농을 위한 마인트 컨트롤, 창업농 도전! 현실 속 희망 찾기, 농업경영의 이해, 자금운영계획 수립 등	10
		농업, 경영을 만나다 II	벤처농업 이해와 따라잡기, 농산물 시장 예측하기, 농영경영리더십, 문제해결 역량 배양하기 등	10
		귀농 희망지역을 찾아라	귀농지를 선택하기 전에, 지역별 특산물을 찾아라, 지자체별 귀농귀촌 소식 등	1.5
		성공 농사에 힘이 되는 농기계, 농약 활용법	농용트랙터, 다목적 관리기 점검, 농약의이해, 살충제의 효과적 사용방법 등	18
		도전! 친환경농업	친환경농업의 의의, 인증방법 및 절차, 퇴비제조, 병해충 및 잡초방제 등	8
		농촌소득 높이는 농축산물 유통 바로알기	농산물 유통구조 및 경로, 유통가격정보, 농산업마케팅 전략 등	15
		농산물의 재발견, 농산물 가공법 배우기	곡류의 가공, 과일의 가공, 채소의 가공, 발효식품 가공 등	10
		인생2막! 여성농업인으로 사는 법	농촌에서의 여성, 농촌여성의 사회생활, 자기계발, 우수 사례 등	5
		귀농선배에게 듣는 귀농이야기	도시의 경영노하우를 농업에 접목하다, 고향에 길이 있다 등	5
		귀촌생활! 성공노하우 전수받기	농촌은 도시의 희망, 선배귀촌인의 다양한 생활 등	5
		자신의 능력을 활용한 귀촌	귀촌하여 전문능력 키우기, 자신의 전문능력을 살리는 귀촌 등	5

부록 7. 귀농귀촌 관련 정책 Q&A

2015년도 농림부 귀농귀촌 정책 이렇게 바뀐다.

1. 정부가 귀농귀촌 희망자에게 맞춤형 귀농귀촌 교육 지원한다고 하는데요. 이것은 2015년에 어떻게 변하는지요.

- 귀농귀촌 희망자에게 맞춤형 귀농귀촌 교육 지원
- 교육지원 인원: ('14) 2,450명 → ('15) 2,800명
    * 교육비의 70% 국고 보조
      2014년도 33개기관 선정 41개과정 운영/2,162명 수료 → 목표치의 88%달성
    * 3개기관 3개과정 중도포기(영진전문대학, 단국대학교, 이미지큐브)

2015년 특징: 귀농귀촌준비 및 실행단계에 따라 교육과정을 분류하여 수준별 교육 참여기회 제공
- 도시민의 교육과정 참여 접근성 제고를 위해 교육형태 및 시설활용 다양화

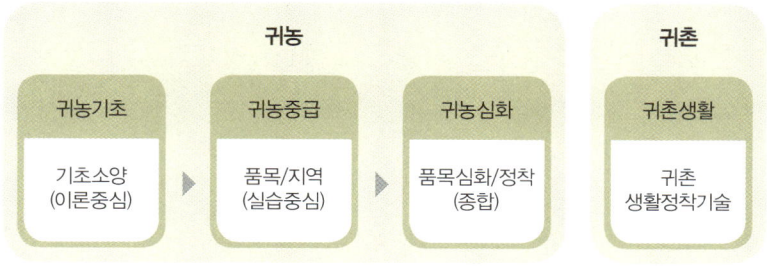

2. 귀농귀촌하면 귀농귀촌인 창업 및 주택구입자금 지원하고 있다면서요. 이것은 2015년에 어떻게 변하나요.

〈2014년 개요〉

- 최대 2.5억원 융자 지원
- 한도: 농업창업 2억원, 주택구입·신축 5천만원
- 금리: 창업 3%,* 주택구입 2.7%(65세 이상 2%)
- 상환: 5년 거치 10년 분할상환

〈'15년 달라지는 사항〉

- 예산: ('14) 700억원 → ('15) 1,000
- 창업자금 이자율: ('14) 연 3% → ('15) 2%
- 창업자금 한도: ('14) 2억원 → ('15) 3억원

주택자금현행제도 유지: 주택구입 2.7%(65세 이상 2%)

3. 체류형농업창업지원센터 지원도 있다면서요. 체류형농업창업센터 개요와 내년에 어떻게 변하는지 설명 좀 해주세요.

〈개요〉

- 가족과 함께 체류하면서 농촌 이해, 농촌 적응, 농업 창업과정 실습 및 교육, 체험을 할 수 있는 One-stop지원센터 건립 지원
- 80억투자 20호 정주가능
- ('13) 제천, 영주, ('14) 홍천, 구례, 금산
- 입주계획: ('15) 금산, ('16) 제천·영주·홍천·구례 순

〈'15년 달라지는 사항〉

- 건립개소수: ('13) 2개소(제천, 영주) → ('14) 3개소(구례·홍천,금산) → ('15) 영천

4. 귀농귀촌종합센터도 대폭 바뀐다면서요.

2014.7.1. 농촌진흥청에서 농림부로 이관 6개월 동안 예산이 없어 고전

2015년 예산 10억 확보 본격적인 홍보

귀농귀촌종합센터 개요

- 장소: 서울 양재역 3호선 4번출구 앞(1899-9097, www.returnfarm.com)
- 역할: 귀농귀촌희망 도시민에 대한 정보 및 상담 제공
- 상담인원: 5명(상담사 3, 농어촌공사 1, 농협 1)

  ※ 수원(진흥청내)에 소재한 귀농귀촌종합센터를 접근성이 좋은 서울 지역으로 이전('14.7)

  - 보험설계와 같이 수요자에게 필요한 최적의 정보 제공
  - 상담방법: (현행) 전화 상담 위주 → (개선) 대면 상담 강화

귀농귀촌종합센터 정보 및 상담 주요 내용

- 기본정보 제공 - 중앙·지자체 정책, 주택구입·창업자금 융자, 귀농귀촌 교육, 농지·주거지, 농가실습 등 귀농귀촌 관련 정보
- 지역정보 제공 - 품목, 임대농지, 빈집 등 지역정보를 시·군 귀농귀촌담당자가 안내 및 상담(1일 2개시군)
  * 12월말까지 9개도 62개 시군 참여계획
- 전문가 1:1 상담 - 농업마이스터, 귀농선배 등이 준비단계의 귀농귀촌 희망자에게 실행에 필요한 실질적인 상담·자문 서비스를 농촌 정착시까지 제공
- 소그룹 강의 - 귀농귀촌에 관한 생생한 농사체험과 농촌생활 강의 (주 1회, 30명 내외) * 15회, 365명('14년 20회 예정)

5. 도시민농촌유치지원사업은 어떻게 바뀌나요.

〈개요〉

- 지자체의 도시민 유치활동 활성화 지원
    - 시군당 3년간 6억원 지원(국고 50%, 지자체 50%)

〈'15년 달라지는 사항〉

- ('13) 35개 시군 → ('14) 40 → ('15) 50

6. 귀농인의 집 건립은 어떻게 됩니까.

〈개요〉

- 귀농·귀촌 희망자가 거주지나 영농기반 등을 마련할 때까지 거주하거나, 일정기간 동안 영농기술을 배우고 농촌체험 후 귀농할 수 있게 머물 수 있는 임시 거처

    * 농어촌 도농복합시군 160개중 현재 132개소 운영중

    - 시군당 3년간 6억원 지원(국고 50%, 지자체 50%)

〈'15년 달라지는 사항〉

- '15년에 신규로 70개소 건립(예산 11억원)

    * '15~'17 기간중 300개소 건립예정('15 70, '16 130, '17 100)

귀농귀촌관련 규제완화

1. 귀농귀촌을 하는데 규제완화가 왜 필요한지 어떤 의미가 있는지요.

현장의 소리

① 귀농귀촌인은 원주민과 달리 모두 새로 시작해야 하는데 법제가 강화/ 필요 이상의 제약이 존재

② 개선하려면 모두 돈으로 해결해야 하는 데 비용과다 발생

③비용을 줄이려 임의로 하면 범법자가 발생하고 원상복구하려면 이중 비용이 들어감

2. 박근혜 정부가 규제완화를 경제살리기의 핵심이라고 판단하고 최선을 다하는데 귀농귀촌과 관련된 농림어업부분의 규제완화의 기본 방향은 무엇인가요.

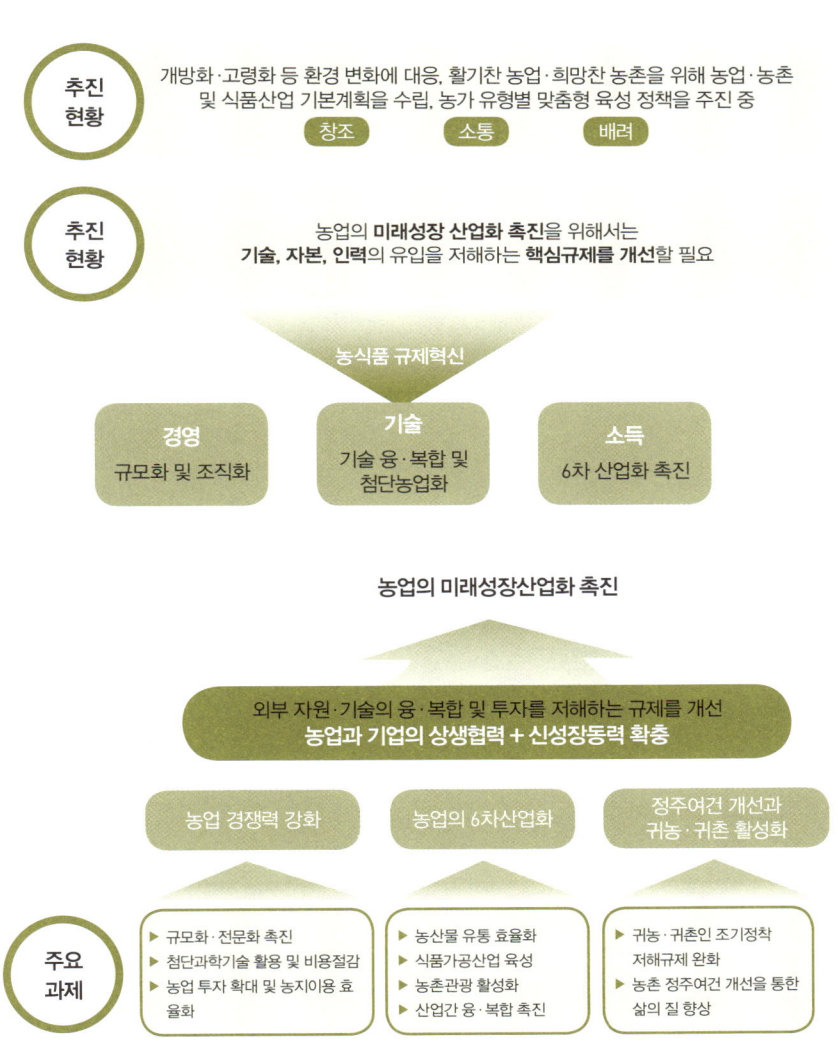

3. 2013년부터 지금까지의 성과나 개선에 대해 살펴보죠. 먼저 귀농귀촌인들의 정주여건이 많이 개선됐다고 하는데요. 어떤 규제완화가 이루어졌죠

가. 귀농·귀촌 조기정착 저해규제 완화

귀농인에 대한 농업자금 지원요건 완화		
구분	현행	개선
지원대상 면적	• 비닐하우스 설치면적 2,000m2 이상	• 비닐하우스 설치면적 660m2 이상
임대기간 요건	• 농지임차기간 10년 이상	• 농지임차기간 5년 이상

*첨단온실신축지원사업지참 개정('14.4월)

예비 귀농인 자금조달 확대		
구분	현행	개선
귀농자 자금조달	• 예비 귀농인 농신보 이용 불가 • 창업자금 확보 어려움	• 농림수산신용부증기금 이용 허용

▶ 귀농 희망자의 창업 활성화 및 정착율 제고

*농림수산업자신용보증 버률 개정('14.2월 국회제출)

나. 농촌 정주여건 개선을 통한 삶의 질 향상

신규주택 건축 촉진을 위한 지원 제도 개선		
구분	현행	개선
주택건축 융자한도	• 호당 6천만원 한도→부족분은 개인 추가대출	• 실제 건축비용(감정가)의 70%까지 지원
주택건축 융자대상	• 자가주택 신축 한정	• 임대주택 신축도 가능
주택융자 사용규제	• 신규 주택단지 조성시 농림지역 비율 50% 이내로 제한	• 임대주택 신축도 가능

*첨단온실신축지원사업지참 개정('14.4월)

정주여건 개선을 위한 주택단지 조성 규제 완화		
구분	현행	개선
마을정비조합 설입요건	• 20명 이상의 조합원	• 5명 이상이면 허용
조합원 요건	• 자연인인 세대주로 한정	• 토지를 소유한 민간법인도 참여 허용
▶ 주거지 마련비용 절감 및 입지여건을 감안한 소규모 단지개발 촉진으로 농촌 주택건설 촉진		

귀농귀촌 관련 규제개혁에 관련된 건의사항: 044-200-2630(규제개혁신문고) 044-200-2636(농림부규제개혁 담당부서)규제정보포털활용: www.better.go.kr

구분	현행	개선
농업회사법인 사업범위 확대	• 생산·가공·유통(관광·휴양 금지)	• 농촌관황·휴양 사업 추가 허용 – 농어업경영체 육성 및 지원에 관한 법률('13.9월 발의)
▶ 농업회사법인을 6차산업화 주체로 육성		
농촌민박 서비스 제공 확대	• 투숙객 식사제공 금지 – 농촌민박('13): 24,122개소	• 음식업 신고 없이도 투숙객 조식제공 허용 – 농어촌정비법 개정('14. 3월 국회계류중)
▶ 농촌민박 이용자 편의도모 및 농촌관광 활성화		
승마산업 입지규제 개선	• 초지내 승마장 설치 제한 • 말산업특구지정 요건 – 말을 생산·사육하는 농가가 50가구 이상 – 말 500마리 이상 생산·사육 가능한 시설 구비	• 초지에 승마장 설치 허용 – 초지법 시행규칙 개정('14. 2월) • 말산업특구지정 요건 악화 – 말을 생산·사육하는 농가 또는 승마시설이 20개소 이상 – 생산·사육 시설 이외에 이용 가능한 시설을 구비해도 인정 말산업육성법 시행령 개정('14. 8. 27 공포)
▶ 승마산업 활성화 및 새로운 일자리 창출		

[산림청 협업]

구분	현행	개선
산림관광 휴양산업 활성화	• 야영장, 숙박 등 시설기준 미흡, 지차제 소극적 행정	• 입지 및 시설기준 마련, 트리하우스 설치 허용 – 산림문화, 휴양에 관한 법률 및 시행령 개정('14. 12월)
▶ 다양한 산림레포츠 활성화 및 수요 창출		

식품원료 및 가공방식 규제 개선으로 식품시장 확대

구분	현행	개선

[식약처 협업]

구분	현행	개선
식품원료 활용 확대	• 곤충 등 식품원료 사용시 엄격한 규정 – 과거부터 식용이용되거나 다른 국가에서 안정성이 검증된 원료도 엄격한 절차를 적용 • 현재 곤충 4종이 식품원료로 허용(메뚜기, 누에번데기, 백강잠, 갈색거저리)	• 국내외적으로 안정성 등이 인정된 경우 식품원료 사용이 용이해 지도록 지속 개선 • 곤충 3종을 식품원료로 추가(흰점박이 꽃무지, 장수풍뎅이, 귀뚜라미) – 식물의 기준 및 규격 고시 개정('14~'15)

▶ 식용곤충을 원료로 하는 신식품시장과 곤충시장의 활성화
  곤충산업 규모: ('11) 1,680억원 → ('15) 2,980억원

| 홍삼 가공방식 규제 개선 | • 홍삼 등급에 따른 가공방식 규제
– 등외 등급 홍삼은 습점·압착 가공 금지 | • 홍삼의 가공방식 규제 폐지
– 인산산업법 및 시행규칙('14. 9월) |

▶ 등외 등급 홍삼의 활용성 재고로 부가가치 향상(연간 매출액 160억원 증가)

[식약처 협업]

| 건강기능식품 원료 인정 신청자격 제한 폐지 | • 건강기능식품 제조업자 및 수입업자만 신청 가능 | • 누구나 신청 가능
– 건강기능식품에 관한 법률 개정('14. 12월) |

▶ 건강기능식품 산업 활성화 및 농식품 부가가치 향상

지역 특성에 맞는 소규모 식품가공업 활성화를 위한 표준조례 보급

구분	현행	개선

[식약처, 지자체 협업]

| 지자체 표준조례 제정 촉진 | • 지자체가 조례를 제정하여 시설기준 등을 완화할 수 있으나, 책임 우려 등으로 소극적
– 조례제정 시·군은 10개소에 불과
비용부담, 신규 창업 저해 | • 표준조례(안) 마련('14. 9월) 보급
  농림축산식품부   식품의약품안전처
지자체별로 조례 제정·운용 |

▶ 농가보유 기술을 활용한 창업 활성화 및 지역 특산품의 매출 증가
  지역특화발전특구 지정(지자체 고시)시 특례 적용으로 차별적 생산과 유통 등 시너지 극대화 가능

조례를 통한 식품제조·가공업 시설기준 완화 사례(전북 무주군)

① 식품제조·가공 시설과 그 외 용도의 시설은 벽·층 등으로 분리

　　→ 위해발생 우려 없으면 분리 불요

② 바닥과 내벽은 내수처리

　　→ 작업특성에 따라 예외 인정

③ 공정별 작업실 분리·구획 → 분리·구획 불요

④ 수세식 화장실, 바닥과 내벽 방수처리 → 청결하고 위생적인 화장실

부록 8. 귀농귀촌법 해설 및 전문(2014.12.29)

1. 법 내용 중에 제일 특징적인 사항이 무엇인가요.
① 안정적인 정착을 하기 위한 계획수립, 국가의 책무, 초기 지원방안, 법인 등 관련 기관지원 등 다양한 방식으로 종합화했다는 것
② 귀농귀촌 정책이 예측가능하고 일관성과 지속성을 갖고 도시민의 정주촉진에 기여할 것으로 보임

2. 귀농귀촌법 통과가 어떤 의미가 있나요.
① 행정 정책에 대한 근거 마련/예) 조직과 직제에서 임의조직, 예산, 사업
② 정부귀농인 지원 법적 근거마련
③ 장기적인 비전과 미션을 마련할 수 있다.

3. 귀귀농귀촌법 제정에 어려움이 많았다는데 입법 과정은 어떻습니까.
가. ① 2012년 9월 21일 이종걸의원이 대표발의한 「귀농인 지원법안」
② 2012년 10월 26일 김종태의원이 대표발의한 「귀농어업인 농어촌 정착지원에 관한 법률안」,
③ 2013년 3월 26일 이철우의원이 대표발의한 「농어업·농어촌 및 식품산업 기본법 일부개정법률안」
④ 2013년 6월 3일 이운룡의원이 대표발의한 「귀농어·귀촌 활성화 및 육성에 관한 법률안」이 제320회 국회(정기회) 제10차 농림수산식품위원회(2013. 11. 14)에 각각 상정되어 제안설명과 전문위원의 검토보고를 듣고 대체토론(2014.4)을 거쳐 법률안심사소위원회에 회부됨.
나. 제329회 국회(정기회) 제2차 법률안심사소위원회(2014. 11. 24)에서 이상 4건

의 법률안을 병합 심사한 결과, 4건의 법률안 내용을 반영하여 농림 위원회의 대안을 마련함.

다. 제329회 국회(정기회) 제12차 농림축산식품해양수산위원회(2014. 11. 27)에서는 법률안심사소위원회에서 심사 보고한 대로 이상 4건의 법률안에 대해서는 본회의에 부의하지 아니하기로 하고, 법률안심사소위원회가 마련한 대안을 위원회안으로 제안하기로 의결함.

라. 2014.12.29. 귀농귀촌법 국회통과

4. 귀농귀촌법이 제정되어서 어떤 혜택이 있을까요

① 지자체 인구증가→농어촌 저출산 고령화로 인한 농어촌지역의 인력부족 문제를 해결
② 지자체 새로운 일자리 창출과 귀농인 농어업소득 창출→자립경제
③ 법과 제도적 측면에서 귀농, 귀어 및 귀촌에 대한 정책적 지원가능
④ 귀농, 귀어 및 귀촌이 체계적인 지원책을 제시→귀농어업인과 귀촌인이 안정적으로 농어촌에 정착 가능

5. 그렇다면 법 내용을 살펴보죠. 먼저 법 내용을 개관을 해주시죠.

① 법명: 귀농어·귀촌 활성화 및 지원에 관한 법률(대안)

법조문 27조 부칙 3조 총30개 조문으로 구성

(제3조 국가 등의 책무) 국가와 지방자치단체는 귀농어업인과 귀촌인이 안정적인 농어촌 생활을 영위할 수 있도록 필요한 제도와 여건을 조성하고 이를 위한 시책을 수립·시행하도록 함.

(제4조 다른 법률과의 관계) 이 법 중 귀농어업인과 귀촌인의 지원에 관한 사업에

대하여는 다른 법률에 우선하여 적용

(제5조 국가종합계획 수립) 농림축산식품부장관 및 해양수산부장관은 귀농어업인과 귀촌인의 안정적인 농어촌 정착 및 농어업 경영기반 조성을 지원하기 위하여 귀농어·귀촌 현황과 전망 등이 포함된 종합계획을 5년마다 수립하도록 함

(제6조 시도/시군구종합계획수립) 시·도지사는 종합계획에 따라 시·도 귀농어·귀촌 지원계획을, 시장·군수·구청장은 시·도 계획에 따라 시·군·구 귀농어·귀촌 지원계획을 각각 5년마다 세우고 시행하도록 함

(제8조 귀농어 초기에 대한 지원 등) 국가와 지방자치단체는 귀농어업인이 귀농어 후 대통령령으로 정하는 기간 이내에 자연재해 등으로 안정적인 영농·영어가 어렵다고 판단되는 경우 귀농어업인에 필요한 지원을 할 수 있도록 함

(제10조 종합센터지정) 국가와 지방자치단체는 귀농어업인 및 귀촌인에게 필요한 지원과 교육훈련을 실시할 수 있도록 하고, 교육훈련을 위하여 필요한 경우에는 귀농어·귀촌종합지원센터를 지정할 수 있도록 함

(제16조 낙후지역 귀농어업인 및 귀촌인에 대한 우대지원) 국가와 지방자치단체는 농어촌 지역 중 「국가균형발전특별법」 제2조 제7호의 '특수상황지역'으로 이주한 귀농어업인 및 귀촌인에게 창업, 주택구입자금 등을 지원하는 경우 세제·금리상의 우대조치를 할 수 있음

(제17조 농지 어장 매입 지원) 국가와 지방자치단체는 귀농어업인이 농어업기반을 조성하기 위하여 농지, 축사, 양식장, 어선, 어구 등을 매입하거나 임차하는 데 필요한 비용을 예산의 범위에서 지원할 수 있도록 함

(제20조 법인에 대한 지원) 국가와 지방자치단체는 귀농어업인 및 귀촌인을 지원하는 사업을 수행하는 법인에 대하여 필요한 비용의 전부 또는 일부를 보조하거나 그 업무수행에 필요한 행정적 지원을 할 수 있도록 함

6. 향후 귀농귀촌 전망이나 보완해야 할 점은 무엇입니까.

① 2014년에 정체된 귀농귀촌이 2015년 이후 다시 증가예상

② 정부가 중장기적으로 귀농귀촌인 소득자립을 위한 구체적인 대안

③ 지역주민과 융합하는 협력형 소득사업 마련

④ 귀농인들이 생산한 농산물의 꾸러미사업 유통방안 등은 좀 더 보완 검토가 요구됨

귀농어·귀촌 활성화 및 지원에 관한 법률

제1조(목적)

이 법은 귀농어·귀촌 활성화 및 지원을 위한 사항을 정함으로써 귀농어업인 및 귀촌인의 안정적인 농어촌 정착을 유도하여 농어촌의 지속가능한 발전에 이바지함을 목적으로 한다.

제2조(정의)

이 법에서 사용하는 용어의 뜻은 다음과 같다.

1. "농어업"이란 「농어업·농어촌 및 식품산업 기본법」 제3조제1호의 농어업을 말한다.
2. "농어촌"이란 「농어업·농어촌 및 식품산업 기본법」 제3조제5호의 농어촌을 말한다.
3. "귀농어업인"이란 농어촌 이외의 지역에 거주하는 「농어업·농어촌 및 식

품산업 기본법」제3조제2호에 따른 농어업인이 아닌 사람이 대통령령으로 정하는 농어업인이 되기 위하여 농어촌 지역으로 이주한 사람으로서 대통령령으로 정하는 기준에 해당하는 사람을 말한다.
  4. "귀촌인"이란 「농어업·농어촌 및 식품산업 기본법」제3조제2호에 따른 농어업인이 아닌 사람 중 농어촌에 자발적으로 이주한사람으로서 대통령령으로 정하는 사람을 말한다.

제3조(국가 등의 책무)

국가와 지방자치단체는 귀농어업인과 귀촌인이 안정적인 농어촌 생활을 영위할 수 있도록 필요한 제도와 여건을 조성하고 이를 위한 시책을 수립·시행하여야 한다.

제4조(다른 법률과의 관계)

이 법 중 귀농어업인과 귀촌인의 지원에 관한 사업에 대하여는 다른 법률에 우선하여 적용한다.

제5조(종합계획의 수립 등)

①농림축산식품부장관과 해양수산부장관은 귀농어업인과 귀촌인의 안정적인 농어촌 정착 및 농어업 경영기반 조성을 지원하기 위하여 5년마다 귀농어·귀촌 지원 종합계획(이하 "종합계획"이라 한다)을 수립하여야 한다.

②종합계획에는 다음 각 호의 사항이 포함되어야 한다.
  1. 귀농어·귀촌 현황과 전망
  2. 귀농어·귀촌 지원에 관한 기본방향 및 목표
  3. 귀농어·귀촌 관련 실태조사에 관한 사항
  4. 귀농어·귀촌 관련 교육훈련과 전문 인력의 육성 방안
  5. 귀농어·귀촌의 홍보 및 정보화 촉진 방안
  6. 귀농어업인과 귀촌인의 주거·생활·농어업 경영 지원에 관한 사항

7. 귀농어·귀촌 지원을 위한 재원의 조달 방안

8. 그 밖에 귀농어·귀촌 지원을 위하여 대통령령으로 정하는 사항

③농림축산식품부장관 및 해양수산부장관은 종합계획을 수립하거나 변경할 때에는 관계 중앙행정기관의 장과 미리 협의하여야 한다. 다만, 대통령령으로 정하는 경미한 사항을 변경하는 경우에는 그러하지 아니하다.

④농림축산식품부장관 및 해양수산부장관은 종합계획을 수립하거나 변경할 때에는 「농어업·농어촌 및 식품산업 기본법」 제15조에 따른 중앙 농업·농촌및식품산업정책심의회 및 중앙 어업·어촌정책심의회의 심의를 거쳐야 한다. 다만, 종합계획의 내용 중 대통령령으로 정하는 경미한 사항을 변경하는 경우에는 그러하지 아니하다.

⑤농림축산식품부장관 및 해양수산부장관은 종합계획에 따라 매년 귀농어·귀촌 지원 시행계획(이하 "시행계획"이라 한다)을 세우고 시행하여야 한다.

⑥농림축산식품부장관 및 해양수산부장관은 종합계획 수립 이전 5개년도 시행계획과 추진실적을 제4항의 중앙 농업·농촌및식품산업정책심의회 및 중앙 어업·어촌정책심의회에 제출하여야 한다.

⑦농림축산식품부장관 및 해양수산부장관은 시행계획을 수립하기 위하여 필요하다고 인정하는 경우에는 특별자치시장·특별자치도지사·광역시장 또는 도지사(이하 "시·도지사"라 한다)에게 시행계획의 수립에 필요한 자료의 제출을 요청할 수 있다. 이 경우 자료의 제출을 요청받은 시·도지사는 특별한 사유가 없으면 자료를 제출하여야 한다.

제6조(시·도계획 및 시·군·구계획의 수립·시행)

① 시·도지사는 제5조에 따른 종합계획에 따라 5년마다 시·도 귀농어·귀촌 지원계획(이하 "시·도계획"이라 한다)을 세우고 시행하여야 한다.

② 시장·군수·구청장(광역시의 자치구 구청장을 말한다. 이하 "시장·군수·구청장"이라 한다)은 시·도계획에 따라 5년마다 시·군·구 귀농어·귀촌 지원계획(이하 "시·군·구계획"이라 한다)을 세우고 시행하여야 한다.

③ 시·도지사와 시장·군수·구청장은 각각의 시·도계획 및 시·군·구계획을 세울 때에는 각각 「농어업·농어촌 및 식품산업 기본법」 제15조에 따른 시·도 농업·농촌및식품산업정책심의회, 시·도 어업·어촌정책심의회, 시·군·구 농업·농촌및식품산업정책심의회 및 시·군·구 어업·어촌정책심의회의 심의를 거쳐야 한다. 시·도계획 및 시·군·구계획을 변경할 때에도 또한 같다.

④ 시·도지사는 시·도계획을 수립·변경할 경우에는 지체 없이 이를 농림축산식품부장관 또는 해양수산부장관에게 통보하여야 한다.

⑤ 시·도계획 및 시·군·구계획의 수립·시행 등에 필요한 사항은 대통령령으로 정한다.

제7조(귀농어업인·귀촌인 정착 지원)

① 국가와 지방자치단체는 귀농어업인과 귀촌인이 안정적으로 농어업과 농어촌에 정착할 수 있도록 필요한 사업을 추진할 수 있다.

② 국가와 지방자치단체는 제1항에 따른 사업 추진에 필요한 비용의 전부 또는 일부를 지원할 수 있다.

제8조(귀농어 초기에 대한 지원 등)

① 국가와 지방자치단체는 귀농어업인이 귀농어 후 대통령령으로 정하는 기간 이내에 자연재해 등으로 안정적인 영농·영어가 어렵다고 판단되는 경우 귀농어업인에 필요한 지원을 할 수 있다.

②제1항에 따른 귀농어업인에 대한 지원기준과 대상 및 내용, 그 밖에 필요한 사항은 대통령령으로 정한다.

제9조(귀농어·귀촌에 관한 실태조사 및 통계작성 등)

①농림축산식품부장관 또는 해양수산부장관은 종합계획 및 귀농어업인·귀촌인의 지원에 필요한 시책을 효율적으로 세우고 시행하기 위하여 귀농어·귀촌 현황 등에 관한 실태조사를 실시하여야 한다.

②농림축산식품부장관 또는 해양수산부장관은 제1항에 따른 실태조사 등을 참고하여 귀농어·귀촌에 관한 통계를 작성·관리하고 공표하도록 하되, 필요한 경우 통계청장과 협의할 수 있다.

③농림축산식품부장관 또는 해양수산부장관은 제2항에 따른 통계작성을 위하여 필요한 경우 중앙행정기관의 장 또는 지방자치단체의 장 등에게 자료의 제공을 요청할 수 있다. 이 경우 자료제공을 요청받은 관계 중앙행정기관의 장 등은 특별한 사유가 없으면 자료를 제공하여야 한다.

④제1항에 따른 실태조사의 실시 주기, 범위와 방법 및 그 밖에 필요한 사항은 대통령령으로 정한다.

제10조(귀농어·귀촌종합지원센터 지정 등)

①국가와 지방자치단체는 귀농어업인 및 귀촌인에게 필요한 지원과 교육훈련을 실시할 수 있다.

②농림축산식품부장관, 해양수산부장관 또는 지방자치단체의 장은 제1항에 따른 지원과 교육훈련을 위하여 필요한 경우에는 귀농어업인 및 귀촌인 지원에 필요한 전문인력과 시설 등 대통령령으로 정하는 요건을 갖춘 법인이나 단체를 귀농어·귀촌종합지원센터(이하 "지원센터"라 한다)로 지정할 수 있다.

③제2항에 따라 지방자치단체의 장이 지원센터를 지정하는 경우에는 농림축산식품부장관 또는 해양수산부장관과 사전에 협의하여야 한다.

④지원센터는 다음 각 호의 사업을 수행한다.
  1. 귀농어업 및 귀촌을 희망하는 자에 대한 상담과 안내, 정보 제공, 교육 사업
  2. 귀농어업인 및 귀촌인의 농어업 기술지도 및 농어촌 적응 교육 사업
  3. 귀농어업 및 귀촌 관련 조사 및 홍보, 정책 발굴 등에 대한 사업
  4. 그 밖에 귀농어업인 및 귀촌인 지원을 위하여 대통령령으로 정하는 사업
⑤국가와 지방자치단체는 제2항에 따라 지정된 지원센터에 대하여 제4항 각 호의 사업수행에 필요한 비용의 전부 또는 일부를 지원할 수 있다.
⑥제1항에 따른 교육훈련 및 제2항에 따른 지원센터의 지정 등에 필요한 사항은 대통령령으로 정한다.

제11조(지원센터의 지정 취소 등)

①농림축산식품부장관 또는 해양수산부장관과 지방자치단체의 장은 제10조제2항에 따라 지정된 지원센터가 다음 각 호의 어느 하나에 해당하는 경우에는 지정을 취소하거나 시정을 명할 수 있다. 다만, 제1호에 해당하면 지정을 취소하여야 한다.
  1. 거짓이나 그 밖의 부정한 방법으로 지정을 받은 경우
  2. 지정요건에 적합하지 아니하게 된 경우
  3. 정당한 사유 없이 제10조제4항 각 호에 따른 사업을 1년 이상 계속하여 시작하지 아니하거나 지연한 경우
  4. 제24조제1항과 관련하여 지원센터가 농림축산식품부장관, 해양수산부장관, 관계 중앙행정기관의 장 또는 지방자치단체의 장에게 허위로 자료를 제출 또는 보고하거나 검사를 방해한 경우
②제1항에 따라 지방자치단체의 장이 지원센터의 지정을 취소하거나 시정을 명하는 경우에는 농림축산식품부장관 또는 해양수산부장관에게 통보하여

야 한다.

제12조(종합정보시스템의 구축·운영)

①농림축산식품부장관 또는 해양수산부장관은 귀농어업인 및 귀촌인 지원정책을 효율적으로 세우고 시행하기 위하여 귀농어업인 및 귀촌인 지원사업, 농어업 기술 및 농어촌 생활정보, 귀농어업인 관련 기관·단체 등에 관한 종합정보시스템을 구축·운영할 수 있다.

②제1항에 따른 종합정보시스템의 구축과 운영에 필요한 사항은 대통령령으로 정한다.

제13조(지역주민과의 교류 및 협력시책의 추진 등)

①국가와 지방자치단체는 귀농어업인·귀촌인과 지역주민과의 교류협력 및 소통을 활성화하기 위하여 다음 각 호와 같은 교류협력 시책을 추진할 수 있다.

1. 귀농어·귀촌 활성화를 위한 지역주민 프로그램
2. 귀농어업인·귀촌인과 지역주민과의 교류협력 사업
3. 귀농어업인·귀촌인과 지역주민과 관내·관외 단체 모임 결성 운영 및 연계사업
4. 그 밖에 귀농어업인·귀촌인과 지역주민과의 교류협력에 필요한 사항

②국가와 지방자치단체는 제1항 각 호의 사업수행에 필요한 비용의 전부 또는 일부를 지원할 수 있다.

③제1항에 따른 사업내용과 지원방법 및 그 밖에 필요한 사항은 대통령령으로 정한다.

제14조(박람회 등의 개최)

국가와 지방자치단체는 귀농어·귀촌 활성화를 위하여 귀농어·귀촌 박람회 또는 귀농어·귀촌 우수사례 발표대회 등을 개최할 수 있다.

제15조(창업 및 주택구입 등 지원)

① 국가와 지방자치단체는 귀농어업인 및 귀촌인의 생활안정, 농어업 경영기반 조성을 위하여 다음 각 호의 사항을 지원할 수 있다.

　1. 귀농어업인·귀촌인의 생활안정을 위한 일자리 알선

　2. 귀농어업인의 창업에 필요한 자금·기술·경영컨설팅 지원

　3. 귀농어업인·귀촌인의 일자리 및 창업에 필요한 정보의 제공

② 국가와 지방자치단체는 귀농어업인 및 귀촌인의 주거 안정을 위하여 주택을 구입·신축·수리 또는 임차하는 데 필요한 비용을 지원할 수 있다.

③ 국가와 지방자치단체는 귀농어업인의 농어촌 정착을 위하여 농어업법인 등에서 실습을 하는 경우에는 그 비용의 일부를 지원할 수 있다.

④ 제1항 및 제2항에 따른 지원의 신청자격, 방법 및 절차 등에 필요한 사항은 대통령령으로 정한다.

제16조(낙후지역 귀농어업인 및 귀촌인에 대한 우대지원)

국가와 지방자치단체는 농어촌 지역 중 「국가균형발전특별법」 제2조제7호의 '특수상황지역'으로 이주한 귀농어업인 및 귀촌인에게 창업, 주택구입자금 등을 지원하는 경우 세제·금리상의 우대조치를 할 수 있다.

제17조(농지·어장매입 등 지원)

① 국가와 지방자치단체는 귀농어업인이 농어업기반을 조성하기 위하여 농지, 축사, 양식장, 어선, 어구 등을 매입하거나 임차하는 데 필요한 비용을 지원할 수 있다.

② 제1항에 따른 지원의 신청자격, 방법 및 절차 등에 필요한 사항은 대통령령

으로 정한다.

제18조(시설·장비 등의 지원)

① 국가와 지방자치단체 및 「농업협동조합법」에 따른 조합과 그 중앙회, 「수산업협동조합법」에 따른 조합과 그 중앙회 등은 귀농어업인·귀촌인이 영농·영어에 필요한 시설·장비 등을 용이하게 사용할 수 있도록 농수산기자재 임대·은행사업을 지원할 수 있다.

② 국가와 지방자치단체 및 「농업협동조합법」에 따른 조합과 그 중앙회, 「수산업협동조합법」에 따른 조합과 그 중앙회 등은 귀농어업인·귀촌인이 시설농어업으로 소득을 올릴 수 있도록 관내·관외 유휴농지·유휴시설에 대한 중개 알선과 시설의 신규 설치 및 개보수 지원을 할 수 있다.

제19조(우수귀농어업인의 선정 및 지원)

① 국가와 지방자치단체는 전문적인 농어업기술 및 경영능력을 갖추고 농어업 발전에 중추적이고 선도적인 역할을 할 수 있는 귀농어업인을 우수귀농어업인으로 선정하고 필요한 지원을 할 수 있다.

② 제1항에 따른 우수귀농어업인의 선정기준·방법·절차 및 지원 등에 필요한 사항은 대통령령으로 정한다.

제20조(법인에 대한 지원)

① 국가와 지방자치단체는 귀농어업인 및 귀촌인을 지원하는 사업을 수행하는 법인에 대하여 필요한 비용의 전부 또는 일부를 보조하거나 그 업무수행에 필요한 행정적 지원을 할 수 있다.

② 제1항에 따라 비용을 지원 받거나 행정적 지원을 받게 될 법인의 범위 및 지원내용 등은 대통령령으로 정한다.

제21조(귀농어·귀촌공동체의 등록 및 지원 등)

① 귀농어업인·귀촌인들은 귀농어·귀촌을 함께하기 위하여 자율적으로 단체

(이하 "귀농어·귀촌공동체"라 한다)를 구성할 수 있다.

②국가와 지방자치단체는 귀농어·귀촌공동체의 운영에 필요한 경비의 전부 또는 일부를 지원할 수 있다.

③제2항에 따른 지원을 받으려는 귀농어·귀촌공동체는 대표자를 선정하여 시·도지사 또는 시장·군수·구청장에게 등록하여야 한다.

④제3항에 따른 등록의 기준과 절차 및 방법 등은 대통령령으로 정한다.

제22조(정보의 제공)

국가와 지방자치단체는 귀농어업인 및 귀촌인이 안정적 농어촌생활을 영위할 수 있도록 주거·환경·교통·문화·교육 등 관련 정보를 제공할 수 있다.

제23조(조세의 감면)

국가와 지방자치단체는 귀농어업인 및 귀촌인을 지원하는 사업을 수행하는 단체나 개인에 대하여 「조세특례제한법」, 「지방세특례제한법」, 그 밖의 조세 관계 법률에서 정하는 바에 따라 국세 또는 지방세를 감면할 수 있다.

제24조(보고 및 검사)

①농림축산식품부장관, 해양수산부장관, 관계 중앙행정기관의 장 또는 지방자치단체의 장은 이 법에 따른 지원사업의 원활한 시행을 위하여 필요한 때에는 지원센터 또는 제20조제1항에 따른 법인에 대하여 보고 또는 자료제출을 하게 하거나 소속 공무원으로 하여금 이 법에 따른 지원사업과 관련한 업무를 검사하게 할 수 있다.

②제1항에 따른 검사를 하는 공무원은 그 권한을 표시하는 증표를 지니고 이를 관계인에게 내보여야 한다.

제25조(청문)

농림축산식품부장관, 해양수산부장관 또는 지방자치단체의 장은 제11조제1항에 따라 지정을 취소하려는 경우에는 청문을 실시하여야 한다.

제26조(권한의 위임 및 위탁)

① 농림축산식품부장관, 해양수산부장관 또는 관계 중앙행정기관의 장은 이 법에 따른 권한의 일부를 대통령령으로 정하는 바에 따라 시·도지사 또는 시장·군수·구청장에게 위임할 수 있다.

② 국가와 지방자치단체는 이 법에 따른 업무의 일부를 대통령령으로 정하는 바에 따라 귀농어·귀촌 관련 기관 또는 단체에 위탁할 수 있다.

제27조(벌칙 적용 시의 공무원 의제)

제26조에 따라 농림축산식품부장관, 해양수산부장관, 시·도지사 또는 시장·군수·구청장으로부터 위탁받은 업무에 종사하는 귀농어·귀촌 관련 단체의 임원 및 직원은 「형법」제129조부터 제132조까지의 규정을 적용할 때에는 공무원으로 본다.

부 칙

제1조(시행일)

이 법은 공포 후 6개월이 경과한 날부터 시행한다.

제2조(귀농어·귀촌종합지원센터에 대한 경과조치)

이 법 시행 당시 다른 법령 또는 지방자치단체의 조례에 따라 설치·운영 중인 귀농어·귀촌종합센터는 이 법에 따른 귀농어·귀촌종합지원센터로 본다.

제3조(귀농어업인 및 귀촌인 지원사업에 대한 경과조치)

이 법 시행 당시 다른 법령 또는 지방자치단체의 조례에 따라 시행 중인 귀농어업인 및 귀촌인 지원사업은 이 법에 따른 귀농어업인 및 귀촌인 지원사업으로 본다.

3천만 원으로 은퇴 후 40년 사는 법

1판 1쇄 인쇄 | 2015년 3월 3일
1판 1쇄 발행 | 2015년 3월 10일

지은이 유상오
펴낸이 김기옥

프로젝트 디렉터 기획1팀 모민원, 권오준
영업 박진모
경영지원 고광현, 김형식, 임민진

표지디자인 투에스
인쇄·제본 (주)에스제이피앤비

펴낸곳 한스미디어(한즈미디어(주))
주소 우편번호 121-839 서울특별시 마포구 양화로 11길 13 (서교동, 강원빌딩 5층)
전화 02-707-0337 | **팩스** 02-707-0198 | **홈페이지** www.hansmedia.com
출판신고번호 제 313-2003-227호 | **신고일자** 2003년 6월 25일

ISBN 978-89-5975-807-4 (13320)

책값은 뒤표지에 있습니다.
잘못 만들어진 책은 구입하신 서점에서 교환해 드립니다.

무료 강의신청 쿠폰

* 절취선을 따라 이 페이지를 오려주세요

이 쿠폰을 지참해 오시면 저자의 강의를 무료로 들으실 수 있습니다.
간단한 질의응답을 통해 귀농귀촌에 대한 비전과 확신 그리고 개인적 미션으로서 무엇을 준비해야 하는지를 명확하게 아실 수 있습니다.

이 프로그램은 (사)한국귀농귀촌진흥원과 (주)한즈미디어의 후원과 협찬으로 진행됩니다. 이 책을 구입하신 독자께서는 먼저 책을 정독하시고 본인이 은퇴 후 40년의 구상과 설계를 세워 보시길 권합니다. 기본적인 강의 내용은 유튜브(www.youtube.com) 검색창에 '귀농귀촌 100'을 치시고 수강하시길 바랍니다. 강의를 수강하신 분 중에 구체적인 컨설팅이나 사업계획 수립을 원하시는 분들께서는 토요일 오후나 일요일에 추가상담을 할 예정입니다.

■ 강의신청방법

① 3996359@hanmail.net으로 자신의 귀농귀촌계획과 연락처, 전화번호 등을 기재해 보내주세요
  (6하 원칙으로 귀농귀촌구상 혹은 계획을 써서 보내주셔야 수강 기회를 드립니다. 뒷면 참조).
③ 쿠폰을 지참하지 않고 강의를 수강할 경우 수강료 10만 원을 받습니다.
④ 구입하신 책을 가지고 오시면 저자가 직접 서명과 귀촌덕담을 써서 드립니다.
⑤ 귀농귀촌진흥원에서는 업무관계로 일체의 문의를 사절하오니 메일로 신청하시길 바랍니다.

강의 장소: 과천시 공원마을4길 12 한국귀농귀촌진흥원 사무실
강의 일정: 2015년 3월~12월까지 매주 토요일 오전 09:00~12:00 (저자의 개인 사정으로 휴강시 한귀원 홈페이지나 메일로 연락)

■ 한국귀농귀촌진흥원(http://krci.kr/)

한국귀농귀촌진흥원은 IMF 이후 40년 이상 지속될 내수침체와 경제 불황에서 건전한 사고를 가진 국민들이 스스로 일자리를 창출하고 살아갈 방안을 제시합니다. 가족과 지인이 함께 노후자립과 자조적 복지를 만들기 위해 귀농귀촌을 택하는 사람들에게 정보와 지식, 기술을 제공하고 있습니다. 한귀원은 귀농귀촌이 애국애족이고, 노후에도 자급자족하는 길이라고 판단하며 도농밥상공동체 건설을 3천만 원으로 완성하려고 합니다. 그 길은 절대 다수의 국민들이 노후에도 안정적으로 소득을 내고 웰 다잉을 준비하는 방법이고 국가의 복지비용을 줄이는 선택입니다. 많은 성원 바랍니다.

귀촌 강의·상담용 질문지

- 성명 :
- 휴대전화번호 :
- 주소 :

| 구주소 | 시(도) | 시(군구) | 읍(면동) | 번지 |
| 신주소 | 시(도) | 시(군구) | 길 | |

구체 주소 :

- 책을 구입하게 된 동기 :
- 책 구입처 : 서점   인터넷 서점
- 책을 읽고 궁금한 점이나 질문하고 싶은 사항

- 귀농귀촌 하고 싶은 장소 :
- 귀농귀촌 하고 싶은 품목/작목/사업 :
- 귀농귀촌 예정지에 연고 여부 :
- 귀농귀촌 준비기간 :
- 귀농귀촌 6하 원칙

① 언제 귀농귀촌 할 것인가 :

② 어디로 귀농귀촌 할 것인가(어디서 살 것인가.) :

③ 누구와 귀농귀촌 할 것인가 :

④ 가서 무엇을 할 것인가 :

⑤ 어떻게 살 것인가 :

⑥ 왜 귀농귀촌 할 것인가 :